EN LA MISMA SINTONÍA
VIDAS EN LA RADIO

monitor LATINO

En la misma sintonía:
Vidas en la radio

Un libro de
monitorLATINO

En la misma sintonía:
Vidas en la radio

Un libro de
monitorLATINO

En la misma sintonía:
Vidas en la radio
© monitorLATINO, 2016
Primera edición: Mayo de 2016

Milán 2971, Col. Providencia
Guadalajara, Jal. 44630
México
Tel. (33) 13 80 08 34

P.O. Bx 7456
Van Nuys, CA. 91409
Tel. (310) 8158160

Dirección: Juan Carlos Hidalgo
Coordinación: Félix García y Ana Laura Heredia
Investigación y redacción: Gustavo Vázquez Lozano
Formación y diseño de interiores: Heidi Ávila
Diseño de portada: Alfonso Peña

ISBN: 978-0-9836376-9-1

La presente edición es propiedad de monitorLATINO. Reservados todos los derechos. No se permite la reproducción total o parcial de esta obra, ni su incorporación a un sistema informático, ni su transmisión en cualquier forma o por cualquier medio (electrónico, mecánico, fotocopia, grabación u otros) sin autorización previa y por escrito de monitorLATINO. Se pueden reproducir pequeños párrafos citando la fuente. Las opiniones aquí expresadas son de los entrevistados y no constituyen necesariamente la postura oficial de monitorLATINO.

Impreso en México

*Este libro está dedicado a la memoria del señor Pablo Raúl Alarcón,
visionario y pionero de la radio en español en Estados Unidos,
cuya obra marcó el rumbo de innumberables artistas, empresarios y
trabajadores de los medios de comunicación,
además de convertirse en fuente de empleo, inspiración y respeto
hacia la comunidad latinoamericana.*

Prólogo

Al acercarse la década de los ochenta, recuerdo haber escuchado insistentemente una canción que aseguraba, no sin cierta ironía, que el video había matado a la estrella de radio.[1] Lo cual quizá resultó cierto en algún momento, con el surgimiento de los canales de televisión dedicados exclusivamente al video musical. Sin embargo, la radio, ese gran invento que ha forjado países enteros, demostró que aún no estaba lista para pasar a segundo plano. Ni, por supuesto, la gente que la hace trabajar. Por el contrario, la radiofonía ha sabido resurgir bajo nuevos formatos, cobijando a nuevos artistas y géneros, y para generaciones para quienes el video empieza a ser ya un objeto de museo. De manera especial, la radio latina vive uno hoy de sus mejores momentos en ambos lados de la frontera de México y Estados Unidos. Incontables hombres y mujeres que trabajan en la pizca en algún campo de California, que limpian el piso en algún restaurante texano, o que cocinan para una familia en la Ciudad de México, al ritmo de las alegres notas de Los Tigres del Norte o Cristian Castro, saben que esto es verdad.

La radio es un verdadero clásico de nuestro tiempo, pues ha sabido hablar y movilizar a generaciones muy distintas bajo circunstancias cambiantes. Desde la calidez del hogar, desde la bocina del automóvil y, más recientemente, a través de una computadora que sintoniza la estación en Internet, está el locutor, ese personaje de ubicuidad impresionante, verdadero artista y aglutinador de intenciones. Si el locutor es un artista, entonces su voz es el pincel, y su lienzo es su gente, la comunidad, donde no sólo funge como profeta de la nueva música, sino también como consejero, como movilizador, como amigo, o como esa pequeña voz de la conciencia social que a veces incomoda, a veces alienta. El locutor es ante todo, un producto de la gente que lo escucha, y al final de su tiempo, debe regresar a ella.

Este libro, Vidas en la radio, nació con la intención de celebrar y recordar las trayectorias de varios locutores que han sabido ser amigos de la gente; sus logros y sus fracasos; su pasado y su presente. La mayoría de los que aquí se presentan fueron —o son— voces latinas que, trabajando todos en la misma sintonía, fueron testigos de importantes cambios en la industria: en primer lugar, son en su mayoría locutores que fueron a la vez testigos y protagonistas del cambio hacia una nueva radiodifusión, hacia la radio de nuestro siglo XXI. Se trata de personalidades que en México y en Estados Unidos ascendieron junto con el fenómeno de la banda, pero también con el resurgimiento del Rock en tu Idioma e incluso la beatlemanía; muchos de los que aquí nos cuentan su historia fueron migrantes que, a pesar de haber tenido que iniciar en empleos sencillos, incluso la labor agrícola, pusieron todo de su parte para poder realizar su sueño de estar en la radio, y así demostraron que todo es posible con determinación. Otros tantos forjaron sus carreras en la capital de México o en alguna ciudad de provincia.

Incluso la academia ha puesto su mirada sobre muchos que contribuyeron a crear conciencia sobre la importancia de la población de origen latino en el sur de los Estados Unidos. En varios casos se convirtieron, desde el micrófono, en activos luchadores sociales; en otros tantos casos, su fama los llevó a ser auténticos líderes de opinión, tanto así que la clase política y empresarial empezó a tomarlos en cuenta y a sus audiencias. En este libro se mezclan todo tipo de historias, aunque comparten elementos en común. La vasta mayoría empieza en escenarios humildes, sigue un ascenso, la apoteosis e incluso la tragedia, porque todo esto puede ser la vida de un locutor. Algunos incluso aceptaron consumirse y sacrificar su carrera, pero siempre en el servicio de una radio más humana, más cercana a la gente. Por lo mismo, todos son ejemplo de esfuerzo para informar, entretener, entusiasmar y conmover a millones

---

1 *Video Killed the Radio Star*, The Buggles, 1979.

de personas. Como se ha documentado ya ampliamente, muchos de estos personajes supieron despertar la lealtad su audiencia, a veces por encima de la lealtad hacia la estación de radio, y por eso se convirtieron en grandes figuras. Ahí está el caso de Alberto Vera, nuestro querido Brown Bear, que con su imponente personalidad, y una voz de profeta de gran nobleza, formó generaciones de trabajadores de la radio, y por eso no es raro que actualmente se dedique a aquello que siempre fue su vocación: ayudar a los demás. Está también Renán, el Cucuy, creador de un estilo; Adolfo Fernández, la inolvidable Voz Universal; Charo Fernández con su inagotable energía; pioneros de la nueva radio como Víctor Manuel Luján y tantos otros genios de la voz que dejaron inspiración y técnicas a quienes vinieron detrás.

Un rasgo distintivo de estos locutores es que, de distintas maneras, se liberaron de la etiqueta y la rigidez que prevalecía en la antigua cabina de radio, donde ahora una nueva generación puede cantar, bromear, crear controversia, dejar a otros opinar, o acudir a la nostalgia del viejo pueblo que se deja en México o en Honduras. Todos ellos, sin excepción, se distinguieron porque fueron más allá de su función de locutores y desplegaron su energía para expandir sus carreras. De este modo, fueron capaces de conjuntar los objetivos comerciales con la construcción de comunidad.

En el caso particular de los Estados Unidos, hoy que damos por hecho la existencia de una sólida cultura musical latina, de una radio más moderna y de múltiples caras, que existe un mercado fuerte, vigoroso, con un número creciente de estaciones, y que las compañías disqueras reconocen la importancia de ese sector demográfico, es casi imposible pensar que todavía en los años 80 esto no era así. Varios de los capítulos que se presentan a continuación son las vidas de quienes ayudaron a lograr ese cambio. No en balde, se han editado varios libros sobre la historia de la radio, comenzando con los de don Ramiro Garza, y más recientemente los de Renán El Cucuy y otros. Otros más están en preparación.

Con base en los textos realizados por Gustavo Vázquez Lozano, la coordinación editorial de Félix García y la invaluable asistencia de Ana Laura Heredia, monitorLATINO incursiona en el ámbito editorial ofreciendo un homenaje a la gente de la radio de nuestro siglo. Como en toda antología, faltan muchos hombres y mujeres de la radio que, con justicia, deberían estar aquí y no lo están, en la mayoría de los casos, porque no pudimos coincidir con ellos para desarrollar una charla a fondo; pero en monitorLATINO deseamos insistir que este tomo que tienen ahora en sus manos es apenas una probadita de lo que viene después. Así, queremos que, para viejas y nuevas generaciones, este libro sirva no sólo como fuente de consulta, sino también de inspiración. Porque ése es, al final de cuentas, lo que une a todas las personas que aceptaron prestaron su voz: su inquebrantable optimismo. Lo demostraron en su trabajo, en la música que programaron y ayudaron a convertir en un fenómeno de masas, en la confianza del poder de la gente para cambiar su circunstancia. Ésas son las cualidades que deben distinguir a todos los que alguna vez trabajamos detrás de un micrófono. Ya lo dijo en alguna ocasión Paul Harvey, esa leyenda de la radio en los Estados Unidos: "Todos los pesimistas que han pasado por este mundo, yacen hoy en una tumba anónima. Mañana siempre ha sido mejor que el hoy… y siempre lo será". Para todos ellos, nuestro homenaje y sincero reconocimiento.

Juan Carlos Hidalgo
Los Ángeles, enero de 2016.

Voces y talentos

Renán Almendárez Coello
El Cucuy

"La verdad es íntima amiga de la memoria."

El cucuy es un personaje que ha vivido durante siglos en el folclor y la imaginación de los niños de América Latina. Su misión es inspirar miedo. Y ha aterrorizado, en noches sin fin, a generaciones de chamacos que creen ver su enorme y siniestra sombra, en medio de la noche, pasando por su ventana. Por eso quizá sea un acto de justicia poética que haya sido otro cucuy, surgido de lo más profundo del continente, el que haya logrado combatir el miedo de quienes un día le temieron al monstruo de la fábula. Su armadura ha sido la risa, que es, por cierto, el más eficaz antídoto conocido. Se trata de un cucuy nacido en Honduras que también, por cierto, era un ser nocturno. "Desde adolescente me gustaba refugiarme en las penumbras de la noche", comenta con una sonrisa Renán Almendárez Coello, el célebre Cucuy de la Mañana. "Mis hermanos me decían el nocturno".

Cucuy es también una palabra que "ha tomado un nuevo significado para quienes han cruzado (ilegalmente) la frontera de México–Estados Unidos (...) es la historia del miedo y la ansiedad de cruzar la frontera bajo el velo de la noche" [1], donde gritar "¡Ahí viene el Cucuy!" equivale a un aviso de la proximidad de la migra. Las mismas "cansadas, agotadas, acurrucadas masas", justamente, a las que Renán durante tantos años confortó con buen humor y altruismo. En su momento, Renán Almendárez rompió todos los récords; ocupó el primer puesto del rating radiofónico —incluyendo la radio de habla inglesa— durante 24 trimestres consecutivos, de acuerdo a las mediciones de Arbitrón, y alcanzó los índices históricos más altos en la cantidad de minutos que un oyente escuchaba su programa sin cambiar a otra emisora.[2]

---

[1] Mary Jo García Biggs en "El Cucuy", *Encyclopedia of Latino Culture: From Calaveras to Quinceañeras*, (2014). Editado por Charles M. Tatum, ABC-CLIO.
[2] Renán Almendárez. (2002) *El Cucuy: En la cumbre de la pobreza*, HarperCollins, New York.

Lapaterique, rodeada de pinos

Renán Almendárez nació el 18 de noviembre de 1953 en Lepaterique, un frondoso poblado rodeado de montañas, a 45 kilómetros de Tegucigalpa. Ahí transcurrieron los primeros cinco años de su vida en una situación económica muy precaria. Su padre criaba cabras y era amante de los remedios naturales. En su libro autobiográfico publicado en 2002, En la cumbre de la pobreza, Renán recuerda cómo el señor Almendárez los llevaba al campo, los hacía hincarse y arrancar directamente con los dientes una yerba llamada epazote, para purgarse. "Decía que teníamos que comerla humedecida por el rocío de la noche", recuerda. Cuando uno de sus hermanos nació de manera prematura, sin acceso a incubadora, el padre puso al niño en medio de ladrillos y tejas calentados al fuego. "Así se salvó ese muchacho".

Al poco tiempo, la familia emigró a la capital hondureña en busca de mejores condiciones de vida. "Llegamos a Tegucigalpa en una baronesa, que son camiones con carrocería de madera, muy pintorescos; arriba en la parrilla traen la verdura, fruta e incluso animales. Yo era un niño delgadito, pequeñito y medio rebelde. Mi primera escuela se llamaba Escuela República de México. Después pasé a la Escuela de Varones Lempira, que es donde asistía todo el pueblo. Ahí saqué mi sexto grado, pero yo no quería estudiar. Yo quería ser artista. Fui al colegio porque tenía que ir, pero pasaba de grado sólo por mis habilidades de orador. Siempre que había algo en la escuela, yo era el que ceremoniaba y actuaba. Si concursábamos con otras escuelas, nos ganaban en todo; en básquetbol, en dibujo, pero nunca en actuación ni en declamación, porque ahí estaba yo, siempre listo".

No pasó mucho tiempo para que Renán tuviera un micrófono enfrente y un auditorio —aunque pequeño— encantado con su voz. Era todavía un adolescente pero ya tenía un timbre privilegiado que le permitía hacer diferentes estilos. "Estaban de moda las radionovelas, todo mundo las oía y todas llegaban de México: Kalimán, Chucho el Roto, El Rayo de Plata… Por ellas me enamoré de la radio". Entré a la locución en 1969, pero fue por accidente. En ese tiempo yo vivía en el barrio de Las Crucitas que era —y sigue siendo— el más pobre de Honduras. El hermano de la esposa de mi hermano manejaba un automóvil con una bocina amarrada al techo para anunciar productos. Trabajaba para la dulcería "La Pequeña Lulú". Un día llegó y se estacionó afuera de la casa. Acababan de salir unos dulces nuevos, los chicles "Romi" y yo lo acompañé. Nos estacionamos afuera de la tienda y sin aviso de por medio, tomé el micrófono y comencé a hablar por el altavoz:

Viajando en la nave del buen gusto,
llegaron a Tegucigalpa los deliciosos chicles Romi.
Búsquelos en la dulcería `La Pequeña Lulú´
y conviértalos en una bomba de dulzura.

"Yo no sabía que aquello una producción, pero al dueño de la dulcería le gustó. Como no podía costear un locutor profesional, me pagaban con comida: `Ahí dale lo que se pueda, unas cinco lempiras, y algo de comer´". La primera estación que acogió su voz fue "Tic-Tac, la incomparable de Honduras", donde comenzó modestamente dando la hora, hasta que tuvo la oportunidad de reemplazar a un locutor. El joven, de apenas 15 años, trabajaba todo el día por 30 lempiras al mes. Después vino "Radio Fiesta, la fórmula festiva". "Hacía de todo. Siempre me dieron los turnos de la mañana. A las cuatro entraba a Radio Tic-Tac, donde era más serio; en las tardes hacía unos programas que había que animar: saludar a los taxistas, a los choferes de autobús. Luego pasé a una estación del sur del país, La Voz del Pacífico 1480, que es donde realmente empecé a agarrar madera de locutor. Empecé a sentir el sabor de la radio y de la época que me tocó presentar: Camilo Sesto, Los Ángeles Negros, Yolanda del Río, Javier Solís, Cornelio Reyna, todos los tríos y solistas rancheros. Yo tenía los programas más escuchados, los que requerían mucha energía. Empecé a ser invitado a eventos de gente importante, a fiestas de alcurnia del Puerto de San Lorenzo, el principal de Honduras. Ahí es donde empiezo a sentir también el sabor de la radio. Porque la radio tiene sabor, y para mí era el sabor del éxito".

De ahí, Renán pasó a "La Dimensión, la Emisora de la Amistad", una estación católica donde sólo salía al aire sábados y domingos. Pero la carrera en ascenso del joven se vio momentáneamente interrumpida debido a un grave accidente automovilístico que casi le costó la vida: perdió la voz y quedó sin audición. Afortunadamente, después de un año, alcanzó una completa recuperación. Trabajaba en siete emisoras distintas haciendo uso de una capacidad histriónica que le abrió muchas puertas. Cuando ingresó a Radio Honduras, la emisora oficial del gobierno de la república, inició su verdadero despegue. "Ahí los sueldos eran altísimos para aquel tiempo, y ahí me tienen, de traje, porque era el vocero del presidente. Me convierto en el locutor oficial de la radio en programas matutinos, y trabajo con el cuadro artístico de Radio Honduras. También en esa época entré fuerte a la televisión. Mi primera participación fue en Cristo, donde hice el papel de Juan Evangelista, el más joven de los apóstoles, aunque también doblé las voces de Barrabás y Pedro".

El embajador

En 1981 John Dimitri Negroponte inició en Honduras su dilatada carrera en la diplomacia internacional. Entre sus misiones estaba ayudar a la caída del gobierno del vecino país de Nicaragua. Pero para Renán representó la oportunidad de buscar nuevos horizontes. "Yo estaba en Imágenes, el programa de la Secretaría de Prensa de la presidencia de la república. Era el más joven de todos y ya tenía mucho prestigio. Me tocó viajar en el avión presidencial varias veces, conducir ceremonias desde la casa presidencial y el congreso. Me tocó también, por cierto, estrenar en 1978 los micrófonos inalámbricos durante los 400 años de la ciudad de Tegucigalpa. Un día le hice una entrevista a Dimitri Negroponte para televisión. Al terminar le dije:

—Señor embajador, a mí me gustaría conocer Estados Unidos.
—¿No conoces? —me preguntó sorprendido.
—No.
—¿Y por qué no vas?
—Porque sacar una visa aquí es muy difícil.
—No te preocupes, saca el pasaporte y me lo mandas a la embajada".

Fue de esa manera que Renán obtuvo una visa por diez años, y el 20 de julio de 1982 llegó a Estados Unidos con un pequeño maletín y el corazón lleno de ilusiones.

Buscó oportunidades en la radio, pero sus primeros trabajos fueron doblando películas —sobre todo dibujos animados— en Los Ángeles, aprovechando la experiencia previa en su país natal. "No me fue muy bien en el doblaje porque había mucha competencia, y en esos días Televisa se llevó todo para México. Quedaron solamente dos o tres estudios para cosas pequeñas. Así que empecé a trabajar dando clases de locución. El dueño de la escuela de locución, Carlos Alvarado, compró una radio AM mexicana que transmitía desde Mexicali, pero se oía en Orange, y le mandábamos las cintas para allá. Yo hacía los intros; los fade out de los discos los hacía bien; las identificaciones las hacía diferentes; empleaba distintas palabras; ya había hecho todo eso en Honduras. Entonces Humberto Luna —el zar de la radio, el primero que empezó a ganar millones— me oyó un día que iba conduciendo rumbo a Tijuana y le gustó mi estilo".

"Humberto me localizó y me preguntó que si lo podía ver en un lugar llamado La Tormenta, donde se habían presentado desde Los Polivoces para arriba. Nos vimos y me dijo que estaba interesado en mí. Así empecé a trabajar con la mejor estación que había entonces en Los Ángeles, que era la Super Q 1020 AM. La 1020 era la número uno porque ahí estaba Humberto con un estilo diferente. Empecé a trabajar, y cuando se dieron cuenta de que sabía grabar, que podía hacer diferentes estilos, me usaron para las dos emisoras y para darle la imagen a la K Love, en FM, la estación compañera. Mi voz empezó a sonar por todo Los Ángeles".

El Cucuy es este hijo de la...

"Más adelante me llevaron a Fresno a inaugurar dos estaciones de radio, una AM y una FM. Había entonces 17 emisoras en español en el Valle de San Joaquín. Nosotros llegamos y teníamos unidas la AM con la FM. Durante 24 horas, durante toda una semana, pusimos una sola canción: Viva México, con Pedro Vargas. Era una técnica de mercadeo, pero las publicaciones del lugar y las otras estaciones empezaron a criticarnos: `¡Vienen de Los Ángeles y no tienen música!´. Y gracias a ellos, la gente nos sintonizó por pura curiosidad, y vieron que teníamos una FM con muy buen sonido. Una semana después les aparecimos con una programación de lujo. En un ratito estábamos en el número 1".

"El dueño me dijo que quería un programa funny. Me pusieron en la FM con Lupita Lomelí, y me acordé de mis andadas en el Correo de la Risa, en el Reportero Fisgón, y muchos otros programas dramatizados que había hecho en Honduras. Eché mano de eso y empecé a buscar chistes y a utilizar voces, y eso pegó en el Valle de San Joaquín. Me escucharon los Liberman, y desde Fresno me llevaron a la 1480 Radio Éxitos de Santa Anna, condado de Orange, y ahí es donde nace el Cucuy".

Fue una jaliciense, Teresa González, que en ese tiempo vivía con Renán, la que lo bautizó como El Cucuy. "Íbamos a la estación para recibir el turno de las cinco de la mañana, que me entregaba un locutor llamado Romualdo, el Angelito del Nuevo Amanecer. Teresa y yo íbamos peleando. Romualdo se estaba despidiendo:
—Soy el Angelito del Nuevo Amanecer y se quedan con…
—El Cucuy, es este hijo de la… —dijo Teresa.
Y yo pensé: `Qué bien. Así me voy a poner, el Cucuy de la Mañana´. Se hizo una institución. A mi primera salida, a un evento en Santa Anna, había miles de personas que me querían conocer. Yo no podía creerlo".

El número del Cucuy fue tan bien recibido que pronto obtuvo una oferta de la Heftel Broadcasting Company, justo cuando su estación en Los Ángeles, la KSCA, se había convertido al español. "Los Liberman compraron la emisora Radio Alegría para traerme a competir, ahora sí, con Humberto Luna, que era el rey, y con Pepe Barreto. A los dos les pegué porque yo tenía más velocidad y contaba los chistes más seguidito; luego les ponía música de la buena. Ahí empieza a ascender El Cucuy de una manera increíble".

Un Cucuy que no asusta

Su asombrosa capacidad para conectar con los radioescuchas permitieron a Renán alcanzar un nivel de popularidad inimaginable hasta entonces. "Hubo una época en la que daba la impresión de que el Cucuy era omnipresente", escribe Andrea Carrion. "Si no estaba en la radio contando chistes de cantina o ayudando a la gente, estaba en alguna marcha proinmigrante o promocionando algo en TV."[3] El Cucuy se convirtió en "el complemento perfecto del desayuno popular, el compañero alegre del camino, el antídoto a la fatiga".[4] El aprecio por Renán llegó a tal punto, que en muchas fábricas de Los Ángeles, los patrones pasaron órdenes prohibiendo a los trabajadores escuchar su programa porque éstos no paraban de reír y descuidaban su trabajo.

"En 1997, después de estar un año fuera del aire por mala recomendación de mi entonces manager, me buscaron de La Nueva 101.9 FM de Heftel Broadcasting System. Esa radio tenía un sonido hermoso. Contra todos los pronósticos de mi manager, me llevaron y empecé a trabajar en las cadenas en Phoenix, Chicago, Nueva York, San Francisco, Texas, Houston; casi todo el país. Univisión compró Heftel por 170 millones, tres emisoras, y conmigo la vendieron en 2 mil millones. Ya entré yo como socio y fue cuando empecé a ganar mucho dinero".

En 2006, Renán se sumó a la causa del inmigrante hispano. Su elocuencia en el micrófono y su popularidad fueron factores importantes de movilización en Los Ángeles, donde cerca de un millón de personas tomaron las calles. Sin embargo, estando en Univisión causó revuelo cuando habló al aire en contra de su empresa por las condiciones de trabajo de su equipo, para en seguida abandonar la transmisión. Para ese momento Renán llevaba más de siete años dominando los ratings, superando incluso a sus contrapartes de habla inglesa y obteniendo casi el doble que sus competidores en español.

Su programa estaba sindicado y se transmitía en varias ciudades, entre ellas San Francisco y Chicago. Tiempo después volvería nuevamente a la primera plana, esta vez al ser arrestado bajo acusaciones de violencia doméstica, una situación dolorosa que lo conduciría al divorcio.

Abrumado por los problemas, el 15 de septiembre del 2008 anunció al aire que sería su último programa en la estación La Raza, de SBS, la cadena que lo había convertido, todavía más, en superestrella y en el locutor más escuchado del país.

---

3 Andrea Carrion. *El Cucuy, en busca de la fama perdida*. Recuperado el 20 de marzo de 2015, de http://www.vivelohoy.com/entretenimiento/8019032/el-cucuy-en-busca-de-la-fama-perdida
4 Sitio oficial. *Historia del Cucuy*. Recuperado el 20 de marzo de 2015. http://www.cucuy.com/historia.html

Sentido del humor

En 2010 Renán Almendárez volvió al aire renovado y sigue haciendo lo que más le gusta. En todos estos años, la trayectoria del Cucuy no ha estado lejos de la crítica y la controversia. En distintas ocasiones lo acusaron de fomentar los estereotipos y el machismo. "Yo rompí muchos tabúes. Uso el doble sentido, pero nunca he tenido una llamada de atención de la comisión de radio. Más bien me fueron a felicitar. Me dijeron que me tenían en la mira, pero que yo era muy inteligente, porque sabía regresarme justo antes de entrar a la parte roja. En eso consiste el humor. Yo pongo la idea en la cabeza, tú la produces. Algunos me han catalogado como el mejor contador de chistes en la radio".

Mucho más reconocidos han sido sus esfuerzos humanitarios por medio de la Cucuy Foundation. "Cada día me trato de reinventar", explica, "pero lo que más me gusta de la radio es que puedes ayudar a la gente". Por medio de su fundación ha logrado hacer la diferencia en la vida de muchas personas a quienes alcanzó la adversidad, construyendo casas y comunidades para damnificados en Centroamérica y varias ciudades de México. Incluso en Indonesia, para las víctimas del tsunami.

Un Cucuy que canta

Almendárez incursionó también en el mundo discográfico. Presentó varios álbumes, algunos con canciones y otros con chistes, acompañado por destacados ejecutores de música latina. En 1999 apareció El disco del Cucuy bajo el sello de Sony BMG / RCA, y al año siguiente Cosas de la vida, con Fonovisa. Su tercera entrega, en 2002, se tituló El Cucuy de la mañana con la misma editora. El locutor no pasó desapercibido. En 2001 se coló hasta el número uno del Billboard en la categoría de Regional Mexican Airplay con el tema "Poema de amor". Al siguiente año, "Naila", con el Conjunto Primavera, fue un éxito moderado que llegó a la posición número 11 del mismo chart y al Top 40 dentro de la categoría Hot Latin Songs, en marzo de 2002. También ha sido actor. "Yo soy más actor que locutor. Estuve en Tierra de pasiones con Héctor Suárez, Gabriela Spanik y Saúl Lisazo; hice películas mexicanas con Juan Valentín y Pedro Infante Jr. Aunque la verdad yo quería ir a Hollywood".

El más reciente recientemente reconocimiento que le ha dado su país adoptivo fue en 2014, la estrella número 2,535 del Paseo de la Fama de Hollywood, en la categoría de Radio. Su estrella brilla en el número 6141 de dicha arteria. Pero naturalmente, la relación con su país, Honduras, ocupa un sitio más especial en su vida. "En mi país hice teletón durante siete años. Llevé a artistas de calidad como José José, Paty Manterola, el Puma, Ezequiel Peña; era un gran festival. Tengo una estrecha relación con Honduras. Cuando me gané la estrella en Hollywood tuve el gusto de que el presidente de la república me llamara a mi casa para felicitarme".

Cambios de fortuna

"Vale más decir la verdad que sostener la mentira". Así comienza el libro autobiográfico de Renán Almendárez, una narración honesta donde no evade ningún asunto, por más doloroso que para él resulte. Como pocos, sabe de los cambios de la caprichosa fortuna, de pasar de la pobreza a la opulencia, de la adoración de la gente a la tristeza y nuevamente a la paz. "La vida me enseñó que abajo se vive mejor. Abajo se vive con más libertad. La fama no la pierdo, porque la gente me saluda. No es lo mismo ser famoso, que ser famoso y que te quieran. Yo, como soy de abajo, no experimenté nada nuevo. Me di cuenta de que abajo se es más feliz, se disfruta mejor del plato de frijol con arroz, de la familia, porque estás con ellos; aprecias más el restaurante pequeño, la pequeña cafetería. Abajo, en Lapaterique y luego en Tegucigalpa, fui inmensamente feliz con mi madre y con mi padre. Así como yo hice el edificio, y yo lo destruí, yo lo voy a volver a construir. El éxito es la neblina de los perdedores y el escondite de los cobardes. Lo puedes lograr como padre, como hermano, como profesional, como manager o locutor… pero finalmente, el éxito siempre se escribe con X".

El Cucuy de la Mañana, un feliz fenómeno de la radio del cambio de siglo, como el personaje del cuento ha cumplido su misión de inspirar, no miedo, sino entusiasmo, gracias a la pasión que siempre ha movido a Renán, tanto en la cumbre como en la pobreza. "Cuando yo era un jovencito, ni mis hermanos creían en la radio. Un día llegué pidiéndoles comida, y mi hermano me dijo: `¡Come discos!´. Pero yo mantuve la pasión y por eso cada día me reinvento. Cada día sigo pendiente. Y me muestro como soy. La verdad es íntima amiga de la memoria".

 monitorLATINO

Alfredo Alonso

"Creo que la radio fue una época de mi vida, una etapa muy linda..."

Alfredo Alonso bien podría ser considerado por algunos como un moderno Quijote que ayudó a extender la influencia del español en los Estados Unidos por medio de la radio y la prensa musical, o bien, como algo un poco más controvertido: un ejecutivo radial que contribuyó a los dolores de cabeza de muchos puristas del lenguaje que se duelen del spanglish y que, por su culpa, algunos jóvenes migrantes no hablen bien ni el español ni el inglés. Aquí la palabra clave es Hurban (con hache, porque es Urban pero es Hispanic), un formato implementado bajo la mirada vigilante de Alonso por Clear Channel a principios del siglo que corre. En él, los programadores combinan libremente singles en español y en inglés —y otros en ambos idiomas— y los locutores pueden comenzar una oración en el idioma de García Márquez y terminarla en el de Stephen King. El slogan de Clear Channel para sus estaciones en español era de la más fina ironía: *Latino and proud*. Así, en inglés.

No es que la radio hispana fuera un fenómeno nuevo en 2004, cuando Alonso llegó al gigante de las comunicaciones con la propuesta de convertir varias emisoras al español. Tampoco que ellos hubieran inventado el spanglish. Una creciente población latina con un creciente poder de compra (más de 600 mil millones de dólares, tres veces más que en 1990, de acuerdo a Heinrich Hispanidad) había por fin despertado de su letargo a la industria. Y del spanglish se quejan ambas culturas desde hace casi medio siglo. Pero las terceras y cuartas generaciones de latinos nacidos en Estados Unidos, es un hecho, no tienen las mismas reticencias que sus abuelos y bisabuelos.

"En sí nosotros no fuimos la primera radio que tuvo locutores que hablaban en inglés y español", explica Alonso. "En KXTN de San Antonio, mucho antes de Mega 101, los locutores también hablaban en inglés y español. KXTN fue una pionera en esa transición. Cuando lanzamos Mega 101 —la estación de Houston, punta de lanza del nuevo formato—, estaba dirigida a las personas jóvenes, latinos que no estaban escuchando música en español. Fue una especie de ejercicio que cambiamos a los tres meses de haber iniciado. Luego volvimos a hacer ajustes a los seis meses, y a los nueve, porque era algo que nunca se había hecho, y es muy difícil hacer investigación de mercado con algo que no se ha hecho nunca. Cuando Mega 101 entró a sus mejores momentos, se tocaba mucho más música en español que en inglés. Lo que yo quise era contar con locutores que tuvieran tanto buenos fundamentos de inglés como de español; si vas a hablar en los dos idiomas, el locutor debe pronunciar bien ambos, sin matar a uno ni al otro. En el proceso de conversión, busqué locutores que pudieran reflejar los intereses y la forma de ser de la juventud; sus deseos y su estilo de vida en el país, y creo que aún no se ha logrado del todo".

De Cuba a Nueva York

Mucho tiempo antes de reflexionar sobre estas cuestiones, Alfredo vio la primera luz del día el 13 de octubre de 1960 en Cuba. Su padre había nacido en España pero se había criado en la isla. Al mes de haber nacido, se mudó a los Estados Unidos. "Me crié en Nueva York; primero en Staten Island, y de ahí nos mudamos al Bronx. Viví cerca del Yankee Stadium, donde estuve hasta los once años. Fui hijo único. Mi papá trabajó por muchos años en restaurantes en este país, aunque era periodista en Cuba. Cuando era joven había trabajado en un periódico llamado El Mundo, como editor en jefe. Mi mamá trabajó en una fábrica. Vivimos en una casa muy unida donde mi papá siempre quiso que yo mantuviera mis raíces latinas. No quiso que me hiciera completamente americano, lo mismo mi mamá. Ella tendría unos 23 años y no hablaba mucho inglés. Fue la típica historia de personas que vienen de otro país a buscar oportunidades en Estados Unidos, pero siempre unidos como familia. Mis amigos no hablaban español porque crecí en una zona de gran influencia irlandesa. Pero entre el 68 y el 71 empezó a cambiar la población del Bronx, se puso un poco más difícil, y fue por eso que salimos a vivir a New Jersey, que era la meca de los cubanos".

Radio y Música

En Nueva York asistió a la Emerson High School y posteriormente estudió Comunicación en New Jersey. "Siempre tuve ganas de ser locutor; desde que tenía unos doce años estaba fascinado con la radio. Pasaba mucho tiempo en mi cuarto solo, escuchando diferentes estaciones por la noche me ponía a hablar con los locutores. Les llamaba y les preguntaba cosas de la radio; los artistas no me interesaba mucho. Siempre tuve interés en la programación, es decir, por qué tocaban en cierto tipo de música, por qué cierto tipo de locutores, por qué hablaban de cierta forma, el lenguaje que utilizaban. Ya en la preparatoria, cuando tenía unos 15 años, mis padres me compraron dos tocadiscos y yo tenía dos grabadoras, y diariamente de tres a seis de la tarde hacía un espectáculo en mi casa, que nadie escuchaba. Ahí empecé a darme una idea de cómo eran las rotaciones de música. Yo mismo aprendí hablando con los locutores: por qué algunas canciones se tocaban más que otras, por qué ciertas canciones de algunos años se tocaban más. Me gustaba visitar las estaciones de radio, como una muy famosa de música afroamericana que era la WWRL de Nueva York. Me hice gran amigo de un señor llamado Gary Byrd. Su programa era de las doce de la noche a las 5:30 de la mañana, y yo me quedaba hasta las tres de la mañana hablando con él. Solía explicarme por qué hacían las cosas de cierta manera, y de ahí comencé a tener un gran aprecio a la programación".

Su primer trabajo como locutor fue en la WRLB, 107.1, una estación de New Jersey. Comenzó con un programa los domingos, de dos a seis de la tarde. Posteriormente estuvo en la KDWB y en la KMAP. Sin embargo, su primera gran conquista no fue tras el micrófono, sino en la industria editorial, con la fundación de la revista Radio y Música, la primera en su tipo, donde publicaba charts de la música en español por categorías. "Tuve la oportunidad de conocer una publicación que se llamaba Radio and Records", recuerda, "una revista de gran influencia en la música anglo. Yo trabajaba en una estación como director de programación en Minneapolis, pero en 1989 me retiré porque tenía muchos problemas en Minnesota. Mi padre y mi madre vivían en Tampa, mi hijo Adam tenía un problema de asma, y con el frío de la ciudad se me hizo muy difícil seguir trabajando ahí. Regresé a Tampa, quise hacer algo en la radio pero no encontraba dónde. Entonces se me ocurrió hacer algo parecido a *Radio & Records*, pero para la música latina, pues no existía ninguna revista de su tipo y menos un Billboard, que tenía el Top 100 (latino), donde toda la música estaba revuelta: había regional, tropical, salsa, merengue, texana, que en esa época era muy fuerte, romántica, balada: todo mezclado. Lancé una revista para el mundo hispano llamada Radio y Música, muy parecido a Radio & Records".

Con el impulso que tomó la publicación, entre 1991 y 1997 sus actividades se extendieron a la organización de la Convención Radio y Música que se convirtió en un importante foro para el lanzamiento de varios artistas latinoamericanos. "Por ejemplo", explica su fundador, "Selena se dio a conocer a nivel nacional en la (primera) Convención en el año 91. En ese entonces ella ya tenía mucha fama en Texas, pero fuera de ese estado no tenía mucha salida. A partir de que se presentó en la convención en el año 91 detonó, y de ahí siguió a México". Shakira, Alejandro Fernández y Marc Anthony, entre otros, también se dieron a conocer en la convención, que durante algunos años también se llevó a cabo en Puerto Rico.

SBS

En 1992 conoció a Raúl Alarcón hijo y se convirtieron en buenos amigos. Alonso recuerda haberle dado la idea a Alarcón de convertir la KQ98 al formato regional mexicano. "Un día estábamos en su coche y estaban tocando una canción de Azúcar Moreno.[1] Tenía el volumen a todo, estábamos en Los Ángeles y yo le pregunté por qué tocaba esa música en un mercado mexicano. Él me dijo: `Es que las estaciones de FM siempre tocan un poquito de todo´. Yo le dije que sí, pero que lo que deberían hacer es tomar la señal que tenían en Los Ángeles y convertirla en 100% mexicana; ahí fue que encontré a mi tocayo Alfredo Rodríguez, que en esa época trabajaba en la KW, los puse juntos y nació La X".[2]

Al año siguiente, en 1993, Alfredo Alonso obtuvo la gerencia de la WSKQ en Nueva York, que en ese momento pertenecía a la SBS y estaba muy abajo en las preferencias de la gente. Bajo su dirección la emisora cambió el nombre a Mega 97.9, adoptó un formato de música caribeña que incluía salsa y merengue y comenzó a subir en los ratings. Sin embargo, tres años después Alfredo se retiró para iniciar su propia empresa, Mega Broadcasting, que comenzó con una estación en Filadelfia y posteriormente otras en Washington D.C., Tampa y Connecticut. En 1998 vendió la mayor parte a Adam Lindemann, aunque permaneció como socio y CEO de Mega Communications. A principios de la década de los 2000 decidió que era momento de vender la revista el Radio y Música y las convenciones.

Clear Channel

"En 2004 vendí el resto de mi compañía a los Lindemann, y en el mes de septiembre me pasé a Clear Channel, como senior vicepresidente de la división hispana, que en esa época no existía", comenta Alonso sobre su paso a lo que hoy se conoce como iHeartMedia. "Ahí empezamos a lanzar estaciones en diferentes lugares, como Houston, Dallas, Miami y San Francisco". Clear Channel Communications era, en ese momento, el mayor conglomerado radiofónico de Estados Unidos, con más de mil estaciones, de las cuales sólo 18, es decir 2%, eran en español.[3] Mientras tanto, la audiencia latina crecía a ritmo acelerado, y los grandes competidores de Clear Channel, como SBS y Univision, se llevaban la mayor parte de ese cada vez más lucrativo mercado. De acuerdo a The New York Times, en 2004 el español se hablaba en cerca de 5% de todas las estaciones del país, pero la audiencia total alcanzaba 9%. Con todo, según estimaciones del propio Alonso en ese mismo año, las estaciones en español sólo se apropiaban de 3.5% de los ingresos de la industria, debido en parte a que dichas emisoras vendían hasta en 40% menos sus espacios publicitarios, en comparación con las emisoras anglosajonas.[4]

"En una de las reuniones que tuvimos inicialmente", explica, "les dije que ellos tenían más de mil estaciones de radio y no tenían (suficiente participación) en el mercado hispano. Sentía que el mercado latino tenía más potencial que muchas de sus otras estaciones. Me preguntaron cuáles creía yo que se podían convertir, y como siempre había tenido acceso a los estudios de mercado, les hablé de una estación en Atlanta que estaba básicamente en el piso; se estaba fracturando, no tenía audiencia, y les dije que si me daban la oportunidad yo podía ponerla en un nivel muy alto, no solamente en número de radioescuchas, sino también en facturación. En dos meses la WMAX pasó de la posición 36 a la número dos. Los ingresos comenzaron a crecer y se dieron cuenta de que había un gran potencial en la radio hispana. De ahí pusimos Mega en Miami y Houston en noviembre de 2004".

Sin embargo, en 2008 Clear Channel, que pasó de ser compañía pública a privada y pronto enfrentó acusaciones de monopolio por parte del Departamento

---
1 Dúo español de flamenco y pop formado por las hermanas Encarna y Toñi Salazar, nacidas en Badajoz y descendientes de una familia de músicos gitanos.
2 Véase también la biografía de Alfredo Rodríguez y la de Juan Carlos Hidalgo en este mismo tomo.
3 Leeds, Jeff. Clear Channel is Expanding in Spanish Radio. The New York Times, 17 de septiembre de 2004.
4 Ibíd.

de Justicia de los Estados Unidos.[5] "Básicamente vieron que nosotros, junto con Univisión, teníamos un monopolio en varios mercados. La combinación Clear Channel y Univisión era tan poderosa en el sector hispano que nos condicionaron a eliminar estaciones en español o venderlas". Justicia ordenó al conglomerado a vender primero su radio en Houston, en ese momento el mercado más fuerte, a CBS. "También nos forzaron a vender La Preciosa en Las Vegas, muy poderosa en ese mercado, y otras más. Me di cuenta de que las cosas ya no serían iguales en Clear Channel, que ya no se podría crecer en los mercados claves, ya que nos acusaban de crear monopolios. Mi visión ya no era posible. Fue en ese momento, en 2010, que decidí retirarme". Después de una breve estancia en el grupo Radio Centro, que duró tres años de constantes viajes entre México y Los Ángeles, Alonso consideró que se había cumplido un ciclo y que era momento de decir adiós a la radio.

Nuevos horizontes

"Mis días en la radio ya terminaron", explica satisfecho y entusiasmado por la cantidad de proyectos y empresas que sigue teniendo en marcha, aunque ya no tengan que ver con el medio al que dedicó tres décadas de talento y esfuerzo. Se siente feliz de poder dedicar un poco de más tiempo a su familia, formada por su esposa Carolina, y sus hijos Adam y Amanda. "Creo que la radio fue una época de mi vida, una etapa muy linda que duró de 1984 a 2013; treinta años fascinantes en los que hice muchas cosas, trabajé con muchas compañías, con grandes personalidades, pero todo llega a un final".

Dice que nunca ha vuelto a Cuba, pero quizá una parte de él se quedó allá porque, como él mismo lo explica, "estoy ansioso de poder estar un día en sus playas y conocer a primos que nunca he visto. Nunca regresé, pero me encantaría ver la tierra donde nací, pasar dos o dos semanas, quizá invertir en algún negocio. Creo que cuando se formalicen las relaciones de negocios entre Cuba y Estados Unidos, habrá muchas oportunidades", concluye. Y quién sabe; si tantos locutores, programadores y directores de radio dicen que ésta se lleva en la sangre y no puede jamás olvidarse, quizá algún día veremos que alguien, calladamente, empieza a transformar también el rostro de la radiofonía en la hermosa isla.

---

5 TH Lee Partners, una añeja firma de capital privado, tenía intereses tanto en Clear Channel como en Univisión. El Departamento de Justicia consideró que su participación en ambas empresas constituiría una amenaza real a otras empresas que quisieran competir en la radio en español.

Gustavo Alvite Martínez

"Porque cuando un micrófono se convierte en un amigo, se escriben grandes historias."

La mitología nos dice que, muchas veces, el nacimiento de los grandes hombres viene marcado por extraños signos, portentos en el cielo o raras coincidencias que son como un presagio para el recién nacido. Quizás el caso de Gustavo Alvite no sea la excepción. "El día que yo nací, mi papá le regaló un radio a mi madre", explica el legendario locutor, acostumbrado más a entrevistar que a ser entrevistado. Su característica voz de barítono —la voz institucional de reconocidos emporios mexicanos— resulta conocida para muchas personas, aunque quizá no su rostro. "Mucha gente me encuentra en la calle y me dice: `A usted lo escucho en la radio desde que era niño´", comenta el locutor, cuya labor en la radio es reconocida no sólo por haberla aderezado con su vasta cultura sobre la música mexicana, sino con su defensa de los derechos de los compositores.

    Alvite Martínez nació en el seno de una familia sencilla, en una población limítrofe entre los estados de Puebla y Veracruz, San Andrés Chalchicomula —hoy conocida como Ciudad Serdán—, y fue el cuarto de cinco hermanos. Su padre, el señor Alvite, era mecánico y se dedicaba a arreglar automóviles. "Un tío mío que se avocó a buscar el origen del apellido, encontró que mi abuelo —que era español— nació en un pueblo gallego llamado Alvite. En aquel entonces, los españoles que llegaban a México adoptaban como apellido el pueblo en que nacían. Creo que originalmente el nuestro era López, pero como mis antepasados no traían papeles, se registraron con el nombre de la provincia que habían dejado para siempre. Mi mamá era ama de casa. Los dos eran gente muy sencilla. Ella era aficionada a la música; le llamaban la atención en sobremanera los autores, los artistas, las canciones en general; yo creo que de ahí, de su enseñanza, y probablemente de sus genes, fue que me aficioné tanto a ese mundo".

Al pie del volcán

Ciudad Serdán fue fundada en 1560 al pie del Pico de Orizaba, la elevación más alta de México. "Ahí empezó mi afición al radio; fue la primera ventana de comunicación que tuve con el mundo. A pesar de que la señal no era buena en ese lugar, escuchaba lo que podía, sobre todo estaciones de Orizaba, que está relativamente cerca, y de la Ciudad de México, la clásica XEW. Ahí empezó todo". Serdán contaba entonces con unos 15 o 20 mil habitantes y no ofrecía muchas posibilidades. Gustavo estudió en la primaria Francisco I. Madero, uno de los seis "centros escolares" que fundó el gobernador Rafael Ávila Camacho y que, al contar con todos los adelantos pedagógicos de la época, se convirtieron en instituciones modelo para el país. Estos centros incluían kínder, primaria y secundaria, escuela de comercio, artes y oficios y preparatoria. Ahí estudió hasta la secundaria. Cuanto tenía quince años, sin embargo, una tragedia ensombreció la vida familiar. "Perdí a mi papá en un accidente automovilístico. Mi padre no dejó mucho con qué sobrevivir, mis hermanas ya se habían casado y mi mamá no tenía posibilidades económicas. Hice de todo. Anduve en todas partes pasando más hambres que bonanzas: fui empleado en algunos supermercados, acompañé a algunos músicos en los mercados, aunque no tocaba nada. Hubiera querido cantar, pero no tenía ni las posibilidades ni la educación, y con hambre, mucho menos las ganas".

A tapar hoyos y crudas

En Ciudad Serdán había una pequeña estación de radio, la XELU Esmeralda Comunicaciones de amplitud modulada, —la única del valle de Serdán— que medio sobrevivía.[1] "Había sido fundada por familiares de un notable radiodifusor mexicano del sureste", recuerda Alvite, "pero como el pueblo no daba muchas posibilidades comerciales ni económicas, la había abandonado en manos de un socio que era campesino y no tenía la menor idea de la radio. El día que se inauguró, creo que en noviembre de 1959, fue todo un acontecimiento social. Ahí estaban todas las fuerzas vivas. Fui con la intención de ver, pero yo era un chamaquito desarrapado de siete años y nadie me hacía caso. Me llamaron mucho la atención, al fondo, la cabina iluminada, el locutor y el micrófono, algo que a mí me parecía mágico, y me instalé en la puerta. Intenté llegar a la cabina, pero había que cruzar el lugar donde estaban brindando todos los personajes del pueblo. Me sacaron tres veces, hasta que desistí y me senté en una barda a verlo. Con el tiempo me seguí acercando a la puerta de la estación. Yo entre como "la humedad" —como dice Marco Antonio Muñiz—, primero haciendo mandados. Un día al locutor se le ofreció un refresco, y yo estaba a la mano. Así comencé a meterme, hasta que un día llegue a la cabina, y alguien me preguntó si me gustaría anunciar. Me abrió el micrófono y dije la hora".

"La estación trabajaba solamente de siete de la mañana a ocho de la noche; era una de esas concesiones que se llaman `de sol a sol´. Un domingo llegué muy temprano. El locutor estaba en malas condiciones porque acababa de salir de una fiesta. Yo ya sabía cómo poner un disco en la tornamesa, sabía dónde se abría el micrófono y dónde estaban los comerciales, que en ese tiempo todavía eran leídos. Con esa confianza, el locutor me dejó cambiar un disco mientras él iba a comprarse un refresco. Así lo hice. Y pasó el tiempo. Una, dos y tres horas, hasta que llegó el concesionario de la estación. Cuando lo vi, sentí que la tierra me tragaba. Me preguntó: `¿Usted que hace aquí?´. Le expliqué la situación —que no lo convenció— y fue a buscar al locutor. Pero él también, al parecer, se quedó allá en donde el locutor se estaba curando sus excesos, porque terminé el día, recogí las llaves y las fui a entregar a la casa del concesionario. Ésa fue mi carta de recomendación".

"Me llegaron a dar un horario, que por cierto nunca me pagaron. En alguna

---
[1] Actualmente es la Ke Buena.

ocasión un radiodifusor de Orizaba escuchó mi voz y me invitó a un aniversario de su emisora, la XEPP o La doble P de Orizaba. Llegué, hice mi participación en la cabina y, gracias a ella, quince días después, cuando el locutor suplente se fue de fiesta —que lo hacía por un mes—, me llamaron. Es decir, siempre llegué como a tapar hoyos. Por cierto, tuve que salir de Orizaba porque el concesionario, cuando nos pagaba, lo hacía con un mes de retraso, y yo tenía que pagar el hospedaje en la casa de estudiantes donde vivía".

Radio Mil

En enero de 1970, Gustavo se trasladó a la Ciudad de México para iniciar una nueva vida. "Llegué en calidad de aventura, a sobrevivir en la naciente Ciudad Netzahualcóyotl, que entonces se llamaba Aurora. Vendía cubiertos en las casas. Creo que en aquel entonces pude haber ganado cualquier competencia olímpica de 100 metros, porque les ganaba a todos los perros que me perseguían. Y es que había más perros que seres humanos en el fraccionamiento Aurora. Mi intención era estudiar en el Instituto Politécnico Nacional, pero llegué a la mitad del curso porque los periodos escolares eran diferentes y fue un poquito difícil ingresar. Sin embargo logré entrar a la Vocacional 6 del Politécnico, que es de ciencias médico biológicas, para lo cual yo no tenía ni facultad, ni interés ni curiosidad siquiera. Todos los días escuchaba la radio, desde las cinco de la mañana, antes de irme a la escuela. Mi sueño dorado era estar en Radio Mil, una emisora que se me hacía moderna, muy dinámica y novedosa. Tenía un noticiero llamado Primera Plana, una síntesis muy ágil de quince minutos que conducía Germán Carvajal. Así que llegué directamente a Radio Mil a pedir trabajo, con tan buena fortuna que de inmediato me contrataron".

Radio Mil era la competencia de la XEW. Transmitía contenido familiar y buenos programas en vivo. La estación había nacido en 1942, en plena guerra mundial, y su primera emisión había sido la novena sinfonía de Beethoven. Fue una de las primeras en transmitir música grabada, en contraposición con las que tenían músicos ejecutando en vivo en el estudio, innovación recientemente adoptada en Estados Unidos. Radio Mil también fue de las primeras en acortar el tiempo de los comerciales a veinte o treinta segundos, en lugar de minutos. "Trabajé durante veinte años de locutor en Radio Mil", recuerda Alvite. "Me llamaba mucho la atención la producción, y con el permiso del director artístico, Arturo Venegas, comencé a hacer pequeñas producciones, a inventar promociones, como en el día de las madres. En ese tiempo (en los años 70) nació el día del compadre, y con eso hacía campañas; trataba de movilizar la estación, sin que me correspondiera".

A Radio Mil se agregó en 1953 la XEBS, Radio Sinfonola, que con su especialización en música ranchera llegó a posicionarse como una de las estaciones más populares entre la población capitalina, sobre todo la que provenía de zonas rurales y de provincia. El nombre de Radio Sinfonola, de acuerdo a Guillermo Salas, fundador de Núcleo Radio Mil, fue en recuerdo de las sinfonolas que se encontraban en los establecimientos de una cadena de cafés muy populares en aquel tiempo. "A mí se me ocurrió ponerle radio Sinfonola (para que) el público escogiera lo que quisiera escuchar y así lo tocaran", comentó en alguna ocasión el ya desaparecido empresario.[2] Desde sus orígenes, Radio Sinfonola se decantó por la música ranchera. Una de sus columnas vertebrales consistió en La hora de Pedro Infante, que existía desde que el cantante vivía y que el gusto popular había mantenido en el aire durante todos esos años. Después de un breve experimento con la música grupera en los años 80, que devino en una pronunciada caída de la emisora en el gusto de la gente, "en 1992 Héctor Aguilera dejó la gerencia y el puesto fue ocupado inmediatamente por la voz institucional de la estación, Gustavo Alvite Martínez"[3] quien devolvió la emisora al formato original bajo el slogan En ranchero, norteño y banda, Sinfonola es la que manda. "Pero para entonces", precisa, "la gente ya no tenía idea de qué era una sinfonola. Había que modificar algo. En ese tiempo comenzaba a generalizarse la palabra "perrón" para calificar algo de extraordinario, y se lo pusimos como apellido. Así, quedó Radio Sinfonola: La más perrona".

Bajo Alvite, la estación comenzó a repuntar. El entusiasmo y liderazgo del nuevo director se vio reflejado, de acuerdo a Sosa y Esquivel en Las mil y una radios, en locutores con una nueva actitud hacia el público, una nueva imagen visual y auditiva para la estación, entrevistas con artistas reconocidos —como en épocas anteriores, mucha gente acudía a la estación para saludar a los invitados—, promociones, transmisiones especiales con artistas renombrados —como la caravana hacia el panteón Jardín, a la tumba de Pedro Infante— y mayor presencia en las celebraciones del calendario, como en el día de la madre.[4] "Recuerdo que en ese tiempo llegó una empresa brasileña a medir las audiencias en el país, y el dueño del grupo donde yo trabajaba me mandó llamar para preguntarme si yo sabía de quién era una emisora que se llamaba La Mas Perrona. Con gran sorpresa le dije que era nuestra; y es que a los dueños del Grupo Radio Centro les había llamado la atención que La Mas Perrona había obtenido un lugar importante en los ratings. Con eso, no tuvimos ya más opción que llamarle simplemente "La Mas Perrona", para que sonara un poquito diferente a una denominación —Sinfonola— que algunos decían que ya era anacrónica".

"En la emisora tuve mucho contacto con su audiencia", añade Gustavo. "Gracias a eso gané algunas cuentas como locutor comercial — fui voz institucional de empresas como Suburbia, Herdez, Comermex, Grupo Modelo y Corona, que hice durante aproximadamente 35 años— porque platicaba mucho con la gente. Los habitantes de provincia que llegaban al Distrito Federal buscaban conservar el arraigo con su tierra, y se apoyaban en nuestra emisora. No dejábamos de tocar novedades, pero nunca abandonamos el catálogo. En ese tiempo se hablaba que la gente no pasaba ni dos horas escuchando una señal radiofónica, y yo intenté que la audiencia se quedara un poco más, sabiendo que lo que venía no sería una repetición de la hora y media anterior. Eso determinó la supervivencia de la emisora. Cuando salí en 2012, estaba en el lugar numero diez de una lista de sesenta estaciones del área metropolitana, solamente superada por las frecuencias moduladas".

El carpintero de Guamúchil

Durante muchos años, Alvite estuvo a cargo y fue el principal promotor y desarrollador de La hora de Pedro Infante, que bajo su conducción se convirtió en uno de los segmentos favoritos de la radio mexicana. "Fue la única estación que durante 65 años —hasta mi

---

2 Sosa Plata, Gabriel y Esquivel Villar Alberto. *Las mil y una radios: una historia, un análisis actual de la radiodifusión mexicana*. McGraw-Hill, 1997, México
3 *Ibíd.*, p. 116.
4 *Ibíd,.* p. 117.

salida— tuvo a Pedro Infante, desde que él vivía. Cuando entré a manejar el programa, era exclusivamente musical; la verdad un poquito aburrido, por tanta repetición de Amorcito corazón y demás canciones. Entonces todavía había contemporáneos de Pedro Infante vivos. Acudí a esas fuentes. Sin darme cuenta lo convertí en un programa que no era solamente musical, sino documental. La propia gente fue aportando material sónico. En el extranjero. Por ejemplo, hallé muchas grabaciones de Pedro Infante en vivo con el Mariachi Vargas, que realizó en estaciones de radio". En el libro Las mil y una radios, Sosa y Esquivel comentan cómo "el programa se convirtió en uno de los favoritos porque el conductor, que ya tiene más de veinte años con la serie, está muy bien documentado sobre la trayectoria, películas, canciones, arreglos musicales y demás cuestiones en torno a la vida del carpintero de Guamúchil".[5] A partir de 1973, Alvite se hizo cargo también de la hora de Vicente Fernández, un cantante cuya fama empezaba su ruta de ascenso a principios de la década de los 70.

En defensa de los compositores

A principios de 1994, Gustavo fue también responsable de la creación de una nueva estación de música mexicana en frecuencia modulada, llamada Morena 89.7, "para crear una identificación con la gente, con el color de su piel, por muchas cosas. Uno de sus slogans era La emisora de los compositores mexicanos. Con eso quisimos impulsar un poquito el reconocimiento a los compositores. Sin ningún otro interés realmente. A mí los compositores siempre me han llamado mucho la atención; me parece que ellos son el punto de partida de la industria discográfica. Sin compositores no hay artistas, ni arreglistas, ni siquiera difusión de música. El radio vive esencialmente de tocar discos. Si no hubiera producción de discos, ¿qué haría la radio? Ellos son el punto de partida, sin suficiente reconocimiento. Aunque hay un reglamento que impone a los medios la obligación de mencionar cuando menos los créditos de los compositores, ¡nadie lo hace! Son una de las riquezas por la que nuestro país es reconocido en el mundo, un segmento olvidado que ni la propia sociedad de autores atiende. La mayor parte de mi actividad en las redes tiene que ver con ellos, o con los aniversarios, las grabaciones, los decesos; es decir, todo lo que ocurre en torno a ese sector".

Su apasionada defensa de los compositores lo llevó a recibir en 2011 la medalla de la Sociedad de Autores y Compositores de México por su labor en la defensa de los creadores. En aquella ocasión Armando Manzanero, presidente de la sociedad, se refirió a él como un conductor que "en su profesionalismo otorga el espacio y reconocimiento a los compositores al decir su nombre antes y después de cada canción". Recordando aquella ocasión, Gustavo comenta cómo "es muy frecuente oír la pregunta `¿De quien es esa canción?´. Esto ha sido una preocupación constante para mí;

---

5 *Ibíd.*, p. 113.

esto debe ser parte de la producción, que para mí es lo que le falta en este momento a la radio. Desafortunadamente está compitiendo (con los medios alternativos) únicamente disparando disco tras disco, y entre uno y otro no hay nada. No hay producción, no hay información sobre las grabaciones, no se dice nada sobre los arreglos."

"Justamente", amplía sobre este punto, "los arreglistas son otro segmento olvidado, siendo que son músicos profesionales, muy creativos y trascendentes, como Rubén Fuentes, Gustavo Santiago, que crean la envoltura de la melodía y de la letra de la canción. Muchas veces una canción es identificada por las primeras notas del arreglo. Por ejemplo, el arreglo de Guadalajara, es inconfundible. Si se lo quitas a la canción de Pepe Guízar, la canción ya no existe. En su momento le pregunté a Guízar de quién era el arreglo; me dijo: `Fue una idea mía y de un mariachi que se llamaba Virgen´. Justamente su canción El mariachi de mi tierra dice en una de sus estrofas: `Alma virgen del mariachi´, porque Pepe le dedicó esa canción a ese mariachi. Ésas son las cosas que yo intento que no se pierdan. La materia de Comunicación facultativa no tiene una historia de la música como tal. Es con ese tipo de cosas con lo que se podría aderezar la producción en la radio; lo que haría la diferencia entre una radio convencional y otra que sí acuda a los principios del radio".

Dirigiendo por el momento su empresa BTL (Behind The Line), que se dedica a la promoción de artículos comerciales, Gustavo Alvite, con su enorme experiencia, se prepara para volver eventualmente a la radio y seguir contribuyendo para dar al medio su ética y dignidad. "A mí me llama la atención que los concesionarios de la industria se sigan quejando de la pérdida de radio escuchas, pero no insisten en la razón primigenia de la existencia del radio, que es la de comunicar socialmente, entretener, acompañar… y la cuestión ética, definitivamente. Hoy se oyen albures, burlas, palabras altisonantes, a pesar que la Ley Federal de Radio y Televisión prohíbe afectar con la palabra la moral de la familia. La gente da su lealtad a una señal radiofónica o a un personaje, cuando a ese a personaje le interesa la vida de los demás. No hay otra forma de lograr una genuina comunicación. Como locutor, tienes que integrarte con un micrófono, y por medio del micrófono, participar en la vida de la gente. Porque cuando un micrófono se convierte en un amigo, se escriben grandes historias".

Salvador Homero Campos

"¡No puede ser que de aquí salga algo tan bonito, lo que se oye afuera!"

Si es verdad que las personas vivimos de acuerdo a nuestro nombre, Salvador y Homero son dos nombres hechos a la medida de grandes hazañas. Por un lado, Homero fue el pilar de una civilización, y Salvador remite también a propósitos universales. Pero orígenes más modestos no pudo haber tenido Salvador Homero Campos, de Tucson, Arizona. Como en las leyendas, él también tiene una historia interesante en su nacimiento, aunque el suyo no estuvo acompañado en absoluto por buenos augurios. "De hecho, a mi madre le dijeron que yo iba a nacer muerto al día siguiente, y que se despidiera de mí", recuerda Homero, que —junto con Amador Bustos— con el tiempo pondría una de las piedras de uno de los imperios radiofónicos de Estados Unidos. "Yo nací con polio. La vacuna todavía no existía; la descubrieron ese mismo año, en 1954, pero yo no tuve la suerte de gozar de ella. Ya me habían puesto en el acta de nacimiento el nombre oficial de Homero Campos. Y como nací en un hospital católico, le recomendaron a mi mamá que en el acta de bautismo me pusiera también un nombre cristiano, para que me fuera al cielo. Me bautizaron y me pusieron el nombre de Salvador Homero Campos. Dice mi madre que al otro día amanecí muy bien, sonriendo, como un bebé normal".

Imaginación, ¿para qué te quiero?

Los padres de Homero Campos nacieron en México, él en Yurécuaro, Michoacán, y su madre en Hermosillo, Sonora. Gracias a ello, su hijo tuvo un estrecho contacto con la cultura de México, más rico aún porque sus padres eran del sur y del norte del país, respectivamente. Se conocieron en Estados Unidos, donde el padre de Homero trabajaba de bracero, y tuvieron cinco hijos. Sin embargo, al señor Campos un buen día le entró la nostalgia de su país y convenció a su esposa de regresar a hacer vida en México, precisamente a Yurécuaro, palabra que, según algunos lingüistas, significa "lugar de crecimiento". "Ahí crecí en Yurécuaro", comenta Homero, "haciendo algunas estancias en la Ciudad de México para intervenciones quirúrgicas en mi pierna. Por la polio, estaba totalmente imposibilitado para jugar fútbol; caminaba con dificultad, si me empujaban pues ya estaba yo en el suelo. No podía correr, ni subirme a los arboles, ni hacer travesuras, y cuando mis hermanos salían a jugar con los amiguitos, mi diversión era estar sentado en la banqueta. Mi distracción era escuchar el radio mientras mis hermanos jugaban, pero yo no me sentía triste, estaba feliz. Tenía un radio enorme de transistores del tamaño del mundo que mi padre había traído del Norte. Escuchaba la XEZR de Zamora y el Canal 58 de Guadalajara. Y me imaginaba a los locutores, los estudios, y pensaba 'Algún día yo voy a trabajar en eso'".

"A la edad de doce años llegué a Sonora, la tierra de mi madre, a conocer todos sus sabores, las tortillas de harina, las chimichangas, el menudo, que es de otro color. La gente era mas abierta y franca, mas comunicadora, había mucha fiesta en los bares, en las plazas, pero lo que mas me gustó fue el mayor acceso a las estaciones de radio. En Nogales estaba Radio XENY. Oía a los locutores y pensaba: '¿Cómo se verán?'. Me los imaginaba altos, güeros, bonitos, con traje. Imaginaba la cabina como un lugar enorme. En ese tiempo empezaron en Nogales los concursos de Radio XENY, y yo entraba a todos para ir a recoger vales para el cine y los discos de 45 rpm que sorteaban; pero era sólo una excusa para visitar la radio. Ésa fue la primera estación que conocí a los 13 o 14 años: Radio XENY. Cuando entré, vi algo totalmente inesperado: al micrófono estaba un locutor panzoncito, no muy guapo, chiquito, en una cabina muy pequeña. Pero en vez de decepcionarme, me encantó. Me dije: '¡No puede ser que de aquí salga algo tan bonito, lo que se oye afuera!'. Y de ahí en adelante, nadie me quitó la idea de trabajar en la radio".

If you´re going to San Francisco...

La siguiente parada en la odisea de Homero fue la ciudad de San Francisco, California, a donde llegó en la segunda mitad de los años sesenta, cuando la ciudad pasaba por una efervescencia cultural y artística que emanaba a todo el mundo. "Fue un choque cultural increíble. Aunque habíamos algunos que no éramos hippies, crecí con su influencia. Había libertad de expresión, había una gran manifestación de la gente que quería ser más libre para el sexo, para el amor, el tan conocido peace and love de los hippies. Conocí a los hermanos de Carlos Santana. Y me empecé a hacer muy amigo no sólo de los estudiantes latinoamericanos, sino de los americanos, de todos, y eso me dio una cultura muy amplia que llevo muy dentro de mí. En la high school había varias profesoras hermosas, con minifalda. Me acuerdo el primer choque, cuando una de ellas

—yo tendría unos 17 años— se para y nos dice: 'La clase ya se acabó'. Era un viernes por la tarde. Escribe algo en el pizarrón y nos dice: 'Ésta mi dirección, voy a tener una fiesta en la noche. ¡Bienvenidos!'. Así de fácil, así de tranquilo, así de libre era vivir en San Francisco a finales de los 60".

La pasión de Homero, sin embargo, seguía siendo la radio. En la high school además de las materias obligatorias, como inglés y matemáticas, los estudiantes podían optar por tres horas de lo que su vocación les dictara. "Yo elegí electrónica y radio comunicación: cómo se construyen los transistores, watts, voltios; esa clase duraba tres horas y la tomé por tres años. Esa educación me sirvió posteriormente para la radio". En 1972 entró a la Universidad de San Francisco, que no terminó por su pasión por la radio. Fue en marzo de ese mismo año que consiguió su primer empleo en la KBRG 105.3 FM, una estación que transmitía las 24 horas y ofrecía segmentos en varios idiomas. Homero ingresó en el turno nocturno donde tuvo la oportunidad de experimentar. "Las estaciones AM eran las reinas de la radio, pero yo quise entrar a una FM, porque sentía que ahí tenía mayores oportunidades. A los 19 años hablé con los gerentes, dos norteamericanos muy bonitos, señores de edad mayor, Mr. Kerry y Mrs. Kerry. Me pagaban tres dólares la hora, y yo estaba encantado: 'Me van a pagar por aprender, ¡que bonito!'".

"Había horas italianas, japonesas, chinas... Yo entraba poco antes de la media noche para tomar la programación libre y trabajaba hasta las 6 de la mañana; ahí aplicaba mis conocimientos de la escuela, me ponía a experimentar: ¿Qué tal si hago esto, qué tal si hago lo otro?, y un muchacho de 19 años, con siete horas al aire, con la pasión que yo tenía, al que incluso le pagaban por hacerlo, se sentía el hombre más afortunado del universo. Ahí hice experimentos, a veces le gustaban a la gente, a veces no tanto, pero me funcionó. Cuando me pusieron de día, yo ya tenía una agilidad muy buena, una gran concentración, y sobre todo tenía impregnado el sistema de radio que en ese entonces era el nuevo. Empecé a unir las canciones —al terminar una canción, pegaba la otra— como lo hacíamos en inglés en la escuela de locución, como se hacía en las estaciones americanas: 'Acabas de escuchar a Los Ángeles Negros, y a continuación Estela Núñez en KBRG, 5:30', y se oía más alegre, más dinámico".

Tres años después, Campos ya había adquirido suficiente aprendizaje y seguridad para asumir nuevas responsabilidades. Cuando la KBRG se convirtió totalmente al español, lo invitaron no sólo a hacerse cargo del turno de la tarde, de 3 a 7, sino a dirigir a los demás locutores. "No me nombraron programador porque había dos grandes figuras de la radio, que eran Enrique Flores y mi padrino Óscar Muñoz, uno de programador y el otro director". En 1982 renunció y se cambió a una estación nueva que estaba cerca en el cuadrante de FM, la estación KTOS, ubicada en un suburbio en la Bahía de San Francisco, donde inició como director de programación. Poco tiempo después, la antigua KBRG vio declinar su suerte, abandonó sus siglas y Homero sugirió a sus empleadores que las solicitaran a la FCC. Ahí, en la nueva KBRG, cumpliría un nuevo ciclo de diez años. "Me dijeron: 'Tú puedes dirigir la estación, los dueños no se van a meter en nada, tú la vas a hacer, te vas a traer a los locutores, las 24 horas las vas a hacer a tu estilo´. Me encantó, y me dieron más dinero. Al tener toda la luz verde de arriba, lo logramos. Lo curioso es que en 1972 empecé en una KBRG; en 1982, diez años después, empecé con otra KBRG; finalmente, en 1992, me mudé a Sacramento para iniciar con Amador Bustos, que era el director de ventas de la estación, una gran aventura".

Vía satélite

Los años noventa representaron una nueva etapa para Homero Campos. En 1992 colaboró con Amador Bustos para dar inicio a Z-Spanish Network, que con una inversión inicial de 150 mil dólares llegaría a convertirse en una de las grandes cadenas de radio en español en los Estados Unidos, y más notablemente, la primera en transmitir vía satélite. La primera estación del grupo fue la KZSA en el 92.1 FM, también conocida como La Z. "La segunda KBRG había cambiado tres veces de manos mientras nosotros trabajábamos ahí. El primer dueño la vendió en tres millones. Luego la vendieron en siete y años después, en el doble. Entonces Amador Bustos me dijo: '¿Te fijas que cada vez que venden la estación la venden más cara, y nosotros somos los que estamos haciendo el trabajo? ¿Qué te parece si nos arriesgamos y pedimos recursos para hacer nuestras propias estaciones?'". Así, los nuevos socios se fueron a Sacramento para poner en marcha su idea. "Nos fuimos a dormir en el suelo en unos departamentos que rentamos para los locutores e iniciamos una estación chiquita; le pusimos La Z. Más adelante traje locutores de KBRG. No me podía traer los titulares porque ganaban mucho dinero y nosotros no teníamos tanto. A los part-timers les ofrecimos acciones de la compañía, veinte acciones a cada uno de los locutores. Cuando tuvimos nuestra primera cena de Navidad en La Z, Amador y yo les entregamos a cada uno un sobre con veinte acciones".

La Z fue una de las primeras estaciones en tocar música de banda y norteña. Aunque su programación era variada, su énfasis estaba en el género regional mexicano. Cuando los nuevos empresarios pasaron la prueba inicial y sus inversionistas vieron que podían hacer los pagos, les ofrecieron más fondos para comprar más estaciones. "Ya teníamos todo calculado para entrar vía satélite. Contratamos a un ingeniero que había conocido en 1972 en la KBRG; él tenía todas las ideas y nos impactó, y nos arriesgamos a hacerlo. Se convirtió en un monstruo. La Z fue la primera que transmitió en vivo, las 24 horas, vía satélite, y en español. Ya lo habían hecho en inglés, pero no en español. Nosotros rompimos el esquema. Esto había podido fallar total y rotundamente,

o ser un trancazo, no sabíamos cuál de las dos. Apostamos todas las canicas y funcionó. Al principio todo el mundo se reía de Amador y nos preguntaban cómo íbamos a hacer algo que se iba a estar escuchando al mismo tiempo en Fresno, en el área de San Francisco; que estábamos locos, pero lo hicimos funcionar. Mi explicación era: en radio en inglés tienes una estación en Tennessee, otra en Texas, y son diferentes culturas. Un mexicano de Michoacán que vive en Fresno es igual a un mexicano de Monterrey que vive en San José. Le gusta la misma música, saben quién es Vicente Fernández, saben quiénes son Los Tigres del Norte; si yo pongo a los Tigres del Norte, le va a gustar tanto a mi auditorio mexicano en San José como al de otras partes".

La Z fue adquirida en el año 2000 por Entravision por 475 millones de dólares. Al momento de su venta controlaba 25 estaciones de radio en Arizona, California, Illinois, Indiana, Massachusetts y Texas. Las veinte acciones que habían entregado a los empleados en los inicios de aquella empresa, les redituaron a cada uno cerca de medio millón de dólares.

Bustos Media

En el año 2000 Homero Campos, ya uno de los más influyentes programadores de radio, con múltiples reconocimientos y grandes amistades en el medio artístico —incluso hay una canción con su nombre compuesto por la banda Amanecer en Durango— dejó la Z Spanish Radio. Más tarde fundó su propia empresa de consultoría, Campos Radio Consulting, con sede en Sacramento. Quince años después, Bustos y Campos se unieron nuevamente para trabajar en la programación y refinamiento de tres marcas radiofónicas de Bustos Media: La GranD, la Zeta y La Pantera. "Estamos orgullosos de contratar los servicios de Salvador Homero Campos para ayudarnos a acelerar nuestro crecimiento", comentó Bustos Media Holding al momento de anunciar la sociedad. "Homero fue una parte clave en la operación de nuestras dos anteriores redes nacionales. Bustos Media tiene una cobertura completa de todos los mercados importantes de Oregón y Washington y planeamos una expansión nacional de nuestro contenido. El señor Campos tiene más de cuarenta años de experiencia en la programación de radio en español y ha recibido varias distinciones de la industria, incluyendo el de Programador del Año. Hemos trabajado juntos durante treinta de esos cuarenta años de experiencia".[1]

"Mi vida cambio para siempre con Amador (Bustos)", comentó Homero. "Para mí, él es parte íntegra de mi existencia. Esta alianza de nosotros lleva ya más de treinta años y todavía no termina, porque cada uno poseemos habilidades tanto de ventas como de difusión. Estoy muy emocionado de reunirme con mis colegas y amigos desde mucho tiempo, Amador y John Bustos para construir una tercera entidad reconocida a nivel nacional. Los hermanos Bustos han sido pioneros en la radiodifusión".

Salvador Homero Campos, premio monitorLATINO en Guadalajara en el año 2010, una persona de carácter afable y cálido, no ha vivido lejos de los reyes, pero tampoco de la tragedia, los caballos de Troya de la traición y los cantos engañosos de las sirenas. Por eso prepara un libro para contar su odisea y sobre todo disfruta, en su asociación con Bustos Media, transmitir su experiencia acumulada a lo largo de varias décadas a los nuevos locutores. "He recibido ayuda grande de mucha gente valiosa, pero también he tenido traiciones amargas y viles. He visto el sufrimiento y he cosechado frutos. Ahora soy responsable de la elaboración de formatos musicales en todas las estaciones (de Bustos Media), pero también de asistir a los locutores, de guiarlos. A mí siempre me gusta recordarles que el locutor o la locutora no nada más va a dar información al auditorio; no estás dictando ni imponiendo, estás más bien queriendo ser su amigo. Ya no tiene que ser la gran voz, ni sexy, ni nada; el locutor puede ser la voz real de una persona, sobre todo ser verdadero, ser honesto; hablarle al

---

[1] Radio Notas. *Bustos Media contrata a Campos Radio Consulting*. Recuperado el 20 de abril de 2015. http://radionotas.com/tag/homero-campos/

 micrófono como si estuviera hablando con una sola persona, no con cientos o miles. Cuando eres un buen comunicador, puedes hacer que tu programa no solamente se oiga, sino que se escuche; no solamente que se escuche, sino que se sienta. Cada hombre y cada mujer detrás del micrófono es un ser humano. Queremos transmitirle todo eso a quien esté escuchando del otro lado, porque, a fin de cuentas, ahí también estará otro humano".

Jessie Cervantes

"El locutor, como comunicador, es lo que la hace a la radio una experiencia personal. Y en eso estamos."

Para Jessie Cervantes, la locución —comentando música pop, desmenuzando un tema de actualidad en un programa matutino o entrevistando a una estrella en ascenso— ha sido, por casi tres décadas, el medio privilegiado para dar cauce a una vocación que descubrió desde muy joven: la expresión de la palabra. La comunicación, en un sentido extenso, para él ha sido un estilo de vida y signo del porvenir, mucho más ahora que como ejecutivo de MVS explora y pone en marcha el futuro de la radio y de la difusión de los artistas. Como conferencista, también se ha apoyado en las posibilidades que da la palabra, sobre todo en proyectos desarrollados para la transmisión de valores, el uso responsable de las tecnologías y el mundo del entretenimiento, incluida la radiofonía, donde se ha consolidado como líder de opinión. Pero si todos éstos son respetables y sólidos afectos de largo plazo, la locución fue sin duda el primer enamoramiento de su vida.

Ni medicina ni heavy-metal

Jessie Cervantes Castro nació en Guadalajara, en el occidente mexicano. Su padre era médico y su madre química farmacobióloga. Los dos profesionistas se conocieron y se casaron en esa ciudad, pero durante muchos años no pudieron tener hijos. En el último intento nació Jessie, que creció como hijo único. La familia Cervantes tenía dos farmacias en Guadalajara en la Colonia Ferrocarril, y dadas las profesiones de sus padres, todo apuntaba para que él se dedicara a la medicina. En realidad, tenía otros intereses. "Más que decir que nací chiqueado, la cuestión era que mis padres no tenían a quién más darle. Como hijo único tenía ciertos privilegios. Mi papá, el doctor Cervantes, se dedicó a las farmacias y mi madre, Yolanda Castro, trabajaba en la clínica 1 del IMSS; ahí era la directora del laboratorio clínico, aunque también ejercía en las farmacias". Cuando Jessie tenía ocho años sus padres se divorciaron y se quedó a vivir con su mamá. "Con ella tuve una infancia normal; me la llevaba muy bien con ella, éramos buenos amigos. Desde los 7 hasta los 15 años estuve en los Boy Scouts, fui lobato scout. Eso me sirvió para canalizar y dar salida a toda la energía que yo traía. Siempre he sido muy inquieto. A los 16 años fui DJ. Puse una empresa de luz y sonido que se llamaba `Negro y el DJ´. Ahí es donde me bautizaron como Jessie, porque yo era el DJessie. La aventura duró hasta que llegamos a una fiesta y se nos descompusieron las bocinas".

Pero la música no terminó con aquella fiesta. Estaba más bien a punto de comenzar. Entre 1986 y 1987 fue manager de un grupo de rock que se llamaba 40 Grados, donde cantaba el futuro locutor Mario Cuevas y tocaban también un par de músicos que posteriormente alcanzarían fama con la banda de rock Cuca: Galileo Ochoa en la guitarra y Nacho González en la batería. También estaba Ricardo Arreola en el bajo, quien después iría a Belanova. El cenit de la banda ocurrió en el Concurso Nacional de Rock en tu Idioma, donde participaron con el tema Lejos de ti. Lograron ser finalistas y figurar en el álbum alusivo que después editó RCA. Sin embargo, el futuro del joven no estaba como manager de hair metal, sino en la locución.

"Siendo médico mi padre, y mi mamá farmacóloga, todo estaba puesto para que yo fuera doctor. Pero me gustan los toros y yo admiraba a un par de comentaristas taurinos, Paco Malgesto y Pepe Alameda; yo quería ser como ellos y narrar corridas. Mi objetivo era meterme a la radio para hacer eso justamente. Así, cuando tenía 16 años le dije a mi papá que quería ser locutor. Mi padre era muy amigo del señor Cano, que en aquel entonces era líder del sindicato. Y Cano le dijo que podía ir a hacer un examen al grupo Acir, en Guadalajara. Después de la prueba le hablaron a mi papá y le dijeron: `Pues… como tu hijo hay miles de locutores´. Mi padre les pidió que me buscaran un lugar donde me desilusionara pronto, se me pasara el brete y me regresara a la medicina. Como yo era muy rockero, en 1986 me metieron como operador de audio a Stereo Voz, cuyo locutor estrella en ese momento era Amadeo Hernández. Mi papá pensaba que me iba a desanimar pronto, pero resultó que la radio es, bien lo dicen, la madre de las adicciones, porque una vez que la pruebas no la dejas. Entré y me fascinó, y me quedé en las noches. En aquel tiempo usábamos discos LP. Las tornamesas eran unos platos grandes donde podías controlar la rotación del disco; lo detenías con el dedo y metías las cartucheras para ligar los jingles, comerciales y demás; dabas la hora, ponías los cartuchos, las secuencias, y luego la música".

Rock en tu idioma

Siendo locutor en la ciudad de Guadalajara, y estudiante de Ciencias y Técnicas de la Comunicación en la UNIVA, la Universidad del Valle de Atemajac, a Jessie Cervantes le tocó experimentar la segunda explosión del rock en español y el surgimiento del

Rock en tu Idioma, que tuvo lugar en México en la segunda mitad de la década de los 80, con bandas como Caifanes, Rostros Ocultos, Fobia y Maldita Vecindad. A ello había que sumar que Guadalajara era, en ese momento, una de las dos capitales musicales del país. "Como radioescucha, en la adolescencia, me tocó una época muy fresa en Guadalajara: Guillermo Gara de `Preguntas y Respuestas´ de Sonido 103, que era el programa. Pero ya como locutor me tocó la explosión del rock en español; de hecho, estuve en Vive Latino con Marusha y con Saúl (Hernández, de Caifanes). Recuerdo aquella plaza de toros llena en Guadalajara en 1989. Entré a Señal 90 como locutor y luego por invitación de Víctor Manuel Luján me pasé a Sonido 103. Ahí me tocó toda la explosión de rock. A mí me tocaba darle la bienvenida en Guadalajara a Caifanes, a Los Amantes de Lola, a Rostros Ocultos, todo lo que empezaba a gestarse en esa época. Aquella gira de Rock de los 90 fue un concurso en el que quedaron como finalistas Los Amantes de Lola, Fobia y otros. El cartel llenó la plaza de toros de Guadalajara".

En 1992 se trasladó, por invitación de Martin Fabian, a la ciudad de México para hacerse cargo de una nueva y energética estación llamada Yo 102 ("Lo importante no es la música, sino lo que uno siente"), que iniciaría transmisiones el año siguiente y alojaría a destacados locutores como Ricki Martin, Gloria Calzada y el propio Cervantes. A su llegada, participó también de manera fundamental en la transformación de una estación agonizante del DF, la Tropi Q, a la Ke Buena. "Cuando estaba en Sonido 103 en Guadalajara, como parte del equipo de Víctor Manuel Luján, Pepe Garza, Julio Montes, Luis Carlos Castillo, José Luis Montes Frías —algo así como el equipo de oro de la radio comercial—, coincidí con Martin Fabian, quien por alguna razón se fue a la ciudad de México a manejar la Tropi Q y a organizar los bailes de Televisa. Le acababan de dar una estación popera, y como él andaba más en la onda grupera, me la dio para que la manejara junto con Ricki Luis, Marco Figueroa… y me llevé el rock de Guadalajara, me lo eché en la espalda rumbo a la ciudad de México, y también le di durísimo a La Maldita Vecindad, a Caifanes, a Café Tacuba. También nos tocó cambiar la Tropi Q a la Ke Buena. Llegamos a la cabina de la Tropi Q con las identificaciones y los discos de lo que iba a ser la nueva estación. Estaba Pepe Garza. Incluso un tiempo hice un turno en la Ke Buena en la ciudad de México por la tarde. Éramos un equipo muy unido. Sin embargo, después las cosas no me fueron muy bien y regresé a Guadalajara".

En realidad, el regreso a su ciudad natal se debió a una invitación de Manuel López Agredano, uno de los más grandes visionarios de la radio en México y creador de XHAV-FM, una de las primeras estaciones de frecuencia modulada dedicada al público juvenil. Cervantes tomó en sus manos la dirección de Super Stereo —hoy considerada semillero de talentos y escuela radiofónica—. "Don Manuel López Agredano me contrató para manejar Super Stereo junto con Mario Cuevas", recuerda Jessie. "Pegamos un palo durísimo, Mario y yo. Pero nuevamente Víctor Manuel Luján me invitó a la Ciudad de México, nos juntó a Martín Fabián y a mí, nos contentamos, y el 1 de enero de 1994 regresé a la capital del país a la que ahora se llamaba Stereo 102. Ahí llegué a programar y como locutor, como parte del equipo de Luján a quien le había funcionado muy bien la fórmula en Guadalajara. Más tarde llegó (el empresario radial y discográfico) don Gabriel Hernández Toledano, no encajé con él y en el mismo 1994 me pasé a Pulsar con Arturo Forzán". En su época en Pulsar, Cervantes se hizo cargo de la organización de las "Tocadas Pulsar" en diferentes escuelas de la ciudad de México, así como del "Evento Pulsar" en México y El Salvador.

La estación naranja

Al inicio del nuevo siglo "Jessie Cervantes sufrió (…) duros reveses", escribe Claudia Segura La ventana ciega, que fue un referente obligado del acontecer de la radio en México. "Pulsar había muerto de inanición, pues Grupo Imagen y MVS, que se habían fusionado antes del 2000, hicieron colisión y ¡puf! La radio pop en español quedaba fuera de los intereses del fin de siglo".¹ Sin embargo, en el mismo año 2000, MVS Radio decidió lanzar un nuevo concepto en radio para el mercado juvenil llamado Exa, palabra griega que significa "seis" y que hacía alusión a las seis canciones que se transmitían de manera consecutiva sin pausas comerciales. "Fui gerente de Pulsar hasta el 99, cuando sale Forzán y yo me hago director. Después quitan a Pulsar del aire y me quedo sin trabajo", recuerda Jessie, "pero en un viaje me encontré a Alejandro Vargas (director de MVS Radio). EXA había empezado en enero y a mí me la dieron a manejar en mayo. Desde entonces a la fecha sigo al frente".

Bajo su dirección, EXA experimentó una continua expansión hasta convertirse en, más que sólo una estación de radio, un concepto multiforma de difusión de la música y los artistas con alcances continentales. A la fecha cuenta con más de 60 repetidoras en México y una decena repartida entre Estados Unidos y América Central. Los exitosos conciertos gratuitos de EXA alcanzaron un momento especial en 2012 cuando se hizo un homenaje a la música pop con la presencia de Pet Shop Boys, la banda británica que alcanzó su primera fama mundial (con West end girls) el mismo año que Jessie se estrenó como locutor en Guadalajara.

Conferencista

En los últimos años, Cervantes ha desarrollado su interés como conferencista transmitiendo buenos valores, ayudando a la gente a descubrir su fortaleza y a desarrollar confianza en su propia capacidad para alcanzar sus metas. Sus charlas, principalmente para jóvenes, están estructuradas en torno a temas como el trabajo en equipo, la radio, el marketing digital, los medios tradicionales en la era digital y la dirección de empresas de entretenimiento, entre otros. Como él mismo explica, más que tratarse de un nuevo interés, es el resultado lógico de una trayectoria en donde siempre has estado presente el interés por el uso de la palabra, tanto para enseñar como para aprender. "En Guadalajara yo tenía un show de videos en el Canal 4, con Martha Figueroa, donde estuve dos años al aire. Luego fui la voz de Canal 4 y más adelante vine a México a hacer La Academia. Siempre he traído esa onda de hablar. Un compadre mío, Alberto Chencho García, empezó a dar coaching. Con él comencé a tomar sesiones de coaching, se me hizo maravilloso y me certifiqué también en Coachville, la misma escuela donde él lo hizo. Luego le di forma al coaching artístico y en seguida supe que podía dar conferencias junto con un grupo de profesionales de la comunicación".

---

1 Claudia Segura. Reconocen gran trayectoria de Jessi Cervantes. Recuperado el 30 de marzo de 2015, de http://arvm.mx/reconoce-gran-trayectoria-de-jessi-cervantes/

"Me gusta aprender con la gente. Cuando hablo, el aprendizaje es constante: procuro escuchar, hablar, descubrir, emocionarme con el público. En cada conferencia cambio lo planeado. A finales de 2014 le di una conferencia a unos chicos del Teletón y combiné la plática con un DJ. Íbamos metiendo participaciones del DJ con canciones en los temas de la conferencia. Ésa es la parte que ha hecho que sea diferente. Voy de la mano con lo que se me va poniendo en el camino".

El futuro de la radio

Como director artístico de MVS Radio, Cervantes es uno de los principales protagonistas en el cambio hacia una radio más diversa, capaz de sobrevivir el vertiginoso cambio de las nuevas tecnologías y formatos. En este sentido, no tiene duda de que la radio, asentada en una gran tradición cultural en México, tiene todavía mucho camino por delante. Lo mismo que el locutor. "Yo creo que la radio va a vivir siempre, como ese medio de comunicación abierto que es. La radio va a seguir siendo un complemento maravilloso y la plataforma de satisfacción de contenido de la gente. A pesar de la competencia del Internet, que por cierto en un país como México todavía no permea, en cuanto a cobertura. Ésta todavía va tardar; aquí no es cosa de que en cinco años esté cubierto el territorio nacional. Aquí todavía hay muchas comunidades y ciudades pequeñas donde la gente se comunica por medio de los mensajes que puede entregar la radio".

"Yo lo que veo es que la radio va a evolucionar. Lo que nos cambió de golpe fue el consumidor", reflexiona Cervantes. "Hoy se habla más del prosumer, o `prosumidor´, es decir, el consumidor que produce su propio contenido. Una persona puede estar escuchando por el medio convencional, pero a la vez puede estar produciendo su podcast, su video blog, y quizá hasta tener más visitas que un programa convencional de televisión por cable. Con tantas herramientas que tiene, el consumidor actual de los contenidos de los medios de comunicación ha evolucionado para convertirse en un productor crítico".

Ante la interrogante de si el locutor tiene futuro frente a las nuevas tecnologías, que permiten al consumidor incluso diseñar sus propias estaciones de radio, Jessie, con más de dos décadas tras el micrófono —desde joven promotor del rock nacional hasta director de marketing y formatos en MVS Radio—, no duda en contestar. "Es verdad que vamos a escuchar servicios de radio en línea como Spotify, Pandora... ¡o ve a saber qué plataforma venga! Sí, efectivamente la música la podremos a escuchar en un reloj, en una tableta, en un teléfono inteligente, en un coche con Internet o en tu casa en el refrigerador. Yo creo que vamos a tener la música muy cerca en nuestros artículos personales. Pero la voz del locutor, la noticia del comunicador, el mensaje de alguien especial que te quiere hablar directamente, la compañía humana que te ofrece la radio, eso no lo vas a poder cambiar".

"Pero lo que sí no tiene futuro", matiza, "es el presentador de canciones. El presentador es alguien que sólo te dice el título de la canción, el clima y manda saludos. El comunicador, en cambio, te informa, te da su punto de vista, editorializa, ya sea de entretenimiento o de política, y comparte su opinión. Ahí puede uno captar si está o no preparado. En este sentido, las estaciones de radio van a tener que fortalecer cada día la tendencia a conseguir contenido diferenciado de lo que puede hacer la misma canción que toquemos todas las estaciones. El locutor, como comunicador, es lo que la hace a la radio una experiencia personal. Y en eso estamos".

Luis de Alba Padilla

*"Las estaciones tenemos
la obligación de innovar y
ponernos al día..."*

Luis de Alba Padilla es un empresario y líder radiofónico que desde hace varias décadas ha sido fiel a Radiorama, empresa que con todas sus filiales forma el grupo más grande de México en su ramo, alcanzando a cerca de 70% de la población mexicana. Lo cual no le ha impedido incursionar y destacar en una gran variedad de iniciativas relacionadas también con la música y la industria del entretenimiento. Gracias a su mística de trabajo, inventiva y liderazgo ha creado una fórmula ganadora en la que los grandes beneficiados han sido los radioescuchas y sobre todo los leoneses. Emprendedor, amante de la música —sus intereses van desde la Arrolladora Banda Limón hasta Electric Light Orchestra y Chicago —, consejero de la Cruz Roja y de la Feria de León, también tiene una vena de compositor, aunque admite que la mayor parte de sus creaciones siguen, y seguirán, guardadas en un cajón.

Luis de Alba nació en San Juan de los Lagos, Jalisco, el 27 de febrero de 1967. Tradicionalmente San Juan ha sido una localidad a donde confluyen miles de personas del centro de México con motivo de la romería a la Virgen de San Juan, lo que la hace una ciudad pequeña pero cosmopolita y abierta a los demás. Sin duda todo ello influyó en el temperamento afable y cooperativo de Luis de Alba. "Mi papá era ganadero. Mi mamá se dedicó al hogar. Fuimos siete hermanos a los que criaron con mucho cariño y educación". Desde muy chico le gustó el radio, la actividad a la que ha dedicado la mayor parte de su vida, y siendo San Juan una localidad todavía muy pequeña a finales de los setenta, no había estaciones, excepto una de AM. Pero eso no fue un impedimento para alcanzar ondas de otras latitudes, específicamente de la ciudad donde encontraría, como muchos jóvenes de Los Altos, su primer trabajo. "Siempre me gustó la radio. En San Juan sólo había una estación de AM y no se escuchaba ninguna FM. Así que me subía a la azotea de mi casa con una de esas antenas de alambre que se usaban antes para bajar la señal de la televisión. Me las ingenié, tomé un cable y lo conecté directamente a una grabadora. Pude escuchar algunas estaciones de Guadalajara. Me la pasaba escuchando música de todo tipo. En ese entonces me gustaba mucho la música en inglés, bandas como Styx y Alan Parsons Project, que era justamente lo que no se oía en mi pueblo. Se oían las estaciones de AM pero de otros géneros, y la FM daba otras opciones".

Radiorama

Estudió hasta la preparatoria en San Juan en el colegio La Salle y posteriormente se trasladó a la ciudad de Guadalajara para ingresar a la Universidad Autónoma de Guadalajara, donde estudió contaduría pública. "Casi al terminar mis estudios me ofrecieron un trabajo en Radiorama Guadalajara, que en aquel entonces no se llamaba así. Era una sola estación que tenía el grupo en Guadalajara. Terminando de estudiar empecé como auxiliar administrativo en la emisora. En abril de 1990 me mandaron a León a inaugurar Stereo Vida 90.3, la primera estación del grupo en el Bajío, y así empieza mi historia con Radiorama Bajío. Las primeras oficinas las conseguí en el centro de León, porque en esos años era lo común, estar en el centro de las ciudades". Las instalaciones se encontraban en la avenida Madero 406. El 24 de abril se llevaron a cabo los primeros trabajos para el montaje de la estación y un mes después dio inicio formal la transmisión comercial de Stereo Vida en el 90.3 FM, con las siglas XHLM y 60 mil watts de potencia.

Aunque De Alba no se ha desempeñado nunca como locutor, excepto en algunos breves instantes cuando lanzó Stereo Vida, más como parte del mismo trabajo de organización, siempre ha estado cerca de labores de programación y producción. "En eso tuve un gran maestro en cuestiones de programación, que es el ingeniero Pedro Estrada, una persona muy querida en la empresa y fundador. Él me dio muchos tips, y por eso he estado siempre cerca de la producción, pero no en la locución, lo cual creo que sería una descortesía para los escuchas", añade con una carcajada. "Siempre he sido muy inquieto y me gusta conocer y aprender las distintas formas de hacer radio a donde quiera que voy; me gusta escuchar qué es lo que hace cada quien. Cuando llegué a León encontré una radio más pasiva, una forma de hacer locución más de declamar. Cuando llegué implemente ciertas cosas que escuchaba en Guadalajara y en otros lados, más novedosas para nuestra zona. En aquella ciudad la onda grupera ya tenía algunos años, había comenzado fuerte desde 1988 aproximadamente. Luego del boom, otras ciudades y estaciones empezaron a reproducir este modelo. Yo ya estaba desde tiempo atrás en el ambiente radiofónico, y me fui acostumbrado a una forma de hacer radio. Además había tenido una grande enseñanza allá en Guadalajara. En ese momento en León había pocas estaciones que se hubieran unido a la tendencia grupera. A los pocos meses de mi llegada fundé Fiesta Mexicana en FM, donde puse ese género".

Debido al gran impacto de Stereo Vida y a la demanda de los radioescuchas, en 1990 se creó la estación XHOO con el nombre de Fiesta Mexicana con una programación exclusivamente grupera. En 1992 la emisora cambió su torre de transmisión al cerro del Cubilete y con ello alcanzó una cobertura regional de todo el Bajío.

No difundir narcocorridos

La otra gran empresa en la vida profesional de Luis de Alba ha transcurrido en la organización de conciertos masivos, sobre todo en la ciudad de León, donde organiza grandes recitales de música popular mexicana. "A los cinco años de haber llegado a León empecé a organizar eventos masivos. Comencé con un baile de los Tigres del Norte, un evento muy grande y bonito que hasta la fecha seguimos haciendo en la primera semana de octubre, desde hace veinte años. Gracias a nuestra forma de manejarlo, de promocionarlo, de invitar a los artistas, duplicamos y cuadruplicamos la asistencia a los eventos en León. Desde entonces he estado apoyando nuevos talentos, descubriendo algunos nuevos y siempre muy inmiscuidos en el ámbito grupero".

De Alba ha combinado su labor en los medios con la representación de su gremio. Como presidente de la Cámara de la Radio y la Industria de la Televisión en la delegación Guanajuato, hizo noticia en 2002 al promover un convenio entre los afiliados para no difundir narcocorridos en las estaciones del estado. En aquel momento explicó que era cuestión de que los narcocorridos no fueran difundidos "como una acción de ética y no por un mecanismo coercitivo. Será la moral de cada empresario la que dicte si se programan o no esas historias de delincuentes".[1] "Hasta la fecha", explica, "nos gusta conservar esa política. Podemos desde luego tocar a los artistas que tienen narcocorridos en su catálogo, pero no los narcocorridos propiamente. Los dejamos de lado; no nos asustamos, pero no queremos ser promotores de ese tipo de música. La gente apoya esta medida, aunque nunca se le puede dar gusto a todo el público. Creo que los que quieran escucharlos tienen forma de hacerlo; comprar el disco, o por otros medios, especialmente en Internet. Pero nosotros los medios de comunicación tenemos una gran responsabilidad social, y tenemos que cuidar no poco, sino mucho, la calidad de lo que decimos para que no se contamine el ambiente. Hay libertad para todos, así que quien quiera escucharlo lo puede encontrar".

Respecto a la competencia que representan los medios como el Internet, reconoce que la industria tiene ante sí un enorme reto. "Las estaciones tenemos la obligación de innovar y ponernos al día. Lo que hacemos es combinar diferentes estrategias y promociones. Antes le pedíamos a la gente que mandara una carta, o un

---

[1] *No difundirán narcocorridos en Guanajuato*. La Jornada. Recuperado el 25 de abril de 2015 en http://www.jornada.unam.mx/2002/11/28/08an2esp.php?origen=espectaculos.html

mensaje de texto; ahora nos apoyamos en las redes sociales, hacemos por ejemplo concursos para subir un video a Youtube, y el que tenga más likes es el que gana. Seguimos jugando y experimentando con nuestra estación de radio y las redes sociales, y es muy padre porque la gente no se desconecta de nosotros, y sí en cambio logramos acercarnos a la cultura de los medios electrónicos. Además, nuestras estaciónes transmiten en vivo las 24 horas y tenemos video de lo que hacemos en el radio".

Nuevos retos

Una faceta poco explorada y que pocos conocen, es la de compositor. Hace unos años El Trono de México incluyó Daré, una composición suya, en su álbum Almas gemelas. "De hecho tengo varias canciones. El Trono de México grabó una canción y hay otras cosas que no he sacado. Siempre me ha gustado escribir. En una ocasión, hace muchos años, conocí a Fato —el multipremiado compositor Enrique Guzmán Yáñez— y empezamos a hacer muy buena amistad. En algún momento en esos años le enseñé mis composiciones y un día sin querer Lalo, del Trono de México —Everardo Marcelino Ávila—, por medio de Fato, vio una de las letras de mis canciones, le gustó y la grabó".

Como gerente general de Radiorama Bajío y líder del sector del entretenimiento, Luis de Alba tiene claro los retos de la nueva época. "Tenemos que consolidar el número uno donde queremos estar, seguir dándole a la gente lo que está pidiendo, porque las redes sociales están influyendo muchísimo. Tenemos que estar muy al día, llegarle a la gente, lo que pide en cuestión de radio. Lo mismo en cuestión de eventos. El público es inquieto y ya ha perdido mucha capacidad de asombro. Por ello se le tienen que estar presentando los artistas de una manera distinta, para que se conserve al menos esa inquietud de ver al artista y divertirse. El mayor reto a corto plazo es no perder participación en el mercado ante los medios virtuales".

Oswaldo Díaz
(Erazno, la Chokolata y muchos más)

"Yo no le decía a nadie que estaba en la radio, ni les decía que hacía comerciales."

▬ Oswaldo, tú tienes un talento. Tú vas a ser un cabrón. Vas a llegar a ser grande. Deberías quedarte en la radio.
—Nombre, yo estoy muy bien en mi trabajo, en el *landscaping*.
—¿Recortando jardines? Ándale, vente.
—No, no, allá estoy bien.
—¿Por qué no quieres entrar a trabajar en la radio?
—Porque gano más como jardinero.

En algún momento de la década pasada pudo haber tenido lugar un diálogo similar a éste. Oswaldo Díaz, un joven de Jiquilpan, Michoacán, que trabajaba como jardinero en Los Ángeles, había rechazado una o dos veces la oportunidad de entrar a la radio y dedicar su tiempo completo a la locución. "Es extraño", comenta, "mientras otros esperaban con ansias la oportunidad de recibir una oferta así, yo las rechazaba". Tal vez su principal interés era seguir haciendo voces e imitaciones y divertir a sus amigos, una habilidad que había descubierto —para beneplácito de sus familiares en las fiestas en su natal Michoacán— desde muy chico: Oswaldo podía hablar como comentaristas deportivos, como actrices famosas, como productos de su imaginación y como trasvesti. Y cuando en Santa María California pasaba ratos en la La Ley 100.3 FM desarrollando el prototipo de lo que sería La Chokolata —un trasvesti que se cree muy nice— tampoco tenía muchas ganas de que sus amigos lo celebraran.
—Oye, ¿tú eres el gay que sale en la radio?
—No, güey, ¿cuál?

"Yo no le decía a nadie que estaba en la radio", confiesa Oswaldo Díaz, que hoy es escuchado en El Show de Erazno y La Chokolata de Entravision en más de 68 estaciones afiliadas en Estados Unidos. De acuerdo a Nielsen, en 2014 el show alcanzó una audiencia de 1.6 millones de adultos hispanos, tan sólo en las estaciones de Entravision. Si se incluye a las afiliadas, el público total sobrepasa los 3.6 millones de escuchas. La característica principal del programa es la personificación y parodia de diversos personajes a cargo de Oswaldo, que admite alegremente tener —cuando está al aire— un sano trastorno de personalidad múltiple.

Sembrando y jugando

"Hay una universidad muy buena de locutores en Jiquilpan", bromea Oswaldo Díaz ante la pregunta de por qué han surgido tantos locutores de la región. El creador de Erazno y la Chokolata vino al mundo en 1981 en el mismo hospital donde nació el expresidente Lázaro Cárdenas. Si es o no obra de la casualidad la productividad de Michoacán en cuanto a personalidades de la radio, lo que sí compartió Oswaldo siendo niño con otras familias de la región, es la historia del que padre tenía que trasladarse por largas temporadas a Estados Unidos en busca de trabajo. Sin embargo, lo mismo que en muchas otras familias que a pesar de la separación consolidaron lazos fuertes, la de Oswaldo fue una infancia feliz. "Fue la infancia que creo que muchos niños quisieran tener, a pesar de que mi papá no estaba con nosotros y mi mamá comía sola. Éramos cinco hermanos: Tere, que es la mayor, Miguel, Saúl, Tino, y yo, el más chico. Nací en Jiquilpan pero vivimos en un rancho hasta los siete u ocho años. Estaba en la escuela, pero el maestro a veces no iba; eso era algo muy normal. Obviamente, el enfoque en casa era trabajar la tierra, desde niño. En la época de la siembra, los señores iban haciendo el hoyo y nosotros detrás echando semillas de maíz, frijol o calabaza, y luego tapábamos el hoyo; ésa era la tarea para los niños de mi edad. En la época de la cosecha, íbamos también detrás de ellos, y si se les caía una mazorca la volvíamos a echar a su carga. Éramos muy pequeños, pero aquello era normal para nosotros. Ése era nuestro estilo de vida. Jugábamos los juegos populares de los pueblos de México, "el chambelán", las canicas, las escondidas, y era muy bonito. A veces la gente dice: `¡Oh, pobre gente del rancho! ¡Pobre gente de los pueblos!´, y al contrario. Para mí eso es una riqueza que ahora puedo usar en la radio, y la uso mucho, porque mucha gente se identifica con las cosas que yo hablo. Gracias Dios que viví eso".

    Como a muchos niños, a Oswaldo le disgustaba ir a la escuela "Río Seco y Ornelas", nombrada así en honor del general que murió en Jiquilpan peleando contra el invasor francés. Más recuerdos tiene de estar trabajando en diversas ocupaciones, por la cultura de trabajo que siempre hubo en su familia. "Iba en la tarde a la escuela comercial, que era el turno de los burros. La verdad íbamos a hacer mucho relajo, pero siempre tuve ese compromiso conmigo mismo de cumplir mis obligaciones; así que primero hacía la tarea y luego me ponía a hacer relajo. El maestro le decía a mi madre: `Señora, no sé que decirle; su hijo hace todo, pero cuando termina empieza a hacer relajo. Entonces, hace bien, pero hace mal´". La escuela se combinaba con trabajos que tomaba con sus hermanos en pastelerías, en el mercado, en fruterías y haciendo tortas. "También trabajé en las casetas de teléfono, que en ese tiempo se usaban", añade Oswaldo. "En una bicicleta íbamos a avisar, por ejemplo: `Doña María, tiene una llamada de su hijo´. Ésa era parte de nuestro trabajo en las casetas telefónicas. Eso fue en 1994".

Las charritas

Mucha gente le pregunta a Oswaldo, que de niño quería ser futbolista, si su sueño fue siempre estar en la radio, y se sorprende al saber que se trató de un interés entre muchos otros. De hecho, nunca estuvo en su lista de favoritos. Pero más se sorprenderían, quienes disfrutan del humor ligero de su programa, de enterarse que Díaz desarrolló su sentido del humor en los funerales. Para eso hay que entender lo que es un funeral en los pueblos tradicionales de Michoacán. "Cuando hay un velorio en Michoacán, al menos en mi pueblo, más que reuniones tristes, son encuentros para contar chistes e historias. A mí me gustaba mucho juntarme con los señores que contaban las charritas, la charra, los chistes. Pienso que parte de mi personalidad se debe a esos señores, que se echaban chistes. De niño era una esponjita; se me quedaban todas esas historias". Quizá la influencia fundamental a esa edad fue su abuelo Florentino, que en muchas ocasiones fungió como figura paterna y de quien heredó su sentido del humor. "Siempre que estoy al aire lo recuerdo. Mi abuelito era muy charrero, se la pasaba diciendo chistes. Yo me imagino que si me hubiera escuchado en la radio se hubiera muerto de la emoción. Muchísima gente lo quería mucho por cómo era; no sé si divertía a todos, pero era muy relajiento, y parte de su personalidad quedó en mí. Cuando murió en 1994 —tú sabes cómo son los entierros allá, cómo la gente va siguiendo la carroza a la iglesia— de tanta gente parecía que era 18 de marzo o 20 de noviembre".[1]

En 1994 la familia Díaz se mudó a Estados Unidos, a instancias del señor Díaz, que había trabajado en el país desde su adolescencia y había arreglado los papeles para que todos cruzaran a salvo la frontera. Aunque Oswaldo no estaba muy de acuerdo con ese viaje, y sus primeras impresiones del nuevo país no fueron gratas, principalmente por el idioma —"Yo no quería hablar inglés"— y por la comida —"Una tía hacía tortillas buenísimas en Michoacán. Acá las vendían en bolsa, horribles. Para mí no fue algo agradable. Nos fuimos hasta Tijuana, un tío fue por nosotros a esa ciudad y luego llegamos a Santa María, California, a tres horas de Los Ángeles. Ahí crecí y estudié. Y recuerdo que me hacía el enfermo para no ir a la escuela. En una ocasión fueron a un viaje de estudios y les dije que no podía ir porque mis papás no me habían dejado ir; pero yo nunca les había dado el papel para que lo firmaran. En la secundaria sí había gente que hablaba español, y me encontré a un muchacho que también era de Michoacán. Se convirtió en uno de mis mejores amigos. Ahí también era algo relajiento, pero siempre hacía lo que tenía que hacer. Después de la high school yo no tenía una meta en cuanto a qué estudiar. Sabía que seguía el colegio, o la universidad, pero yo no tenía esa visión. No sabía qué hacer".

Landscaping

Sin mucha pista de qué camino tomar, Oswaldo empezó a realizar algunos trabajos, entre ellos el de jardinería, donde permaneció dos años. En esa actividad se sentía satisfecho y ganaba lo suficiente para estar contento. El primer contacto con la radio, aún de forma indirecta, fue en California, durante un evento para el Día de las Madres que organizó la iglesia local. Ahí asistió Carlos Ibria, un programador de La Ley 100.3 de Santa María, California. "Yo pertenecía a un club de jóvenes de la iglesia, como

---

[1] Fiestas cívicas de la expropiación petrolera y la Revolución Mexicana, respectivamente, que se celebran en grande en todo Michoacán.

parte del grupo de animación, al que llamaban Ministerio sociocultural, que organizaba los juegos para el grupo y contaba chistes, hacía relajo. La iglesia nos dio la tarea de darle de comer a los artistas, y recuerdo que no llegaba uno de ellos". El programador de la radio se acercó a Oswaldo y le preguntó si estaba en algún grupo musical. Éste a su vez le preguntó qué hacía un programador en una estación de radio. El joven se interesó, Ibria le dio su tarjeta y lo invitó a visitar La Ley. "Yo siempre estaba haciendo imitaciones; mis tías iban a la casa y cuando se iban las imitaba, y mi mamá se reía. Todo mundo me decía que debería entrar a la radio".

Un día que no tuvo trabajo llamó a Ibria y se dirigió a la estación, que estaba a cinco minutos de su casa, aunque, al entrar, su primera impresión fue decepcionante. "Yo me imaginaba la radio como que veías luces", recuerda Oswaldo, que esperaba ver algo complejo y futurista. "Y vi que era nada más una cabina con un micrófono y una consola, y una locutora hablando. Pensé: `Es como muy estúpido: le hablas al micrófono y nada más´. Mi contacto daba noticias locales para Telemundo, y se me hacía muy interesante como metía los comerciales".

Fue justamente mientras su amigo tomaba un descanso de grabar comerciales cuando Oswaldo se sentó al micrófono para ayudar, mientras aquél escuchaba desde afuera. "Algunas de las voces que he hecho son la del Perro Bermúdez y de La India María. Él se salió para que no me diera pena, entonces yo quise grabar un comercial así como la India, y regresó y me dijo sorprendido: `¿Tú hiciste esa voz? ¿Que otras voces haces?´. Entonces empecé a hacer la de la India María, la del Perro Bermúdez, y él estaba risa y risa. Y me dijo: `Vente a trabajar aquí al show de la mañana, y le haces como el Perro y también haces Deportes. Pero yo estaba de lleno en mi trabajo de landscaping.[2] Me estaba yendo bien, tenía dinero en el banco y le ayudaba a mis papás. Era mi cultura: salir de la escuela y ponerse a trabajar. Mientras miles de personas piden una oportunidad para estar en la radio, yo dije que no".

"Yo soy todos"

Al final, la insistencia de quedarse pudo más. Oswaldo puso un poco de su parte. Para poder conseguir un trabajo de tiempo completo grabó un demo y lo presentó diciendo que había sido locutor de Pulsar en Guadalajara. Una vez contratado, se puso a practicar a la media noche, a grabar comerciales y sobre todo a dar vida a sus personajes, que entonces ya existían, especialmente la Chokolata, para cubrir la sección de Espectáculos. "Yo no le decía a nadie que estaba en la radio, ni les decía que hacía comerciales. La gente me preguntaba que si yo era el que hacía la voz de un gay en la radio. Cuando se corrió la noticia, la gente empezó a decir: `¡El Dunga está en la radio!´", que era el apodo que tenía entonces Oswaldo, en honor del capitán de la selección brasileña que ganó, ese mismo año, el Mundial de Futbol en los Estados Unidos.

"Después de trabajar un tiempo con una compañera en cabina, me dejaron solo y empecé a hacer el show. Y la gente iba a la radio y me decía "Tú vas a ser un cabrón, tú vas a llegar a ser grande". La verdad yo no era muy ambicioso; con que sacara para comer estaba bien, ésa era mi idea. Firmé un contrato por 16 mil dólares al año con Entravision. Había mucho movimiento (cambios de personal) y pensé que iba a quedarme sin trabajo. Iba y les grababa cosas, hacía capsulas, cositas así, porque en verdad me empezó a gustar, pues era algo fácil, en comparación con la jardinería. Así me pasé tres meses".

Todavía sin estar muy seguro de su lugar ni de su futuro en la estación, viendo cómo se marchaban las mismas personas que lo habían invitado y cobijado, incluso ante preguntas del mismo personal de si quería mejor regresarse a Santa María, un día por fin las cosas cambiaron: le pidieron que preparara un demo para un programa donde

---

2 Paisajismo, o modificar las características físicas de un ambiente rural o urbano con elementos vivos, como flora y fauna.

pudiera ocuparse; él decidió hacer algo sencillo, sin demasiados efectos de sonido, como veía que los demás lo hacían. El mismo Oswaldo, con su capacidad de imitar distintos personajes, proveería los efectos de sonido. Cuando les mostró el demo, parecía un diálogo donde hablaban varias personas a la vez, con un aire cómico.

—Muchachos, me llamó el jefe y vamos a tener que hacer un programa. ¿Como qué piensa usted, Choko?
—No, pues yo creo que está muy bien, cuenta conmigo para lo que necesites, para lo que sea.
—¿Cómo ves, brody?
—Ah, pues sí, Braulio. Y usted, señorita?
—Pues vamos a echarle ganas.

Y después, cuando ya lo había entregado y vuelto a su casa, sonó el teléfono de Oswaldo.
—Oye, escuché el demo. ¿Quiénes son las personas con las que hiciste esto?
—Pues soy yo.
—¿Tú eres todos?
—Yo soy todos.
—¿Ah, sí?
—Sí.
(Silencio)
—¿Estás aquí en la radio?
—No, ya me fui.
—¿Puedes venir ahorita?

"Y me regresé", recuerda Oswaldo. "Y me dijo que estaba muy chido, que había que crear los personajes y lanzar el programa. Al principio se llamaba Ya párate, porque yo escuchaba mucho tiempo antes un programa que así se llamaba. Rompieron el contrato anterior y firmé uno nuevo, por más del triple. Y luego salieron números muy buenos; había naturalidad en el show, era muy fluido. A los seis meses han de haber pensado `No se vaya a ir éste´, y me volvieron a renovar el contrato". "El Show de Erazno y la Chokolata generó una abrumadora reacción del público", comentó recientemente José Villafane de Entravision, "que recibió con gusto su original combinación de noticias con segmentos de cultura popular, humor e interés humano".

Erazno de un garage

De acuerdo al sitio oficial de una de las estaciones donde se transmite el programa, "la Chokolata conduce el show, y se considera toda una diva, siempre intentando alejarse de su imagen de naca. A ella le encanta poner a Erazno en su lugar. Erazno es un aspirante a luchador mexicano, y siempre lleva a sus compañeros a tomar parte de ridículas y divertidas parodias, presentando las noticias con un estilo muy particular. Las 5 del Doggie es cuando el Doggie cuenta con cinco minutos para dar su opinión acerca de lo que sucede en el mundo de la cultura popular".[3] Al respecto, su creador reflexiona: "Erazno siempre ha sido más como he querido ser yo. Es mi máscara. A él le encanta el fútbol, le gusta la lucha, es el que avienta los chistes en el show, es el dicharachero, el que habla cosas de la infancia que he vivido, el que vivía en un rancho. Erazno es el de Jiquilpan y le va al América. Es el más humano de todos, con el que más se identifica la gente. Vive en un garaje y hay gente que realmente vive así. La Chokolata es de Tepatitlán, el Doggie es de Monterrey, y la gente lo cree; hay personas que llaman de Jalisco: `Eh, yo soy de Texas, soy de la familia no-se-quién´, y él les responde: `¡Ah, sí, claro!´. Al Doggie igual: `¡Qué onda Doggie, soy de San Nicolás´, y así. Los personajes tienen vida".

---

3 La Tricolor 96.5, *Erazno y la Chokolata*, recuperado el 5 de abril de 2015. http://www.965tricolor.com/show/erazno-y-la-chokolata/

Oswaldo también se ha distinguido por su espíritu solidario. En 2014 recibió una distinción como Personalidad Hispánica del Año en la Radio (Hispanic Radio Person of the Year) por parte de Children's Miracle Network, una organización internacional sin fines de lucro que reúne fondos para hospitales alrededor del mundo. El nombramiento fue gracias a que con su show contribuyó con la aportación más grande de ese año. "Yo era de los que, desde niño, agarraba el teléfono y marcaba para mandar dinero, o mandaba el sobre. Cuando estoy viendo un partido de futbol y de repente sale el comercial: `Ella es Vanesa, una niña que vive en tal lugar´, eso sí me toca. Niños que ves con diálisis, sin su pelo, y madres que sufren. Pero con la radio tenemos la oportunidad de ayudar".

Por lo pronto, Intravision ha firmado un acuerdo para sindicar El Show de Erazno y La Chokolata a cinco mercados radiales de Univision a partir de marzo de 2015, con lo que la audiencia alcanzará 78 estaciones afiliadas en 65 mercados que abarcan 84% de la población hispana de Estados Unidos. No es extraño entonces que Díaz tenga cada vez más planes para el futuro de sus personajes. "En estos momentos estoy hablando con DreamWorks, una compañía muy importante que creó Kung-Fu Panda, Shrek y a los de Madagascar. Mi sueño siempre ha sido ver a mis personajes juntos, platicando. Ya estamos en eso de cómo crear el garage de Erazno, donde él vive. Queremos empezar con unos cortometrajes. Me veo algún día haciendo la película de la Chokolata, algo al estilo de Huevo Cartoons, por ejemplo. Pero tengo claro que la base es la radio".

De aspecto tranquilo, incluso un poco tímido fuera de la cabina de radio, con una voz reposada que muchos de sus seguidores no reconocerían, Oswaldo es capaz de reconocer que la radio pudo haber sido un accidente o algo no planeado en su vida, pero que quizá fue la mejor herramienta para poder ser quien él es en realidad, desde la época en que su abuelo decía las charritas. "Divertir a los demás nunca fue mi finalidad, pero siempre fue, para mí, algo que salía muy natural. Y sí, de repente soy muy serio. Pero si tengo un micrófono me transformo, con todas las personalidades. Nosotros somos entretenimiento. Nunca fue mi propósito entretener a la gente, pero el día que quieran hacerlo y se quieran reír, te aseguro que ahí estará nuestro show".

Gabriel Escamilla

*"Al final de cuentas, mi vida
ha estado llena de inquietudes,
y la música, desde el principio,
fue una de ellas."*

Gabriel Escamilla es una de las personalidades de la radio que ha sabido conquistar la estima y el afecto del público, incluso ahora, trabajando no detrás de un micrófono, pero sí cerca de las cabinas, produciendo, dirigiendo y reconociendo el nuevo talento donde quiera que éste surja. Si algo lo ha distinguido es su inagotable curiosidad y amplitud de miras para emprender nuevos proyectos. En su paso por la locución, la música, el teatro, la televisión, la promoción deportiva y la producción, ha canalizado su infatigable entusiasmo y energía sobre todo a la gente, quienes, en sus propias palabras, han sido sus verdaderos maestros.

Gabriel Escamilla nació en Huauchinango, Puebla. Fue el último de cuatro hermanos y, como él mismo explica, por decirlo de una forma "llegó tarde": todos le llevaban muchos años. Ese relativo aislamiento influyó mucho para que pasara su niñez entre libros. "Crecí prácticamente solo, sólo conviviendo con mi madre que fue la que me dio toda la formación. Así, en vez de salirme a jugar, a convivir, o tener novia, mi vida era leer los libros que había en la casa y los que nos llevaba mi papá. Sin proponérmelo, esta formación me sirvió mucho cuando llegó la etapa de la locución". Ya desde chico Gabriel mostró qué tan variados podían ser sus intereses. Además de los libros, le encantaba la música —tocaba la guitarra y el teclado—, la magia —hacía trucos con monedas y cartas para pequeños públicos—, la computación y la oratoria. "Siempre me gustó ser orador. En la escuela primaria y secundaria me elegían para recitar la efemérides, los homenajes a la bandera, el saludo a las generaciones cuando terminaba el año escolar. Creo que de ahí nació mi amor por hablar detrás de un micrófono".

Pero a diferencia de otros colegas, la locución no fue una opción clara desde el inicio. "De niño nunca supe si iba a ser paracaidista, astronauta o bombero. Tampoco me llamaba particularmente la atención la radio. Claro, me gustaban las estaciones de la ciudad de México que oía mi hermano Laurentino. Crecí con canciones de Patrick Hernández y Earth, Wind & Fire". Llegado el momento, Gabriel decidió estudiar la licenciatura en computación, aunque incluso entonces no estaba aún muy seguro de que ése fuera el perfil que tomaría su vida profesional. Con todo, su etapa de estudiante universitario le dio la oportunidad de acercarse por primera vez, de manera más comprometida, si bien algo informal, a la música y la gente. "Empecé a tocar la guitarra en los camiones para poder pagar mis estudios universitarios. ¡La primera vez que nos subimos éramos doce! La rondalla completa. Queríamos comprar uniformes porque parecíamos retratos, todos con pantalón azul y camisa blanca, como repartidores de pan de bolsa. Pero éramos tantos que, cuando hicimos la repartición, vimos que nos tocaban unos cinco pesos a cada quien, y decidimos separarnos. La verdad es que ganamos buen dinero".

Grupo ACIR

Cantar en los camiones fue también una gran escuela para Gabriel. "Me dio una gran soltura. Me quitó los nervios y me convirtió en alguien a quien dejó de preocuparle el qué dirán los demás". El primer acercamiento real con la locución fue nuevamente a través de su hermano Laurentino, que comenzó su carrera como cronista deportivo y, cuando estaba al aire, le pedía a su hermano que lo escuchara y le diera su opinión. "Por estarlo analizando, retroalimentando, tijereteando, me empezó el gusto por la locución. Empecé a preguntarme cómo sería estar al aire, cómo serían las cabinas, cómo sería conocer a tantas personas y que todo mundo te reconociera. Porque yo entonces todavía pensaba", añade Gabriel con una sonrisa, "que ser locutor significaba que ibas a ser muy guapo, muy rico y con muchas mujeres".

Verdad o mentira, pronto lo descubriría, porque al poco tiempo llegó el primer empleo en la locución, en el Grupo ACIR Puebla, cuando él todavía estudiaba computación y escuchó en la radio una convocatoria para reclutar nuevo talento: Si te gusta ser el alma de las fiestas, si te gusta imitar voces, si te gusta entretener a las personas, ésta es tu oportunidad de sumarte al grupo de locutores del grupo ACIR. No lo pensó dos veces. Se inscribió en el curso de cuatro semanas, con la emoción de estar, ahora sí, en una cabina de radio. De 350 personas, el grupo se fue reduciendo hasta que quedaron 25 y finalmente cuatro finalistas, entre los cuales no estaba Gabriel. "Sin embargo", recuerda, "de esos cuatro, uno falló y a mí me dieron la oportunidad". A partir de ahí se sucedieron rápido los cambios y comenzó el ascenso. En marzo de 1991 ingresó como locutor suplente a ACIR Puebla, para después de un año pasar a La Tremenda, en Corporación Mexicana de Radiodifusión. Exactamente un año más tarde, llegaría a Televisa Radio, en 1994. Un par de meses después era director de la emisora. "Fue algo muy rápido. No me esperaba tantos cambios en tan poco tiempo. Pero fue muy satisfactorio".

La Ke Buena y la explosión grupera

Al mando de los destinos de la Ke Buena, en Televisa Radio, Gabriel se convirtió en protagonista del movimiento de la música grupera que, en la segunda mitad de la década de los noventa, barrió como un huracán la ciudad de México y el resto del país. "Cuando descubrí el regional mexicano, me había contratado el señor Domingo Chávez Moreno para realizar un programa musical, "Estelares Disa", que llegaba a todo el país. Ahí es donde conocí la fuerza del regional mexicano. Tuve suerte porque estuve al lado de gente que me enseñó muchísimo. Toda mi vida en la radio ha sido, ante todo, aprender. Me tocó una generación con la que pude absorber muchos conocimientos".

"Según recuerdo, la primera estación en el DF que empezó a tocar música grupera fue Radio Uno; pero fue la Ke Buena la que, de forma completa y completamente dedicada, se volcó hacia este concepto. Las compañías de discos Melody y Fonovisa habían detectado una necesidad; tenían a muchos artistas en el género regional mexicano, pero no un escaparate dónde mostrarlos, y fue entonces que pensaron en alguna de las estaciones de las cuales eran también dueños. Así crearon la Ke Buena, de la mano de Martín Fabián, que ya traía un éxito increíble en otras ciudades de la república", explica Escamilla.

El movimiento grupero por supuesto tenía antecedentes. "Esa música siempre había estado presente, desde gente como Rigo Tovar y sus bailes multitudinarios. Gracias a mi papá, crecí escuchando estaciones como La T Grande de Monterrey y La Q Mexicana. Ya se veía que había un movimiento muy importante en provincia. En Monterrey empezaron a formarse agrupaciones como Lorenzo de Monteclaro, Ramón Ayala, que de pronto empezaron a brincar fronteras porque los medios de comunicación así lo permitían. En mi época como locutor en Puebla me tocó vivir el inicio de Los Temerarios, Bronco. Fue la llegada del concepto de la Ke Buena a la ciudad de México, con Martín Fabian y su equipo, lo que detonó este género en el centro del país. Fue una época dorada. La gente necesitaba verse reflejada a través de la música; quería encontrar en ella lo que realmente vivía, lo que sentía; y vio, en estos grupos, un lugar dónde dar rienda suelta a sus emociones".

Los Animales

Siempre a la busca de nuevas estrategias y modos de llegar a la gente, en 2008 Gabriel inició un proyecto musical de la Ke Buena, "Los Animales". Respecto a sus orígenes, él mismo explica: "Cuando organizábamos eventos, hacíamos magia en el escenario, hicimos una rondalla grupera con vocalistas de varias bandas, y después sketches en el estadio Azteca. Cada evento era una oportunidad para intentar dar algo más. Ya habíamos agotado todos los recursos, ya nos habíamos disfrazado, ya habíamos actuado, ¿qué nos faltaba? Cantar". Así se reunieron el "Tigre", el "Coyote", el "Pollo", el "Gato", el "Burro", la "Paloma", el "Pato", el "Ratón" y el "Charal" (el propio Gabriel), todos ellos comentaristas y locutores de la estación. A pesar de la variedad de especies, fueron un éxito y el grupo se constituyó en una de las andanzas más memorables de este locutor. "He estado en radio y la televisión, he hecho teatro, he cantado en espacios pequeños, como teatros del pueblo, hasta el Azteca, pero lo que más me ha llenado es cantar", comenta. Los Animales grabaron varias canciones y videos, y llegaron a presentarse en el estadio Azteca, ante un público que los recibió con sorprendente nivel de aceptación.

"Al final de cuentas, mi vida ha estado llena de inquietudes, y la música, desde el principio, fue una de ellas", comenta Gabriel con un especial gusto al recordar al famoso zoológico musical de la Ke Buena. "Los Animales nos hizo vivir ese sueño; hicimos giras, incluso nos abrieron las puertas estaciones de radio de la competencia, lo cual en un medio tan competido como la radio, fue algo inusitado".

De forma paralela, incursionó también en la poesía grabada, siguiendo la tradición de muchos artistas latinoamericanos como Facundo Cabral, Manuel Bernal o Arturo Benavides. "Chencho García, un gran amigo, me dio la oportunidad de grabar unos discos de poemas que se vendieron muy bien. A mí me daba gusto que la gente que me dijera que mis reflexiones eran para ellos un alivio en tiempos de depresión, o cuando tenían un problema personal. Más allá del éxito de las grabaciones, me quedó claro que si yo podía provocar un cambio en la vida de una sola persona, ése era suficiente motivo para agradecer a Dios". La primera grabación se tituló Memorias de mi vida, a la que siguió un Volumen 2; luego vino Reflexiones, uno de poemas con Los Temerarios y otro con Los Acosta.

Lecciones de vida

Claramente, la mayor recompensa para Gabriel Escamilla han sido las lecciones de humanidad que le ha brindado la gente sencilla, experiencias que dejaron una profunda huella en su carácter. "Todos los días trato de ser humilde, cortés, positivo; trato de dar o mejor de mí, precisamente por las enseñanzas que me han dado los radioescuchas. Llega un momento en que la gente empieza a ver al locutor como un amigo, como un confidente, y tal vez ayuda el hecho de que no nos conocen en persona. Recuerdo que cuando trabajaba en Puebla, me tocó el turno de doce de la noche a seis de la mañana, y yo tenía los problemas propios de la edad. Llegaba a mi turno y me ponía a llorar. Una persona me hablaba todas las noches y me decía que yo era increíble. Un día me dijo: `Quiero confesarle algo: Me detectaron cáncer y el doctor me dio tres meses de vida. Estoy en una depresión tremenda, pero al escucharlo a usted, con su alegría y sus ganas de vivir, me siento mejor. No duermo por quedarme a oírlo a usted de doce a seis´. En ese instante en que yo estaba en la depresión de la novia, comprendí muchas cosas y me dije a mí mismo que cómo era posible que una persona en esa situación tuviera más ánimo y energía que yo. Ella fue un espíritu increíble que recuerdo a menudo".

"Hubo otra niña, Brianda, del DF, a la que también recuerdo con frecuencia. Estaba muy enferma y su último deseo era escucharme. Quería que le hablara por teléfono. Fui a su casa. Nos hicimos cercanos, hasta que murió. Son historias que me han tocado. La gente quiere una motivación, un aliento, un poco de ánimo, y al final, el que termina motivado y enriquecido es uno mismo".

Una radio de respeto

Hoy en día, Gabriel Escamilla, lejos del micrófono, aplica sus conocimientos en Grupo Radio Centro y Grupo Radio México como asesor, realiza varias tareas directivas y organiza eventos, mejora la programación y crea nuevos conceptos en promoción. "En este momento trato de aportar todo lo que he aprendido en más de veinte años en la radio. Mucha gente me pregunta cuándo voy a regresar al aire; me mandan correos, me hacen llamadas; me siento bien con mi trabajo, pero todo eso me empuja a regresar a la locución. No sé cuándo lo haga, porque ahora las responsabilidades son mayúsculas, pero la gente ha sido maravillosa conmigo. Entre más importante es la posición que Dios te da en la vida, más es el compromiso de estar cerca de la gente que te hace estar ahí."

Gabriel Escamilla también mantiene un proyecto empresarial paralelo de promoción a la salud y el deporte llamado Zumba, y todavía encuentra tiempo para ofrecer, a manera de servicio social, sesiones multitudinarias gratuitas de zumba cada domingo en la delegación Venustiano Carranza y en Ciudad Neza.

Perteneciente a una generación educada en el trabajo y el respeto, Gabriel reflexiona sobre el futuro de la locución: "Uno de mis trabajos en Grupo Radio Centro es localizar nuevo talento. Hace doce años, durante mi primera gira por la república mexicana, encontré profesionales de la radio tan buenos a quienes, no me da pena decirlo, les copié muchas cosas y las apliqué en mi trabajo. Ahora, en mi segunda gira en busca de talento, me veo ante la desagradable sorpresa de que imperan, más que en ninguna otra época, las groserías, el albur, el doble sentido y la falta de respeto entre los locutores. Nuestro valores están deprimidos. Creo que es una lástima que la radio se esté ocupando para la mofa y para emitir groserías cada diez minutos. Es lamentable que la mayoría de los locutores que en este momento gozan de gran popularidad sean aquéllos que usan el poder de la palabra para estas situaciones tan vergonzosas, sólo en busca de un alto rating. Qué lástima que estemos en ese momento".

Y describe con gran pasión su ideal de la radio: "Como locutor, debes luchar por arrancarle a alguien la sonrisa, por ponerlo a reflexionar, incluso hacerlo llorar. Ésos son los locutores que a mí me mueven y entre los que me quiero seguir contando. Contra quienes utilizan el micrófono para abusar del poder de la palabra, tengo la ilusión de que lograremos construir una radio de respeto, una radio familiar, que promueva una comunicación más propositiva, de interés para las personas; que abone nuestra realidad. En pocas palabras, una radio que dé esperanza y alegría; una radio que nos haga a todos mejores personas".

Antonio Esquinca

*Lo mismo con los dioses que con los hombres,
las ovejas permanecen dentro de su corral,
aunque muchas veces hayan visto la manera de salir.*

Genesis, Firth of Fifth

La palabra ángel deriva del latín *angelus*, y significa mensajero de Dios, aunque la raíz más antigua pudiera venir del antiguo persa, de una palabra que se usaba para designar el correo a caballo, es decir, quien portaba mensajes a lomo de caballo. En la tradición, los ángeles, más que hacedores de milagros, son portadores de noticias. Son, por decirlo de algún modo, servidores de la palabra. Lo que en el caso de Antonio Esquinca —locutor, productor, conferencista y escritor profundamente interesado en la espiritualidad y en los ángeles— parece un acto de justicia poética. No sólo porque su primer trabajo fue de mensajero, sino porque a través de las ondas electromagnéticas moduladas —la radio— y, en menor medida, la palabra escrita —sus libros y sus columnas—, hoy su principal interés es despertar la conciencia y remover el polvo del alma de quienes oyen sus mensajes de optimismo. Sabe que algunos lo detestan y que otros son fieles seguidores. Ha estudiado desde Comunicación hasta Filosofía zen y Psicología de Masas en Texas. Pero sobre todo, ha sido leal a sí mismo.

"Al principio de mi carrera, estuve trabajando sin cobrar durante varios meses. Cuando por fin hubo una plaza para mí, mi primer trabajo fue de mensajero", explica recordando sus accidentados inicios en la radio. "Me dijeron: `Hay una plaza, te voy a meter de mensajero´, y me aventé. Después fui operador; por supuesto con el peor turno: de las doce de la noche a las seis de la mañana. En ese entonces estaba todavía yendo a la universidad porque debía unas materias. Iba a recursar unas, a presentar otras, y ni modo: trabajaba en la madrugada, y muchas veces me quedaba a hacer la producción de las estaciones. Pero", explica con cierta frustración, "no salía al aire; y yo lo que más quería era estar al aire". Es decir, ser mensajero, pero ya no de los que llevan memorándums de una oficina a otra.

Antonio nació en la Ciudad de México. Sus padres eran ambos maestros normalistas, que por necesidad tenían que trabajar doble turno, y casi no podían estar con su hijo. "No fue una niñez fácil, siempre crecí solo", recuerda. "Mis hermanos son mayores que yo. Cuando nací, mi hermana mayor, Delina, ya tenía veinte años. Fui un niño que creció rodeado de gente grande; mis sobrinos vinieron a ser como mis hermanos. Mis abuelos me cuidaban, que también eran maestros normalistas. Nunca me gustaba estar en la calle, me gustaba estar en mi casa; casi siempre jugaba solo". Nazaret Estrada escribió en 2012 que el mejor recuerdo infantil de Toño era ver llegar a su abuelo a casa "porque siempre lo sorprendía haciendo volar su imaginación: —Hay un elefante blanco amarrado a la defensa del auto esperándote. —Y yo salía corriendo a buscarlo con la ilusión de encontrarlo—. Te tardaste en salir —decía el viejo mientras reía´".[1] Sin embargo, también sus hermanos se hicieron cargo de él. Su hermana Delina, inquieta y espiritual, tendría una influencia determinante. "Delina ya murió, pero ella fue quien hizo toda mi formación. Estuvo muy al pendiente de mí". A los nueve años sus mejores amigos eran el padre Cano, el párroco de la iglesia de su colonia, y una señora de edad avanzada con la que platicaba sobre los milagros de Jesús. Además, el niño prefería guardar sus domingos para dárselos a la viejita que impartía el catecismo.[2] Estudió la primaria y secundaria en una escuela de gobierno en la Ciudad de México. "Así fue siempre la educación de mis padres. Ellos creían mucho en el sistema educativo, pues eran normalistas; luego estudié en la Prepa 6 `Antonio Caso´". Luego trabajó en una tienda de discos; ya para entonces había descubierto su pasión por las bandas de rock, especialmente Genesis. Con frecuencia, el muchacho de la imaginación activa se imaginaba que entrevistaba a su líder, Phil Collins.

La muchedumbre

Alrededor de este tiempo tuvo su primer acercamiento con la radio, precisamente en el IMER, el Instituto Mexicano de la Radio, el organismo federal con el mayor número de emisoras en México, que fue creado en 1983 para apoyar la difusión del servicio público. "Era más o menos 1987. Un amigo tenía un programa en una estación que se llamaba Estéro Joven, que después cambió a Órbita. Era los fines de semana y me invitaba a ayudarle. Pero a él le empezaron a ofrecer trabajo en WFM, cuando estaban Martín Hernández y Alejandro González Iñárritu y me cedió su espacio. Era una hora a las ocho de la noche, y los viernes y los sábados a las diez. Aquel trabajo fue increíble. Fue algo que me ilusionó mucho. Me duró poco el gusto, apenas dos meses, porque yo

---

[1] Nazaret Estrada. Toño Esquinca: La voz de la esperanza. Accesado el 30 de junio de 2015 en http://contenido.com.mx/2012/04/tono-esquinca-la-voz-de-la-esperanza/
[2] Antonio Esquinca. *Biografía*. Accesado el 30 de junio de 2015 en http://www.antonioesquincamx.com/2015/04/biografia.html

era menor de edad (y no tenía) una licencia de locutor. Fueron ocho o nueve programas que hice con todo el gusto del mundo. Cuando terminó aquello, anhelé con toda el alma, con todo mi corazón, regresar algún día al aire".

Al terminar la prepa siguió la UNAM, en 1992, donde inició la carrera de Ciencias Políticas, debido a que la que él quería, Ciencias de la Comunicación, estaba muy saturada. Finalmente accedió a ella después de cuatro semestres de cursar materias del tronco común. En 1995 terminó la universidad y empezó a trabajar en el IMER, primero contestando teléfonos y después como productor, incursionando en la radio con Órbita 105.7, uno de los primeros programas comercializados por el organismo público. Según comentó en 2012, recuerda que poco antes de terminar en la UNAM "se me ocurrió grabar un demo para un programa de rock progresivo, que es (...) la música que me despertó a este arte. No tenía muchas posibilidades, pues no conocía a nadie del medio de la radio o de los medios de comunicación, pero pensé: Si no lo intento, nunca voy a saber si funciona o no. Así que me planté en la puerta de las oficinas de un directivo. Le pedí que escuchara mi demo, y para mi fortuna tenía tiempo, (pero) me puso una condición: conseguir un patrocinador".[3]

"Me dijeron: `Tienes un mes para vender el programa, si no te lo compran pues... ¡adiós!´. Me dieron los martes a las once de la noche. Era casi imposible de vender, pero fui a tocar puertas de grupos y marcas muy reconocidas. Fui a las tabacaleras, a las refresqueras. Iba personalmente y les decía: `Mira, tengo este programa, este proyecto, y les va a gustar´. Finalmente Mix-up decidió comparrarme, aunque puso de condición que fuera el viernes a las ocho de la noche. En aquel entonces tenía un programa de estrenos, todo lo nuevo de Mix-up cada semana. Yo era muy feliz porque me pagaban bien y aparte me regalaban todos los discos que usaba para el programa. No había Internet, así que tenía que investigar en revistas. En Órbita duré como siete meses con el patrocinio hasta que decidí irme al grupo ACIR, donde terminé de operador. Y yo lo que quería era estar al aire. No me contrataron porque no había plazas y estuve yendo sin cobrar".

De 1996 hasta finales de 2009 tuvo una larga y fructífera colaboración en el Grupo Radio ACIR, particularmente a partir de la creación del programa Toño Esquinca y la muchedumbre en Mix 106.5. A partir de 1997 también ingresó a la producción de Óxido 1180 y otras emisoras. "Al principio me dieron un horario a las nueve de la noche, una hora antes de la Hora Nacional los domingos. Empecé a tener mucho jale y me pasaron a la tarde. Entre semana me pasaron de 6 a 8 de la noche. Yo era productor también; hacía la imagen de Mix, de digital y de Amor. Me la vivía en grupo ACIR; todos los días salía a las once de la noche". El programa Toño Esquinca y la muchedumbre fue llamado "uno de los programas consentidos de la juventud";[4] se distinguió por el tratamiento de diversos temas, por convertirse en un "divisor de opiniones", pero sobre todo por la creación de lo que él mismo llamaba un "efecto positivo" —que más adelante replicó en su propia página de Internet—, creando una base de seguidores muy leales que, debido a su carisma, lo siguieron a la segunda etapa de su show cuando reinició, años más tarde, en otra estación.

"Sin ti la vida sería incompleta"

No conforme con el alcance de su emisión, Toño continuó sus estudios, su búsqueda espiritual y sus ganas de poder llegar más efectivamente a un público no sólo ávido de diversión y entretenimiento, sino de un mensaje más trascendente, capaz de cambiar vidas. Así, en 2007 el locutor del carisma se convirtió en autor, al publicar un primer libro titulado Transforma tu realidad. "Sé que no soy ningún intelectual, mucho

---

3 Ídem
4 Vanessa Pérez. *Toño Esquinca y su famosa muchedumbre llegan a la red*. El Universal. Accesado el 30 de junio de 2015, en http://www.eluniversal.com.mx/estilos/64504.html

menos un especialista", explicaba en la introducción del libro, que a los pocos meses había vendido más de 35 mil ejemplares. "Tampoco he ganado premios por algún descubrimiento. Soy alguien que todavía tiene muchas cosas que corregir, mucho que dejar ir, mucho que cambiar y sobre todo, mucho que descubrir". El volumen de 80 páginas, en donde agradecía por sus enseñanzas a personajes que iban desde Jesucristo, Deepak Chopra, hasta sus hermanos e incluso Phil Collins, se convirtió en un éxito editorial. Con un lenguaje sencillo e introspectivo, repasaba temas como el amor, las consecuencias de los actos, la importancia del perdón —invitando a ver a la persona que daña como a un niño que necesita amor—, y desde luego, su interés por los ángeles.

"Transforma tu realidad fue un especie de ensayo", dice hoy en retrospectiva. El libro nació porque "se me acercó una persona que nunca había editado un libro; era de una editorial de revistas, y me dijo: `Oye, quiero hacer un libro contigo, ¿te interesa?´, y le dije: `Pues órale´. Y me dijo: `Bueno, ¿en cuánto tiempo me lo podrías entregar?´, y le pedí dos fines de semana. En ese tiempo escribí Transforma tu realidad. (Con ese libro) quería enseñarle a la gente lo que había aprendido, compartirle todo aquello en lo que yo creía". Dos años después, en 2009, apareció un segundo título llamado Plan de vuelo, que coincidió con su salida de ACIR hacia otra organización. "Desafortunadamente al segundo título no le fue tan bien como al primero, porque fue cuando renuncié al grupo ACIR y se perdió completamente. Salió justamente el mismo mes y ya no le pude dar continuidad". Con todo, la contrapartida sería justamente la satisfacción de iniciar una nueva etapa en 2010, cuando hizo su transición a Grupo Radio Centro como locutor y director de la estación Alpha 91.3, donde su programa de La Muchedumbre sobrevivió con nuevos bríos y un horario más extenso. Además asumió la gerencia de la emisora y logró aumentar la aceptación de la estación, pasando del lugar número 13 a los dos primeros, de acuerdo al propio Esquinca. Paralelamente, en 2011 comenzó a escribir en Publimetro su columna En la esquinca de dos calles.

El mensajero

Antonio Esquinca, un creyente en el más amplio sentido de la palabra, ha querido llegar a la gente como más que sólo un locutor y trabajador de la radio; incluso, reconoce que la labor tras el micrófono puede ser una especie de apostolado, es decir, ser como un enviado para desplegar confianza y esperanza. Está convencido de que dentro de algunas décadas, cuando posiblemente ya no se encuentre en la radio, seguirá dedicándose a algo relacionado con Dios. "Mi vida está basada en eso, en la búsqueda de Dios; cómo puedo ser mejor y cómo puedo hacer mejor a las personas. Mi búsqueda de Dios es hacia dentro. Mi maestra más grande fue mi hermana que, como ya he dicho, vivió en la India muy joven. Yo tenía siete cuando se fue de casa. Ella me inculcó la espiritualidad. Me enseñó muchísimo. Nací como católico. Cuando estaba saliendo de la secundaria me fui a una agrupación cristiana. Luego me enamoré de una judía y ya me iba a casar con ella; me metí al judaísmo y empecé a estudiar la Torá. Cuando la dejé plantada casi me querían matar, porque había ido a estudiar como un año y medio, pero me sirvió muchísimo".

"En 1999 murió mi hermana. Entonces empecé a seguir cosas que ella me había pedido y no había querido hacer, con cierto sentimiento de culpa; me puse a estudiar todo lo que me había enseñado. Tomé muchos talleres, cursos, diplomados, retiros. Fue una búsqueda personal. Empecé a llevar estas inquietudes a la radio más o menos en 1997. En ese entonces tocaba rock, vi que le gustaba a los chavos y me dije que ése iba a ser mi camino. Luego comencé a dar charlas y después vinieron los libros. No creo en las religiones", comenta casi veinte años después de su primera publicación. "Creo en un Dios, creo en mis ángeles, pero creo en un dios que es universal y es para todos, no de una sola religión. Puedes ir cincuenta veces a la iglesia, a un templo cristiano, a cargarte de energía a las pirámides, pero si no tienes valores, nada va a funcionar. Hoy me siento más comprometido con esa parte espiritual. Mucho tiempo estuve buscando afuera, en corrientes, escuelas. Ahora mi búsqueda es hacia dentro. Ahora quiero pensar en tener paz. Esto se va a acabar en algún momento, pero lo que yo no quiero que se acabe es mi creencia ni me compromiso a lo que me voy a dedicar en un futuro; tiene que ser algo relacionado con Dios y el servicio".

Reconociendo esta orientación a la sociedad, en el año 2013 Esquinca fue incluido en la lista de los 300 líderes más influyentes en la edición anual de la revista Líderes Mexicanos, compartiendo un lugar, dentro de su categoría, con otros comunicadores como Javier Alarcón, Carmen Aristegui, Patricia Chapoy y Jacobo Zabludovsky. "Ser locutor, hablarle a miles de personas, es una responsabilidad muy grande", reconoce. "Ha habido muchas cosas que mis ángeles me han enseñado y que quiero compartir. El mensaje que quiero darle a la gente a final de cuentas es propositivo; de construcción, no de destrucción. Como dice Genesis, una de mis bandas favoritas: Lo mismo con los hombres que con los dioses, las ovejas permanecen dentro de su corral, aunque muchas veces hayan visto la manera de salir. Ya hay muchos mensajes negativos por todos lados, de destrucción a más no poder. Yo creo que el mensaje debe ser de unión, de consciencia", dice.

Por ello, quizá su momento más representativo haya sido cuando logró no sólo decir, sino hacer. Específicamente, el día en que un día, al aire, una joven le habló para pedirle una canción triste y decirle que en seguida se iba a suicidar. "`No, espérate´, le dije al aire, `¿que estas haciendo? No lo vayas a hacer, por favor´. Un familiar la oyó y corrió a su casa. Yo no me fui a comercial ni puse música mientras hablaba con ella. La convencí, le dije que la vida era un lienzo en blanco donde cada quien ponía los colores que uno quería; que le agradecía mucho que me hubiera llamado para pedirme una última canción, que fuera ése su último deseo, pero que le agradecería más si no lo hiciera. Unos cuatro años después me vino a visitar a la estación; se había casado, me presentó su hijito. Fue algo que quedó muy grabado en la memoria de muchas personas que lo oyeron".

Coda

Los ángeles, por sí mismos, no pueden hacer milagros, escribe Tomás de Aquino en su monumental Suma Teológica, un infatigable pensador que, como Esquinca, vivió fascinado por la naturaleza y la acción de los ángeles. "Los ángeles", escribió el santo, "sólo pueden servir como instrumentos. Pueden hacer cosas maravillosas". Así, que, ¿quién sabe? Si lo que dice el Doctor Angélico es cierto, que ni el lugar ni el tiempo tienen influencia alguna sobre el habla de los ángeles —ya sea los que entregan mensajes a caballo, entre las nubes o por medio de la radio— entonces hay locutores que también actúan como ellos. Y éstos, invariablemente, crean efecto positivo.

Martín Fabián

"En todos los lugares donde he trabajado, desde la radio hasta la promoción de artistas, siempre supe dar resultados en lo que hice."

Muchos conocen la historia del niño que edificaba castillos sobre la arena y se convirtió en un arquitecto. Y la de la niña que tenía una estufita de juguete donde cocinaba comida de verdad y se hizo una famosa chef; o la del chiquillo que, para el horror de su madre, pintaba con crayones en la pared de su casa para de grande convertirse en un formidable muralista. ¿Y qué tendría que hacer un niño para de grande ser un hombre de la radio, un conductor famoso, creador de los conceptos radiofónicos más exitosos del país? La respuesta, en este caso, no es tan obvia. Martín Fabián —con acentos en el nombre sólo hasta determinada edad— cuando era niño, era yerbero y vendedor de remedios mágicos.

Polvos mágicos

Lo suyo eran las hierbas medicinales. Las esencias con poderes. Lo que despertara esperanza, ánimo o emoción en la gente... y de paso dejara algo de dinero. Tenía por ejemplo un remedio para conseguir novio. Otro para conseguir novia. Uno para alejar a los borrachos y uno para correr a los vecinos molestos. Aunque, para ser justos con la verdad, la yerbería no era de él, sino de un amigo de su papá, que le dio trabajo al chamaco. Lo que era de él, definitivamente, era el ingenio, la creatividad, la capacidad de diversificar; en una palabra, el talento. "Crecí en un barrio muy popular en Monterrey", explica Martín Fabián, "y empecé a trabajar desde los cinco años por necesidad. Primero con una tía que hacía piñatas, que me invitó a ayudarla al ver las carencias que teníamos. Pero a los nueve años encontré este oficio con un señor llamado Norberto que era un hierbero muy famoso; vendía hierbas medicinales. `Mira, lo que vas a hacer está bien fácil´, me dijo. Me llevó a una droguería y compró cuatro kilos de talco, agarró una esencia y me dijo: `Vas a venir y pedir esta esencia y una botella de alcohol. Vas a hacer un montoncito, como un volcán, le vas a poner el color, alcohol, le haces así hasta que agarre un color gris y luego le echas cinco gotas de este perfume´. Luego había que echarlo a una bolsita y ponerle un cartoncito que decía Polvo del retiro. En una de ésas, el señor se fue de vacaciones y yo fui a la farmacia, pero en lugar de comprar cuatro kilos de talco, ordené veinticinco. Agarré el costalito y en lugar de hacer uno, hice también veinticinco".

Cuando el yerbero llegó a casa, el chamaco le enseñó todo lo que había hecho. Sobre la mesa había montoncitos de diferentes colores y con distintas etiquetas.

—¿Qué es esto? —gritó.

—Es que ya tengo muchos polvos —explicó el muchacho—. Mire: este polvo va a ser para buscar trabajo; éste para el mal de ojo; éste para que regrese el ser amado; éste para quitar lo borracho —siguió diciendo mientras le enseñaba los más de veinte nuevos productos.

"Estuvo bien loco porque lo hice sin querer", añade Fabián, "y la gente creyó en esa onda. Se volvió una locura. Creo que ése fue mi primer gran éxito. El señor hacía también una veladora de la Virgen. Entonces le dije `¿Y si hacemos una veladora por cada polvo que vendamos?´. Así, de los veinte pesos que me pagaba, me aumentó a doscientos". Un aumento de 900%. Nada mal para un muchacho de primaria.

"¿Qué ya no quieres entrar a la radio?"

Todo esto sucedió en Monterrey, Nuevo León, donde nació Martín Fabián Ramos. El destino juntó a sus padres en esa ciudad. Los dos iban, de diferentes lugares del país, y sin la intención de formar un hogar, de paso por la sultana del Norte con la intención de trabajar en los Estados Unidos. Su papá venía de un pueblito de Michoacán y su madre, una mujer con el don de la cocina, de Loreto, Zacatecas. "Mi papá trabajaba de cocinero en un restaurante muy famoso en Monterrey en aquellos años. Mi mamá también era cocinera y se casaron y vivieron muy felices. Nacimos siete hermanos, yo soy el segundo. Somos de una familia muy modesta y humilde. Siempre que tengo la oportunidad, yo digo que la música y la radio nos sacaron de la pobreza en la que vivíamos. Cuando tenía seis años, mi papá se fue a Estados Unidos de mojado. Yo seguí trabajando para ayudar en la casa, primero con las piñatas, luego con el señor Norberto. Un día, cuando estaba en la secundaria, mi papá nos mandó un estéreo y unas bocinas. En ese tiempo mi hermano se juntaba con un amigo que quería hacer unas cintas, y nos pidió el aparato. Ramón comenzó a anunciar ahí en la cuadra con un micrófono que le mandó mi papá, y a los 19 lo contrató una discoteca. Luego le dieron unas horas en Radio Kono y comenzó a anunciar".

"Ya desde ese tiempo me gustaba mucho la música", recuerda. "A mi mamá le gustaba escuchar una radionovela llamada El ojo de vidrio y yo también la oía. Pero nunca quise expresar mi deseo de entrar a la radio, por miedo a lo que dirían. Mi hermano ya era un locutor reconocido; yo estaba en la universidad estudiando para ingeniero agrónomo, pero me seguía llamando mucho la atención la radio. Un día, sin decirle nada a mi hermano, que trabajaba en Radio Alegría, fui a pedir empleo, pero me dijeron que no aceptaban familiares. Llegué a Multimedios de una forma muy extraña. Un día estaba en la casa y mis hermanas estaban viendo un programa que se llamaba Tarde de fans, con Enrique Benavides. Era la época de auge del grupo Menudo.[1] El conductor se veía súper amable y pensé: `¿Y que tal si le pido trabajo a Enrique Benavides?´. Tomé un camión, fui hasta Multimedios y esperé afuera. Salió Enrique; ahí había muchas chicas. Le llamé. Primero no me hizo caso, y cuando por fin me puso atención le dije que quería trabajar como operador. No me atrevía a decirle que quería ser locutor. Entonces volteó y me preguntó sí sabía manejar. Le dije que sí y me aventó las llaves de un Volkswagen. Lo traje toda la tarde hasta que, como a las diez de la noche, le dije: "Oye, Enrique, yo quiero trabajar aquí. ¿Cómo le hago?". Me dijo: `Ok, vente mañana a las nueve de la mañana´".

Martín no pudo dormir por la emoción. A la mañana siguiente acudió puntual a la cita, pero Benavides pasó de lado sin decirle nada al muchacho, que se quedó como soldado en su puesto hasta que el conductor volvió a salir por la misma puerta en la noche.

—¿Qué pasó?
—Soy yo, Martín, es que yo quiero trabajar en la radio.
—Ok, vente mañana a las nueve de la mañana.

"Llegué a las nueve y volvió a pasar lo mismo", recuerda Martín. Idéntica escena se repitió durante varios días, hasta que por fin su padre le dijo que, francamente, él pensaba que ese trabajo en la radio no iba a suceder. Su papá, que tenía una camioneta y obtenía algunos ingresos por llevar y traer gente a Houston, quería comprar un segundo vehículo y necesitaba ayuda de su hijo. "Así que finalmente", explica, "fui y le di las gracias a Enrique, que me dijo: `¿Qué no quieres entrar a la radio?´. Ese día entré a Radio AU". Así, en 1986 comenzó como operador en Radio AU de Organización Tres Estrellas de Oro. Iba a ser navidad y como prácticamente todos se fueron a los festejos, el muchacho se quedó a cargo de la estación. "Ahí pasé la navidad del 23 al 26 de diciembre más o menos. Todos se fueron, y yo estaba sentado afuera llorando, viendo las estrellas. Pero así aprendí rápido a operar".

"Al comenzar el siguiente año", continúa, "iban a poner tres noticieros nuevos en Multimedios, que se los dieron a personajes muy importantes de la radio. En el de la mañana estaba Víctor Sánchez, el que sería después director general del Diario de Monterrey, un periódico que iba a lanzar Multimedios. Al medio día estaba el arquitecto Héctor Benavides, a quien después le dieron la dirección del canal 12 de Monterrey; y en la tarde Gilberto Marcos, que luego fue director general del canal 2 de Televisa Monterrey. Nadie quiso esos horarios de operador, y yo, llevándoles el café, platicándoles, me hice amigo de todos ellos".

El arte de cambiar los acentos

Las cosas sucedieron en rápida sucesión para el nuevo operador. En marzo hizo su arribo Rogelio García, el director de la TKR —"que era una estación ranchera que oía mi mamá", aclara Martín— quien se dirigió al joven y le dijo: "Martín, qué bueno que te encontré. ¿Quieres ser locutor?", y aunque él le respondió que no sabía, lo puso a grabar un comercial. A la primera, García se sintió satisfecho, "aunque yo lo oía bien feo", dice Martín. "Entonces le llamé a mi mamá y le dije que le iba a enviar un saludo por la TKR. Me pusieron a presentar a Ramón Ayala. Luego Rogelio me pidió que anunciara otra canción y después que me quedara toda la hora. Entonces me llamó Enrique Benavides y me preguntó qué estaba haciendo allá, que por favor me regresara a la AU. Volví y me fui a mi puesto de operador. Entonces Enrique me volvió a llamar:

—¿Qué estás haciendo aquí?

---

[1] Monterrey fue una de las ciudades mexicanas que con más entusiasmo acogió al grupo Menudo, sobre todo Radio AU, del Grupo Multimedios. El locutor, Enrique Benavides era "el manager de las fans" y el "amigo de Menudo".

—Pues tú me dijiste que me regresara.

—No, no. Te quiero en la cabina. —Martín se puso de pie para dirigirse al micrófono—. ¿Cómo te llamas? —le preguntó Benavides, aunque tenía meses de conocerlo.

—Martín Fabián.

—¡Mira! Se oye más o menos. Pásale. —Martín se encogió de hombros y todavía, ya estando dentro de la cabina, el director le volvió a preguntar—: ¿Cómo me dijiste que te llamabas?

Por azares del destino, estaba ahí un disco de Ricky Martín. El más joven lo vio de reojo.

—Me llamo Martín Fabián —respondió, cambiando las sílabas tónicas de graves a agudas.

—Se oye bien —comentó Enrique, y en seguida lo presentó al aire como la nueva voz de la radio y le pasó el micrófono.

"Me quedé casi congelado", reconoce Martín, "pero comencé a hablar y presentar la canción. Enrique me pidió que me quedara hasta las doce, y a esa hora me habló y me pidió que llegara a las nueve de la mañana a su oficina. `¿Por qué no me dijiste que anunciabas?´. Y me dijo que a partir de entonces entraría a Radio AU. Desafortunadamente, con el tiempo Enrique comenzó a tener problemas y lo despidieron".

Radio AU de Monterrey siempre se había distinguido por su carácter juvenil y había sido un importante escaparate para grupos de la oleada iniciada por Parchís y continuada por Menudo, Timbiriche y Luis Miguel. Pero sus escuchas crecieron, y con Martín Fabián al frente de la emisora, su programación pudo madurar junto con su antiguo auditorio. La siguiente ola, compuesta por bandas como Hombres G, Enanitos Verdes, Soda Stereo y Caifanes, entre otros, fueron adoptados oportunamente por la estación, que a pesar de seguir siendo AM, logró desplazar a las de frecuencia modulada, que empezaban a dominar el mercado. "Benavides había dejado caer la radio", explica Fabián. "Estaba abandonada. Un día me habló, me pidió perdón por todo lo que me había hecho. Radio AU pasó de estar muy abajo hasta los primeros lugares. Fue la época en que llegó el movimiento con los Hombres G y todos los españoles y sudamericanos, y eso era lo que yo ponía. Un día me habló el dueño para felicitarme y decirme que nunca había visto un rating tan alto: Radio AU era número uno".

"Más tarde me invitaron a un programa en la tele que se llamaba Fin de semana con Humberto Romo. Querían que yo diera las noticias. Me empezó a ir súper bien y de ahí me empezaron a invitar a muchos lados, a varias estaciones de radio, y finalmente a Chicago, donde me ofrecieron 1,800 dólares al mes". Martín se trasladó a la ciudad de los vientos para conocer su nueva estación de radio, pero antes de establecerse regresó a Monterrey para despedirse. Sus padres estaban en Guadalajara por una cuestión familiar. "Mi abuelita se había enfermado, así que fui a Guadalajara. Estando allá me acordé de que tenía el teléfono de Pepe Garza, y lo llamé y nos fuimos a comer. Cuando terminamos les dije que tenía que irme porque necesitaba alcanzar mi camión, pero me dijeron: `No, tú no te vas, tú te quedas aquí a trabajar con nosotros´, y me ofrecieron cinco mil dólares por mes. Así que en febrero de 1989 decidí quedarme en Guadalajara, donde nos esperaban muchas sorpresas".

La Ke Buena

"En Guadalajara, Víctor Manuel Luján me contrató para que me fuera a Sonido 103, una estación en inglés con algunas canciones en español. También había una que se llamaba La Sabrosita 920 AM, pero nadie la quería, así que le dije a Víctor: `Radio es radio. Si nadie la quiere, dámela a mí´. Me dijo: `¿A poco dejarías Sonido 103 por La Sabrosita?´, y le dije que sí. Y así me estuvo molestando toda la comida. Pero yo llegué e hice mi plan. Un mes antes acababan de hacer un baile muy grande en el auditorio Benito Juárez; habían estado los Bukis. Se me hizo fácil preguntar cuáles eran los grupos que tocaban ahí: Los

Bukis, Los Johnnys, Los Muecas, Los Tucas, Los Freddy's… Y pensé: `Voy a empezar a hacer convivencias con los grupos´. Quería trasladar la onda juvenil a la onda grupera. Tenía La Sabrosita y quería hacer algo diferente, porque siempre he creído que lo diferente funciona. Intenté hacer una promoción con los Bukis, pero sus representantes me dijeron que no les interesaba, aunque podían darnos algunos discos, y eso que teníamos una hora con los Bukis. Me puse a pensar, ¿qué tal si metíamos otra onda en Guadalajara? Quería, por decirlo de un modo, hacer una estación de Monterrey en Guadalajara. Le dije a Víctor Manuel que en Houston había conocido la onda texana y que en Monterrey había grupos bien fuertes. También quería meter la onda texana a Guadalajara. Le pusimos la Ke Buena sin saber que ya existía una con el mismo nombre en El Paso". Víctor me dijo: `Oye, está genial ese nombre de la Ke Buena´. Yo le dije: `Hay que hacer que la radio sea una onda que todo el mundo sienta´. No volví a tocar a los Bukis; hice el lanzamiento de Bronco, de los Temerarios y de repente los otras radios también empezaron a meter esa música".

Martín Fabián comenzó a anunciar que iba a lanzar una estación y "todos empezaron a decir los grupos que tenían. Don Domingo Chávez tenía a Los Traileros y a Liberación. Le dije que iba a hacer un festival en mayo con esos grupos, y otra cada mes posteriormente. Así nació Fiesta de la radio. Para el evento me habían ofrecido un restaurante pero yo quería conseguir la plaza de toros. Casualmente iba pasando por la Casa de Gobierno y tuve una ocurrencia: me detuve, dije que iba de la radio y que tenía una cita con la esposa del gobernador porque haríamos un evento con el DIF. La señora me preguntó qué necesitaba y ordenó que me dieran todo lo que necesitara. Fue todo un éxito. Estuvieron todos esos grupos como Bronco, Ramón Ayala, Los Invasores". En 1990 Fabián comenzó una corta estancia en el Grupo Promomedios Radio como director de programación de Fiesta Mexicana 92.3 FM. "Víctor (Manuel Luján), que era jefe de operaciones, se había ido ese mismo año a Fiesta Mexicana y yo pedí que hiciéramos la Ke Buena en FM, pero me dijeron que no se podía. Poco después me llamó el dueño (de Promomedios) Pepe Pérez y me dijo que si podía comer conmigo. En la comida me comentó que se había llevado a Víctor porque éste le había asegurado que yo también me iría a Fiesta Mexicana. Al final me convenció y la estación también se convirtió en un súper éxito. Rompimos todas las marcas en los años 90".

Sueños y pesadillas

Estaba iniciando la década de los noventa y con ella, gestándose la explosión del "género grupero" u "onda grupera". En 1991, con una carrera en rápido ascenso, Fabián fue invitado a trabajar a Televisa Radio, donde por una parte, dio impulso definitivo al movimiento grupero a través de la Ke Buena —con tal éxito que de inmediato empezaron a proliferar estaciones similares—, pero por otro lado se acumularon sus responsabilidades hasta convertirse en casi una pesadilla. "El señor Alejandro Quintero, era el presidente de Televisa Radio, se reunió conmigo y me dijo: `Yo quiero ser especialista en lo que tú haces, pero no puedo, así que quiero que tú seas´. Yo le dije que mi condición para irme a trabajar a la Ciudad de México era que me otorgara cinco cosas:

1. Una estación de radio grupera.
2. Una revista que estuviera casada a dicha estación, a la tele y los discos.
3. Un programa de televisión.
4. Unos premios. Los haría la radio, saldrían en la revista y también en la tele.
5. Que me ayudaran a dignificar el movimiento de la música popular mexicana.

Eran, en cierta forma, los cinco montoncitos de talco que Fabián, siempre intuitivo, hubiera hecho de niño con don Norberto el yerbero: crear diversificación, productos complementarios y autocompetencia, fórmulas bien probadas del éxito en los negocios. "El señor Quintero me dio unas llaves y me dijo: `Está bien. Demuestra que eres capaz de hacerlo, aquí están las llaves de tu carro y de tu departamento. Bienvenido a la empresa. Ésta es la única compañía en la que puedes hacer tus sueños realidad´. La Radio", explica Martín, "fue la Ke Buena; la revista se llamó Furia Musical, yo hice el primer número; me dijeron que el programa de televisión lo haría con Verónica Castro, también llamado Furia, aunque Verónica le quiso poner Vámonos pal dancing; finalmente, los premios fueron los Premios de Furia. En ese tiempo no había Internet, y todo lo que decía Furia era ley. Yo lo que quería era romper esa idea de que la música grupera era música naca. Fue un proceso largo, pero pasó". La revista electrónica Géneros Musicales escribe: "Antes de esto, el movimiento grupero estaba limitado únicamente a las estaciones de AM y a cierto horario del día, no había espacios en la televisión y se difundía muy poco; era una música muy discriminada por los medios y sólo era escuchada por las clases media baja y baja".[2]

En 1992, Fabián recibió la dirección de la Súper Estelar WA Ke Buena 540 AM y la dirección de programación de XEX Stereo 102 FM, una estación dirigida al sector juvenil. Asimismo, asesoró y fue pieza clave para concretar diversas adquisiciones del Grupo Televisa en la provincia, especialmente Guadalajara. "Me dieron las estaciones de Guadalajara y ahí es donde empecé a repartir emisoras entre mis conocidos que estaban en el medio; tenía como diez estaciones. La Ke Buena se convirtió en una cadena nacional. En seguida Emilio Azcárraga me llamó y me dijo que quería sacar un canal de música, porque MTV venía muy fuerte a México. Me dieron TeleHit. Después me dieron Ritmo Sound. Así que tenía la radio de Guadalajara, la revista, Ritmo Sound, TeleHit; tenía en puerta el programa con Verónica Castro. Y en ésas estaba, cuando me enfermé. Estuve de gravedad en el hospital y casi me muero. Ahí fue cuando dije: `Llegó el momento de dejar la radio´". Era el año de 1995.

Descubridor de talentos

Guardando perfecta simetría, Fabián estuvo en la radio tres años en Monterrey, tres en Guadalajara y tres en la Ciudad de México. Pero entendió que la radiofonía —como los montones de talco con esencias— no podía ser todo en su vida. La siguiente etapa, con satisfacciones igualmente entrañables, sería la de descubridor de talentos y representante artístico. "Antes de tomar esa decisión, sentía que ya no pisaba la tierra, me estaba volviendo loco con tanto trabajo", recuerda. "Tenía muchas cosas: radio, revistas, televisión. Y yo siempre me había prometido a mí mismo que iba a salir con facultades de donde estuviera. Quería cambiar mi vida. Así que después de enfermarme, casi morirme y bajar veinte kilos, fui a la oficina del señor Quintero".

—No, no te vas a ir. No puedes irte —le dijo.
—Sí, me voy a ir. Ya me fui.

---

[2] *Géneros musicales.* Sin autor. Recuperado el 7 de octubre de 2015 de http://generosmusicalesdhtic.blogspot.mx/

Martín Fabián decidió dedicarse de tiempo completo a la promoción y manejo de artistas. Después de ver actuar a Los Tucanes de Tijuana en dicha ciudad, los tomó bajo su representación. "A partir de ese momento su misión fue que todos conocieran al grupo, y así fue: Los Tucanes de Tijuana se convirtieron en todo un éxito después de que Martín Fabián guiara su promoción en México y Estados Unidos, hecho que cambiaria el rumbo de la música norteña".[3] "Yo desde antes ya había pensado en ser representante", explica Fabián. "Cuando estuve en Sonido 102 me había invitado a comer Luis Miguel, nos quedamos platicando y ahí fue cuando pensé por primera vez en ser representante artístico. El primer grupo fueron los Tucanes de Tijuana; sus letras se me hacían muy originales y me gustaba cómo cantaba Mario Quintero. Cuando me puse de acuerdo con ellos se me ocurrió hacer un baile en Guadalajara y pedí la plaza para hacer el evento. Ahí presenté por primera vez al grupo que cambió el rumbo de la música norteña. Ese día Mario Quintero me dijo que querían irse a Estados Unidos y me ofreció irme con ellos, cosa que acepté. Me fui a Estados Unidos en 1997".

Por medio de Nueva Generación Music Group, la empresa a través de la cual Martín Fabián se dedica a descubrir y lanzar artistas, además de los Tucanes ha representado a Lupillo Rivera, Banda Del Recodo y Montez de Durango, con los que una vez más marcaría un gran hito en la música mexicana. "A partir del lanzamiento de este grupo en adelante todo México y Estados Unidos bailarían al ritmo del nuevo pasito duranguense. Montez de Durango, Patrulla 81 y Horóscopos de Durango se convirtieron durante ese ciclo en los dueños absolutos de los charts de popularidad radial, ventas, difusión, eventos, y premios en general".[4] Otro caso notable fue el lanzamiento en 2006 del cantante Espinoza Paz, el en ocasiones nombrado rey del género regional mexicano, a quien descubrió en 2006 en Guadalajara. "Pero antes de Espinoza, ya había iniciado un movimiento muy fuerte, el movimiento duranguense, y a mí me tocó desarrollarlo en Estados Unidos", subraya Martín Fabián, que desde entonces ha continuado en la industria de la música y respaldado el lanzamiento de promesas como la banda colombiana The Mills y Jenny and the Mexicats.

"En todos los lugares donde he trabajado, desde la radio hasta la promoción de artistas, siempre supe dar resultados en lo que hice", reflexiona. "He estado en un medio en el que, si te tardas mucho en dar resultados, se considera una falla, y parece que eso ha hecho mal (a los artistas y a la industria misma). Con cada uno de los artistas con los que he trabajado —y en la radio—, fui descubriendo que éste es un trabajo de alto riesgo. Por ello, mi reflexión es que uno debe hacer las cosas de manera pensante y tranquila, con mucha serenidad. En esta vida todos debemos estar preparados para el éxito, para triunfar, pero saber también que éste afecta a las personas y las hace creer que siempre tienen la razón. No importa si uno empieza de buena fe. Cuando el éxito es grande", puntualiza, "es cuando mejor debemos pensar y estar preparados". Afortunadamente, Martín ha demostrado que además de preparación, posee algo que se requiere tanto para la radio como para la representación artística e incluso para la venta de polvos mágicos: creatividad. Y gracias a ella ha brindado, desde distintos frentes, esperanza, ánimo y emoción a la gente.

---

3 Recuperado el 7 de octubre de 2015 de https://www.linkedin.com/pub/Martín-Fabián/75/69b/232
4 Ídem.

Charo Fernández

"Lo que hablé en realidad era de música y yo sabía mucho, y creo que eso fue lo que hizo que me quedara."

"Por alguna razón no suelo recordar bien los nombres de las personas", reconoce apenada Charo Fernández, con su característico timbre de voz que creó una legión de imitadoras en México, "lo cual es muy triste, además de vergonzoso. Pero cuando hablo de música, puedo recordar perfectamente quién canta una canción, quién la produjo, cómo se llama el disco y qué trae en la portada. Esas cosas que nunca piensas que te vayan a servir de algo". Pero en el caso de Charo, originaria de la ciudad de México pero nómada en su infancia, su buena memoria para la información musical no sólo le daría trabajo, sino contribuiría a crear una forma nueva de hacer radio desde los años 80.

A principios de esa década, Charo Fernández, todavía adolescente, estaba estudiando en Inglaterra. Si para una banda de rock debió de ser un infierno intentar sacar su disco al final de la década de los sesenta —la distinguida competencia eran los Beatles, los Rolling Stones, Jimmy Hendrix y los Doors, todos en su mejor etapa—, para una adolescente creciendo en Inglaterra a la mitad de la década de los ochenta, debió de haber sido un verdadero festín musical experimentar la segunda ola o New Wave. "Imagínate la cantidad de grupos que tuve la oportunidad de ver", comenta Charo. "Era la época post punk y estaban en ascenso grupos como Depeche Mode, The Cure, Ultravox, Tears for Fears, y también el pop de Wham y Duran Duran". Justo en medio de la década —como a la mitad del lago se encuentra la espada Excalibur— apareció el concierto de Live Aid de 1985, el Woodstock de aquella generación. "Desafortunadamente no fui a Live Aid porque a mi landlady le pareció que era muy peligroso; si yo iba y me pasaba algo, ¿qué cuentas le iba a entregar a mi familia? `Es que allá hay violencia y drogados... es más, ¡hay sexo en esos conciertos!´ me dijo, y por eso no fui".

"¿Por qué llora con el mariachi?"

Charo ha sido llamada una de las generadoras de la radio juvenil en el país, una de las voces más atractivas de México y representante de una generación —bien pudiera llamarse la generación W, que casualmente vino antes de la X— por su trabajo tras el micrófono, pero al contrario de muchos de sus colegas, Fernández creció en una familia común, es decir, sin relación con el ambiente de los medios de comunicación. Su padre trabajaba en los ferrocarriles y su mamá era ama de casa, aunque después se convirtió en empresaria. Charo sí quería usar su voz desde niña, pero nunca pensó en la locución. Más peso tenían los acetatos de los Rolling Stones, Creedence Clearwater y los Monkees que su papá escuchaba y que constituyeron parte de su educación musical. "La verdad es que yo quería ser cantante. Recuerdo perfectamente que agarraba los cepillos y me ponía frente al espejo a cantar, pero nunca pensé que tuviera una buena voz; yo sabía que era súper desentonada pero no me importaba, hasta un día que me cachó mi papá, y me dio tanta vergüenza que no lo volví a hacer".

Aunque nació en la ciudad de México, pasó una temporada en San Luis Potosí y sobre todo en Torreón, donde nacieron dos de sus cuatro hermanos. "Por el trabajo de mi papá teníamos que viajar mucho por diferentes lugares de la República; a veces llegaba tarde a clases porque me metían a la escuela a mitad del ciclo escolar, pero eso de estar viajando también me sirvió porque conocí a mucha gente. Mi papá trabajaba en ferrocarriles y solíamos hacer largos trayectos; por ejemplo de Torreón a Ciudad Juárez; rentaba un pullman con dos camas y todos nos íbamos platicando en la travesía, mientras él nos contaba acerca de los lugares por los que íbamos pasando, y nos decía las cosas importantes que habían sucedido ahí. Fue una manera muy diferente de convivir con ellos. De él heredé el gusto por la música. Nos gustaba ir juntos a las tiendas de discos, que antes tenían unas cabinas con audífonos y una tornamesa para que escucharas los discos y decidieras cuál te ibas a llevar. Mi mamá compraba muchas revistas y me daba cuenta de que traían información de los artistas que yo escuchaba. Entonces le pedía a mi papá que me comprara más, donde yo pudiera encontrar más datos de esa gente que cantaba".

Pero no todo era música en inglés. Los primeros discos de Charo venían de mundos opuestos pero representativos: uno de los Rolling Stones y uno de Armando Manzanero; ahí estaba, por un lado, su gusto por la música en inglés, y por el otro, bien asentada en la cultura de su país. "A mis padres les gustaban mucho los boleros, así que me empecé a involucrar en ese mundo. Escuchaba a Álvaro Carrillo, a José Alfredo Jiménez, todas esas canciones con las que crecí. Una cosa tenía esa música que me parecía muy chistoso, y es que yo veía que mi papá le llevaba mariachis a mi mamá, y cada vez que lo hacía —en su cumpleaños, en algún aniversario—, ella se ponía a llorar. Y yo pensaba `¿Por qué llora si la música debe ser motivo de felicidad?´. Con el tiempo me aprendí de memoria todas las canciones, y a la siguiente vez que llegaba el mariachi, ahí estaba yo en primera fila para cantar".

Chavos hablando de chavos

En 1985 Charo regresó a México después de estudiar música contemporánea e inglés en la Universidad de Oxford y pasó exitosamente una prueba para integrarse al equipo de locutores de una nueva estación que se llamaría WFM.
Miguel Alemán Magnani, entonces de 19 años de edad, tenía en mente crear una FM menos rígida y tensa que las que existían entonces, y que se dedicara a la música en inglés. WFM inició transmisiones el 9 de septiembre de 1985 y fue la primera en utilizar discos compactos (CDs), que eran todavía una cosa casi futurista, además de asombrosos efectos de sonido y una narrativa distinta. Los conductores de la nueva frecuencia eran Alejandro González Iñárritu, Martín Hernández y la propia Charo, quien reconoce que, más que por su voz, pasó la prueba gracias a la enciclopedia de información que llevaba en la cabeza. "Nunca pensé que tuviera una buena voz, y creo que cuando llegué a WFM no me eligieron por ella sino por que yo tenía conocimiento musical. Había acumulado mucha información sobre música a lo largo de mi vida. Y cuando regresé de Inglaterra y me hicieron la prueba, no me puse nerviosa, de entrada porque yo no tenía intención de ser locutora; tampoco me esforcé en modular la voz o en sonar sexy. Lo que hablé en realidad era de música y yo sabía mucho, y creo que eso fue lo que hizo que me quedara".

WFM creó seguidores y una especie de culto a tal grado de que todavía en la actualidad se intercambian cassettes con horas de grabaciones de aquel equipo de conductores que crearon secciones como el Cráneo, el Pavo Asesino y demás producciones donde Iñárritu experimentaba a sus anchas. Para una juventud cansada de una radio excesivamente formal y débilmente retenidos por la televisión de la época, WFM fue una revelación, un vínculo emocional con locutores a los que conocían por su voz pero no por fotografías. "Éramos chavos hablando de chavos y con chavos", recuerda Charo Fernández, que entonces tenía 17 años. "En ese tiempo la radio estaba muy institucionalizada y en WFM tuve la suerte de que me dejaran ser yo misma. No me pidieron que impostara la voz, que hablara de cierta manera, que adquiriera un tono profesional. Me dejaron ser yo, y eso contribuyó a que la gente se sintiera cercana, que sintiera una simbiosis, que pudiéramos platicar con ellos muy de cerca, y eso fue fundamental para que la gente me aceptara".

La conductora, una de las pocas mujeres en la radio de los 80, contribuyó acercando la música que había escuchado en el Reino Unido y compartiendo información. "Antes los discos tardaban más tiempo en llegar a México. Cuando llegué, quería compartirlos con mis amigos, como cuando escuchas algo bueno y quieres que los demás lo conozcan; quería compartir todos esos grupos con mi novio, con mis hermanos, con mis amigos, y tuve la oportunidad de hacerlo a otro nivel porque llegué a una estación de radio, cosa que nunca me imaginé. Nuestro director en WFM,

Miguel Alemán Magnani, tenía 19 años y eso influyó porque nos dejó salir al aire siendo nosotros mismos y aprender. Él lo único que nos pedía era que no tratáramos a la gente de manera irrespetuosa, que no dijéramos groserías, que no nos fuéramos por lo convencional. Había una estación que se llamaba Rock 101, con Luis Gerardo Salas; esa estación también tenía locutoras y estaban haciendo algo diferente; después llegamos nosotros. Pero a mediados de los ochenta los locutores sólo decían la hora, el nombre de la canción y a veces el clima, y párale de contar. Nosotros llegamos a ser nosotros mismos y se nos permitió. Miguel siempre nos decía que la gente siempre se daba cuenta cuando estabas tratando de ser sexy y no lo eras; cuando estabas tratando de ser fresa y no lo eras. Nunca lo hicimos y a la fecha no lo hago".

That´s rock´n´roll!

La otra revolución que inició —o revivió— la WFM fue con el concierto de Rod Stewart en 1989 en la ciudad de Querétaro, que, en cierto sentido, fue una pequeña caída del muro de Berlín a la mexicana, pues este acontecimiento, a pesar de sus momentos caóticos, representó el fin de una larga sequía de conciertos masivos en México y el fin simbólico del autoritarismo de un gobierno que se había cerrado desde Avándaro. "Prácticamente el concierto fue nuestro. Nos tocó hacer toda la cobertura, los enlaces, entrevistar a Rod Stewart, regalar boletos. Fue un concierto en el que aprendimos mucho; la gente quería boletos, iban a pedir a la estación porque no habían alcanzado. Recibimos dos portazos cuando estábamos backstage, y casi se nos viene el escenario encima. Miguel (Alemán) y Alejandro (González) —de veintitantos años en ese entonces— estaban desencajados. ¡La tragedia que pudo haber resultado de aquello! La gente estaba encima de las torres de sonido y llegó un momento en que dijimos `Esto ya se salió de control´.

Quienes tenían a su cargo la seguridad del estadio carecían de experiencia para controlar a la gente en un concierto masivo. Estábamos a punto de que nos cayera esta pared encima cuando salió el manager de Rod Stewart y se hincó en el escenario. Nosotros pensamos que iba a decir que se cancelaba el concierto, pero se arrodilló y dijo: God, that´s rock´n´roll! Y fue corriendo por Rod Stewart. Rod empezó a tranquilizar a la gente —en inglés, no en español, y la gente entendió perfectamente—: `Bajen por favor de las torres para que podamos empezar, acomódense, se pueden lastimar´. Creo que nunca había visto algo así en su vida y creo que nunca se le va a repetir. Cuando empezó a cantar se le salieron las lágrimas porque la gente empezó a corear sus canciones en inglés, y jamás en la vida se lo esperó. Esto fue en 1989; nosotros habíamos empezado en el 85 y no teníamos tanta experiencia para poder manejar este tipo de cosas; se nos presentaron en el camino y tuvimos que improvisar y superarlas. Lo cierto es que aquél fue su debut y despedida como empresarios. Fue un buen susto, una buena experiencia, pero difícil porque la gente no estaba acostumbrada a portarse en un concierto".

La hora más silenciosa de México

En esos mismos años, Charo se desempeñó además como conductora y realizadora del programa de videos El planeta 6205 y se hizo cargo de labores de programación y relaciones públicas en WFM, y finalmente, de la dirección de la estación en 1992, para lo cual formó un nuevo equipo con Javier Poza, Eduardo Videgaray, Fernanda Familiar y Martha Debayle. Luego, en 1993 fue vicepresidenta de Promoción y Publicidad en la división de Televisa Radio. Sin duda animada todavía por las ganas de compartir sus conocimientos, como de niña con sus hermanos, empezó a combinar sus actividades en los medios con la docencia en las carreras de comunicación de las universidades Iberoamericana y Anáhuac.

Habiendo sido voz institucional de muchas importantes empresas, reconocible por el aplomo y la confianza que transmite, en el año de 2009 se le pidió convertirse en la voz quizá más institucional de la radio nacional, cuando recibió el reto de inyectar vitalidad a La Hora Nacional, un espacio radiofónico del gobierno mexicano que, muchos bromeaban, se convertía en la hora más silenciosa de México, pues cuando empezaba todos apagaban la radio. Bajo su conducción, el programa nacido en 1937 que se transmite a todo el país, alcanzó 40 millones de radioescuchas, la gente empezó a descargar activamente el podcast del sitio de Internet y en general dejó de haber silencio en aquella Hora. "Lo que me gusta de este proyecto es que hacemos algo por México", comentó en aquel momento; "damos a conocer la cultura de nuestro país, estamos involucrados en el turismo y en (…) recorrer la República Mexicana para destacar las cosas hermosas que tiene la nación. Describimos sus increíbles museos, su gastronomía, el teatro y la música que existe".[1]

Hoy en día, Charo Fernández ha vuelto a la música que le gusta —80s, 90s y más música— en la estación 106.5 Mix de Grupo ACIR, gracias a una invitación de Manuel Fernández, director de producción y programación. "Estoy abarcando un abanico bastante amplio en el que me han permitido poner música que estaba olvidada, de la que ya no se sabía desde hace mucho tiempo en ninguna estación. Lancé los "baúles", enteramente de mi cosecha, que han sido un éxito; la gente añora esa buena música, no sólo la más comercial que sale en las estaciones: Tears for Fears es mucho más que Shout —también está su canción Advise for the Young at Heart—. Duran Duran no es nada más Hungry like the wolf. Esas bandas tienen música extraordinaria que no se conoce. La gente quiere escuchar y quiere enterarse. La gente aprecia que te hayas preparado para salir al aire, que no seamos improvisados. Hemos sacado especiales de Michael Jackson, de Queen, de The Cure y de Depeche Mode. Cada investigación nos lleva un mes o más. En el último especial de The Cure, obtuvimos 100 millones de impresiones en Twitter, lo cual es una barbaridad. Me parece que ahí está el secreto: saber escuchar a la gente, saber qué es lo que quiere y proporcionárselo".

Los baúles han sido para Charo, sin duda, una suerte de exploración en el fondo del rico mar musical de décadas pasadas, la época de las grandes agrupaciones, del mayor impacto e innovación para la música popular. Sin embargo, Fernández no cree que el rock haya muerto. "No estamos escuchando música como la que oímos en los 80 o 90, que fue muy fructífera, porque ya no hay tantas ventanas. Las compañías disqueras están en crisis porque ahora podemos bajar las canciones por Internet. Hoy

---

1 *Una voz clásica nacional*. Recuperado el 16 de abril de 2015, en http://nuestromedio.mx/interlomas/conoce-a-interlomas/3074-una-voz-clasica-nacional-charo-fernandez#sthash.yN599c8L.dpuf

no se compra la misma cantidad de discos que antes, las empresas no arriesgan tanto en mostrar a más grupos y se van a la segura. Sobre todo en el negocio de la radio, no se arriesga tanto. Pero sí hay buena música, aunque de repente no esté a la vista. Una de las cosas por las que nosotros funcionamos es porque arriesgamos y porque intentamos cosas diferentes. La gente está ávida de creatividad, de nueva música, incluso de música ochentera que no se incluye normalmente entre las 200 o 300 canciones que toca una estación. La gente está cansada de lo mismo, por eso cuando llegas y les muestras algo completamente distinto se sorprenden y saben que nos preocupamos por ellos. Saben que estamos tratando de hacer algo nuevo, que no improvisamos y que los apreciamos y los respetamos. A veces creo que subestimamos a la gente".

Con una risa muy franca, Charo Fernández recuerda: "Hace muchos años me causaba tal vez un poco de conflicto ver cuando alguien me imitaba. Hoy me da gusto. Es satisfactorio porque quiere decir que no lo estoy haciendo tan mal y que la gente me sigue. Quiero creer que estoy haciendo escuela, que estoy desempeñando bien mi trabajo, y qué bueno que a la gente le guste. Eso es un reflejo de que voy por buen camino. Hace mucho tengo claro que yo soy servidora; al final, soy una persona que tiene dones, que tiene aptitudes, que tiene talentos, pero que todo ellos están, siempre, para ponerse al servicio de los demás".

Adolfo Fernández Zepeda
La voz Universal

"La radio es muy difícil que se acabe, porque es el único medio que te divierte, te distrae sin distraer. Eso es lo que tiene la radio de bonita, que puedes trabajar y no molestas a nadie, y además puedes trabajar mejor."

La estación se llamaba Radio Novedades y acababa de cambiar de dueños. Necesitaba nuevos locutores. El escenario es la Ciudad de México a principios de los años sesenta. El joven chiapaneco que espera nerviosamente su turno para pasar al micrófono y hacer la prueba se llama Adolfo. Lo primero que había hecho al llegar a la capital era visitar las instalaciones de la XEW, porque la radio lo fascinaba. Nunca había pensado que su voz fuera especial. Estaba poniendo mucha atención a la prueba que hacía el locutor que estaba antes de él, su amigo José Javier Casillas, como para tratar de ver los trucos. Y cuando llega su turno, pasa, hace lo que tiene que hacer y espera. Entonces el gerente de Radio Centro, el grupo que acaba de adquirir la estación, lo llama y le pone un brillo en los ojos.

—Tiene usted una voz muy bonita —le dice al muchacho—. Mediana. Ni muy grave ni muy aguda. Me gusta mucho. Es ese tipo de voces difíciles de encontrar.

Dentro de sí, Adolfo Fernández Zepeda, con ganas de tener su primer trabajo en forma como locutor de radio se frota las manos para soltar toda la presión acumulada y sonríe para sí: "¡Ya la hice!", piensa. Pero en seguida la ilusión se ve amenazada—. El señor que está aquí conmigo —añade el gerente del grupo— le va a decir qué vamos a hacer con usted.

—Mire, jovencito —le dice el ayudante, mirándolo como quien tiene que matar una rata—, váyase unos cinco años a provincia, y luego regresa y hace otra prueba.

Desconcertado por la súbita prepotencia, el joven se recupera pronto pero sólo atina a decir proféticamente:

—Mire, señor, yo le aseguro que si algún día regreso, ustedes me van a llamar.

Y se fue, efectivamente; aunque tenía un trabajo en el banco y a su amigo Javier Casillas, con quien practicaba por las noches en la 6.20, se fue a dar vueltas por el país, primero a la XETR de Ciudad Valles, San Luis Potosí, donde no duró ni quince días por el calor. Después a Córdoba, a donde lo invitaron a formar parte del lanzamiento de la VC; en seguida a la KG, de Fortín de las Flores y luego, para su suerte, a Monterrey, al grupo Radio Alegría. Posteriormente pasó a la XEH "Radio Actualidades" de los señores Quintanilla, donde una muchacha un día le llamó para pedirle Till, de Roger Williams, que luego se convertiría en su esposa. Y llegó el día que regresó a la Ciudad de México, por una puerta más grande y en medio del griterío que estaban causando unos músicos ingleses que se hacían llamar los escarabajos.

Perder la vista, ganar la voz

Mucho antes de que todo esto sucediera, hay que remontarse a Comitán, Chiapas, en el sur de México, para saber la historia completa. Ahí fue donde nació Adolfo Fernández, la voz Universal, cuando apenas amanecía y la noche quedaba atrás. "Mis padres eran de clase media", explica él mismo. "México estaba convulsionado por los cambios que había hecho el presidente Cárdenas, con el reparto de tierras. Mis dos abuelos, el paterno y el materno, tenían propiedades en el estado, y con la reforma agraria se quedaron sin nada, especialmente uno de ellos. Sobrevivimos trabajando todos, incluso pequeñines; a partir de los seis años teníamos que trabajar para poder comer. Y hacíamos lo que en Chiapas se llama pechulej, ruedas de palma para hacer sombreros que se vendían a las fábricas del pueblo. Me gustaba el rancho. Ordeñaba, lazaba, estaba metido en todo. En esa finca había una escuela rural donde hice el primer año de primaria. Luego me llevaron a Comitán a terminar la primaria y la secundaria. Ahí pasé la infancia con mis abuelos maternos y con otros primos. Mi madre dice que cuando oía el radio le daba vueltas para ver dónde se escondía el hombrecito que hablaba. En esa época tenías que tener un oficio; yo aprendí a hacer zapatos. Estuve dos o tres años en la zapatería de un señor Manuel Gordillo, hasta que, cuando estaba a punto de entrar en la preparatoria, llegó un tío mío hermano de mi mamá que trabajaba en el Banco Agrícola Ganadero en Tamaulipas".

—¿Tú que haces aquí, cabrón?
—Soy zapatero.
—No, estás muy mal; estás jodido. ¿Cuánto ganas?
—Cinco pesos —le respondí, pero no le dije que eran cinco pesos a la semana.
—¿Te quieres venir a trabajar conmigo? Yo te voy a dar veinte.
—¿Veinte pesos al mes?
—No, veinte pesos ¡diarios!

Así de manera tan sencilla, el joven Adolfo dejó por primera vez su natal

Chiapas y se trasladó a Río Bravo, Tamaulipas, en ese tiempo una localidad con una sola calle donde pasaba la carretera. El trabajo consistía en pesar pacas de algodón para la Despepitadora Brasil. Durante la noche pesaba las pacas, dormía un rato, hacía mucha amistad con los obreros y dormía bastante mal. Durante el día se metía a las oficinas del banco donde aprendió mecanografía y a manejar las primeras calculadoras, entre otras cosas; por lo que fue natural que aspirara a un mejor puesto. "Llegó un momento en el que le pregunté a mi tío si podía trabajar en el banco, en las oficinas, y no le gustó, y me corrió. Estuve un tiempo en Chiapas y regresé a la Ciudad de México con otros cuatro muchachos, casi todos para entrar a la facultad de Odontología en la UNAM. Lo primero que hicimos al llegar a la ciudad fue ir a conocer los estudios de la XEW. Nos metimos y vimos dos programas. Estaba muy emocionado de ver cómo se hacían. Un día que fui a resellar mi cartilla a Palacio Nacional perdí la vista debido a la anemia. El médico me dijo que si yo seguía trabajando y estudiando, no iba a llegar, que tenía que dejar una de las dos cosas, y dejé el estudio. Me puse a buscar un trabajo en el aviso oportuno del periódico El Universal. Había uno que decía: Solicitamos muchacho para cárdex contable. Fui y comencé a trabajar en la Compañía Industrial del Norte. Me fue muy bien, aprendí mucho. Me metí a la Escuela Comercial Bancaria a estudiar la carrera de funcionario bancario; ahí conocí a un muchacho que trabajaba en un banco y me invitó a trabajar con él. Llegué a ser el cajero principal".

La primera experiencia tras el micrófono vino por fin en 1957 en La Feria del Hogar, una exposición de artículos domésticos que celebró por primera vez ese año en la explanada del Auditorio Nacional. "Un amigo de la Escuela Nacional de Locutores me invitó a leer un anuncio en el sonido local. De rato llegó su jefe y preguntó muy enérgicamente quién había sido. Pensé que lo iban a regañar. Mi amigo se echó la culpa, pero su jefe no le creyó, y volteándome a ver, dijo: `No es cierto, fue usted´. Y como le gustó mi voz, me ofreció trabajo para que anunciara ahí".

Radio y beatlemanía

Radio 6.20 AM había iniciado sus transmisiones en 1946. Con el tiempo se había especializado en el público juvenil y estudiantil de la capital mexicana. Su dueño era el señor Víctor Blanco, empresario de origen español recordado por su amplia cultura. A Adolfo le gustaba escucharla, y también otra que había iniciado recientemente, Radio Variedades, lo cual sólo aumentaba sus ganas de trabajar en la radio. Con una pequeña ayudita de sus amigos, sacó su licencia de locutor y sintió que estaba listo para incursionar en el medio. "El periodista don Vicente Berni de Excélsior me hizo el favor de darme una tarjeta de presentación para ir a ver a Víctor Blanco; me presenté con él y me dio la oportunidad de practicar en las noches en radio 6.20. Ahí fue donde conocí a Casillas, el locutor del turno del sábado en la noche, y con él empecé a aprender".

Después vino su excursión por varias estaciones en Veracruz y Monterrey. "Finalmente en 1964 me fui a la Ciudad de México a trabajar en Radio Éxitos 790, invitado por un joven estudiante y líder de los estudiantes del Tec llamado Francisco Aguirre Gómez". El padre de Francisco había fundado el Grupo Radio Centro en los años 40, y en ese tiempo ya manejaba dos estaciones llamadas Radio Centro y Radio Éxitos. "Ahí es donde mi voz se hizo conocida", puntualiza Adolfo. Una de las ideas más exitosas y con mayores consecuencias del joven Francisco Aguirre, respaldada con gran entusiasmo por Adolfo, fue dedicar un espacio a The Beatles en 1964, apenas una semana después de la legendaria aparición de la banda en el show de Ed Sullivan, con la que dio inicio la beatlemanía en América. Eran los famosos 7 minutos y 90 segundos de los Beatles, Adolfo Fernández fue el primer locutor en pasar el programa, un espacio que poco a poco fue creciendo hasta convertirse en tres horas diarias, a las ocho de la mañana, a la una y a las seis de la tarde.

"Los Beatles fueron bien recibidos por la juventud mexicana porque ya había pasado Elvis Presley. A Francisco le gustó mucho la beatlemanía. Tiempo después pusimos la hora de los Monkees, que nacieron para hacerle sombra a los Beatles, y también dos horas de Creedence. Aquel primer impulso de la beatlemanía murió en la AM de Grupo Radio Centro cuando la estación cambió de nombre, de Radio Éxitos a Expresión 790, una estación hablada. Pero me llevé a los Beatles a Radio Universal, la estación que inicié en 1974".

La voz Universal

Aunque desde los años 50 ya había algunas estaciones de FM en México, fue sólo a partir de la década de los 70 en que el formato comenzó a cobrar impulso, gracias a la mayor disponibilidad de aparatos estéreo en la familia mexicana. El grupo Radio Centro capitalizó esta tendencia lanzando tres estaciones exitosas que harían historia: Radio Joya, Radio Hits y Radio Universal; éstas, con sus 100 mil watts cada una, llegaron a ser las de mayor potencia del país. "Yo me quedé como director artístico y fundador de dos de las tres estaciones de FM de Grupo Radio Centro, que fueron Radio Universal y Radio Hits en formato inglés, y la tercera fue Radio Joya en español, que la dirigió el señor Mario Girón, sólo que en esa época la música era con Sinatra, Tony Bennett, Doris Day, Chicago y muchas más. Para diseñar la programación de Universal me llevé mis propios discos que tenía en casa. Cuando caminaba por San Juan de Letrán", recuerda don Adolfo, "oía el eco en todas las tiendas por las que pasaba, porque en todas sintonizaban Radio Universal o Radio Hits. Originalmente estábamos en el 107.3 del cuadrante, y por eso nuestro slogan era `En la parte más alta del cuadrante´".

Radio Universal fue pionera, entre otras cosas, por sus discos de "Clásicos de Radio Universal", que presentaba en conjunto con las disqueras y consistían en recopilaciones de la mejor música de la época. Llegaron a ser los más vendidos del país. De aquellos álbumes, un tema de producción original se convirtió en un inesperado éxito que marcó la vida de muchos madrugadores y desvelados del centro del país. La noche quedó atrás, un poema de Víctor Manuel Otero, en la voz de Adolfo Fernández Zepeda, se transmite todos los días sin falta, desde hace varias décadas, a las seis de la mañana y a las doce de la noche. "El autor fue un vendedor del grupo Radio Centro. Un día llegó a la cabina y me dijo: `Mira, Adolfo, tengo este poema, a ver si te gusta. Me gustó mucho; elegí un tema de película, lo grabé en una sola toma y lo puse al aire. Al principio algunos ejecutivos se quejaban de que prefiriera gastar tres minutos en un poema que en una canción. Hoy en día forma parte de la enseñanza de muchas escuelas. Fue algo que funcionó muy bien, al grado que mucha gente, médicos, licenciados, políticos me han hablado para darme las gracias porque fui parte de su formación, porque dicen que tuvo algo que ver en su vida. En alguna ocasión el presidente Zedillo fue a una entrevista y preguntó por mí, porque, según decía, lo había acompañado en sus tiempos de estudiante".

La noche quedó atrás

Con más de cuatro décadas al frente de Radio Universal, don Adolfo ha visto llegar y pasar modas, conocido a grandes personalidades, jugado billar con los Rolling Stones, atestiguar la aparición de un club de admiradoras que llegó a tener 20 mil suscriptoras, y hasta salirse con la suya con Olivia Newton John. "Cuando Olivia estaba en su apogeo yo decía que era mi novia, para hacer publicidad al aire. Pero un día ella vino a la Casa EMI en México y un periodista le preguntó: `Aquí hay un fulano que dice que es tu novio. ¿Es verdad o es un farsante?´ Olivia dijo: `Adolfo, ¿dónde estás?´. Subí y me dijo: `Dame un beso para que vean que sí eres mi novio'".

Adolfo Fernández Zepeda, además de ser la voz Universal, la voz institucional con más tiempo al aire, ha sido programador de las estaciones Alfa Radio, Radio Red FM, El Fonógrafo y 93.9 en Los Ángeles, California. Pero sobre todo, ha sido un ejemplo para varias generaciones de locutores y de la solidez que sigue teniendo la radio, a pesar de la aparición de nuevos formatos. "Desde mi punto de vista, el medio que más va a tardar en desaparecer —si es que desaparece en algún momento— va a ser la radio. El internet va a seguir funcionando, vendrán más estaciones, pero la radio es muy difícil que se acabe, porque es el único medio que te divierte, te distrae sin distraer. Eso es lo que tiene la radio de bonita, que puedes trabajar y no molestas a nadie, y además puedes trabajar mejor. Oír radio cuando estás trabajando te dignifica y hace que te superes sin molestar a nadie. En las zonas más alejadas, donde quiera que estés, donde te encuentres. Nosotros también estamos ahora en internet, y gracias a ello me llegan cartas de casi todo el mundo. Universal es una gran estación".

"Es tanto el amor que tengo por la radio que le digo a mi esposa", recapitula la Voz Universal con una sonrisa: "¡Después de la radio eres tú! Todos me preguntan qué siento cuando abro el micrófono. No sé. Nunca he podido contestar esa pregunta. Me siento realizado y me siento contento. En esos momentos soy la persona que quiero ser, porque la radio es mi amiga y mi amante. Quiero despertar cada día y gozarlo como si fuera el último. Quiero ir a donde me lleve la vida. ¡La vida comienza a cada instante!".

Pío Ferro

*"¡No hay luz en ningún lado,
pero la cajita ésta funciona!"*

La escena es parecida a una película de comedia de los años 90. O posiblemente de romance, porque el escenario es una almibarada estación llamada K-Love, en la soleada ciudad de Los Ángeles. Es la media noche y afuera de la estación se encuentra el legendario Cecil Heftel —político estadounidense convertido en empresario radiofónico— sin llaves, tratando de entrar por la puerta trasera a su propia empresa. Adentro está un joven de 21 años llamado Pío Ferro. Se encuentra ahí por recomendación de Bill Tanner, un amigo del magnate. "Déjame entrar, no tengo llave", se oye desde afuera, y el joven interrumpe su carrera al baño. "Con mucho gusto lo dejo entrar", le responde al jefe de sus jefes. Y con la candidez de la edad, el joven recién llegado de Miami, hijo de emigrantes cubanos, le propone a Heftel hacerle una cirugía plástica y un recambio de sangre a K-Love, la primera FM en español de Los Ángeles: "¿Y si mejor cambiaran el formato de esta forma; y si tocaran otro tipo de música; y si los locutores cerraran la boca y no hablaran tanto tiempo?". Quizá con palabras más suaves, pero algo así. "¿Y si no pararan tanto la música para pasar comerciales?", sigue el muchacho. "Y el viejito se enoja conmigo", explica Pío Ferro, actual director de programación en WQHT Hot-97 (NY). "No le gustó nada lo que dije".

Heftel, entonces de setenta años, no reprimió su indignación con el mentor del joven. "Yo no sé qué le dijiste a este niño", tronó, vía telefónica, con Tanner. "¿Quién se cree que es? Dice que no le gusta lo que está pasando en la emisora". "Bill", se defendió Pío, "ellos tienen que entender. Tocan a Dyango y a Carnavalito 2000; después ponen a Frankie Ruiz y siguen con Café Tacuba, para rematar con Luis Miguel. La gente dice que quiere variedad en la radio, pero nosotros sabemos que eso no es cierto". Tanner —famoso por su buen toque para resucitar estaciones— decidió ir a ver él mismo lo que pasaba, y al terminar, le dijo a Heftel "esas famosas palabras" en la historia de Ferro, como él las llama, que no lo convertían en un desempleado más. "Cecil, te tengo buenas y malas noticias. La mala es que Pío tiene razón en todo lo que te dijo. La buena es que (en consecuencia) KLVE puede mejorar". "En noviembre de 1994 me dieron el puesto de programador", puntualiza Pío, con una sonrisa suave. "El día once, mi asistente María Nava y yo, nos quedamos hasta las cuatro de la mañana buscando música, quitando y poniendo; al día siguiente estábamos muertos, no habíamos dormido nada, pero la emisora estaba sonando requete-bien. A las diez de la mañana llegó el director de mercadeo y nos preguntó hasta qué hora habíamos estado trabajando. `Vaya´, repuso, `entonces les tomó menos de 24 horas arruinar la emisora!´". No era el único. Por toda la emisora corrían rumores de que el señor Heftel había cometido un error al haber permitido semejante cirugía. Pero en tres meses la emisora estaba en número uno en el libro de Arbitron. Incluso había superado a la poderosa "X", la 97.9. Y eso era casi anatema. La escapada al baño —y el regaño del septuagenario Heftel— habían valido la pena, para todos los actores involucrados.

Después del huracán, el Sol

"Las familias de mis padres migraron (cada una por su lado) de Cuba a Miami entre finales de los años 50 y principios de los años 60", cuenta Pío sobre sus orígenes familiares. "Resultó que, en Miami, los dos muchachos eran vecinos. Mi madre me cuenta que mi bisabuela le decía: `Mira, a mí me gustaría que encontraras un muchacho bueno, como el vecino de nosotros, Pío´". Para beneplácito de la bisabuela, los jóvenes se enamoraron y se casaron. Tuvieron un solo hijo, Pío, que nació en los primeros días de 1973, el mismo mes en que se transmitió el famoso concierto de Elvis Presley de Hawaii vía satélite, el primero en la historia que hacía uso de esta tecnología, como para augurar el inicio de una nueva etapa en cuanto a la difusión de la música. Sin embargo, cuando era niño, a Pío le bastaban las ondas de AM para sentir entusiasmo por la radio y la música, de manera particular en una ocasión en que un huracán tocó la península. "Desde chiquito me encantaba la música. Todos los sábados estábamos mi bisabuelo Joaquín y yo en la tienda de tocadiscos y bocinas, yo siempre rompiendo algo. Siempre estuve fascinado con la radio: simplemente con oprimir un botón tenías entretenimiento. ¡Y gratis! Recuerdo sobre todo que una vez tocó un huracán en Miami, y la única forma que teníamos de saber lo que estaba pasando afuera era porque teníamos un radio de pilas, porque nos habíamos quedado sin luz. Eso me dejó admirado: ¡No hay luz en ningún lado, pero la cajita ésta funciona!".

Su primer acercamiento a una estación de radio, los lugares de donde surgía aquel "entretenimiento gratis", vendría a consecuencia de un episodio poco agradable. A los 13 años contrajo mononucleosis, una enfermedad viral, que no pone la vida en peligro, pero sí muy molesta. La madre de Pío tenía que llevarlo todos los días al médico, cuya consulta estaba cerca de su trabajo en una estación de radio. "A mí me fascinaba que mi mamá trabajara en una emisora; iba en cada oportunidad que tenia, después de la escuela. Cuando podía invitar a un amigo lo llevaba para que viera los equipos. Cuando me dio la "enfermedad del beso" (mononucleosis), iba todos los días con mi mamá a su trabajo, porque la oficina del médico estaba a media milla. Así, todos los días estaba metido en la estación de radio, desde la mañana hasta la hora del almuerzo. Por cierto que me hice amigo de todo el mundo".

Aquella emisora, la WXDJ 95.7 de Miami, recibía la señal por satélite. Ahí, a los 15 años, Pío daría sus primeros pasos profesionales. Como para cumplir el ritual en la carrera de todo locutor principiante, comenzó a trabajar en el horario que nadie quería; en este caso, los domingos temprano por la mañana. "Me iba caminando de mi casa a la emisora; era consistente y responsable con esto. Aprendí a correr la consola muy bien y me empezaron a dar más turnos". Pero la pequeña emisora estaba teniendo problemas financieros. Comenzó entonces un malabarismo de frecuencias y estaciones, de la mano de un crecimiento profesional para Ferro. El dueño de la emisora alquiló su frecuencia, la 95.7, a la compañía de Cecil Heftel, que en ese momento era dueño de KLVE en Los Ángeles y comenzaba por esos tiempos su expansión en la industria radiofónica. "De las emisoras de radio que tenía Heftel en Miami, una tenía una señal muy pobre. Yo creo que transmitían con 1000 watts desde una ciudad pequeñita que se llama Goulds", explica Pío. Heftel tenía la urgencia de acomodar a dos nuevas adquisiciones, Betty Pino y Javier Romero, en alguna frecuencia sonora. A cambio, el dueño de la WXDJ recibiría, además de la renta, una emisora pequeñita en la frecuencia 98.3, donde Pío permaneció corriendo la consola. Con el tiempo la emisora se convirtió en Radio El Sol por la iniciativa de Francisco Restrepo y Jorge López. Gracias a que era bilingüe, Pío sobrevivió al cambio. "El tiempo pasó y la emisorita empezó a agarrar rating con un formato tropical: salsa, merengue. En ese momento, Miami era Dyango, Julio Iglesias y cosas así. Y Francisco Restrepo puso a Frankie Ruiz, a Los Hermanos Rosario; Juan Luis Guerra acababa de sacar Bachata Rosa, que fue como su Thriller (el disco más exitoso de Michael Jackson), y la emisora estaba subiendo en los números. Cuando el contrato se le terminó a Cecil, El Sol, que ya tenía un buen nombre, pasó a ocupar la frecuencia 95.7.

En 1991 llegó Gino "Latino" Reyes como director de programación de El Sol. Sería él quien le daría la primera oportunidad de hablar en la radio y, sin que ninguno de los dos lo supiera, de brindarle el encuentro más importante de su vida. Y no precisamente con el micrófono. "Una noche de julio, en 1992, estaba de locutor en la madrugada en la WXDJ", recuerda Ferro. "El locutor de la noche se había enfermado y Gino me había pedido que lo cubriera. Yo estaba muy contento de poder cubrir un turno con más audiencia, pero me esperaba una gran sorpresa. Unas horas después de entrar el aire, llamó una chica para dedicarle un tema a su ex novio. Recuerdo cómo me hizo sentir su voz, posiblemente la más preciosa que había escuchado en mi vida. Le pedí su número de teléfono, sabiendo que si estaba dedicándole un tema a su ex novio, es que andaba soltera. Nos hicimos amigos, y el 25 de agosto de 1992, mientras entraba el huracán Andrew, nos hicimos novios oficialmente. Esa chica se llama Yanet. Nos casamos en diciembre de 1993 y ha sido mi constante compañera durante más de veinte años. Conmigo ha recorrido todo el país, en las buenas y en las malas. Le debo muchísimo, es el amor de mi vida".

Por esa misma época tendría la oportunidad de dirigir su primera emisora. "En determinado momento", explica, "Gino decidió que ya no quería seguir como director de programación de El Sol. Russ Oasis —dueño de WXDJ junto con Alan Potamkin— que también manejaba la estación, había empleado a un señor para asesorarlo, el legendario Bill Tanner. Se pusieron a entrevistar gente para sustituir a Gino, pero (antes de elegir a alguien externo), Tanner le sugirió a Oasis que me diera a mí la oportunidad".

A new face for Love

Supervisada por Tanner, la emisora continuó su ascenso bajo la dirección de Pío Ferro, hasta que el 14 de febrero de 1993 llegó un momento que nadie anticipaba, cuando superaron a la 98.3 en cuestión de rating. "Fue como la historia de Rocky, porque todo el equipo de locutores de El Sol, mi emisora, éramos unos novatos. Y ganarle a instituciones como Radio Ritmo con Javier Romero y Betty Pino fue una cosa grande. Pasaron varios meses y Cecil (Heftel) un día le llamó a (Bill) Tanner y le dijo que se fuera a trabajar con él. Pero Tanner le dijo: `No, la persona que tú necesitas, es Pío. Es un muchacho joven, no tiene mucha experiencia, pero hace que las cosas funcionen´. Yo en ese momento tenía veinte años. Llegué a L.A. en agosto de 94; me acababa casi de casar. Allá estaba el señor Adrián López, un caballero. Pero (...) mi forma de hacer radio era muy americanizada, como la que yo había aprendido de Gino y de Tanner; rotaciones al estilo de la radio americana. Los promos eran rápidos, no de parar la música y de hablar por minuto y medio, nada de eso; la locución era muy breve".

Fue ahí donde ocurrió el encuentro entre el joven y Heftel a media noche. Pío tuvo la oportunidad no sólo de continuar su programa como locutor de K Love en el show de la tarde, sino de dar un nuevo rostro a la estación y encontrarse, meses más tarde, con la grata sorpresa de que estaban en el primer sitio. "La enfocamos. Redujimos de 700 canciones a quizás 250. Les pedimos a los locutores que hablaran solamente en ciertas partes, pero no los limitamos. `¡Habla! Di lo que tengas que decir en ese tiempo, pero cada vez que abras el micrófono, haz que cuente´. O sea, no hice un gran cambio, pero sí fue un notable cambio; pasó de ser la emisora que tocaba un poquito de todo, a otra bien enfocada a la mujer, bien concentrada en el género romántico. Cuando vimos que estábamos en el número uno, todos nos echamos a reír, porque en ese momento Juan Carlos Hidalgo y SBS tenían el mercado con "La X" 97.9. Y nosotros nunca habíamos aspirado a tanto. Tan sólo acercarnos a La X hubiera sido un gran logro. Durante los siguientes cinco años, K Love fue la emisora número 1 en Los Ángeles, consistente".

En franco crecimiento

Con el nuevo siglo las cosas empezaron a cambiar para Pío Ferro, que ya había cumplido un exitoso ciclo como programador de K Love. La industria se estaba transformando y eso abría nuevas oportunidades para carreras en ascenso como la suya. Por una parte, SBS estaba en un proceso de cambio y había adquirido varias estaciones, notablemente la adquisición de la 96.3 en Los Ángeles, y necesitaban equipos fuertes de programación. SBS designó a Bill Tanner como VP de programación.[1] "Tanner me invitó a SBS, y me dijo: `Mira, si tú te vienes con SBS, vas a estar a cargo de la programación de todas las emisoras, menos Miami. Es un trabajo nacional, y puedes hacer bonos en cada mercado, puede ser una cosa muy lucrativa para ti´. Y yo en ese momento estaba pensando: `Tengo un hijo, ésta es una oportunidad que no puedo dejar pasar´, porque eran muchas emisoras de radio; especialmente en Nueva York, ¡la meca! En septiembre del 2000 firmé con SBS y trabajé con todas sus emisoras, excepto las de Miami. Y cuando a Tanner se le vence el contrato en 2005, no puede llegar a un acuerdo con Raulito, y se va, y Raúl (Alarcón) me da la oportunidad de ser el presidente de programación".

En 2005 Pío Ferro se convierte en VP de programación de SBS, un cargo que ocupó durante cuatro años. En 2009 dejó la empresa para convertirse en presidente de formatos en español en CBS Radio, en donde tendría oportunidad de trabajar estrechamente con los programadores locales de varias ciudades para consolidar su presencia en el mercado e incrementar sus rating. Además fungió como programador de KMVK Mega 107.5 FM de Dallas, que había iniciado operaciones en febrero de

[1] Billboard Magazine, 9 de diciembre de 2000, pp LM-14.

ese mismo año.[2] Tres años más tarde, daría un giro a su carrera ingresando al mundo de las estaciones en inglés. "Estuve con CBS como presidente de formatos en español un buen rato, tres años, y me puse a pensar que el próximo paso era el mercado anglo. El mercado hispano estaba limitado, el mundo de la radio se ponía más pequeño, y en todos lados estaban cortando más y más presupuesto. Entonces empecé a explorar el mercado americano, y en noviembre de 2012 tuve la oportunidad de regresar a Miami y trabajar con Power 96". Esta emisora tenía fuertes lazos emocionales con Ferro; en primer lugar, porque ahí estaba ahora Bill Tanner como asesor, cuya amistad databa de 1992, las épocas de su exitoso trabajo en K Love. Por otro lado, Power 96 "era la emisora de mi juventud; cuando yo era un chamaco de 13 años era la emisora cool, la que escuchaban mis amigos; una que siempre aspiré a programar. Además fue una emisora que empezó Tanner, programador original de Power 96, en 1986. El presidente de programación de Emmis Communication, que es la compañía donde estoy ahora, notó el éxito que tuve en Power 96 y me abrió la puerta para programar Hot 97 en Nueva York".

Tendencias en la música latina

A lo largo de más de 25 años de trayectoria en la radio, como locutor y de manera especial como programador y guía de otros programadores en Estados Unidos, Pío ha estado cerca de la impredecible y cambiante torrente de estilos y vaivenes de la música latina, un género cuyos destinos a veces se labran en México, otras veces en Cuba y cada vez con mayor frecuencia en la Unión Americana. Desde el inicio de la década de los 90, no sólo ha cambiado la manera de comercializar la música —"Irónicamente, el formato que más se está vendiendo ahora, a través de medios físicos, es el disco LP, el vinil"—, sino también el gusto de los radioescuchas y el perfil demográfico de quienes llevan una canción al número uno.

"Le doy gracias a Dios que haya tenido la oportunidad de trabajar con diferentes mercados y ver la evolución de la música. Como yo lo aprecio, siempre hay un momento (los americanos le dicen a fork in the road) que define el cambio de un estilo de música a otro. En un momento teníamos a Franco de Vita, a Ricardo Montaner, a Julio Iglesias y Dyango, y de pronto viene Christian Castro y saca una canción que se llama Nunca voy a olvidarte que cambia todo. Para mí ése fue el tema que abrió la puerta a toda una nueva era de la música pop; ése fue, desde mi punto de vista, el tema que empezó verdaderamente a sonar fresco; la producción era diferente, es un tema que pudo haber salido la semana pasada porque sigue sonando nuevo. (Sin embargo), para mí la evolución más significativa en el mundo de la música hispana fue el reggaetón. La banda, las norteñas, siempre han sido lo que son, en sí mismas o en sus raíces; la composición básica tiene muchos años, igual que la salsa, igual que el merengue; siempre existió el rap en español, pero como que no encajaba. Cuando salió el reggaetón, no solamente fue un género nuevo, sino le dio la oportunidad a muchos raperos de llegar a ser mainstream. Si no me equivoco, ése tiene que ser el cambio más significativo de los últimos años en la música en español. El reggaetón le dio paso a la nueva música urbana; hizo que la música folclórica que reconocemos como bachata, de buenas a primeras, se urbanizara. Fue un verdadero parteaguas".

Locutor: Quiero saber quién eres

La radiofonía también ha cambiado de rostro. Ciertamente ya no es un solo rostro, sino varios, pero Pío se siente orgulloso de haber sido parte del cambio y de haber puesto, él y su generación, todavía jóvenes, las semillas de un nuevo estilo de locución y de

---

[2] *CBS Names Pio Ferro VP/Spanish Programming*. Accesado el 9 de mayo de 2015. http://www.allaccess.com/net-news/archive/story/67677/cbs-names-pio-ferro-vp-spanish-programming.

programación. Cuando habla de la nueva radio y de las influencias que ha incorporado, lo hace con verdadero placer. "A mí me da gusto que muchos otros estén haciendo (en la radio en español) las cosas que implementamos (Bill) Tanner, Gino, Juan Carlos Hidalgo y yo. Cada vez que escucho una emisora de radio en cualquier mercado, Miami, Los Ángeles, creo que es la estructura básica que nosotros trajimos a la radio hispana. La música ya no para (antes paraba mucho), los formatos están bien enfocaditos, rara vez te vas a encontrar una emisora que toque muchos estilos de música". Específicamente en aspectos de locución, la contribución es más sensible. "Un locutor no necesita detener la música y hablar un minuto para establecer su personalidad. A veces (los locutores) quieren decir tanto, quieren pasar tanta información por el micrófono, que la música va a un ritmo y ellos a otro. Yo prefiero que se hablen menos palabras y se logre una conexión real con quien está escuchando: 'Estaba yo tomándome un café esta mañana, y de pronto escuché esta canción, y me hizo sentir así', por ejemplo. O: 'Yo estaba con mi perrito el otro día en el parque...'; o 'Yo estaba con mis hijos...'; o también 'Estaba en la discoteca, vi una chica preciosa y...'".

"En WQHT, por ejemplo, acabamos de emplear a una chica para el show del medio día, Megan Ryte. Escuchándola, me entero de que sus vecinos de arriba cantan ópera a media noche y no la dejan dormir; que le encanta la pizza. Lleva tres semanas en la radio y sientes que ya la conoces. Lo que quiero decir es, si tú eres un locutor de música y estás al aire durante una hora, y hablas cinco o seis veces en la radio —que es el estándar—, y no se quién eres, si en esa hora no sé algo mas de ti, entonces es que algo no estás haciendo bien. Si después de treinta minutos de escucharte lograste hacer una conexión conmigo, para mí eso es lo primordial. Ahí a donde hay que dirigirnos".

Arturo Flores

—Oiga, don Gabriel, ¿cuál es aquí el objetivo?
—Campeón, el objetivo es hacer
de esta estación la número uno,
y también la más cara.

Arturo Flores a Gabriel Hernández,
al inicio del lanzamiento de 97.7

El año 1972 fue muy importante para Córdoba, Veracruz, la ciudad del buen café. En primer lugar, porque su amado equipo de béisbol los Cafeteros de Córdoba, resurgieron de las cenizas después de una prolongada ausencia de más de treinta años. Ese año, el equipo no sólo volvió a las grandes ligas, sino que ganó el campeonato de la Liga Mexicana de Béisbol, el primero en lograrlo en dicho circuito. Los Cafeteros fueron recibidos en casa como unos auténticos héroes. Este hecho tuvo consecuencias en la vida de Arturo Flores Carrillo —entonces un niño—, hoy director artístico de la XERC-FM 97.7. "Arturo Carretero Lara y Domingo Setién Fernández El Mulato (…) fueron quienes narraron paso a paso la conquista del título de 1972", escribe una crónica de la época.[1] Aquellos legendarios cronistas deportivos tuvieron una influencia decisiva para que Arturo cayera bajo el embrujo de la radiofonía.

Pero "aunque nací en la ciudad de Córdoba, realmente crecí en Coscomatepec", aclara, "una población que está más o menos como a una hora. Crecí con mis abuelitos, Joaquín Carrillo y Luisa Calvario, y con mis tíos, que eran como mis hermanos. Ahí hice la primaria y la secundaria. La curiosidad por la locución me entró porque en 1972 Córdoba volvió a lo que llamamos la Triple A en el béisbol, y yo iba al estadio y veía y oía narrar a los locutores en algo que llamaban `el palomar´. Me gustaba mucho cómo lo hacían. Era un pequeñín, pero aquello me encantaba y pensaba: `¿Qué tengo qué hacer para algún día narrar un juego como ellos?´", recuerda, lo mismo que la frustración de no saber cuál debía ser el primer paso. En 1975, después de investigar dónde podía estudiar algo relacionado con lo que en ese momento le gustaba, con la ayuda de sus abuelos y tíos se fue a la Ciudad de México e ingresó a la Escuela Nacional

---

[1] El Sol de Córdoba. *Cafeteros, a 40 años de la gloria.* Accesado el 22 de junio de 2015, desde http://www.oem.com.mx/elsoldecordoba/notas/n2655030.htm

de Locutores del maestro José Antonio Ruiz Key. Ahí tuvo la oportunidad de escuchar como exponentes a Ramiro Garza, uno de los pioneros de la radio en México, al cronista deportivo Ángel Fernández, a quien seguramente le hubiera gustado saber su odisea, y a José Manuel Hernández, entre otros.

Después de esto, que era práctica y teoría, Arturo se dio cuenta de que había que ir al verdadero campo de batalla. "Lo primero que hice fue conocer la cabina de una estación y pensaba: `¿Cómo entro aquí? ¿Cómo le hago?´. El primer locutor que conocí fue a Sergio Zacarías Martínez, QEPD, y me dijo que tenía que sacar una licencia de locutor que expedía la Secretaría de Educación Audiovisual en la Ciudad de México, un requisito indispensable para poder trabajar en cualquier estación de radio. Fui a hacer el trámite, me tronaron, pero a la segunda lo pasé. Mi idea era trabajar en Córdoba, porque está muy cerca de Coscomatepec, pero no había vacantes. Durante una convención del sindicato, en Orizaba, me colé entre los locutores y me dijeron: 'Mira, en Córdoba por el momento no se puede, pero aquí se encuentra una persona que se llama Gilberto que tiene una estación en Tierra Blanca, Veracruz y necesita un locutor´. De inmediato les dije que me lo presentaran".

—Sí —me dijo—, tengo una estación de radio en Tierra Blanca. Pero hace mucho calor.

—¡No importa! —le dije. Lo importante era ir avanzando y adquirir experiencia.

Como una ruta de Cortés

De esta forma —con todo y el calor—, Arturo entró a la radio en Tierra Blanca, Veracruz, en el año de 1978, cuando recién llegaba a la mayoría de edad. "Ahí llegué a vivir a un hotel, pero me salía a caminar a la una de la mañana por el calor endemoniado. Después conseguí una pensión con una familia; vivía en un cuartito de 3 x 3". Pero su idea original, desde luego, era todavía ser cronista de béisbol. "Empecé a aprenderme los clásicos términos del "beis": fair ball, home run, grand slam, etc… mi idea era ser cronista. Recuerdo que había una revista que se llamaba HIT, especializada en este deporte, y las coleccionaba todas, pero la estación donde yo trabajaba era musical, no deportiva, y ahí se acabó todo". En Tierra Blanca permaneció ocho meses, para posteriormente trasladarse a la población de Piedras Negras, Veracruz, a Radio Sensación. "Era una estación pequeñita", recuerda. "Ganaba tan poquito que dormía en un catre, ahí en las instalaciones de la emisora. El equipo que utilizaban los hermanos Alarcón, los dueños, era todo hechizo; recuerdo que teníamos un transmisor con un bulbo gigante, y la consigna era: 'Cuando veas que el bulbo se enciende y se pone rojo, apaga todo´. Porque era preferible quedarse cinco horas fuera del aire que un mes. Ahí llenábamos a mano los cartuchos, que ahora ya no se usan. En provincia les gustaban mucho los spots de un minuto, y nos salían exactísimos. Fue una bonita experiencia trabajar en Piedras Negras".

Como si fuera una ruta de Cortés, el joven locutor sabía que el objetivo era acercarse a la Ciudad de México, aunque fuera brincando de estación en estación. Con esa idea se mudó a Córdoba y buscó una oportunidad para trabajar en Radio Juventud, donde había conocido tiempo atrás a Sergio Zacarías. Ahí le dijeron que en ese momento no había vacantes, "¿pero por qué no vas con Sergio? Él está trabajando en Puebla y parece que ahí necesitan a alguien". Efectivamente, más tarde empezó a laborar en esa ciudad en la estación Radio Principal, que pertenecía al grupo que entonces se llamaba Organización Estrellas de Oro, a donde entró en 1979. Sin embargo, ahí también la estancia fue breve. "En Puebla estuve más o menos tres meses. Ahí compartía un cuarto con varios compañeros que trabajaban en el mismo grupo. Iba a la estación de las nueve a las doce de la noche, pero al poco tiempo me corrieron. Tenía un programa que se llamaba Discotheque 125; era la época de plena efervescencia de la música disco. Pero yo sentía que la estación era muy repetitiva, y metía canciones que me gustaban más. Entonces un operador de Radio Mundo me dijo que me estaba grabando; pensé que eso era una especie de señal para echarle más ganas, más caña, como decimos en el argot. Al segundo día me volvieron a decir: 'Te estamos grabando', y así hasta que terminó la semana. Yo estaba muy contento. El lunes siguiente me dijeron que subiera con el señor Joaquín Grajales.[2]

—¿Cómo estás? —me preguntó.
—Bien —le contesté pensando que me iba a felicitar.
—¿Cómo te llamas?
—Arturo Flores Carrillo.
—Ah, pues yo soy Joaquín Grajales y tengo aquí en mi escritorio cinco casettes, que corresponden a cinco programaciones, y sucede que en el programa de las 9 a las 11, que es Discotheque 125, el día lunes me respetaste 90% de la programación; el martes me respetaste 80%, y cada vez fue menos. El sábado respetaste nada más 10%
—Lo que pasa es que hay unas canciones padrísimas, y yo noté que la programación es un poco repetitiva. ¿Sabe? Es media monótona.
—Pero aquí, joven, la programación es sagrada —dijo inclinándose hacia delante poniendo énfasis en cada palabra.
—Pues usted dirá...
—Consúltalo con el delegado sindical.

"Fui con el delegado", sigue Arturo, divertido, "y me dijo: 'Lo mejor es que te vayas. Cometiste un error. Te voy a tratar de conseguir una buena liquidación´. Y ahí fue que me di cuenta de la importancia de respetar una programación", reconoce. Pero lo cierto que es que el joven locutor había demostrado, también, su espíritu independiente.

La ciudad de los palacios... y la radio

"En aquel entonces todos le tirábamos a la Ciudad de México; ésa era como la meta máxima, pero yo decía que primero había que foguearse, y que para eso lo mejor era la provincia. Fue un ir acercándose a la Ciudad de México; primero Veracruz; luego en Puebla pensaba que ya nada más estaba a un paso, pero yo no había planeado que me corrieran, así que tomé una opción que me ofreció el sindicato, una plaza en Lázaro Cárdenas, Michoacán. Yo ni siquiera sabía dónde estaba ese lugar". Así, Arturo tuvo que tomar esa ruta alterna hacia la Ciudad de México, donde estuvo trabajando con Francisco Bautista Valencia, dueño de Radio Horizonte y de quien recibió mucha motivación. De ahí pasó a Morelia donde estuvo dos semanas en Radio Variedades. Ahí tampoco se sintió feliz. Su objetivo no había cambiado, así que a mediados de 1979 se dirigió finalmente a la capital, donde empezó a trabajar en el Grupo ACIR, con Gustavo Páez, director artístico de Radio Felicidad.

"La idea era que yo llegara con un señor Camacho, que programaba una estación que se llamaba Radio Voz; él era amigo de Francisco Bautista, de Lázaro Cárdenas, o al menos eso decía. Pero el señor Camacho nunca me recibió. Una persona en la recepción me dijo: 'Oye, ¿por qué no vas con Gustavo Páez?, es buena onda´. Fui con dicha persona y hablamos.

—Vamos a ver, ¿tú qué haces?
—Soy locutor.
—¿Qué crees? Todas las radios están ocupadas, pero tengo una chamba en la fonoteca.
—Pues le entro —dije. Lo importante era estar adentro; inicié acomodando discos en orden alfabético y por artista. Un día me fue a pedir unos álbums.
—Oye, ¿no tendrás tal disco de Rocío Dúrcal?
—Sí, aquí lo tengo.

---

2 Grijales, originario también de Veracruz, había sido un reconocido locutor de la XEW y findó la XECD.

—Ah. Perfecto! Vamos bien. Oye, de veras… ¿tú qué haces?

—Soy locutor —le volví a decir—, trabajé en Tierra Blanca, Piedras Negras, Puebla, Lázaro Cárdenas y Morelia, Michoacán; llevo ya un par de años en las estaciones. —Al día siguiente volvió a preguntarme:

—No, en serio. ¿Qué haces?

—Soy locutor. —Y como a la tercera vez, por fin me dijo:

—¿De veras eres locutor?

—Que sí, hombre.

—A ver, ven. Vamos al estudio, vamos a hacer unas pruebas. —Y me puso a grabar. Creo que lo convencí—: Bueno, te tengo un turno a las seis de la mañana.

—Yo entro a las dos si quiere.

—Bueno. ¡Empiezas mañana!

Así fue como Arturo alcanzó su primera "felicidad" en la estación de radio del mismo nombre, y al primer minuto de estar al aire pensó: "Por fin en México".

Grupo Radio Centro

En 1980, después de que el entonces director de Radio Éxitos escuchara una prueba de grabación y le extendiera una invitación, Arturo Flores renunció a Radio Felicidad para irse al Grupo Radio Centro, con un poco de tristeza por dejar su primera estación, pero alentado incluso por su mismo ex jefe, quien le dijo: "Si te estás yendo a una estación de esa magnitud, ¿qué te puedo decir, sino que te vaya muy bien?". "Ahí estuve colaborando como locutor y más tarde realizando mis primeros experimentos haciendo la programación con el señor Fernández", recuerda Arturo.

En 1986 formó parte de un grupo de locutores que fue seleccionado para realizar transmisiones desde la Ciudad de México a través de la Cadena Radio Centro, que ofrecía servicios a estaciones afiliadas en los Estados Unidos para la gente de habla hispana. En agosto de 1988 el grupo decidió lanzar 97.7, que antiguamente era Radio Hits, música en inglés. "Un día el director de operaciones me llamó a su oficina y me dijo: `Mira, hay un nuevo proyecto en el grupo, vamos a lanzar una estación en FM; no tenemos nombre todavía, pero mientras tanto le vamos a llamar Stereo 97.7, hicimos un casting con todas nuestras voces y queremos que tú la grabes, mientras encontramos la voz oficial´. La idea original era que grabara temporalmente la estación, pero fue tal el impacto que después de 27 años sigo aquí".

"El movimiento Rock en tu idioma y música juvenil ya venía desde antes del nacimiento de 97.7. Las que marcaban la pauta eran las AM. Las FM eran sintonizadas como música ambiental en establecimientos comerciales, consultorios, etc... Las estaciones líderes en música en español eran Radio Variedades y Radio Mil. En música en ingles Radio Éxitos y La Pantera. Había una estación que se llamaba Estudiantes AM, y después Radio Alegría, que transmitía con 5000 watts en el día y 1000 en la noche. y llegó a ser número uno, lo cual era muy raro, sobre todo con tan poca potencia. Ésa fue la que empezó a tocar Miguel Mateos, Timbiriche, Menudo, los grupitos de aquel entonces, y los demás decíamos: `Algo está pasando en la música´. En ese inter surgió una FM que se llamaba Estelar FM, a la que después llamaron Estéreo 102. Después nos dimos cuenta que esa estación la asesoraba don Ramiro Garza, que había estado muchos años en Radio Variedades. Ya en aquel entonces don Ramiro se dedicaba más a las asesorías. Fue entonces cuando Grupo Radio Centro observó esta situación y decidió matar a Radio Hits, que era en inglés, y darle vida a 97.7. Ahí combinábamos de todo. Lo mismo tocábamos a Rocío Dúrcal e Isabel Pantoja, que a Miguel Mateos y Flans. Era una combinación media rara, pero tirándole a lo juvenil, y realmente ésa fue la línea a seguir. Yo creo que la novedad estuvo en nuestro nuevo formato; el formato antiguo era melodía-comerciales-melodía-comerciales. Así vivimos durante mucho tiempo en las estaciones. Estéreo 102, por ejemplo, no tenía un formato definido.

Lo mismo podía tocar dos, tres o seis canciones seguidas, o una hora de música sin comerciales. Entonces se decidió que en 97.7 se reunirían varios comerciales en un solo corte; lo cerraríamos a cuatro cortes por hora y tres melodías ligadas, y este formato fue la locura, en un mercado tan grande y competitivo como el de la Ciudad de México. A tres semanas de haber salido al aire ya éramos número uno. Entré a 97.7 como locutor; después me integré totalmente a ella".

"¿Ya oíste? 97.7"

"En aquellos años 80, en el Grupo Radio Centro todos teníamos la oportunidad de trabajar en todas las estaciones. Yo por ejemplo pasaba de Radio Éxitos a Radio Variedades, que era otro estilo. Una era pop en español y la otra en inglés. También trabajaba en Radio AI, que era tropical; algo guapachoso el asunto. También en La Consentida, que era ranchera, y luego me iba a Radio Centro, que era más formal. Realmente me gustaba y me sigue gustando de todo. Pero si me preguntaras, a mí me gusta mucho la música de los 80, la música en inglés. En 97.7 logramos una enorme audiencia y también el objetivo original de hacerla una estación querida por el radio-escucha y deseada por los anunciantes. Llego un determinado momento en que no teníamos espacio para anunciar más, ni a la hora que los clientes querían. Empezamos como una voz. Yo nada más era la voz. Lo era las 24 horas. Yo grababa la programación, los promocionales, todo".

"Bajo la dirección de Gabriel Hernández y Carlos Aguirre, y con Arturo Flores a bordo, la 97.7 revolucionó el sistema comercial y musical de la FM a finales de los años 80. Podríamos decir que la FM en México tiene un antes y un después de 97.7, que se ha caracterizado por ser una estación que genera éxitos, que hace artistas, que es propositiva, que está siempre a la caza de cosas nuevas y siempre observando las tendencias. Si hay que dar un paso, no lo piensa mucho, es una emisora que arriesga. Lo que hacemos en la estación es vender las cosas de manera diferente", explica Flores. "Si tienes una pluma, una pluma normal, de las que compras en la papelería, dices que es ultra-deslizable, punto fino. Todo se resume a vender las cosas de forma original. Si es un carro, lo adornabas como si fuera una súper nave. Hacemos que todo sea grandioso. Y es que para mí la radio siempre ha sido cuestión de imaginación. El primer volante impreso que lanzamos, como un año después de haber nacido, era un papelito azul que nada más decía: ¿Ya oíste? 97.7. Eso era todo".

Programar es manejar el Ferrari

Arturo Flores tiene una voz distinguible y un sello muy propio que los habitantes de la Ciudad de México recuerdan, en especial sus apreciados promocionales, tanto así que se consideran objetos de nostalgia. Es tal el poder un de una voz atrayente que, como él mismo reconoce, como locutor a veces "te vuelves como un confesor, te cuentan de todo". Sin embargo, quizá no muchos sepan que una de las cosas que él más disfruta es la programación, una actividad en la que sigue estrechamente involucrado en 97.7, aunque hayan aumentado sus responsabilidades, y ésta sería una tarea que otro que no fuera él, delegaría.

"Siempre he estado en la radio y me gustan todos los aspectos involucrados en ella: las promociones, la música, los cambios que se van originando, estar siempre a la expectativa. Estoy muy agradecido porque la radio me ha dado la oportunidad de conocer a mi esposa, Silvia Carrizales, y por ende a mis hijas Úrsula y Diana, y de ahí a mis nietos Carlos, Galilea, Sofía y Roberto; me ha dado mi casa y el sustento de cada día y la oportunidad de trabajar en lo que más me gusta. Y agradecido por consiguiente con Radio Centro, donde laboro desde hace 35 años, y con la gente que diariamente nos escucha. Las responsabilidades cambian, pero la esencia sigue siendo la misma y disfruto hacer la programación. La programación es como el gusto que te da manejar un carro, y esto puede ilustrarse con la siguiente anécdota. Una vez estábamos en Balderas 90, de OIR, la Organización Impulsora de Radio. Enfrente estaba el edificio del periódico Novedades. Nos llamó un cuate de noticias y nos dijo:

—Vengan. Ahorita va a salir de ahí un Ferrari, y el que lo maneja es el señor Rómulo O'Farrill.

—¿Apoco, no tiene chofer?

—Sí, claro.

—¿Entonces por qué lo maneja él?

Y un día le pregunté al Señor O'Farril:

—¿Por qué si tiene chofer, usted maneja el Ferrari?

Y me contestó:

—Porque me quiero dar el gusto de hacerlo.

"Es lo mismo con la programación. Podría decirle a una persona que la haga, pero me quiero dar el gusto. Me gusta manejar el Ferrari. Una vez me preguntaron que si no me hubiera gustado la radio, ¿qué onda? ¿Qué hubiera sido? Y mi respuesta fue, simple y sencilla: No lo sé. Nunca tuve tiempo de pensar otra cosa que no sea la radio. Solo en seguir la ruta que imaginé desde niño, al calor de un juego de béisbol".

Arturo Forzán

"La radio es un aprendizaje constante y la capacidad de saber involucrar varias cosas a la vez. Si quien entra a este medio piensa que la radio se hace con un micrófono, está muy equivocado."

"A la radio la han matado varias veces", sonríe Arturo Forzán, y después corrige para incluirse a él mismo, pero el tono de ironía en su voz se hace más evidente.

"Nos han matado varias veces", puntualiza acertadamente, porque "La Voz que se oye en tu radio", Arturo Forzán Rovirosa, ha sido una pieza fundamental de la historia moderna de la radio en México. "Nos mataron cuando nació la televisión. También lo hicieron cuando apareció el videocasette; nos enterraron cuando nació el disco compacto, y nos pusieron flores en la tumba cuando llegó el internet. Ésas son tan sólo algunas de las muchas muertes de la radio. El caso", comenta con la franqueza y pasión que lo caracteriza, "es que aquí seguimos. La radio no se muere; se renueva constantemente, como lo ha hecho desde que se inventó".

La discusión se centra en el cambio tecnológico y en la insistencia, ya monótona, en la industria de que la radio vive un periodo de cambio definitorio, como si viniera de pasar un largo periodo de estabilidad. Pero Forzán tiene una visión distinta. Para él la radio no está sufriendo nada. "Claro, estamos cambiando, pero la radio siempre está cambiando, cada segundo de transmisión, desde que nació en México en la década de los veinte hasta la fecha. De todos los medios de comunicación, sin duda es el que más ha sabido adaptarse, y por lo tanto, favorecerse con las nuevas tecnologías. La radio es el medio que más las ha asimilado a lo largo de su historia, desde los primeros micrófonos y consolas, pasando por la cinta, el casete y actualmente sistemas electrónicos que no pudiéramos haber imaginado. Ahora hacemos radio pensando en el mundo; tenemos aplicaciones para estar en los celulares, páginas que llegan a cada rincón del país y plataformas sociales. Es el único medio que ha sabido aprovechar toda la tierra que le han echado encima para subirse en ella y hacerse notar. Yo lo llamo el nuevo medio mundial".

La orquesta dentro de la consola

Forzán, actualmente director de Oye 89.7 FM, siempre ha sido un apasionado de este tipo de temas, además del desarrollo global y la mercadotecnia inteligente. Esa curiosidad nació de forma modesta, con la fascinación con una elegante consola que estaba en su casa, en la Ciudad de México, cuando era niño... y dándole vueltas en su cabeza sobre cómo aquel aparato podía hacer las sorprendentes cosas que hacía. "Mi madre, una señorona que nos sacó adelante por sí sola, oía ahí música, un radio muy grande que tenía tocadiscos incluido. Cuando era chiquito fui y me asomé; pensé que estaba ahí metido algún hombrecito, o de hecho toda una orquesta. Nunca pensé que fuera un disco o una grabación. Si íbamos en coche, cambiaba la estación y estaba la misma canción en ambas emisoras; me quedaba boquiabierto preguntándome cómo podía estar dos veces el cantante en el mismo lugar".

A las interrogantes del niño que llegaría a fascinarse por el tema de la tecnología, siguieron las inquietudes artísticas. "Desde pequeño quise ser cantante para salir en la radio, creo que nos ha pasado a todos. Admiraba a varios artistas, pero recuerdo especialmente a Johnny Dínamo (vocalista del grupo Los Leo), me vestía como él y decía: `Yo voy a salir en la radio cantando canciones de Johnny´, y qué bueno que no me dediqué a ser cantante porque no me hubieran aguantado. Mi pasión por la radio tomó otra forma. Empecé a hacer mis propios programas con discos en casa y les decía a todos que algún día iba a tener mi propia estación donde diría lo que yo quisiera".

Gracias a la influencia de su mamá, Arturo tomó la dirección correcta, primero porque como buena madre, le tocó desengañarlo de ilusiones infantiles de convertirse en el nuevo Johnny Dínamo, y segunda porque su sueño fue que estudiara, que terminara la universidad y se graduara. En la primera mitad de los años 80 estudió la carrera de Ciencias de la Comunicación en la Universidad Intercontinental, donde se tituló como alumno destacado.

Fueron tanto la necesidad de trabajar para poder pagar sus estudios, así como las ganas de comenzar su nueva vida, las que llevaron a Arturo a su primer empleo, en Radio Mil. En 1980 le dieron la oportunidad de comenzar como operador en La Pantera 590 AM, una estación enfocada a la juventud desde 1967, y de las pocas opciones donde se podía oír rock después del "Avandarazo". En el tiempo en que la estación, hoy desaparecida, abrió las puertas a Forzán, transmitía programas muy recordados como Rock Sin Barreras y La Palabra Eléctrica. "Ya en la universidad empecé a buscar algo para poder pagar mis estudios y poder ayudarle a mi mami y a mi abuela a salir adelante", recuerda Forzán, "así que mi maestro de radio, Eduardo Pasquel, me dio la oportunidad como operador en La Pantera, donde duré alrededor unos cuatro meses, cuando me inquietud por crecer me llevó a hacer el examen de locución, que antes era obligado. Pasado ese requisito, empecé como locutor en Radio Sinfonola, la estación del Barrilito, pero nos rotábamos mucho, así que también hacía tiempos en La Pantera, en Radio Mil y en Radio Onda. Estuve en varias estaciones en donde se nos exigía que, aparte de saber de música, domináramos el arte de la narración deportiva, así que tuve que narrar tres o cuatro partidos de fútbol, pero no les gustó mi estilo; era muy descriptivo y echaba mucho relajo. Ahí acabó mi carrera como comentarista deportivo".

Radio Éxitos con ídem

En 1984 Forzán dejó Núcleo Radio Mil para trasladarse a la Organización Radio Centro, gracias a la recomendación de Bolívar Domínguez, que estaba al frente de "Batas, pijamas y pantuflas", uno de los programas pioneros de la radio hablada en México —llegaron a transmitir desde la avenida Insurgentes regalando café a los transeúntes— que la gente recuerda por el estrecho contacto que tenían con su público. "Ese señorón de la radio, Bolívar Domínguez, me dijo que me querían hacer una prueba en Radio Éxitos, donde me pagarían mejor y habría más oportunidades de desarrollo profesional. Me parecía más interesante, más abierto en cuanto a opciones. Fui a hacer la prueba, pasé y me quedé para iniciar realmente mi carrera como gerente y productor. Fui locutor de Radio Éxitos y gerente de Radio Hit, una FM que tocaba música en inglés, aunque ya empezaba a sentir el resurgimiento del pop y rock en español. Recuerdo que en alguna ocasión cuando estaba en la cabina de Radio Éxitos me puse a jugar; se me ocurrió pedirle a la gente que votara por la canción de We are the world de Michael Jackson

y todos los artistas internacionales, o por La hermandad, que hizo una canción para ayudar a los damnificados por el temblor del 85. Ganó la canción en español. Empecé a notar que grupos como Flans, Menudo o Timbiriche eran muy pedidos, pese a que tocábamos puro inglés. Recuerdo que me regañó don Adolfo Fernández Zepeda cuando hice la votación y puse la canción en español, pero la verdad es que el movimiento ya se estaba dando".

A partir de 1987 Arturo tendría oportunidad no sólo de probar libremente su teoría y encontrar una rica veta musical, sino de convertirse en parte fundamental de una nueva ola. Fue en ese año cuando se trasladó a Monterrey para aceptar la dirección de una estación de radio, la XHIL-FM, conocida como FM TÚ, uno de los principales centros desde donde irradiaron las grandes bandas y cantantes del movimiento conocido como Rock en tu Idioma. "Cuando me fui a Monterrey, Nuevo León, como director de una estación, ya tenía más conocimiento del mercado y cambié las voces de José José, Rocío Dúrcal, Lucía Méndez y Daniela Romo por Soda Estéreo, los Hombres G, Los Toreros Muertos, Timbiriche y Laureano Brizuela cantando rock. Me llamaban loco por tocar Si yo fuera mujer con Patxi Andion, pero la estación se disparó a primer lugar. Fue un parteaguas total en el pop en español en México. Desde Monterrey, el Rock en tu Idioma se diseminó a todo el país. El jingle se grabó en una productora que se llamaba Pypsa Radio 2000. Yo fui uno de los productores del jingle".

Fórmulas radiofónicas

A lo largo de su trayectoria, Arturo no sólo ha sido creador de varias fórmulas radiofónicas, sino establecido buenas prácticas en la radio y en la industria de la música. Después de una breve estancia en el sur de Estados Unidos donde fue jefe de producción y locutor de una estación en Dallas, en 1989 regresó a México a Televisa Radio para asumir la dirección de Stereo 102, donde concibió "El Evento", un importante foro para los artistas del momento que produjo tres álbums del mismo título, contribuyó en el lanzamientos de varios artistas y mantuvo la estación en los primeros dos lugares de audiencia. El primer Evento de la radio con boletos, que organizó con más de 15 artistas en escena, se convirtió en el modelo de los actuales eventos de las estaciones. En 1992 fue responsable del lanzamiento de Pulsar FM 90.5, que resultó una gran innovación con su concepto de tocar cinco canciones de manera continua. En esa emisora replicó su plataforma, ahora bajo el nombre de El Evento Pulsar, donde en seis años se presentaron más de 120 artistas y logró llenar en una ocasión el Autódromo Hermanos Rodríguez, el único espectáculo radiofónico en lograrlo. Cuando Forzán entró a la emisora, ésta ocupaba el lugar 45 de la tabla general. Durante su gestión, en cinco ocasiones alcanzó el segundo lugar general.

La voz que se Oye

En 2002 Forzán inició su aventura, como él gusta llamarla, en Oye 89.7 FM, históricamente una de las primeras emisoras del país en transmitir en FM. Por tercera vez, Forzán organizó su plataforma artística, esta vez con el inolvidable nombre de "El padre de todos los eventos", que alcanza ya 14 ediciones y más de 200 mil espectadores. Dos años después, sin embargo, sentía que se encontraba en un momento de su vida y de su carrera en la que necesitaba no sólo cambiar de formatos —"soy una persona que se aburre fácilmente de hacer lo mismo", confiesa— sino de entregar mensajes más trascendentales que los chismes de la farándula o noticiosos. En 2004 concretó con Universal el lanzamiento de un álbum de reflexiones que incluía poemas de Amado Nervo y Jaime Sabines, y reflexiones de Borges y Anthony de Melo.

    A diferencia de otros locutores, Forzán se ha animado a hablar de política en la cabina. "Me dio muchos problemas al principio", reconoce, "pero también me atrajo muchas muestras de cariño y apoyo. Sobre todo, he tenido la suerte de contar con el apoyo de grandes empresas que me han dejado expresar un poco del sentir político y la historia de nuestro país. Los que tenemos la responsabilidad de estar frente a un micrófono, tenemos también la gran oportunidad de expresar lo que sentimos para ayudar a nuestro país. Yo he sufrido a mi México, he sufrido malos gobiernos, veo cómo soportamos injusticias, que tenemos gente muy poco preparada en puestos políticos, pienso en el bienestar que deberíamos tener los mexicanos que pagamos impuestos. Tomo esos pedacitos de vivencia para compartirlos con mi auditorio. No se trata de atacar, sino de que nuestros radios se conviertan en expresión de la gente. Creo que eso es básico para que la sociedad pueda crecer. Podría limitarme a ser un anunciador de canciones, eso sería un locutor. Pero prefiero ser una personalidad al aire, y es lo que estoy tratando de hacer desde hace mucho tiempo".

Radio con la cabeza y el corazón

En cada palabra, Arturo Forzán demuestra su pasión por la radio y que no sólo tiene mucho que enseñarle a la gente que inicia en el medio, sino que él mismo se encuentra en constante aventura de descubrimiento y aprendizaje. Después de más de treinta años de trayectoria, sigue sintiendo tanto respeto por el micrófono y fascinación por la radio como cuando miraba asombrado la consola en la sala de su casa. "El día que ya no abra un micrófono o no haga radio me muero. En los más de treinta años que llevo haciendo radio me he enfermado, me he roto la pierna y nunca he faltado a mis labores. No lo considero un trabajo, lo considero mi pasión, y creo que por eso sigo haciéndolo. El día en que la gente me deje de escuchar, ese día dejo de hablar y me dedico a dirigir la estación y a impulsar las nuevas tecnologías, pero los números dicen que la gente todavía me quiere oír, así que lo hago con mucho gusto, pero también con responsabilidad".

"La radio cambia todos los días, lo mismo que el ser humano", finaliza el director general y voz de Oye 89.7 FM. "Ay de aquél que diga que no aprendió algo durante una hora, durante dos, o durante un día, porque eso significa que está estancado, y lo que no se mueve, se echa a perder. La radio es un aprendizaje constante y la capacidad de saber involucrar varias cosas a la vez. Si quien entra a este medio piensa que la radio se hace con un micrófono en una cabina, están muy equivocados. La radio se hace en la cabeza y en el corazón de la gente. Por eso, a pesar de los augurios, no se muere. Continuará renovándose constantemente, como lo ha hecho desde aquel día en que se transmitieron las primeras ondas electromagnéticas. Y a nosotros nos toca a seguir hasta el día de hoy y mañana".

Al Fuentes

"Si un DJ me dice que algo está pegando, lo voy a poner por la noche al aire."

El teléfono sonó en las primeras horas de la mañana en la cabina de Al Fuentes, el muchacho de Miami que acababa de conseguir su primer trabajo nocturno en la WHQT.
—¿Pero quién te dijo a ti que sabes leer noticias? —ladró el director de la estación—. ¡Casi tengo un accidente anoche, cuando te escuché al aire!
Eran los inicios de la década de los 80 y el paisaje musical estaba cambiando rápidamente, mientras Fuentes se movía de trabajo en trabajo —en una ferretería, lavando platos—, pero con muchas ganas de trabajar en la radio. "Me dieron el turno de los novatos, el de las doce de la noche a las seis de la mañana, y cada hora tenía que hacer un resumen de las noticias", recuerda divertido el Africano, como se le conoce en la radio. "Acababa de hacer el crossover a una estación anglosajona. Obviamente con el tiempo uno mejora, pero nada supera la emoción de aquellos primeros recuerdos".

You can call me Al

Albert —"Nadie va a saber de quién hablas; todo el mundo me conoce como Al", interrumpe— nació en Cuba, pero su familia salió de la isla debido a la revolución. Su padre pertenecía al régimen de Batista "y no era una buena idea quedarse", señala. "Decidió sacarnos cuando yo tenía cuatro años, así que no recuerdo Cuba. Primero fuimos a México en un vuelo de PanAmerican. En ese país fue donde recibí la residencia para Estados Unidos; ya entrando a México era otro asunto. Ahí estuve tres meses y nunca se me olvida porque tuve un accidente; me escurrió un aceite tratando de robarme una manzana o un plátano y yo estaba gritando para que alguien viniera a ayudarme. De México fuimos a Miami, fuimos de las primeras personas cubanas que llegaron a Estados Unidos (por causa de la revolución). Mi padre había sido banquero, que hace 50 años era un trabajo de mucho prestigio; hoy en día es diferente. Pero en Estados Unidos tuvo que hacer otras cosas, trabajar en una fábrica de zapatos. Eran los años 60. Mi padre, que en paz descanse, nunca quiso regresar a Cuba a darle dinero a Fidel Castro. Murió; nunca regresó".

"Siempre quise ser locutor en la radio", confiesa Al, quien desde niño encontró la forma de conquistar a su audiencia con el invento de Marconi . "Hubo un momento, cuando yo tenía como doce o trece años, en que le hablaba a las muchachas por teléfono y conectaba el radio al teléfono para ponerles música de fondo, pero lo conectaba de donde sale la señal telefónica y algún problema le causé a la compañía, que un día vinieron a mi casa diciendo que habían detectado que en casa teníamos mil teléfonos, que cómo era posible. Hubo hasta una investigación, y parece que con los radios y mis conexiones yo estaba creando una situación fea para la empresa. Tuve muchos trabajos en aquellos primeros años. Primero yo quería ser DJ de discoteca. Alrededor de 1978 fui y me entrevisté con una compañía que se llama Big Daddy´s. Ellos colocaban DJs corporativamente. Era algo que yo nunca había hecho antes, pero fui y dije: `Sí sí, yo tengo experiencia´. Era mentira, nunca había hecho nada de eso, pero cuando uno es joven tiene que hacer lo que sea para llegar".

El primer trabajo formal en la radio llegó en 1981 en una estación de música bailable de Top 40 llamada Susquehanna, la WQBA de Miami, donde comenzó su trabajo frente al micrófono y como programador. "Me contactó un Enrique Méndez, que era el director de una compañía grande llamada Super Q, en donde pasaban una canción en español y una en inglés. A mí me pusieron como director musical de la música americana por mis trabajos anteriores y porque yo sabía cómo se movía". Tres años después se trasladó a la WHQT, también en Miami, donde se hizo cargo del programa de las siete de la tarde a la media noche, se hizo cargo de todas las producciones y mezclas al aire y empezó a cobrar notoriedad con su show titulado Afterdark. Ahí permaneció dos años y sobrevivió a un recambio total de la empresa. En diciembre de 1984 Bill Tanner firmó un convenio con EZ Communications en donde se contemplaba, entre otras cosas, mudar a la emisora al formato urban contemporary y cambiarle el nombre a HOT 105. "La opción más obvia de arranque de una nueva estación (en el área)", comentaba Tanner en aquella ocasión al Sun Sentinel, "era música urbana contemporánea, una mezcla de rock bailable y R&B (…) para gente que disfruta la música de ritmo marcado y festiva". El personal de la estación fue renovado totalmente, pero, de manera notable, Tanner decidió retener a Al Fuentes. [1]

Entre 1992 y 1994, Fuentes vivió una de sus primeras etapas de súper celebridad en la WXDJ de Miami —perteneciente a SBS—, donde alcanzó el número uno con el programa matutino estelerizado por Pío Ferro (el Vampiro) y él mismo (el

---

[1] Benarde, Scott. (5 de enero de 1985). *Tanner Returns To Area:radio Personality To Make Over Station*. Sun Sentinel. Miami.

Africano). Además, como director de programación y talento al aire, Al transmitía cinco noches a la semana desde Hialeah´s, un club de música latina. En ese momento los clubs de baile estaban renovando la escena musical de Miami y proveyendo nueva música a las estaciones. ² "La gente que asiste a los clubs es una parte muy importante de nuestro público", explicó Al en 1995 a la revista Billboard. "Si un DJ me dice que algo está pegando, lo voy a poner por la noche al aire". "El programa tuvo éxito", recuerda hoy el Africano; "nos encantaba la salsa y el merengue, nos divertíamos. Un día el dueño de la emisora nos preguntó que por qué no tocábamos baladas de vez en cuando. Entonces Pío le dijo: `Ah, ¿tú quieres Maná?´. Nos encerramos en la cabina y tocamos No sé tú (de Luis Miguel) por tres horas y veinte minutos. La gente no sabía qué estaba pasando. Y nosotros la presentábamos una y otra vez".

La Mega vuelve a la cumbre

En 1995 se trasladó a Nueva York donde comenzó a trabajar en La Mega, que tradicionalmente había gozado de buenos ratings pero estaba sufriendo por la competencia de la nueva emisora de pop, la WKTU. Con el Africano al timón, la Mega popularizó estilos como el merengue, la salsa y la bachata. "De inmediato le quitamos radioescuchas a la competencia", dice. En 1996 reflexionaba con David Hinckley del New York Daily News: "La resurrección de Mega no es un accidente. Seguimos siendo una estación de salsa y merengue, pero WKTU (la competencia) nos hizo reevaluar todo lo que veníamos haciendo. Ahora ponemos un poco de más música bailable, latina; pero lo principal es que reforzamos nuestro sonido. El ritmo es más potente, ahora sonamos como una estación norteamericana de gran ciudad. Ahora somos un Ferrari, hemos vuelto a la carrera". ³

Albert logró que el show de la mañana de La Mega llegara por primera vez al primer puesto en un mercado tan competido. "Me hicieron director de La Mega", rememora, "y había otro director en una estación que en ese momento se llamaba La Suave. Y también teníamos La X, que era mexicana. El problema es que me dijeron que necesitaban que no perjudicara a La Suave. Yo les dije que no podía programar para subir una sin bajar a la otra. Terminé siendo el vicepresidente de programación en el 96". Al año siguiente, con su carrera en pleno ascenso, produjo y organizó un concierto en el Madison Square Garden que hizo historia, al convertirse en el primer evento de música latina en agotar las localidades en el tiempo más corto en toda la historia del famoso recinto. Tuvo la participación de Enrique Iglesias, Ricky Martin, Paulina Rubio, Los del Río y otros. "En la Mega le di mucha difusión al merengue y la bachata por primera vez. Nadie se atrevía a hacerlo. Muchos artistas reconocen que se oyeron por primera vez en La Mega. En esos tiempos era pura salsa y merengue, aunque también tocaba un poquito de inglés para poder competir con otras estaciones. Le ganamos a Howard Stern por primera vez. Fueron posiblemente los mejores momentos que ha vivido La estación. Había mucha pasión de la gente por la radio que ahora, en parte con tanta competencia, se ha perdido. Ya cualquiera cree que puede hacer programar".

Hispanos Unidos

Después de una breve estancia en Boston trabajando para Mega Communications, Al regresó a Nueva York en 2001 con SBS, quien le ofreció nuevamente el puesto de director de programación de WPAT-FM (AMOR) y su participación como talento al aire. Nunca se imaginó que a la ciudad donde había cosechado tantos frutos le esperaba la mayor tragedia de su historia. "Cuando sucedió lo de 9-11 estaba transmitiendo; nuestra antena estaba en una de las torres y cuando se cayó, la gente pensaba que

---

2 Levin, Jordan. (11 de febrero de 1995). *Miami Dance Clubs Help Expose New Latin Acts.* Billboard, pp. 1.
3 Hinckley, David. (12 de septiembre de 1996). *They're Up & Dancing Again at WSKQ.* New York Daily News.

nosotros estábamos en el edificio, pues muchos no sabían que la antena estaba en un sitio y la emisora en otro". Conmovido por la tragedia, organizó el concierto de beneficencia Hispanos Unidos para las víctimas de los atentados. "Fui a Santo Domingo a robarme a Baldomero. No había tocado en los Estados Unidos en cuatro o cinco años, no quería hacer nada, y le dije que por favor, que hacía falta para las víctimas del 9-11, y aceptó. `Pero te pido una cosa`, me dijo, `que me dejes predicar la palabra del Señor en el concierto´. Y desde luego le dije que sí. Estuvo también Alejandro Fernández, Alejandro Sanz; Juan Luis Guerra no había ido a los Estados Unidos en mucho tiempo. Fue una cosa increíble, de las que uno nunca se olvida".

El vacilón de la mañana

En 2007 El Zol 95 FM estaba emitiendo desde Nueva York un programa llamado "El vacilón de la mañana" que también se escuchaba en Puerto Rico. El nombre no era desconocido para los habitantes de Miami. Años atrás, un show del mismo nombre, conducido por Enrique Santos y Joe Ferrero, había alcanzado inmensa atención cuando los conductores lograron hacer una llamada de broma al presidente de Cuba, Fidel Castro. En 2008, El Zol comenzó a transmitir en la península, de siete a once de la mañana, un programa con ese nombre. Aunque al principio arrancó con otros conductores, en menos de un año asumió la titularidad el dúo formado por Al Fuentes y Pío Ferro.

A la salida de Ferro, meses más tarde, Fuentes quedó como único director. [4] "Tratamos de hacer un show bien cotidiano", explica Al, "mucha música, muy variada. Lo que estaba pensando la gente, yo lo decía ahí; cosas que no se dicen. Todo era interpretación. Por ejemplo, yo le preguntaba a la mujer: `¿Pelo o no pelo?´. No se decía nada más, pero todos sabían de lo que estaba hablando, ¿no? Tenía también un segmento que se llamaba "El perico Flash", otro llamado "El africano y la bola de cristal", donde le decía el futuro a la gente; les encantaba ese segmento, porque lo hacía bien jovial, obviamente con boberías que todos disfrutaban. Hacíamos simplemente lo que la gente quería. Alguien llamaba y me pedía una canción que ninguna estación tenía, yo veía rápido en la computadora, donde tenía 80 mil canciones, y no estaba terminando la conversación cuando ya estaba sonando la canción. El Vacilón era muy musical. A veces decía: `Hoy voy a tocar mujeres, a las mejores que han existido en mi opinión´, y ponía a Donna Summer, Barbra Streisand, Diana Ross, Celine Dion. Otro día decía: `Hoy nada más va a haber un grupo´. No se sabía que pasaría, pero eso hacía que el programa fuera muy entretenido. Había gente que me llamaba y me decía: `Voy a llegar tarde al trabajo, pero no puedo bajarme del carro porque quiero seguir oyendo El Vacilón´. Siempre he tratado de ser un innovador, decir las cosas como son y hacer las cosas diferentes a todo mundo".

En septiembre de 2010, de manera abrupta, el Vacilón fue cancelado por SBS, junto con los contratos de la productora Leticia del Monte y Al Fuentes. Mucha gente, disgustada, decidió borrar la estación de los radios de sus coches y expresaron por doquier su disgusto. "Me duele más que a nadie", reconoce Al, "cuando suceden cosas así, cuando uno no tiene la oportunidad de despedirse. No poder decir: `Hasta pronto, encuéntrenme en tal parte´. Eso es lo más difícil que le puede pasar a un locutor; has creado una amistad con el auditorio. Y es que a mí me encanta poder conversar, compartir con las personas, y me da sentimiento porque yo sé que la audiencia vivía intensamente ese momento. Hoy, donde quiera que me ven, en cuanto me oyen — porque yo no cambio mi voz para la radio— me dicen: `Oye, yo te conozco´, y lo dicen con mucho cariño.

Hoy en día, Al opera con gran éxito su propia empresa, The Music Guy LLC, que brinda servicios de programación de música para restaurants y centros nocturnos,

---

4 The Miami Vacilón. (2012). *El vacilón de la mañana*. Recuperado el 18 de septiembre de 2015 en http://www.liquisearch.com/el_vacil%C3%B3n_de_la_ma%C3%B1ana/the_miami_vacil%C3%B3n

pero admite: "Nada como la radio, la extraño como no lo puedes imaginar, porque eso es lo que he hecho toda mi vida, desde que tengo 15 años: estar ahí inventando cosas, creando". Y al volver a hablar de principios, de otras edades, viene inevitablemente el recuerdo, ya borrado, de Cuba, su lugar de nacimiento. "Me encantaría visitarla. Mi padre me llamaba a la estación porque yo decía al aire que quería ir, y también a él lo ponía al aire. `¿Cómo dices eso?´, reclamaba. `Tú no puedes decir eso, Fidel es un asesino, hay mucha gente que ha muerto´. Y yo le decía: `Yo no fui el que entró a Cuba. Yo debería estar ahí. Fuiste tú el que saliste corriendo; siempre me hablaste muy lindo de Cuba y no voy a tener la oportunidad de conocer eso´. Y se ponía bravo. Ya soy americano, pero me gustaría, aunque fuera, tomar un avión, besar aquella tierra y regresar. Porque hay algo que tiene el lugar donde uno nace —no importa dónde, ni el tiempo que se haya pasado ahí— que lleva uno siempre en el corazón. Mi corazón es 100% cubano. Pero aquí vivo ahora y amo este país por la oportunidad que nos da: poder ser libres, decir lo que uno quiera cuando uno quiera. Eso es lo más valioso que existe".

Jesús García
El Peladillo

"Recuerdo que mi trabajo estuvo siempre muy retirado de mi casa, y todos los diálogos, todas mis rimas, todas las canciones que yo entonaba, me las inventaba. Iba en mi carro escribiendo e inventando notitas y churróscopos."

Cualquier mañana, a principios de los años 90, los escuchas angelinos podían despertarse con un intercambio verbal similar al anterior en la frecuencia 97.9 de FM. En 1993, la estación de radio KLAX, de Los Ángeles, apareció sorpresivamente en el primer puesto del rating de la ciudad conocida como la capital musical de los Estados Unidos. Era la primera vez que una frecuencia en español, específicamente una dedicada al género musical de Banda —"una estación de mexicanos", como la había llamado un ultrajado y sorprendido Howard Stern—, cometía tal atrevimiento. Si muchas personas del medio, como el propio Stern, pensaban que todo se debía a una confusión de la empresa de medición, la verdad quedó a flote cuando la popular "X", el nombre comercial de la estación, permaneció como el show radial matutino número uno de Estados Unidos... ¡durante siete años consecutivos! El ascenso de la música regional mexicana —y de La X— se trató, ni más ni menos, de un hito cultural.

Al frente marchaban dos locutores jóvenes que habían entrado sin documentos al país a finales de los 80 y que apenas unos años atrás habían trabajado bajo el sol en los campos de Oxnard: Juan Carlos Hidalgo y Jesús García el Peladillo, quienes, una vez que quedó claro quiénes eran los ganadores de la controversia radial, se dieron el gusto de ver que Raúl Alarcón y Alfredo Rodríguez enviaran una corona funeraria a Howard Stern con una leyenda que decía: "Gracias por ayudarnos a seguir en el número uno".

Jiquilpan, Michoacán

Más atrás en el tiempo, muy lejos del Sunset Boulevard de Hollywood —la sede de "La X"—, la historia era muy diferente para Jesús García, uno de los dos locutores que llegaría a los encabezados de todo el mundo gracias al éxito de la estación y el ascenso de la música grupera en el sur de Estados Unidos. Perteneciente a una familia de clase humilde en Jiquilpan, Michoacán, poca idea tenía entonces de lo que le deparaba el futuro. "Mi papá tenía una casita en las orillas de Jiquilpan. Ahí pasé mi infancia, que fue muy humilde, pero llena de cosas bonitas que hasta la fecha recuerdo. Jugábamos con trompos y canicas, a quebrar las piñatas en la época navideña. Todavía, hasta la fecha, se vienen a mi mente los momentos en que compartíamos un plato de comida entre los seis hermanos, un chile de molcajete, un plato de frijoles; nos sabía a carne, era rico. Es una de las épocas más sanas, más limpias y más hermosas que tengo en mi corazón".

Al igual que en muchos otros hogares de la región, el jefe de la familia García tenía que trasladarse con frecuencia a Estados Unidos en busca de oportunidades de trabajo. El señor García se marchaba de bracero al país del norte la mayor parte del año, pero se aseguraba de estar con la familia en la época decembrina, para volver de nuevo al inicio del siguiente a la pizca. Sin embargo, el sueño de vivir en los Estados Unidos había estado presente desde tiempos remotos. Cada año, desde 1962, el señor García se llevaba a familiares a trabajar a Estados Unidos, donde ya les había conseguido trabajo en labores agrícolas. "Para nosotros la ilusión más grande era estar con nuestro papá; que no nos dejara solos. Siempre era un drama enorme ir a despedirlo, verlo subirse a los camiones Tres Estrellas. Nosotros nos quedábamos y era una lloradera: mi mamá llore y llore; era un trauma para toda la familia. Nos enseñaba fotografías de Estados Unidos y nos ilusionábamos; queríamos formar parte de su aventura. Y cuando por fin se llevó a mi hermano, un año después, en 1983, decidió llevarme también con él."

Después de ocho intentos de cruzar la frontera, a campo traviesa y de madrugada, huyendo de la famosa "migra" en un nutrido grupo de más de 20 personas, al noveno intento finalmente cruzaron a la que ellos veían como la tierra prometida. "Cuando mi papá se traía a alguien de la familia, es porque ya le tenía el trabajo. Hablaba con el patrón y le avisaba que se iba a traer un hijo, o un primo. El patrón ya lo recibía a uno dándole trabajo; sabía que mi papá, como hombre trabajador, era garantía. Yo llegué a Santa Paula, California y tenía empleo en el rancho pizcando aguacate, limón, regando la huerta y los otros asuntos que conciernen a un rancho".

Pero la vida en la granja, aunque llena de lecciones, no alcanzaba a llenar el corazón de Jesús, que soñaba con más. Se puso a estudiar inglés, a aprender de coches, acudió a la escuela nocturna, trabajó en una farmacia, para ver "en qué era bueno yo", según sus propias palabras, y poder salir del rancho. Quizá la primera pista haya llegado no aprendiendo, sino haciendo lo que él sabía hacer de manera natural. "De repente, en las fiestas a las que yo asistía, me gustaba bailar, imitar, hacer relajo; todo el mundo se reía de mis burradas; nada que ver con la locución, nada que ver con espectáculos, simple y sencillamente ésa era mi esencia. Me gustaba también participar en las iglesias, en el coro, cantando, formando parte de los que leían al frente la Biblia. En una ocasión escuché en la radio un anuncio de que si te gustaba la locución y querías entrar, ahí estaba la escuela, y un teléfono. Fui, averigüé, me metí, y todo lo demás vino en charola de plata."

Un encuentro que haría historia

Jesús se inscribió en la escuela de locución de Elio Gómez, y fue durante una fiesta de Halloween que conoció a Juan Carlos Hidalgo, quien sería su compañero de micrófonos durante once años. "Quería disfrazarme de algo chistoso para el día de Halloween, y me fui de Cantinflas; simplemente me estaba disfrazando para bailar. O lo que puede llamarse disfrazado, porque nada más me puse el puro pantalón a media nalga, y así me fui." La simpatía mutua fue inmediata. Hidalgo lo invitó a unirse a su programa en Radio Tiro, El zoológico de Juan Carlos. Ahí comenzó la carrera del Peladillo —apodo derivado del propio personaje de Cantinflas—, en la frecuencia KTRO 1520 AM, Radio Tiro de Oxnard, a 100 kilómetros de Los Ángeles. De ahí, el dúo pasaría a Radio Elefante, una estación del mismo grupo en Ventura, California, y posteriormente a Radio KOFY de San Francisco, donde Hidalgo había recibido una oferta para convertirse en programador, y a donde también invitó a su compañero de armas. Como Jesús todavía era muy joven, Juan Carlos tuvo que pedirle permiso a sus padres para que lo pudiera acompañar a la nueva aventura profesional. Ambos se mudaron a San Francisco, donde siguieron solidificando su número en la cabina en el show matutino de KOFY. Su dominio de la situación, talento y habilidad para entretener al público llamaron la atención en la costa oeste y recibieron la invitación para trasladarse a Los Ángeles a una estación en declive que, a punto de la desaparición, iba a relanzarse bajo un nuevo concepto. Se trataba de la frecuencia FM 98, a la cual llamaron estratégicamente, La "X" 97.9 (las mismas siglas del aeropuerto de L.A.), o "La X".

A cargo de Alfredo Rodríguez, la nueva estación se había propuesto no sólo intentar rescatar su suerte en declive, con música regional mexicana, sino también infundir una sensación de identidad y orgullo entre la población hispana de Los Ángeles. En ese sentido, la invitación al Peladillo y a su compañero Juan Carlos Hidalgo —ambos mexicanos de origen sencillo que habían llegado al país sorteando a la "migra"— demostró ser una jugada maestra. Montada sobre el nuevo género musical "La Quebradita", y el estilo cercano, agradable y novedoso del equipo de locutores de El show de Juan Carlos y El Peladillo, en apenas seis meses, y para sorpresa de propios y ajenos, la estación se coló hasta el número uno en Los Ángeles, sobrepasando a las de habla inglesa y a las que estaban volcadas al Top40.

La X

La KLAX, cariñosamente conocida como "La X", fue un éxito de la noche a la mañana, y el equipo de locutores formado por Juan Carlos, el Peladillo, Fidel Fausto, Elio Gómez, Salvador Prieto, Edgar Rodríguez y Antonio Covarrubias captó pronto la atención de periódicos de todo el mundo; notablemente, de Los Angeles Times. "El centro de actividad es una pequeña sala de control, el único adorno es un reloj, dos estampas religiosas del tamaño de una cartera, un gran mapa con los datos del censo de población de Estados Unidos donde se muestra la numerosa población latina concentrada en el sur de California", detallaba el diario angelino en 1994.[1] Además de la música, los radioescuchas se sentían cautivados por los chistes, las bromas telefónicas y los alocados efectos de sonido del Peladillo, que nuevamente, como en las fiestas de su adolescencia, captaba la atención del orbe.

"Eran diálogos espontáneos, nunca preplaneados", comenta el propio García.

---

1 Los Angeles Times. *"Buenos Diiiiiiias, Los Annnnngeles!!" : Is It the Loyal Audience? The Popular Music? The Hilarious DJs? KLAX-FM's Domination of the Ratings in the Country's Biggest Market Is Attributable to All That and One Other Crucial Factor: Se Habla Espanol*, 12 de junio de 1994.

"Recuerdo que mi trabajo estuvo siempre muy retirado de mi casa, y todos los diálogos, todas mis rimas, todas las canciones que yo entonaba, me las inventaba. Iba en mi carro escribiendo e inventando notitas y churróscopos".

>Caries:
>Si usted esta mañana se levantó
>y se desayunó un plato de frijoles de la olla,
>prepárese porque todo el día
>va andar oliendo a cebolla.

>Leo… y también escribo:
>Hoy va a tener un día muy soleado y con dos chipopotes.
>Agárrese muy bien porque va a descubrir
>que su mujer le pone los cuernos.

"En ese entonces, a los locutores todavía se les veía como algo muy, pero muy alto; algo que no se podía tocar siquiera. En todos lados se tenía esta imagen: `A los locutores se les respeta, y ni siquiera te les acerques porque les vas a pegar las pulgas´. Había algunos muy preparados en el mercado, de ésos con una voz muy profunda. Entonces llegan Juan Carlos y el Peladillo, un personaje que abrazaba a la gente en todos los aspectos. Entre Juan Carlos y yo se hablaban temas de la raza, del pueblo, de los que trabajan en el field; cosas no prefabricadas. Si queríamos de repente expresar algo con un grito, lo hacíamos; con un chiflido, órale. Nunca teníamos esa guía de `Hoy voy a hablar de una manera muy propia´. De hecho nos mofábamos de los que hablaban muy correctamente. Teníamos simple y sencillamente el deseo de alegrar a un público. Era una labor compartida, un sentimiento compartido, una meta en común".

A "La X" también la caracterizaba su política de puertas abiertas. Cualquier persona podía visitar las cabinas y saludar a los locutores, e incluso estar unos segundos al aire. Sobre todo, la frecuencia se había propuesto comunicar valores positivos, despertar la conciencia política y social e integrar a los radioescuchas a sus programas. Los resultados no se hicieron esperar. Para 1993 sus ingresos pasaron de 4 a 20 millones de dólares y, de pronto, había una nueva respetabilidad para el mercado radiofónico en español.[2] La X se había colado al número uno, a pesar del escepticismo de muchos, entre ellos Howard Stern, que transmitía desde la KLSX. De estación a estación sólo había una letra de diferencia, pero era una letra significaba la presencia de una comunidad latina en expansión.

En su libro Banda, Mexican Musical Life Across Borders, la etnomusicóloga suiza Helena Simonett explica cómo "unas de las acciones de la KLAX para infundir el orgullo cultural fue fomentar la creación de clubs de baile. Una de las funciones más importantes de los locutores era patrocinar dichos clubs. Cientos de personas se inscribían y les pedían a los populares conductores que fueran sus padrinos". Y añade que "tras el terremoto de 1994, el equipo (de locutores) organizó la repartición de alimentos y otros bienes para las comunidades que habían sido mayormente afectadas; impulsaron que la gente pintara sus casas, y estuvieron presentes con música y donativos en los eventos comunitarios, en las festividades escolares y en campañas antidrogas".[3]

Wilson, Wilson…

Desde el humor, pero con genuina preocupación, el dúo de locutores se interesó por los derechos políticos de la comunidad latina de Los Ángeles. Su activismo alcanzó un

---
2 *Id.*
3 Helena Simonett. *Banda, Mexican Musical Life Across Borders, 199.. pp.*

nuevo nivel cuando el gobernador de California, Pete Wilson (1991-1999) se convirtió en uno de los principales promotores de la Iniciativa 187, que habría prohibido el acceso a los servicios básicos de salud y de educación a los residentes indocumentados. Desde las cabinas de La X, el Peladillo e Hidalgo se convirtieron en factor clave de la resistencia, a tal punto que como equipo se convirtieron, años más tarde, en objeto de estudio en libros académicos.

"Siempre nos manifestamos en pro de la raza, en pro de quienes hacían fuerte y siguen haciendo fuerte la economía de este país", recuerda García. "De repente apareció Pete Wilson y prendió la mecha. En la mañana leíamos algún encabezado y decíamos: `Esto nos cae gordo, esto no puede ser, vamos a armarle una marcha a este hijo de la gorra´. E hicimos el llamado para que la gente nos acompañara, y empezaron a unirse organizaciones y, ¡órale!, nos metíamos allá en la placita Olvera a hacer un despapaye tremendo. Nosotros convocamos la primer marcha que se llevó a cabo en Los Ángeles contra Pete Wilson. Queríamos hacerle ver que estábamos parados frente a él y decíamos: `¿Sabes qué? Lo que quieres hacer es injusto y vamos a defendernos´. Entonces se me ocurrió hacer una piñata de Wilson, la llevamos al ruedo y le metimos una paliza. La gente se atacaba de risa".

En la cabina de La X, El Peladillo anunciaba con voz impostada que su show era el favorito de la Casa Blanca, e inventaba rimas de contenido político que entonaba, sin sonrojarse, a todo pulmón.

> Muchos tipos por alcanzar fama,
> nos acusan dizque de *welferos*,
> los huertos y *fields* de fresas,
> de latinos están todos llenos.
> Porque hasta hoy no ha salido un gabacho
> que se la parta como un obrero.

O se comentaban, ligeramente distorsionadas, las llamadas que la estación recibía de parte del propio Wilson solicitando una oportunidad de explicar a los escuchas las cosas buenas que estaba haciendo por la comunidad hispana.

—¡Qué onda, jefazo!
—¿Qué pasó, Peladillo?
—Oiga, fíjese que ayer me llamaron de allá de Sacramento.
—¿Y qué le dijeron?
—Que *What happen to you?*
—¿Y qué les dijiste?
—*Give me your sister.*

Una vida plena

El Peladillo y Juan Carlos Hidalgo formaron equipo durante once años, hasta que García partió para seguir su propio rumbo. Pasó por varias estaciones de la unión americana y apareció en televisión en shows como Despierta América, Cristina y Sábado Gigante. Además, mantuvo su interés por la comunidad a donde quiera que iba, con actividades sociales como rallies y campañas de beneficencia. Fueron años de cruzar toda la geografía de Estados Unidos y sus distintas las frecuencias radiales.

En Radio Campesina hizo el morning show durante tres años. Después, en 2007 recibió de nuevo una invitación de Juan Carlos Hidalgo para que se hiciera cargo, en Chicago, de "La Ley". Durante un año se hizo cargo del morning show e hizo sus pininos como programador interino. Cuando terminó el contrato, volvió a Los Ángeles en 2009 para programar una estación que se llama "La Caliente", donde permaneció por casi dos años. Después, en 2010, se trasladó a "La Nueva", de Univisión Radio en Las Vegas, donde permaneció por cuatro años, hasta finalmente recibir la invitación de Lotus Communications y la estación "La Buena", 92.1, donde fungiría como programador y presentaría El show del Peladillo.

El Peladillo, como todo ser humano, ha sufrido altas y bajas, pero permanece como una figura destacada en la historia de la radio de los Estados Unidos y sobre todo, como una persona que años después de haber alcanzado su punto más alto de celebridad, la gente sigue recordando y apreciando. Con todo, más que con la fama, su mayor agradecimiento es hacia la audiencia que lo aceptó como uno más de ellos.

"Algo que he comprobado después de 24 años es de que la gente sigue siendo la misma. Los sistemas cambian, las formas de llegarle a un público cambian; son las personas que están detrás del micrófono las que no deben cambiar. La gente sigue anhelando que alguien la abrace; sigue teniendo problemas y por tanto necesitando que alguien le diga: `Oye, te ves bien. Oye, ¿estás bien? Oye, te quiero. Te abrazo. Te deseo lo mejor´. No importa si estamos detrás de un micrófono, o escribiendo un periódico; siempre la comunidad latina de este país va a requerir ese abrazo, ese amor que se le tiene que brindar al ser humano, porque vivimos de amor."

Cuando se le pide que resuma su vida, El Peladillo —o más bien Jesús García, el niño que creció en Jiquilpan y cuyo sueño era estar con su papá en aquellos lugares mágicos que veía en las fotografías— contesta con el corazón abierto, sin sombra de duda: "Quiero seguir brindando alegría, apoyo, cariño y amor a los más necesitados. Seguir alzando la voz por los que no pueden hacerlo y defendiendo los derechos, pero sobre todo los chuecos de mi raza. Yo soy como los demás. Soy un ser humano con defectos y virtudes, pero que busca día a día ser mejor para la familia, para nuestros hijos y para los hijos de nuestros hijos. Lo que más me gusta es la naturaleza, un día de campo con unas tostaditas y sus respectivos nopalitos y frijolitos.. Nosotros los locutores somos gente humilde. Pasamos las mismas cosas que la gente que nos oía y nos escucha. Por eso", añade recordando el tiempo en el que él y su compañero Juan Carlos hicieron temblar, pero con un sismo de armonía y orgullo, a todo California, "ellos se identificaron con nosotros. Confiaron en nosotros. Y nosotros creímos en sus sueños."

Pepe Garza

"Cuando escribí esa canción fue por un asunto amoroso."

"La manzana nunca cae muy lejos del árbol", declara un Pepe Garza animado, sin dejar de moverse, pero sorprendentemente concentrado en la entrevista, considerando que goza de fama de ser disperso, de querer estar en todos lados al mismo tiempo. El proverbio de la manzana, que aparece por primera vez en alemán en un libro del siglo XVI, sugiere que los pasos de los hijos no andarán muy lejos de los caminos que recorrieron sus padres; pero también para subrayar que, al final, no importa dónde "caiga" uno en la vida, siempre se estará, al menos de corazón, cerca de sus orígenes. Lo cual bien podría simbolizar la trayectoria profesional de Pepe Garza, compositor, locutor, programador, promotor de talentos y poseedor de un envidiable olfato artístico.

El orden de todas estas actividades no es, por cierto, estrictamente cronológico. "Pepe es una estrella con estrella, una de las personas más queridas de la música y la radio, y sobre todo, una persona muy hábil para identificar el potencial artístico", comenta Juan Carlos Hidalgo, de SBS. "Es algo así como el programador de radio modelo", opina Félix García, director de monitorLATINO en México. "Es un pilar en mi carrera y en la de muchas otras personas", apunta Tomás Rubio, con quien Garza creó el personaje ficticio llamado "El Morro".

O hijo de tigre...

En el caso de Pepe, parece claro que los talentos de su padre y de su madre se combinaron para formar a este notable personaje, un poco conservador y un poco rebelde, de la radio. De su papá, José Alejandro Garza, heredó su buen tino para programar. "Trabajaba en un cine y él era quien decidía qué películas debían ir juntas"[1] explica, "una buena y otra más o menos, pero que en conjunto hicieran una función divertida. Dicen que era bueno para decidir cuál con cuál. Eran películas mexicanas, desde las ultimas de Pedro Infante y de ahí para adelante: las de Vicente Fernández, Cornelio Reyna, cine de ficheras y de artistas como Valentín Trujillo. Durante un tiempo fue programador y después fue director de una compañía que se llamaba Películas Nacionales, que distribuía también cintas mexicanas".

De su madre, Alicia Durón, probablemente heredó no sólo el gusto por la radio, sino su interés por los compositores. La señora Alicia había trabajado como secretaria en Casa Madero, empresa vitivinícola que patrocinaba el popular programa Así es mi tierra,[2] una emisión radial cuyo principal objetivo era dar a conocer en todo el país los distintos estilos de música regional mexicana. "Por esa razón, ella estaba muy conectada con la radio. Cuando yo era pequeño, a mi mamá y a mí nos gustaba escuchar el radio en la noche juntos. Eso tuvo mucha influencia en mí, no sólo en cuanto al gusto por la música, sino también en cuanto a la admiración hacia los compositores. Le gustaba identificar y hablarme de los autores de aquella época, a muchos de los cuales conoció personalmente: José Alfredo Jiménez, Tomás Méndez y Pepe Guízar. Guízar fue el autor de Guadalajara, Sin ti y muchas otras; por eso le llamaban el pintor musical de México, pues hizo canciones para muchas ciudades mexicanas. Mi mamá fue muy amiga de ese caballero llamado Pepe Guízar. Incluso creo que fue él quien les invitó el viaje de bodas a mis papás".

¿Lagunear o no lagunear?

Garza nació en Monterrey, ciudad industrial del noreste mexicano, una de las cunas de la música norteña. "Comencé a tener cercanía con la radio, desde los seis años; me refiero a la radio musical", subraya. "La noticiosa no me interesaba, acaso alguna que otra radio novela, como la de Kalimán, que es la única que podrían haberme dejado escuchar". En diversas ocasiones, Pepe ha contado también que el estrecho contacto con la radio se debió a que de niño contrajo hepatitis y recibió un aparato como premio de consolación. "Me gustaba la música en inglés y en español de todos los géneros, pero también me llamaba la atención el ambiente, por ejemplo, los locutores. De hecho me parecía envidiable poder dedicarse a algo así, vivir en el mundo de la música. ¡Eso sí que me llamaba la atención!".

Pronto, su padre le ayudó a conseguir un primer trabajo en una estación local, en el horario al que van los primerizos: el domingo a la media noche. Su labor consistía únicamente en dar la hora, pero lo disfrutaba tanto que lo hacía cada tres o cuatro minutos, después de cada canción.[3] "Desde el momento en que puse un pie adentro de una estación, quedé enganchado", confiesa. "La primera emisora en la que trabajé como operador se llamaba FM 100 y era de baladas en español. Aprendí a operar en la época en la que todavía se hacía con cartuchos y discos de vinil. Los comerciales estaban en los cartuchos, la música en vinil —a veces singles, a veces LPs—, y los ibas intercalando. Era un trabajo en el que había que ser muy preciso, si no se escuchaban al aire las terribles `lagunas´. El objetivo de todo buen operador era no ser muy lagunero. Yo no cumplía ese requisito, pero ahí estuve hasta que me di cuenta de que siendo locutor podía conocer más muchachas; además me llamaba la atención hablar en la radio. La primera estación en la que hablé se llamaba Kono, y era de música en inglés. De ahí pasé a Radio 13, ambas del Grupo Radio Alegría".

---

[1] Anteriormente se exhibían dos y hasta tres películas seguidas por el precio de una sola entrada, especialmente en las salas de cine de provincia de México. La práctica desapareció á finales de la década de los 80.
[2] En 1947, la XEW inició las transmisiones de Así es mi tierra, programa producido por Alfonso Esparza Oteo con el fin de promover la música mexicana. El tema principal, muy recordado por muchas personas hoy mayores, tenía música de Tata Nacho y letra de Jorge Hope. La emisión duró varias décadas al aire.
[3] Gurza, Agustín, The Starmaker. Los Angeles Times, 7 de marzo de 2004.

En 1989, Garza se fue a trabajar a Guadalajara a una estación que tocaba rock en español, en pleno resurgimiento, pero sólo estuvo seis meses. De ahí se trasladó a la Ciudad de México como locutor de la Ke Buena, una estación de música regional mexicana que estaba programando el sonido de su tierra natal, Monterrey. Eran los inicios de la década de los noventa y estaba dando inicio el auge del género grupero. Con todo, Pepe muchas veces se daba cuenta de que lo que las estaciones tocaban, no siempre era lo mismo que lo que la gente quería. "Llegué a Guadalajara por segunda ocasión en 1993 —como director de programación de la Ke Buena— y me di cuenta de que había mucha música que no se tocaba; que en los night clubs había cosas que estaban llamando la atención, pero no pasaban en la radio. Me parecía que el movimiento musical que estaban promoviendo era aburrido, una especie de rock de los 60 pero con vueltas, quebradita... y eso no estaba bien, cuando por ahí, por debajo, estaban las bandas de verdad. Entonces empecé a tocar cosas de Sinaloa, y al mismo tiempo lo que yo consideraba más valioso de lo local, como Pequeños Musical, la Banda Cuisillos, la banda El Recodo, Los Recoditos y otros artistas como Mi Banda el Mexicano que no estaban en el radar de las grandes compañías".

Morros y corridos

La Ke Buena de Guadalajara se mantuvo durante cinco años en el primer lugar de las preferencias del público.[4] Durante su estancia, Garza creó "El Morro" con la inspiración de Tomás Rubio, un personaje de la radio que comenzó como un experimento y se convirtió en un fenómeno musical. "Empecé a jugar con un aparato que había ahí", explica Rubio, que fue quien dio la voz al personaje, "y salió una voz como de un niño. Nos hizo gracia. Empecé a hablar como niño y apareció Pepe y me dijo: '¿Sabes qué? Eso está chido. Hay que hacer algo con eso. ¿Te acuerdas de esa carta que se pasaba en Navidad, con lo que te había traído Santa Claus... que nomás unos pinches calcetines? ¿Por qué no hacemos Las confesiones navideñas del Morro?´, me dijo Pepe. Escribimos algo e hicimos siete u ocho capítulos, que fueron muy exitosos. Después me propuso que grabáramos Ese morro soy yo —una parodia de una de sus propias composiciones—, la pasamos al aire y la gente no paraba de pedirla".

Ese buen olfato y espíritu poco convencional lo ayudó a convertir un juego en una nominación al Grammy[5] y a florecer en Los Ángeles, donde trabajaría primero en La X, y a partir de 1998 como director en la Ke Buena. "Garza atrajo la atención al convertirse en el primer programador en México en incluir los controvertidos narcocorridos de Chalino Sánchez, un personaje todavía desconocido en su centro de operaciones, que era Los Ángeles", escribe Agustín Gurza en Los Angeles Times.

---
4 Ibíd.
5 El álbum del Morro fue nominado al Grammy en 2001 en la categoría *Latin Children´s Album*.

"En esa misma época, poco tiempo después del asesinato de Chalino, Garza no podía imaginarse que su destino lo llevaría (a trabajar) al sur de California, donde jugaría un papel esencial en la promoción de la carrera de su protegé, Lupillo Rivera". [6]

Como director de La Ke Buena en Los Ángeles, Garza creó una revolución al darle la voz a las cosas que pasaban en la calle, algunas que antes hubieran parecido crudas, despreciables o indignas de merecer la atención de la industria. "Esto es algo que pretendo que se sepa de mí, ese afán de ser siempre buscador de talentos locales. En Los Ángeles observé una especie de rutina; estaban en una zona de confort. Había ciertas compañías de discos que eran las que grababan todo lo que sonaba en la radio, mientras en las calles estaban algunos cantantes que la gente quería escuchar. Estaban sonando y decidimos sacarlos de las calles. Andábamos en Pacific Boulevard, por Van Nuys, oyendo qué estaba pasando, qué iban oyendo en los coches, qué tenían puesto en las tiendas, qué se vendía, qué comerciaba la gente que vendía CDs en ese momento. Fue así que nos dimos cuenta de que había un movimiento grande, una preferencia por agrupaciones como El As de la Sierra, Las Voces del Rancho, El Gavilancillo, Los Razos y ese tipo de artistas. El Chalino seguía más vivo que nunca. Anduvimos platicando con la gente y no tardamos mucho en darnos cuenta de qué era lo que funcionaba; por ejemplo, los night clubs compraban comerciales para presentar a Las Voces del Rancho, ¡pero Las Voces del Rancho no salían en la radio!, y yo pensaba: 'Si son tan buenos como para ponerlos en los night clubs, y compran comerciales para ellos, ¿qué no serán buenos para sonar en la radio?'".

La presencia de Garza fue determinante para construir la carrera de muchos artistas. Jenni Rivera fue una de ellas, aunque al principio, él abrigaba sus dudas. "Jenni fue mi mayor sorpresa", admite. "No que me sorprendió que funcionara una canción como Las malandrinas; estaba seguro de que iba a funcionar; lo que me sorprendió la dimensión que cobraba su popularidad. Cada vez que veía que había ganado tal puesto, que ella estaba cada vez más arriba, me decía: '¡No se a dónde va a llegar!´.

—Yo no iba a ser cantante Mr. Garza, pero usted me tocó en la radio —me dijo públicamente en varias ocasiones, y mi respuesta siempre fue:

—Yo toco a muchos, pero no todos pegan como tú.

—Oiga, Mr. Garza, ¿y cómo ve? Voy a grabar esto, ¿usted cree que esté bien? —Y yo le decía:

—Mira, yo nunca creí que fueras a llegar tan lejos, así que creo que todo lo que tú hagas te va a salir bien. Todo te ha salido bien hasta ahora; has llegado a donde nadie.

"No quiere decir que no creyera en ella, pero sí fue sorpresivo que una chica que vendía casas, salida de Long Beach, tuviera cada vez más trascendencia. Fue inesperado". "Ninguna fue aclamada con tanto delirio y tanta pasión", declaró Garza emotivamente en los funerales a la cantante en 2012. "No era una cantante de música popular, era la más popular cantante que ha existido en décadas. Jenni Rivera vino a traer una lluvia de honestidad y sencillez a una industria llena de modelos vacíos; vino a callarles la boca a los expertos de la imagen".

¿Quién diablos es…?

Paralelamente a su labor en la radio, Garza se ha dado tiempo para dar vida a su otra pasión, que es la composición, donde también ha dejado huella. "Creo que la primera canción que compuse fue una que se llamaba A un lado del camino, y la hice cuando tenía como 18 años". Es verdad que muchas de sus primeras composiciones nacieron destinadas a permanecer en su álbum personal de recuerdos, pero otras se convirtieron en éxitos en ambos lados de la frontera. Ese loco soy yo, por ejemplo, fue a principios de los 90 tal vez el éxito más sonado en la carrera del grupo Liberación, una banda de

---

6 Gurza, Agustín, op. cit.

su natal Monterrey fundada en 1976. ¿Qué se te olvidó?, de la Banda El Limón, ganó en 1998 el premio a la Canción Regional Mexicana otorgado por ASCAP. "Cuando escribí esa canción fue por un asunto amoroso", recuerda Pepe. "Había una muchacha con la que yo había andado de novio, pero ya teníamos tiempo de haber terminado. Un día me llamó como para tratar de revivir viejos tiempos; yo estaba muy emocionado. Horas después me llamó una amiga de ella para decirme que mi ex se había casado días antes. Entonces a mí me sorprendió mucho, y pensé: `Si ya se casó, ¿de qué se trata esto?´.

¿Y qué pasó?
¿Pues qué se te olvido?
¿Apoco ya volviste?
¿No te cumplió lo que te prometió
ése con quien te fuiste?

Para enero de 2004, Pepe ya tenía una colección de canciones que "sabía que nadie iba a grabar", en estilos distintos a los grupos con los que generalmente trabajaba, y decidió grabar su propio álbum, ¿Quién diablos es Durón? "Siempre me gustó cantar mis rolas. Estaba buscando un espacio como trovador en alguna peña, porque siempre he sido fanático de los cantautores underground, que van conquistando a su público poco a poco. Ésa era mi intención, aunque siempre he tenido un poco de reticencia a mezclar una cosa con otra, porque cuando uno ve un locutor o un actor que canta, la percepción es que no sirves, o que estás tratando de hacer algo que no es lo tuyo. Pero, en fin, tenía mis canciones, sabía que nadie iba a grabarlas y tenía que hacerlo yo. Yo no pensé en lanzar ese disco con una transnacional, en colocarlo en la radio. La intención era simplemente cantar en donde me dieran chance, recorrer un circuito de bares, pero se hizo un lanzamiento muy rimbombante, sobre todo en México". Uno de los temas principales del disco, Ellas, "el tema censurado", según la despistada campaña de lanzamiento, dice: "El mundo es de ellas, consiguen lo que quieren, nunca trates de entenderlas". ¿Autobiografía, quizás? "Creo que sí lo es un poco", sonríe Pepe. "Pero no tiene que ver específicamente con un amor, sino con la mujer en cualquiera de sus roles. Pienso que las mujeres son bastante insistentes; como mamás, como esposas, como hijas; cada una desde su trinchera acostumbra a mover el mundo: una esposa que te inspira para algo, una madre que te regaña porque hiciste algo o una hija que te está motivando a que crezcas en algún sentido".

Garza, por cierto, tampoco se ha tentado el corazón para parodiar sus propias letras o su estilo de composición, como cuando convirtió *Ese loco soy yo*, el éxito de Liberación, en *Ese morro soy yo*, en la voz de El Morro, Tomás Rubio —un tema que se convirtió en un éxito por derecho propio—, o cuando compuso con Juan Carlos Razo —alias don Cheto— una balada-rap semihumorística para Yolanda Pérez y el propio don Cheto, otro personaje ficticio de la radio. En ella, un enojado padre mexicano, de costumbres muy conservadoras, sostiene un airado diálogo con su enamoradiza y americanizada hija:

Tú y mi mamá no cambian,
son bien aburridos.
Ya no están en su rancho,
están en Estados Unidos.

La radio, ¿museo o escuela?

Pepe Garza ha impulsado desde la radio a figuras importantes de la música regional mexicana, notablemente la Banda El Recodo, La Arrolladora Banda El Limón, Cuisillos, Lupillo Rivera, El Coyote, Yolanda Pérez y desde luego a Rivera, porque como él mismo explicó en 2004, "lo que yo trato de poner en la radio es autenticidad. Las canciones son simplemente historias cantadas, de distintas formas, con diferentes ritmos e idiomas. Una historia bien cantada, no importa en qué estilo esté, siempre funcionará. La cosa más importante es que la gente crea en tu historia".[7] Por eso, su visión del futuro de la música latina sin duda interesará a muchos en la industria. Sorprendentemente, en este caso, el rebelde prefiere hablar conservadoramente. "Creo que los jóvenes (en la música latina) seguirán expresándose con el sonido y los instrumentos tradicionales, pero reflejando lo que pase en sus vidas, que indudablemente serán muy distintas a las nuestras; las letras cambiarán para reflejar la realidad de los próximos diez años; pero creo que el sonido tradicional va a estar ahí. Nos encontraremos con gente que revolucionará la música regional, como recientemente lo hizo Gerardo Ortiz o grupos norteños como Máximo Grado con letras muy interesantes. Creo que lo tradicional prevalecerá porque, si nos damos cuenta, los únicos géneros que realmente han trascendido dentro de la música mexicana son el mariachi, lo norteño y la banda. Ciertamente ha habido muchos artistas que han utilizado instrumentos electrónicos, pero no permanecen. Las grandes figuras, las grandes trayectorias, siguen siendo las de Vicente Fernández, Ramón Ayala y bandas como Los Tigres del Norte. Somos los programadores quizá los que tendremos que seguir siendo rebeldes".

"En este sentido siempre habrá un conflicto", concluye con más intensidad y evidente interés en el tema. "Son como dos corrientes, dos puntos de vista encontrados: por una parte quienes pensamos que la radio es algo así como un museo donde uno entra y a lo mejor vas a encontrar algunas imágenes que no te gusten, o te asombren, o francamente te disgusten; y va a salir de ahí, pero al final todo es arte; todo es gente expresándose. Por otro lado, estarán los que digan que la radio es como una escuela que tiene que educar, decirle a la gente cómo se habla y cuáles son las normas de la convivencia. También respeto eso. Yo soy de los que pienso que la radio es una galería de arte popular, que las estaciones son para que se expresen quienes lo puedan hacer con autenticidad y ciertas normas de la estética. Eso es mi estación".

Pepe Garza, como la proverbial manzana, está efectivamente cerca del mundo de sus padres —la programación, la música, la música regional mexicana y la composición—, después de casi tres décadas de trabajo. Desde hace mucho descubrió que lo que más importa para una manzana, al final, no es quedarse bajo la sombra, sino nutrir a alguien... y quizá ser también objeto de atracción. "Hay quienes se aferran a creer que la gente hace lo que la música le dice, y que por eso la radio debe decirles qué hacer; que la música debe ser una especie de norma. Yo pienso, por el contrario, que ella refleja lo que la gente ya está haciendo y deseando. Esto con respecto a los narcocorridos, o a cierta sexualidad —bastante ya relajada— de la que hablan las canciones, además de otras cosas novedosas de las que hablan las letras y que están pasando en las calles. Si las cosas se expresan de forma artística, no veo por qué no ponerlas en la radio. No es posible detener lo que la gente quiere".

---

7 Ibíd.

Eduardo Germán Villarreal

"Ahí se mantiene intacta la esencia de lo que es la radio: estar acompañando."

Las aguas tranquilas se mueven en el fondo, reza el dicho, y desde hace años, Eduardo Germán Villarreal, gerente de estaciones musicales de Grupo ACIR, ha mantenido un perfil bajo, pero vital y enérgico en el devenir de la radio del país. Sin embargo, su ingreso a la notoriedad que dan los medios de comunicación comenzó en el más improbable de todos los lugares: en la habitación de un hotel. Antes de que el lector saque conclusiones erróneas, sería mejor evocar los pininos de Eduardo Germán tras el micrófono, que él recuerda con una amplia sonrisa. "En ese tiempo yo vivía en Ciudad Obregón, Sonora. Tenía un puesto modesto en la emisora llamada La Consentida, como operador y grabador. Logré que me invitaran a inaugurar una nueva estación del Grupo UniRadio, de Felipe García de León. Ya se trataba de un empleo más importante, porque era un grupo con presencia regional", recuerda. "Pero en ese tiempo, las instalaciones del grupo eran muy pequeñas, de hecho estaban ubicadas en las oficinas de un hotel. Así que cuando decidieron abrir la nueva estación, en noviembre 1992, no había espacio para montar otra cabina y nos instalamos en una habitación del hotel, la que estaba más cerca de la calle. La identificación decía: `Transmitiendo con 5 mil watts de potencia desde la habitación 209 del hotel Nairani Vallegrande´. Aunque el hotel sigue ahí, ya se llama de otro modo, pero fue simpatiquísimo. Yo fui la primera voz que salió al aire en esa estación".

Preludio número 2

Aunque desde hace tiempo Eduardo Germán se ha ocupado primordialmente de tareas gerenciales en Grupo ACIR, durante ocho años fue un activo locutor. Su primer trabajo llegó en 1991. Como ha quedado patente en este libro, prácticamente todos los locutores han tenido una especie de padrino o madrina que los descubre, los impulsa o les dice que tienen una voz digna de salir al aire. A algunos los encontró el gerente de una estación de radio mientras anunciaban aparatos electrodomésticos fuera de una tienda; en otros casos, fueron sus padres; en la mayoría de los casos, fue otro locutor quien les hizo notar sus virtudes y los animó a hacer una prueba en la radio. En este sentido, Eduardo Germán es un caso único: se descubrió a sí mismo. ¿Cómo puede ocurrir tal cosa? "Sucede que mi entrada a la radio se debió a una novia que había dejado en Coahuila. Yo estaba en Ciudad Obregón, a donde me había ido a vivir con una tía. A mi novia le escribía cada semana, cartas de las de antes, porque los celulares estaban en pañales y el servicio telefónico era muy caro. Un día llegó un amigo a la casa. Llevaba una grabadora de aquéllas a las que se les desprendían las bocinas. Traía el micrófono, así que nos pusimos a cantar encima de las canciones. Al final del día se me ocurrió pedirle prestado su aparato y grabarle un cassette a mi novia. Me fui a comprar uno de cromo —porque con ésos uno sentía que traía el mejor cassette del mundo— y me puse a platicarle, hasta que se terminó el lado A. Cuando lo regresé para ver cómo había quedado, volteé a ver la grabadora muy sorprendido. `¿Quién es ése que está hablando ahí? Se me hace que me vendieron un cassette usado que traía grabada una estación´. Eso fue lo que pensé. No me reconocía. Dejé correr un poco más la cinta y me di cuenta de que sí era mi plática, de que era mi voz, lo cual me llamó mucho la atención. Se lo mostré a mi tía Deyanira, que trabajaba vendiendo publicidad en periódicos y estaciones de radio".

—Tía, ¿qué tan difícil cree usted que yo pueda ser locutor?

—Yo creo que no está nada lejano, hijo —me contestó—. ¿Te interesa? Si es así, te voy a llevar a presentar a algunas emisoras.

"Un par de meses después, ya estaba haciendo mis primeras prácticas en la XEHX, La Consentida de Ciudad Obregón, primero como operador y grabador, actividad en la que duré unos siete meses. Con ganas de dar el siguiente paso, me fui a la Ciudad de México a hacer mi examen como locutor para obtener mi licencia. En ese tiempo todavía se hacía una prueba de certificación de aptitudes, de la que se encargaba la Secretaría de Educación Pública, a través del Departamento de Certificación para Locutores de Radio y Televisión. Yo pasé el examen a la primera".

De Guadalajara a Sonora, pasando por Coahuila

Eduardo nació en Guadalajara, Jalisco, en el año de 1973. Su mamá es de Monterrey y la familia de su papá de Puebla y Veracruz. Su padre trabajó mucho tiempo para una compañía cervecera en el área de mantenimiento industrial, en tanto que su mamá hizo carrera en las ventas, desde libros hasta seguros; en los últimos años de su vida laboral, la señora Villarreal trabajó para el gobierno federal. Los primeros recuerdos de Eduardo que tienen que ver con la radio se remontan a la ciudad de Puebla, donde vivía con su familia. "Todos los días nos despertábamos con el noticiero más famoso de la ciudad, que era Tribuna Radiofónica; durante el día mi madre escuchaba canciones de Camilo Sesto, Juan Gabriel, José María Napoleón, Palito Ortega. Fue mi primera educación musical. Por ósmosis, empecé a escuchar a ésos y otros artistas de finales de los setenta y principios de los ochenta".

Germán, que es apellido y no nombre, comenzó a trabajar desde joven, por lo que tuvo que dejar trunca la carrera universitaria. A los 17 dejó el hogar para trasladarse a Coahuila, donde se puso a ayudarle a un tío que tenía una fábrica de ropa deportiva. Combinó el trabajo con el estudio y comenzó a hacer su propia vida. Duró poco en la fábrica, porque la radio lo llamaba. Primero fue La Consentida y en seguida en UniRadio, empresa fundada por Gustavo Astiazarán en 1969. En esta empresa comenzó en la estación que dio origen al grupo, la XEMO, conocida posteriormente como La Poderosa 1150, donde duró dos años. Luego, en febrero de 1994 David Saldaña le extendió una invitación para sumarse al Grupo ACIR, a donde llegó como locutor a La

Comadre, el formato que recién hacía su arribo a Ciudad Obregón. "Ahí estuve hasta 1997 realizando trabajo de locución, producción y programación; ya habíamos entrado a la época de los todólogos; iniciaba también la etapa de la organización de eventos por parte de las emisoras; a mí me dieron la oportunidad de formar parte de todo ello. En ese mismo año me ofrecieron trabajar en unas estaciones de Hermosillo, pero sólo estuve un año porque regresé a Ciudad Obregón ya con un mejor cargo, Supervisor de Programación".

ACIR

Eduardo Germán comenzó a asumir nuevas responsabilidades y a ampliar exponencialmente su ámbito de influencia dentro de ACIR, grupo radiofónico que nació a mediados de la década de los sesenta y que hoy conecta a millones de personas en toda la república. De Ciudad Obregón se trasladó a Querétaro para hacerse cargo de la región bajío. Desde ahí coordinó las ciudades de Morelia, Uruapan, Irapuato, Celaya, León y el mismo Querétaro. Tiempo después fue promovido para hacerse cargo del sur del país, que comprendía más ciudades: Pachuca, el puerto de Veracruz, Jalapa, Puebla, Coatzacoalcos, Orizaba, Córdoba, Oaxaca, Villahermosa y Cancún.

"Hacerse cargo de una región implicaba, de entrada, conocer a los locutores, reorganizar el entrenamiento, revisar con qué plantilla se contaba, dónde se requería más atención, qué mercados podían potencializarse si se les ponía un poco más de atención, etc. Además, había que establecer vínculos con los artistas de la región e impulsar los festivales. En esas ciudades nos empezó a ir muy bien; comenzamos a tener emisoras en Mérida, que también era muy demandante porque hacíamos muchos eventos. En Jalapa estuve casi dos años y medio, pero me pasaron a Puebla por ser una capital más importante y sobresaliente para la región sur. De ahí fue sólo un brinco a la Ciudad de México para mi nuevo puesto como Gerente de Operaciones del Interior, donde duré dos años. En 2014 me invitaron a hacerme cargo de la parte de programación de las estaciones, como Gerente Operativo Musical del Grupo ACIR".

El diluvio

Eduardo dejó el micrófono hace tiempo, pero admite que es algo que nunca se deja de extrañar. "Después de ser haber sido locutor de La Comadre hice otro formato que se llamaba Espacio, como una mezcla de Mix y Disney. Lo último que hice fue el noticiero estatal Panorama Veracruz en 2007, que sigue hasta la fecha". Actualmente, al frente de uno de los puestos claves de la empresa, no sólo lleva la relación directa con las disqueras, las representaciones de los artistas y los artistas mismos; también gestiona su material y consigue el elenco de los numerosos festivales que ACIR lleva a cabo en todo el país. "Entre los que más recuerdo y me llenan de satisfacción", comenta Eduardo, "está el Festival de la Comadre, un concierto que llevamos a cabo en Orizaba en 2009. No supimos de dónde salió tanta gente. Calculamos que esa noche hubo 45 mil personas, que fue una barbaridad".

Pero los organizadores no contaban, como alguien comentó más tarde, que se encontraban en "la ciudad de las eternas aguas". El cartel era uno de los más importantes y diversos que se hubieran visto en esa ciudad. La música comenzó alrededor de las siete de la tarde con el grupo Extremo, el primero de doce. "En lo mejor de la interpretación del grupo Blanco y Negro", escribió el reportero Martín Tlers, "san Pedro decidió abrir las llaves del cielo. Fue tal la tromba que (…) uno de los escenarios quedó deshabilitado y las lonas de ambos escenarios empezaron a cargarse con el peso del agua. Se tuvo que cortar de emergencia cada lona para que el agua acumulada no fuera a provocar un accidente de consecuencias graves. Quedé maravillado al ver que pese al torrencial aguacero, la gente no desistía, estaba ahí mojándose, tal era la pasión (…) y supuse que difícilmente se iban a conformar con una cancelación". 1

"Se vino un verdadero diluvio", coincide Germán. "Tuvimos que detenernos porque ya no era seguro. Le dijimos a la gente que por favor nos esperara un poco en lo que se calmaba el agua. Fui a hablar con los artistas para avisarles que íbamos a hacer una pausa, pero que para cumplirle a la gente, una vez que amainara la lluvia dejaríamos que cada uno interpretara cuatro o cinco canciones para que el público pudiera ver a todos. Recuerdo bien lo que me contestó el vocalista de Los Alegres de la Sierra: `¿Y tú vas a agarrar el micrófono cuando me dé toques?´. Le respondí que ya habíamos puesto inalámbricos, que no había manera de que alguien se electrocutara. Una hora y media después regresamos, todo prendió, todo funcionó. Terminamos el show a las 4:30 de la mañana, muertos de cansancio, pero muy satisfechos porque llevamos a buen término el concierto imposible. Debajo del escenario el agua nos llegaba casi hasta la rodilla. Fue una locura".

Una radio para el futuro

Eduardo Germán lleva la charla con toda formalidad, pero sonríe cuando la memoria lo transporta a sus primeros años, o a las aventuras radiofónicas como la del diluvio en Orizaba; con todo, el ejecutivo de ACIR reconoce que aunque siempre aparecerán en primer plano los grandes logros —como la llegada de Radio Disney, donde él fue una pieza fundamental— son muchas veces las cosas pequeñas las que construyen una carrera. "En este proceso, mi compañía me ha sustentado en todos los sentidos. Hoy veo que el principal reto para la radio es moverse a la velocidad que nuestra audiencia necesita. El mercado es muy exigente; buscamos ir a ese paso y si se puede más rápido. El público no espera".

"Obviamente nos apoyamos en muchas herramientas tecnológicas y estadísticas; tenemos consultoría, lo que nos ayuda en la medición y a calibrar lo que pasa en plataformas como YouTube, Spotify; a revisar las cuentas de Facebook y Twitter de los artistas; incluso el comportamiento de nuestra competencia puede orientar. Todo en su conjunto nos da ciertos parámetros para tomar las decisiones más cercanas a las correctas, ya que nunca se tiene una varita mágica para atinarle a todas. La gente está teniendo acceso a mucha información y plataformas. En la medida en que podamos mantener esa velocidad de adaptación, seguirán con nosotros y la radio permanecerá como un medio confiable e inmediato, por encima de todos los demás".

Sin olvidar, por supuesto, el público tradicional, el que escucha la radio en el radio, por ejemplo quienes lo encienden en los trayecto al trabajo, o quienes viven en el medio

1 Tlers, Martín. Reseña del evento en Orizaba, Veracruz. Recuperado el 30 de junio de 2016 de http://fiesta-mex.com.mx

rural. "Ahí se mantiene intacta la esencia de lo que es la radio: estar acompañando. En grandes ciudades como México, Guadalajara y Monterrey, e incluso Puebla y Tijuana, en los tiempos de traslado, tu único gran compañero es la radio. Lo mismo en el medio rural, donde todo se mueve más despacio, principalmente porque el acceso al internet es más limitado. Ahí, en el campo, el gran protagonista sigue siendo la radio. Tenemos mucho camino que sembrar en la radio tradicional. Es verdad, hay nuevas plataformas, increíbles opciones, una variedad infinita de decisiones que podemos tomar, pero también es cierto una cosa: a la gente le da flojera estar eligiendo las canciones. Existe una magnífica alternativa: prender la radio. Ahí no hay nada que hacer; sólo basta prender un botón y aparece la magia. Ahí encuentra todo lo que necesita escuchar".

David Gleason

*"La palabra clave, a la
hora de programar, es calle."*

Si es cierto el dicho que la vida comienza a los 40 —o más recientemente, que los 50 son los nuevos 40—, entonces David Gleason empezó con poco más de tres décadas de ventaja, y una determinación fuera de lo común, a sacar el máximo de la vida. Cuando el chico de Cleveland, Ohio, cumplió diez años, ya había quitado con pala la nieve de la entrada de su casa y alimentado los gansos —como todo buen niño—, pero también había fundado su propio negocio de tarjetas de presentación, había incursionado en el mercado de valores y consultaba regularmente The Wall Street Journal y Barron´s para ver el rendimiento de sus acciones. Cinco años después fundaría su primer periódico. Y, a diferencia de la mayoría de los muchachos de la escuela preparatoria, ahorraba su dinero para convertirse, siete años después, en el dueño de una estación de radio a 4,500 kilómetros de casa. Todo esto en menos de 17 años. Y se trataba de apenas el inicio de una apasionante carrera en la radio que ha combinado con sus actividades como inversionista, historiador, antropólogo y estudioso de la música en español.

La narrativa de David Gleason

"Mi padre había sido banquero durante la Gran Depresión de los años 20 y cambió de profesión para dedicarse a otros asuntos", explica David Gleason, actualmente asesor en Univision, en perfecto español. "Fue gerente de un cementerio, se dedicó a los árboles y plantas de ornato; es decir, nada de inversión ni radio por mucho tiempo, pero cuando yo era chiquito me instruyó sobre cómo crear un patrimonio. Yo jugaba con acciones baratas de la Bolsa de Toronto, que eran de 30 y 40 centavos, y con tres dólares (ajustaba) diez y a veces hasta cien. Así aprendí a manejar ese asunto de las inversiones, que fue lo que más tarde me llevó a comprar acciones, en la Bolsa de Nueva York, de una de las empresas grandes de radio y televisión, a comienzo de los años 60: *Storer Broadcasting*. Como accionista, me sentía obligado a visitar las estaciones de la compañía. Siendo un chamaco de trece años, me presentaba en las emisoras pidiéndoles que me mostraran las instalaciones. Me imagino que a los gerentes se les hacía algo novedoso, así que me daban el gran *tour*. Así me empezó a interesar la radio, ya no tanto como una simple inversión".

"Cerca de donde vivía encontré una estación donde, a cambio de hacer algunas tareas, como limpiar la salita del café o tirar la basura, me dejaban quedarme durante horas, y cuando llegaba a faltar alguien me llamaban para hacer de operador. Hasta me pagaban la gran cantidad de un dólar con 15 centavos por hora. En esa época descubrí que muchas de las estaciones que no podía visitar, por que se encontraban muy lejos, podía escucharlas por la noche en radio AM, y al buscarlas descubrí otras estaciones a mayores distancias. Una de las que más me gustaba era la XEB, la B Grande de México, que llegaba hasta el norte de Cleveland, donde yo vivía. Con el poco español que tenía, comencé a llamar en la madrugada para pedir canciones de la Sonora Santanera y Carlos Campos. Cuando comencé a escuchar estaciones remotas, tuve la oportunidad de ir una Semana Santa a Miami, visité una de esas estaciones, del mismo dueño de la de Cleveland y que transmitía en español, y recuerdo que el gerente me obsequió una caja de discos de música cubana: La Matancera, Celia Cruz, Pupi y su Charanga… toda esa música de los 60 que comencé a escuchar primero por la novedad, después porque me gustaba. Igual me pasó con la música tropical mexicana, que también escuchaba en la Gran B. Cuando descubrí que había un movimiento de la `nueva ola´ (*rock and roll*) en español, prefería escuchar a Enrique Guzmán, César Costa y los Hooligans que a los Beatles y la ola inglesa".

América Latina

En 1963, David comenzó su larga "caminata" profesional por América Latina, que comenzó por México, donde por medio de un amigo de la familia y de Nationwide Insurance›s Peoples Broadcasting consiguió un año de intercambio académico. "Pero nunca pisé el colegio", sonríe David. "Por suerte, fui a visitar las oficinas de Organización Radio Centro y acepté la oportunidad de trabajar ahí como aprendiz por espacio de nueve meses. Pasé todo el año llevando cartuchos de un estudio a otro, los de las noticias cada hora, y cosas por el estilo. La regla ahí era no hablar a menos que te hablaran. Ahí se fortaleció mi interés por la radio en México y en Latinoamérica". Luego, en 1964 se trasladó a Ecuador con la intención de terminar su penúltimo año de preparatoria, pero se encontró con un país convulso que acababa de pasar por un levantamiento que había depuesto al presidente Carlos Julio Arosemana. Las escuelas en Guayaquil eran un caos burocrático y la admisión fue difícil, pero David aprovechó bien el tiempo.

"En Quito encontré una oportunidad para comprar una licencia y levantar una estación", recuerda. "Tomé todos mis ahorros y el cinco de diciembre de 1964 nos lanzamos al aire. Yo era todavía un chamaco de 17 años de edad, y por tanto interesado en la música moderna y pop en español de la época. Me di cuenta de que no había ninguna radio de ese tipo, a pesar de haber 42 estaciones en la capital de Ecuador. En ese tiempo, las estaciones en Sudamérica tenían una programación más como la que vemos en televisión, por bloques: una hora de música pop, una de música nacional, incluso una hora de zarzuela en una que otra emisora; noticias, deportes; no pasaban más de dos horas sin cambiar de género".

Yo venía de mi experiencia en Radio Centro y de la radio en Estados Unidos, sabía del éxito que habían tenido los señores Aguirre con formatos específicos (el lema de su organización en esa época era: *Cada una, primera en su tipo*), así que me di cuenta de que se podía hacer radio por géneros. Así lo hice, pero por seis meses no facturamos nada. Lo único que había en el bolsillo era tela, no plata. Pensábamos que se acercaba el fin para `la estación de bolsillo´ (así la llamaba despectivamente la competencia, porque los jóvenes andaban con sus radios de transistores en el bolsillo, escuchándola) y un día nos llegó una caja pesada de McCann Erickson. Era la época en la que los anuncios de las agencias de publicidad llegaban en acetatos, y venía con contratos de anuncios de todos sus clientes, pues había encuestas que posicionaban a la `estación de bolsillo´ en el primer lugar del mercado. De ahí seguí creciendo, compraba estaciones que no estaban bien o pidiendo nuevas licencias, como en el caso de la primera FM del país, dos años más tarde".

"Poco después, tuve unos problemas con una estación hablada que había montado que se llamaba Ecos de la Montaña; transmitía novelas, deportes y noticias, y ésta era la parte explosiva, pues estábamos afiliados con el diario El Tiempo de Quito, y exigíamos al gobierno militar cumplir su promesa de celebrar elecciones democráticas. Descubrí que las juntas militares no tienen sentido del humor y fui obligado a salir del país. El editor del periódico terminó desaparecido, nunca lo encontraron. Me quedé un par de semanas en Miami con un amigo, el gerente de WQBA La Cubanísima, y apareció la oportunidad de una gerencia en la WUNO de San Juan de Puerto Rico. Sin nada en el bolsillo, me pareció una excelente oferta. Así, de 1970 a 1992, con pequeños intermedios, estuve viviendo en aquella isla". A pesar del prospecto de ser el más joven en la empresa, le ofrecieron la gerencia. Gracias a los cambios en la programación que aplicó, a los tres meses la estación en declive estaba en franca recuperación y, para el sexto mes, Radio Uno logró un empate en el primer lugar.

Otros hitos en Puerto Rico fueron su trayectoria en Salsoul, desde 1985 como asesor y gerente de ventas, emisión que ocupó el primer lugar por veinte años sin interrupción con un formato de salsa y grandes personalidades, y su nombramiento como miembro honorario de los Fania All Stars en un concierto realizado en honor a Ismael Rivera, "El Sonero Mayor".

La palabra es "calle"

En 1980 regresó a Estados Unidos para lanzar la nueva estación WHTT en Miami, y dos años más tarde inauguró en la misma ciudad el servicio sindicado "Música en flor", que creaba producciones para su distribuir a varias estaciones de América Latina, incluyendo música, asesoría técnica, voice tracking, publicidad y comunicados de prensa. En cierto momento el servicio logró afiliar a 80 emisoras en 16 países. Tras varios años de brindar asesoría, en 1992 tomó el puesto de programador para KHJ y KWIZ, dos estaciones del grupo Liberman, donde permaneció durante dos años, y en 1995 fue director de programación para Heftel, donde en el transcurso de cinco años convirtió la KTNQ-AM en una estación hablada las 24 horas, siete días de la semana.

Con todo, ha sido sobre todo la labor de asesoría a empresas radiofónicas de David lo que ha caracterizado la trayectoria de este infatigable personaje de la radio, que posee además un vasto conocimiento musical. Esto le ha permitido tener innumerables éxitos en materia de programación e incluso capacidades de resucitación de estaciones al borde de la extinción. "Se trata de observar un mercado", puntualiza; "ver, por ejemplo, qué tipo de música tiene más exposición en las tiendas de discos, qué shows se presentan en la ciudad, qué tipo de artistas están en los clubs o centros nocturnos; en resumen, lo que está vigente en la calle como parte de la cultura popular, y después comparar con lo que se tiene al aire y, apoyados en la encuestas, definir el tipo de programación para un segmento del público".

"Por ejemplo, en 1999 me invitaron a asesorar una FM en Buenos Aires. La emisora tocaba música anglo tipo adulto contemporáneo, tenía una baja audiencia y no estaba facturando casi nada. Yo sabía cómo estaba la cosa en Buenos Aires, pero quería darme una mejor idea. Así que llegando al aeropuerto paré en una tienda de discos y observé que los anaqueles principales tenían lo que ellos llamaban rock nacional. Al revisar las estaciones de Buenos Aires, me di cuenta de que no había una sola emisora de rock nacional. Ahí estaba la oportunidad. Había que definir el tamaño de ese público. Hicimos estudios formales para probar diferentes conceptos de programación, haciendo muestras de cómo sería la música, implementamos el formato y nuestro porcentaje de audiencia brincó en un mes de 1.8 a 22 puntos. Fuimos número uno en Buenos Aires, que es quizás el segundo mercado más grande en Latinoamérica, y nos mantuvimos en ese sitio durante todo el tiempo que yo tuve la estación. Por eso", insiste, "la palabra clave, a la hora de programar, es calle".

Los grandes hitos de la música en español

En un momento en el que ningún género en especial parece dominar en la radio, cuando el mercado parece más fragmentado que nunca, Gleason encuentra un placer especial en recordar los grandes hitos que han definido la historia de la música popular latinoamericana. "Cada tipo de música, cada género tuvo su momento. Por ejemplo, para la música tropical el mejor momento fue la internacionalización de la cumbia: Sonia López con la Sonora Santanera, Mike Laure con su 039, etcétera. Fue un cambio total de lo que había entonces: las danzoneras, la música tropical de la Matancera. La música tropical tuvo un cambio más reciente con los sonideros. En cuanto a México, si vamos a la música pop, obviamente estuvo la época de los Teen Tops y demás, que terminó alrededor del 68 con (la llegada de) los españoles como Raphael, Julio Iglesias y especialmente con Camilo Sesto. Después en México surgieron muchos artistas como José José, Juan Gabriel, y posteriormente artistas como Pandora".

"Después llegamos a los 80, que yo diría es la segunda transformación, cuando tuvimos todo lo de Timbiriche, Flans y la música pop-rock, que era más pop que rock, pero no eran ya las palabras de Julio Iglesias, ya no era el amor libre de Camilo Sesto, sino (uno que ocurría) en un bazar.[1] Después se establece cierta clasificación que tenemos todavía: artistas tradicionales como Luis Miguel, Christian y Ricardo Montaner, que es más pop para adultos, y tenemos alternativo, pop rock y la balada romántica. También tuvimos la interesante fusión de lo grupero —tipo Los Muecas, Los Babies, Los Bukis— con la balada, que desembocó en el material que conocemos hoy de Marco Antonio Solís, que realmente es un baladista. En cuanto a (el aparente declive de) la música ranchera, me viene la idea de que ésta depende de tener súper estrellas, y ciertamente no las hay más en la música ranchera. No creo que haya perdido vigencia, pero sí creo que no hay nuevos valores; gente que se compare con Antonio Aguilar, Jorge Negrete y todos esos los nombres que conocemos".

"Si uno analiza las listas de popularidad —Santiago de Chile, Asunción o México—, la proporción de música en inglés es, en años recientes, la más alta desde los años 60. Por ello, lo que queda para la música latina está segregado en el pop latino y

---
1 Se refiere a la canción del grupo de pop adolescente Flans, titulada *Bazar (1985)*, compuesta por Lara y Monárrez.

los géneros regionales, como lo que llamamos regional mexicano o el formato grupero. Eso es lo que domina en la radio en español, sobre todo en el centro y suroeste de los Estados Unidos, que es donde encontramos la mayor población inmigrante, personas que adquirieron su gusto musical en México. Luego están los géneros secundarios, como el pop, la balada, la música contemporánea, y de vez en cuando las modas pasajeras. Pero para definir qué género manda en este momento en la música latina, habría que ver país por país. Hoy día, en Puerto Rico, hay una sola cadena de salsa, cuando hace unos treinta años representaba 30% o 40% de la sintonía total. Ahora son varias estaciones de puro reggaetón y otras que incluyen un alto porcentaje de ese ritmo. Si uno va a Chile o Argentina, encuentras que las emisoras tipo pop son 30%. Alrededor de 40% (son de) reggaetón y material rítmico parecido".

Vida de película

Después de cincuenta años en la radio, desde los lejanos días en los que siendo un adolescente visitaba las emisoras cuyas acciones guardaba en casa, a David Gleason le resulta difícil encontrar el momento más representativo o emocionante de su vida, pero después de un largo silencio, reflexiona y piensa que, decididamente, "mi mejor momento fue posiblemente cuando había perdido la esperanza de poder seguir con la emisora en Ecuador, abrí el paquete de McCann Erickson y encontré que en esa caja había suficiente ingreso para que la emisora ganara dinero. Obviamente, esto representaba confirmar que a pesar de mi edad y falta de experiencia, el instinto no me había fallado. Ahora me pregunto, habiendo aprendido más de la radio, si tendría el valor de los 17 o 18 años para hacer algo tan atrevido como crear una estación de música pop en un país que nunca había tenido ese tipo de programación. Una persona de una difusora, a quien respeto mucho, me dijo una vez que lo que yo había hecho en Ecuador había sido montar una estación porque lo que yo quería era ser programador, y a mi edad nadie me hubiera dado ese puesto. Y sí, lo que yo quería era programar; no hay nada más divertido y que dé tanta satisfacción como ver que algo funciona. La precaución y el miedo que desarrollamos como adultos a veces nos impide hacer las cosas por impulso, y muchas veces son las cosas correctas".

"No en términos de rating ni de mayor impacto, pero posiblemente la estación que más satisfacción me ha dado fue la 1020 AM en Los Ángeles, entre 1996 y 1999, cuando la convertimos en radio hablada, tipo tribuna: con mucha participación del público, con personalidades que realmente entendían el sentir popular, no lo que una vez dijo amigo sobre la radio hablada en algunas ciudades grandes: tres personas con traje y corbata resolviendo los problemas de México en media hora. En la 1020 abordábamos las preocupaciones de la gente en la vida diaria: cómo hacer rendir el sueldo, cómo inconformarse si había algún error en una tarjeta, comentábamos los deportes populares y eso para mí era fascinante, porque además tenía un equipo que habíamos preparado para hacer radio hablada. No eran licenciados ni economistas; eran locutores que ya se habían cansado de tener que esperar cuatro minutos a que terminara una canción para poder hablar diez segundos".

Actualmente, Gleason es asesor de Univisión en aspectos de investigación y programación, y desde hace 22 años crea un producto llamado Éxitos Exprés para la firma Radio Express de Los Ángeles, así como un servicio de novedades de música pop en español para toda América Latina. Además, dedica su tiempo más valioso al trabajo que, según dice, más le divierte y menos le paga, un sitio de Internet titulado American Radio History [2] donde documenta minuciosamente la historia de la radio, a través de revistas y libros. Con satisfacción, sigue disfrutando en privado de la música, su música, que lo ha acompañado desde niño, y que al paso de los años se ha diversificado. En su colección tiene álbumes de Carlos Vives, la Santanera, los Teen Tops, y material en inglés como los Pet Shop Boys; y desde luego Camilo Sesto, La Barca, considerada la primera canción de rock nacional en Argentina, e incluso Tristes Recuerdos de Antonio Aguilar. Aunque, a pesar de haber pasado por la mira de juntas militares, crisis económicas que hicieron naufragar muchas empresas en América Latina, e incluso haber tenido que palear la nieve de muchas tormentas, la vida de David Gleason, el estadounidense enamorado de la música en español, ha sido todo excepto tristes recuerdos. Y eso que todavía estamos por ver lo que aún nos tiene preparado.

---

2 http://www.americanradiohistory.com/

Elio Gómez

"La satisfacción más grande para mí no ha sido el dinero, sino ver a personas que fueron mis alumnos y hoy están triunfando en la radio."

Muchos locutores latinoamericanos que triunfaron en los Estados Unidos lo recuerdan como uno de sus grandes maestros, y aunque él mismo no pisaba con mucha frecuencia el salón de clases, no son pocos los que reconocen que Elio Gómez, a través de su escuela, les abrió las puertas de su corazón y de su vida.[1] Fue sobre todo su permanente disposición de ayudar a los demás, de brindar oportunidades a quienes a veces no tenían para pagar la colegiatura, lo que hace que muchos personajes de la radio —varios de ellos en este libro— se refieran a él con gran aprecio. Elio Gómez, locutor, emprendedor y hombre de medios, es recordado especialmente por su escuela de locutores que, aunque fue modesta en sus inicios, nació con un nombre que hablaba de la grandeza de sus ideales: Escuela Internacional de Locutores de Oxnard.

Gómez nació en una pequeña localidad llamada Ramón Corona, Durango, cerca de Zacatecas. Creció en una familia numerosa formada por once hermanos. Su padre se dedicaba a la agricultura. "Todos trabajábamos sembrando maíz y frijol", recuerda Elio, un nombre que se refiere al sol, y curiosamente, uno de sus primeros recuerdos tiene que ver, precisamente, con una gran bola de fuego. "Cuando era pequeño, allá en el pueblo nos gustaba jugar a un juego que se llamaba `la pelota de lumbre´. Lo hacíamos en las noches. Era una pelota que poníamos todo el día en petróleo, y cuando oscurecía la prendíamos y con una mano la agarrábamos y nos la aventábamos unos a otros. La pelota de lumbre se veía volando de aquí para allá, y otro tenía que agarrarla. ¡No entiendo cómo le hacíamos!".

Sobre un tractor, bajo el sol

Fue también en aquellas tierras semidesérticas, donde tanto trabajo costaba sacarle

---
[1] Ver, por ejemplo, Alex el Genio Lucas en este mismo volumen.

frutos a la tierra, que Elio empezó a forjar una relación de cariño con la radio. "Cuando yo estaba en Durango me gustaba mucho la radio, la escuchaba y me imaginaba trabajar en una estación. En aquel tiempo, trabajar en la radio era como ahorita yo querer llegar a la luna. Se me hacía algo imposible. Pero cuando estaba trabajando, sembrando, sobre el tractor, me gustaba practicar la locución. Como si estuviera tras el micrófono, presentaba a Vicente Fernández y a diferentes grupos, como si ya estuviera trabajando en la radio, pero todo era mi imaginación".

El sueño de trabajar en la radio no se haría realidad... pero sólo en su natal Durango. Como todas las cosas buenas, tendría que esperar. Al igual que muchas personas de las comunidades rurales de México, a los dieciocho años Elio decidió probar suerte en los Estados Unidos, en busca de una mejor vida. "Le dije a mis padres que quería buscar un mejor futuro", recuerda. "Realmente nunca me gustó trabajar en la agricultura; lo hacía porque tenía que trabajar, pero yo le decía a mi papá que quería hacer otra cosa. Entonces me dijo que, si quería, un primo iba a irse a Estados Unidos y que me podía ir con él y, claro, cruzar la frontera de mojado. En aquel tiempo dos de mis hermanos estaban en Los Ángeles y llegué con ellos. Al menos por eso lado no tuve problema: había casa, comida... no sufrí tanto. Era 1978 y llegué a trabajar en una fábrica de ropa del centro de Los Ángeles, en donde ganaba 95 dólares a la semana".

Su vida comenzaría a tomar rumbo cuando vio un comercial de la Don Martín School of Broadcasting, ya desde entonces una institución de gran solidez ubicada en Hollywood, reconocida por haber producido a un buen número de anunciadores, DJs, locutores y, notablemente, por haber expulsado de sus filas, por mala conducta, a Don Imus, estrafalario conductor de radio y humorista norteamericano.[2] "Escuché el anuncio y pensé que ahí estaba mi oportunidad", comenta Elio. "Estuve dos años estudiando y de ahí empecé a trabajar en Radio Kali, una estación de Los Ángeles. Trabajaba por la noches, algunos días de la semana y también uno que otro fin de semana, cubriendo turnos. Fue Pepe Barreto, un gran locutor que todo el mundo conoce, quien me dio la primera oportunidad de trabajar en la radio. Me faltaban unos dos meses para graduarme cuando Pepe Reyes, otro de los grandes, que fue mi maestro, me dijo que estaban necesitando un locutor de tiempo completo en McFarland, California, en una estación muy pequeña que transmitía únicamente de día, de las 6 de la mañana a las 7 de la tarde. Ahí estaba su compadre y me dijo que fuera a hacer una solicitud de trabajo; así que fui y me quedé. Así, mi primer trabajo de tiempo completo fue en McFarland, en la KXEM".

Disparos y las risitas de una niña

Radio Tiro, en el 1520 de la AM, hizo historia en la radio latina de 1984 a 1999 y es recordada especialmente porque en lugar de cortinillas o jingles, utilizaba el sonido de

---

2 Sterling, Christopher H. (editor). (2011) *Biographical Encyclopedia of American Radio*. Sheridan Books, U.S.A. pp. 190.

un disparo como identificación. En 1984, cuando la famosa estación apenas comenzaba, su primer director invitó a Gómez a conocer las instalaciones. "Me quedé con la boca abierta. Era mucho más grande que donde yo trabajaba. Tenía 50 mil watts de potencia, trabajaba las 24 horas y tenían una cabina fabulosa. Donde yo estaba todavía lo hacíamos con discos de acetato, y ahí estaban trabajando con algo más moderno: los cartuchos parecidos a los de 8 tracks. De inmediato me enamoré de esa estación, en donde además de ofrecerme un trabajo en el mismo turno, iban a pagarme más".

Pronto, Gómez se convertiría en el locutor más popular de Oxnard. "No creo haber sido el más popular", interviene con modestia; "en verdad había otros muy buenos locutores, pero sí puedo decir que me gustaba mucho, me divertía; trabajar en Radio Tiro fue una época muy bonita de mi vida donde disfruté al máximo, igual que otros compañeros. Abrimos la estación con solistas, música contemporánea, Menudo y todos esos grupos. No poníamos mariachi, no poníamos ranchera ni norteña, y por unos tres o cuatro años estuvimos abajo en las encuestas entre la gente trabajadora de campo de Oxnard. Luego vino el cambio y comenzamos a tocar a Ramón Ayala, a Vicente Fernández, norteñas, rancheras, y la estación se fue para arriba. La gente era buena con nosotros". En cuanto al personaje ficticio que lo acompañaba, "la Pequeña Lulú", que consistía solamente en una risita que sonaba cuando Gómez decía un chiste, explica: "Fue un personaje que tomé de mi maestro Pepe Reyes. Él la había usado un tiempo en Radio Kali, pero se aburrió y la dejó. Un día le pregunté si yo podía usarla, a lo que él accedió felizmente. Ahí, en Radio Tiro, comencé a usarla. Era como una niñita que, cuando yo le contaba un chiste, se reía sabroso. Creo que la gente no se reía tanto de mi chiste sino de la risita de Lulú. No hacía otra cosa, nada más se reía; nunca nadie la vio pero la gente me llamaban para preguntarme por ella. Funcionó durante mucho tiempo".

El programa de Gómez era de las tres a las siete y después tenía un segmento que se llamaba "Disco contra Disco", una votación entre el público en el que se enfrentaba la canción más reciente contra la más popular del momento, para determinar el siguiente éxito en Radio Tiro. "Era algo que hacía en la tarde. Enfrentaba a un artista con otro; la gente llamaba y decidía cuál era la canción que estaba ganando, y la ganadora del día competía al día siguiente contra otra. Había temas que duraban hasta treinta días; era muy emocionante. La gente decía: `A ver si éste lo tumba; a ver si éste no lo tumba´, y funcionó muy bien durante muchos años. A veces", confiesa, "íbamos de Oxnard a Los Ángeles sólo para deleitarnos con sus locutores. Nos encantaba ir a escucharlos y aprender de ellos. En los 90 estaban Humberto Luna, Pepe Barreto, Pepe Reyes, Jaime Piña, el Chubby Doo, el Cucuy, para mí uno de los locutores con más rapidez mental y carisma, aunque un poquito fuerte. Al final, lo que más me queda de la época de Radio Tiro es la figura de Alberto Vera, Brown Bear, con quien estoy tan agredecido por la oportunidad que me dio de trabajar y de quien tanto aprendí".

Una pequeña gran escuela

La escuela de locutores dirigida por Elio Gómez, que tantas carreras exitosas inició, no pudo haber tenido orígenes más modestos, nombre más ambicioso ni tampoco, curiosamente, un nacimiento tan poco planeado. Su creador confiesa que de hecho fue una ocurrencia de momento, casi una respuesta en automático cuando alguien le preguntó si conocía algún lugar para estudiar locución. "La historia de cómo surgió la escuela es casi para reírse", sonríe. "Mi primer estudiante fue Jorge Calderón. Resultó que fue a la estación de radio, me dijo que quería ser locutor y me preguntó que si sabía de alguna escuela. Le dije que conocía una, pero que estaba muy lejos, pero que no se preocupara, que yo tenía planes de abrir una. Así soy yo: se me ocurre algo y lo hago. Ahí mismo le dije el precio: 200 dólares al mes y 50 dólares de papeleo. En ese momento, Jorge abrió su cartera y me dijo: `Yo soy tu primer estudiante´ y me entregó

250 dólares. Ya no me podía echar para atrás. Así que al día siguiente fui a buscar un lugar, lo renté, compré sillas, compré teléfono y le pedí al ingeniero de la radio que me ayudara a montar un pequeño estudio, `lo más chiquito posible´. Compré una consola pequeña, la estación me regaló algunas cosas, y comencé en 1986".

La Escuela Internacional de Locutores de Oxnard estaba en la calle 5ª de la localidad. En sus inicios, cuenta Gómez, era apenas un saloncito con dos oficinas; una era la suya y la otra un pequeño estudio de radio. Tenía diez sillas y las clases estaban formadas por grupos de ocho a diez alumnos, a veces doce. El siguiente paso que tomó fue poner un comercial en la radio, el mismo que llegaría a oídos de varios jóvenes —como Juan Carlos Hidalgo— que en ese momento trabajaban recogiendo fresas en los campos de Oxnard. "La publicidad era muy cara. En una ocasión, la estación estaba buscando una persona para hacer la limpieza y les dije que yo mismo la haría en las noches, después de mi programa, si me daban a cambio algunos comerciales para mi escuela. Aceptaron, pero creo que lo hicieron más por ayudarme. Hubo comerciales que gustaron mucho. Pepe Barreto aceptó grabar uno, lo mismo Pepe Reyes y Ricardo Ortiz, tres de los mejores locutores de ese tiempo. Gracias a ellos muchos estudiantes llegaron a la escuela".

Nada detuvo a Elio para sacar adelante su proyecto y tener cada vez más alumnos. "Tenía que limpiar la estación, ser director de la escuela, instructor, yo era el que inscribía… ¡Hacía todo!". Aún así, tenía siempre un espacio para aspirantes, muchos de ellos trabajadores migrantes pobres que muchas veces no tenían con qué pagar la colegiatura. "La verdad es que a mí me gusta mucho ayudar a mi gente. Un muchacho que estuvo después trabajando en la radio se me acercó y me dijo que tenía muchas ganas de estudiar, pero no tenía dinero. Él sabía que yo limpiaba la estación de radio por las noches y se ofreció a ayudarme a cambio de poder estudiar, y así lo hicimos. Yo disfrutaba mucho lo que hacía en mi escuela, trabajar con los muchachos, aunque todavía no sabía si iba a funcionar o no; lo único que hice fue trabajar duro y dar lo mejor de mí. Con el tiempo fuimos creciendo y tuve que rentar un lugar más grande: uno con tres estudios, con un salón más grande, una recepción más bonita, y después de ahí, en 1993, nos mudamos a Los Ángeles. Dejamos de dar clases de locución y comenzamos a ofrecer computación, diseño gráfico, contabilidad, cursos que comenzaron a crecer rápidamente. Entonces decidimos cambiarle el nombre a International College, porque si bien al principio estábamos enfocados al mercado hispano, también comenzaban a llegar estudiantes de habla inglesa. La escuela aún existe y sigue creciendo. [3] Nuestros programas ahora son en línea". Actualmente, International College, con un nuevo rostro, ofrece cursos de diseño gráfico, computación, contaduría para pequeñas empresas, decoración de pasteles y diseño floral.

Otra vez sembrando

¿Y la radio? Aunque la escuela comenzó a absorber todo su tiempo, Elio no se despidió del micrófono sino hasta algunos años más tarde. "En 2004", explica, "cuando ya pensaba dejar la radio porque mi negocio estaba creciendo mucho, me encontraba trabajando en el show del Cucuy de la Mañana, en La Nueva 101.9. Una mañana Renán tuvo problemas con la gerencia de la estación, se enojó, nos dijo a todos que nos fuéramos de esa estación y nos salimos. Después de eso, ya no regresé". Pero el impulsor de grandes locutores termina convencido de algo: "La satisfacción más grande para mí no ha sido el dinero, sino ver a personas que fueron mis alumnos y hoy están triunfando en la radio: Juan Carlos Hidalgo, Ángel XXX, Meño Flores, al Genio Lucas, Salvador Prieto, el Napo, Marlene del show de don Cheto, etcétera". "Es uno de mis mejores amigos, pero también uno de mis mejores maestros", comenta Hidalgo, actualmente vicepresidente de programación de la costa oeste en SBS y director general

---

[3] http://www.icofcalifornia.com/

de monitorLATINO. "(Cuando llegué a Estados Unidos) Elio era el locutor número uno. Lo vi por primera vez un 16 de septiembre en un evento de la radio, en la plaza de Oxnard. Él subió al escenario a presentar a los grupos. De inmediato vi en él a una persona carismática y agradable que le caía muy bien a la gente. En su escuela, me recibió como si me conociera de toda la vida. De él aprendimos a ser positivos y carismáticos, a enfocarse siempre en las cosas buenas".

Así, Elio Gómez, el muchacho que trabajaba la tierra montado en su tractor en Durango, pero deseando un mejor futuro, logró su sueño. Y lo hizo, irónicamente, haciendo exactamente la misma cosa: sembrando, pero en este caso, la semilla de la educación y las ganas de superación. La cosecha está a la vista.

Amalia González

"Cuando puedan mis noches hablarte,
y logren decirte lo que eres en mí,
¡qué de cosas irán a contarte!"

La conocido letra de este epígrafe la escribió Teddy Fregoso a mediados del siglo pasado, cuando ya era un reconocido compositor que se codeaba con gente de la talla de Agustín Lara, Jorge Negrete y Pedro Vargas. Javier Solís y Plácido Domingo se contarían entre quienes cantarían su sencillo pero efectivo poema. Pero cuando sus noches hablaban a sus locutores —años más tarde se convertiría en pionero de la radio en español en Estados Unidos—, su corazón no abrigaba sentimientos tan tiernos. "Trabajar con el señor Fregoso era muy difícil para todos los locutores que colaboraban con él, a quienes él hizo súper estrellas: Humberto Luna, Jaime Jarrín, María Elena Salinas, Pepe Barreto y Pepe Reyes", comenta Amalia González, a quien el poeta apadrinó y acogió en su estación de radio cuando ella acababa de terminar sus estudios de comunicación. "Era un señor muy estricto, muy fuerte, muy regañón, alguien muy profesional que sabía lo que quería; un látigo fuerte que nos enseñaba".

Qué de cosas les diría el gran pionero de la radiodifusión, que en 1972, junto con los hermanos Liberman había empezado una nueva era de la radio norteamericana transmitiendo desde Tijuana. "En una ocasión cometí un error", recuerda Amalia, "y me regañó muy fuerte. Yo le dije: `Teddy, sé que estoy verde y que me falta mucho, y quiero aprender. Pero no me gusta que me regañen, porque ni mi papá me grita, así que mejor me voy´. Y me fui a mi oficina y me puse a llorar, porque apenas estaba empezando en aquel trabajo, y ahora me tendría que ir. Estuve trabajando dos días con la puerta cerrada. Al tercero fue y me tocó la puerta".

—Muchacha —le dijo Fregoso—, estás muy verde... y muy tonta. ¿A quién se le ocurre irse en el momento que le están dando la oportunidad de hacer algo en la radio? Mira, hay un programa de una hora los domingos; está libre. No tengo a nadie. Ese programa te lo tengo a ti. Quédate.

"Le dije que si quería que me quedara", continúa Amalia, "mi primera condición sería que nunca me volviera a gritar delante del personal. Que si quería, me gritara en su oficina, pero nunca delante de la gente". Sorprendentemente, el gran compositor, publicista y empresario de la radio aceptó. Le dijo que nunca se equivocaba cuando creía que alguien tenía talento, y que en ella lo veía. En ese momento, Amalia supo que quien había escrito Sabrás que te quiero, podía, de verdad, mostrar los más grandes sentimientos cuando veía a una promesa.

Tepatitlán

Amalia González nació en Tepatitlán, Jalisco; "un pueblito de lo más bonito que he visto", observa con orgullo. Sus padres eran ambos del estado de Jalisco. La niña vivió en su sencillo pueblo hasta la edad de seis años, cuando se trasladó a vivir cerca de la frontera norte. "Mi papá siempre trabajó en Estados Unidos. Era de las personas que recibían permisos especiales e iba a trabajar a la construcción y en todas esas cosas que él podía.[1] Mi mamá siempre fue ama de casa. Ella nos cuidaba, al igual que mi abuela y mis tías en Tepatitlán. Recuerdo las pilitas, el kiosco a donde mis tías me llevaban a caminar, seguramente porque andaban buscando novio; los elotes asados, las tortillas de harina que nos encantaban, las llegadas de mi papá que cada seis meses venía a visitarnos y a mi mamá que se embarazaba con otro bebé. Así fue mi vida, hasta que un día mi padre decidió que nos quería más cerca, en la frontera, para vernos más seguido. Poco a poquito comenzó a llevarse a mis hermanos. Viajamos en tren. Recuerdo muy clarito el desierto de Sonora, aunque era muy niña".

Mi hermana Lupita, que fue como mi segunda madre, me llevó en varias ocasiones a Estados Unidos. Cuando vio que me gustaba el país y que había hecho amistades, me dijo que ya debería de irme a vivir con ella. Le dije sí y a los 13 años ya estaba en mi nuevo hogar. Yo quería irme con ella porque tenía muchas ambiciones, quería estar con los artistas; le dije que no quería ser actriz; que quería era estar con la gente, hablarle al pueblo, a toda esa gente trabajadora. Quería ser parte de algo grande, algo bonito, de dejar huella. Lupita me miró como si estuviera chiflada y me dijo que tenía que empezar aprendiendo inglés".

Alfombras rojas

"Fui a la escuela. Me gustaba el modelaje y tomé un curso porque creí que era el momento de hacer algo. Me metí a un club de prensa que había en Los Ángeles, me hicieron secretaria y me empecé a relacionar con periodistas y gente del medio. Había una señora, Ivonne Lynen, que escribía para periódicos y revistas internacionales, y como yo había estudiado fotografía me llevaba con ella. Fui a los Golden Globe Awards cuando tenía 16 años; me llevó a los Óscares, me tomé una foto con Clint Eastwood, estaba encantada. Ahí empezó a interesarme el glamour; los artistas me trataban muy bien y les parecía que una muchacha tan joven y según ellos bonita debería ser modelo. Estuve un tiempo en el Los Angeles City College. En alguna ocasión alguien me preguntó si nunca había pensado tener un programa de radio. Le dije que sí, pero también que yo creía que las personas se hacían yendo a la escuela. Me habló de una escuela de radiodifusión en Hollywood, la Don Martin School of Broadcasting, donde estudié radio y televisión por dos años. Había maestros y oradores muy buenos, como Rick Dees, Casey Kasem y otros famosos que iban una vez al mes".

"Cuando terminé, me dieron una carta de recomendación y me advirtieron que si quería trabajar en la radio, iba a tener que empezar en un lugar pequeño, algún pueblito de Texas o quizás Fresno. Yo tenía miedo, era muy difícil pensar que sola

---

[1] El programa bracero entre México y Estados Unidos, para la migración temporal de trabajadores de sur a norte, duró de 1947 a 1964.

podía hacer algo. Dios me puso en el camino al señor Teddy Fregoso. Teddy fue torero, compositor de Sabrás que te quiero y Porque eres así, vino a Estados Unidos y cambió de carrera de torero a publicista; fue uno de los iniciadores de la radio en español en Los Ángeles, trabajó en la KWKW, fue gerente y compró sus estaciones de radio", explica González. Fregoso, nacido en Degollado, Jalisco, a unos 100 kilómetros del pueblo de Amanda, comenzó como gerente de Radio Express en 1975, llamada después La Gigante Musical, en el 1090 AM, una estación mexicana que transmitía desde Rosarito, Baja California. En una ocasión, cuando Amalia fue a grabar unos anuncios de radio en la estación dirigida por Fregoso, éste le preguntó a qué se dedicaba. "Le dije que había estudiado radio y televisión, que me acababa de graduar hacía dos meses y que buscaba una oportunidad en la radio. Me invitó a ver las instalaciones, a hacer algunos anuncios y me pidió que le llamara todos los días para ver que había; por supuesto, sin recibir pago alguno; iba a ser una especie de interna".

"No comencé directamente al aire", señala Amalia. "Todos los días le llamaba al señor Fregoso a las ocho de la mañana y le preguntaba si tenía algo para mí, y por lo general me pasaba uno o dos anuncios de supermercados. Yo iba, los grababa pero me quedaba a ver trabajar a los locutores. Un buen día me ofrecieron trabajo permanente. El señor José Molina, que era el gerente de ventas, me dijo que él me entrenaría hasta que aprendiera a poner en orden los anuncios para la radio. Fue muy buen maestro. Los primeros dos años hacía los comerciales de las estaciones. Claro, muchas veces cometí errores y me jalaron las orejas". Por fin, después del pequeño altercado entre Fregoso e interna, éste le pidió quedarse, le ofreció un programa los domingos en Radio Express y, por si fuera poco, 200 dólares más de paga.

"¡Vete a chingar paleta!"

Amalia pronto hizo amistad con la señora Carmen González de la Vega, que estaba casada con Nono Arsu, un actor chileno que protagonizó más de 15 películas —notablemente Mojado Power en 1981— y cuyo nombre real era Aron Sussley. La señora de la Vega tenía el programa de las nueve de la mañana al mediodía, y se convirtió en una especie de mentora. "Mi amor", le decía a Amalia, "tú eres una muchacha muy buena, muy talentosa, muy respetada, te he estado oyendo en el programa de los domingos y lo haces bien. Te falta mucho aún, se te oye muy nerviosa. Cálmate. Haz lo mejor que puedas al aire, porque tienes talento y un día te va a ir bien, pero te voy a dar un consejo: nunca pierdas la humildad; entrégate a la gente, pero no a la de arriba. Piensa en la gente trabajadora, en los jardineros, en toda esa gente que tiene un buen corazón". La tragedia terminó pronto con aquella amistad, pues en 1980 Carmen sufrió un derrame y falleció. "El día en que ella murió", recuerda Amalia, quien la había estado supliendo al aire, "Teddy Fregoso me dijo: `Amalia, sé que todos estamos dolidos con la muerte de Carmencita, pero éste es el *show business*, y como dicen los americanos: *The show must go on´*. Por mucho tiempo la gente pensó que yo era la hija de Carmen González de la Vega. Cuando me quedé con su programa, realmente nació mi carrera al aire. Tuve la oportunidad de aparecer en anuncios para la empresa Dearden´s, pero me veía tan joven que tenía que usar ropa de mujer más grande, ponerme maquillaje más pesado, hasta pedirles que me peinaran como ellos quisieran para lucir mayor". Con el tiempo, y sin dejar la radio, González ingresó también al Canal 34 de Los Ángeles, en donde trabajó dos años y medio transmitiendo noticias, reportajes y un programa de noticias con Alex Nervo —nieto del poeta Amado Nervo—: Los Ángeles al día. Además, hacía el noticiero de las seis de la tarde con Paco Calderón y Eduardo Quezada Escandón, quien es actualmente presidente de la división en español de Syndicated News NET LLC.

"Mi carrera fue evolucionando. Cuando dejé a Teddy Fregoso, le dolió mucho y me ofreció lo mismo que me daba la Ten Q 1020 AM, mi nueva estación, además de un contrato y seguro médico. `Padrino, yo lo quiero mucho, pero pienso que es tiempo que me mueva; aquí ya me encajoné y me están ofreciendo algo en la gran ciudad´, le dije. Radio Express se oía muy bien en Santa Anna, San Diego, Baja California, pero yo necesitaba estar en Los Ángeles, que era el mercado grande. `¡Vete a chingar paleta!´, me dijo, `pero yo soy tu padrino. El día que te pase algo, que te corran, aquí estoy yo´. En la Ten Q estaba Humberto Luna por las mañanas, yo al mediodía y el Tigre González en la tarde: empezaba a surgir la idea del locutor estrella. La gente hacía fila para pedir nuestros autógrafos y tomarse una foto con nosotros".

La celebridad de Amalia fue bien aprovechada por la industria cinematográfica, con la que había sentido afinidad desde muy joven. Así, de 1985 a 1989 participó en cuatro películas, comenzando con Escape Sangriento, del director Alfredo Gurrola. "Realmente me invitaron porque era conocida y les gustaba que habláramos al aire de nuestra experiencia en la película y promoverlas en la radio. No eran grandes papeles, pero me pusieron al lado de las estrellas. En Escape Sangriento fui la esposa de Mario Almada. Don Mario me ayudó mucho, y creo que mi parte no salió tan mal. También me invitaron a Camino al Infierno, en donde fui la amante de Fernando Almada; en Verdugo de Traidores era doctora. La última fue La Jaula de Oro con Los Tigres del Norte, que se rodó en México y Los Ángeles".

Un angelito de la guarda

A principios de los años 90 la radio en español, especialmente en el sur de Estados Unidos, comenzó a crecer exponencialmente, reflejando un vigoroso movimiento de bandas y nueva música para el mercado hispano. Selena era posiblemente la artista más importante de ese momento y, de acuerdo a la revista Billboard, la que logró las mayores ventas de música latina en esa década. Su muerte en 1995 creó una conmoción de grandes proporciones. Amalia fue una de las que más lamentó, desde su cabina, la tragedia. En esa ocasión comentó —sus palabras se han reproducido en numerosos libros sobre cultura latina— que la cantante había estado en la Tierra para unir a todos los credos y razas.[2] "Siempre creí que ella vendría a unir a todos los mexicanos radicados en Estados Unidos", observa hoy González. "Cuando murió Selena fue un golpe. La estábamos esperando en Los Ángeles para un evento. A mí me impresionó mucho su presencia cuando la conocí y la entrevistamos, aunque no fue a mi programa, sino al show de la mañana. Yo creí realmente que ella iba a hacer la diferencia, que iba a hacer algo extraordinario, que nos iba a unir a todos, porque siempre se ha dado esa cosa de que el mexico-americano se cree más gringo que otra cosa, y el mexicano se cree muy mexicano, con sus raíces. Por su muerte hubo mucha conmoción y mucha tristeza, y yo dije lo que sentía en mi corazón. Selena se quedó en la memoria de mucha gente; fue un angelito de la guarda que vino, dejó huella y se fue".

---

2 Stavans, Ilan. (1998). *Essays on Hispanic Popular Culture*. University of New Mexico Press, NM, y en Espinosa, Gastón (2008). *Mexican American religions: spirituality, activism, and culture*. Duke University Press, NC.

La reina del Recuerdo

En 1995, el mismo año de la muerte de Selena, Amalia González entró a Heftel Broadcasting donde se desempeñó labores de locutora, programadora, asuntos comunitarios e investigación de mercado. Fue sin embargo un lustro después que desarrollaría, junto con un equipo de colaboradores, el formato Recuerdo, donde alcanzaría gran relevancia en las ondas radiales. A principios de 2000, HBC compró dos estaciones FM que en conjunto cubrían parte del mercado de Los Ángeles y las convirtió al español. En su formato anterior habían tenido poco impacto en el mercado. HBC compró la 103.9 y la 98.3. "Cuando supe del proyecto pedí hablar con ellos. Les dije que tenía una humilde opinión y les expuse un proyecto: poner un formato con música tradicional mexicana, los súper éxitos de ayer y de siempre, sin irse ni muy atrás ni muy adelante: algunos de los años 50, como César Costa, Enrique Guzmán, los Teen-Tops, los Rebeldes del Rock, hasta los años 70. Era una ensalada: tríos, baladas, Camilo Sesto, José José, el Grupo Yndio, todas esas cosas, y me dijeron que lo iban a poner a consideración. Les entregué el proyecto y les dije que aunque yo sabía que ellos tenían a los expertos, a mí me encantaría ser la programadora de esas estaciones. Me pidieron un demo y sin perder tiempo me fui a una tienda de discos y le llevé la muestra al gerente, el señor Gary Stone".

"Hicieron encuestas, evaluaron tres formatos que se habían propuesto, y un lunes en la mañana me comunicaron que el mío había sido elegido. Me pidieron que lo pusiera en orden, consiguiera toda la música y me pusiera a trabajar en ello. Les dije que necesitaba ir a México, a un lugar donde tuvieran todo tipo de música, y en la capital encontré una bodega donde tenían toda la música mexicana por épocas. Llené tres carritos de supermercado; tres cajas grandes con unos 500 CDs cada una. Cuando llegué a Los Ángeles estuve trabajando dos semanas sin parar: buscando, señalando, grabando junto con otra persona, y logramos el formato. Cuando estuvo listo, lo primero que salió al aire, el 11 de febrero de 2000 a las doce del día con un minuto, fue José Alfredo Jiménez. Era el nacimiento de Recuerdo".

Recuerdo fue resultado de una de las investigaciones de mercado más intensas que se hayan hecho en la radio hispana de Estados Unidos, y del talento que se demostró a la hora de programar. Fue tan exitoso que fue rápidamente replicado por Clear Channel, Entravision, Bustos Media, Border Media y, desde luego, en otras emisoras de Univision. Para finales de ese año, el formato hizo su debut en Phoenix, San Diego, Fresno y San Francisco.[3] "Recuerdo era una ensalada. Siempre había una canción para cada gusto. A los hombres les fascinaba José Alfredo y Enrique Guzmán; a las mujeres Camilo Sesto y José José. Metía a Los Dandis, a Los Tres Ases y me hicieron la reina de los tríos. Me dieron una medalla en agradecimiento a que yo los

---

3 Gleason, David. *Recuerdo Network*. Accesado el 27 de septiembre de 2015 en http://www.davidgleason.com/2006_Recuerdo.htm

había resucitado. Los grupos musicales como Alfa, Los Muecas, Los Caminantes, todos ellos gente del pueblo, estaban felices porque habían vuelto; los tenían en el olvido —al menos en Los Ángeles— y la gente tenía hambre de un formato así".

Morir en el micrófono

"Recuerdo era la mamá de las estaciones, y se fue expandiendo hasta convertirse en Cadena Recuerdo, con doce estaciones. Estaba muy bien, pero creo que se apagó cuando alteraron el formato y empezaron a hacer de las suyas. A la gente le gustaba la música, los locutores; mi programa era un show de mediodía que tenía contenido, sentido del humor, pero algo pasó; hicieron corte de personal, nos sacaron a todos. Le echamos la culpa a la recesión, (pero) algo sospechaba por pláticas que había tenido con uno de los ejecutivos. Afortunadamente yo estaba preparada y conservaba lo más valioso, mi talento, mis proyectos. Me tomé un año de vacaciones. Hice viajes, fui a México, hasta que me cansé de andar viviendo en hoteles".

Los de buen corazón

Amalia recuerda bien las palabras de su mentora, Carmen González de la Vega, que tanta influencia tuvieron en ella: "Nunca pierdas la humildad. Entrégate a la gente, pero no a la de arriba. Piensa en la gente trabajadora, en los jardineros, en los que tienen un buen corazón". Y a pesar de que los casi dieciséis años que permaneció en Univisión estuvo en una jaula de oro ("No tenía libertad de nada, era un lugar totalmente obsesivo, trabajaba de 14 a 16 horas diarias"), nunca se olvidó de trabajar por la gente sencilla. "Hice muchos trabajos comunitarios que dejaron huella y muchos recuerdos", comenta con profunda satisfacción. "Me sentí útil como ser humano. Tuve muchos reconocimientos de organizaciones no lucrativas y entidades de los gobiernos de Estados Unidos y México: la Cruz Roja, US Immigration, US Army, The American Heart Association, La Casa del Mexicano en Los Ángeles, del consulado mexicano por ayudar a fomentar nuestra cultura y tradiciones, en fin. En México, apoyada por un grupo de reconocidos profesionales como Juan Manuel Arenas, el Gordo Cadelago, Eva Castillo y varios más, a través de Mujeres en Acción hicimos campañas de recolección de fondos para ayudar a México y Centroamérica cuando hubo desastres. A `Los Niños de la Calle´ de Guadalajara y la Casa de los Viejitos de Ensenada, mi organización llevó por años alimentos, productos de limpieza, zapatos, cobijas, pijamas y hasta chocolates".

En mayo de 2005, el presidente George Bush, junto con otros doscientos hispanos sobresalientes en Estados Unidos, invitó a Amalia González a la Casa Blanca para la conmemoración de la Batalla de Puebla. "Fue todo un honor estar ahí", subraya Amalia, quien reconoce que su mayor deseo es seguir en la radio. "Deseo hacer un programa porque aún tengo mi voz y el talento, que no se acaba. También tengo deseos de hacer un programa por canal satelital. Creo que siempre voy a ser gente de radio, como Teddy Fregoso, mi padrino, que en alguna ocasión dijo que él se iba a morir en el micrófono. Y así fue. Murió hace unos meses (en enero de 2015) aún en el micrófono, tal como él dijo", concluye la actriz, programadora y locutora de aquella famosa Recuerdo, siempre reflejando confianza y alegría. Pero para que ella misma se convierta en un recuerdo, faltan, sin lugar a dudas, muchas cosas por venir.

Humberto González

"Y es que cuando el calor se lleva en el alma, no hay meta inalcanzable."

Parecería algo muy natural lanzar una estación llamada La Kaliente en una ciudad como Hermosillo, en el noroeste mexicano, donde en el verano la temperatura puede llegar a los 45 grados. Humberto González —"Humbertito", como todos lo conocen en su ciudad— lanzó la emisora de dicho nombre en 1992 para intensificar la temperatura radial del noroeste mexicano, pues la calentura pronto se convertiría en cadena y se diseminaría por toda aquella geografía. Pero para el creador de La Kaliente la radio había aparecido en su vida muchos años antes, y como casi todo en Hermosillo, en un episodio relacionado con el calor y la desesperante búsqueda de cualquier fresco. A eso hay que sumar que, cuando era niño, González creció en una de las zonas más desérticas —y humildes—, donde no había agua ni luz eléctrica. Tal vez buscando un poco del fresco de la noche, su papá se subía al techo de su casa con unos audífonos a escuchar la radio. "Yo tendría unos tres años", recuerda Humberto, "y lo encontraba acostado; yo llegaba y le quitaba los audífonos para escuchar también, y me imaginaba que había unos hombrecitos trabajando dentro de esa caja".

Los hombrecitos no aparecieron, pero no fue por falta de interés y curiosidad: desde entonces a Humberto le dio por desatornillar los aparatos de radio y examinar con cuidado los bulbos. "Mi papá, que en realidad es mi abuelo, tenía sus radios viejos. Creo que desde entonces supe que algún día iba a trabajar en la radio. Dado que en mi casa no había los recursos, comencé a trabajar desde muy pequeñito para pagar mis estudios. Vendí paletas, acomodaba mandado en el supermercado, lavé carros, limpié patios, vendí fruta picada, dulces y hasta ropa de segunda". Con ese ánimo que lo caracteriza, logró terminar la primaria, la secundaria y llegar a la Universidad de Sonora a estudiar Ciencias de la Comunicación.

La cajita de sorpresas

Pero regresemos unos años, mucho antes, cuando Humberto estableció lo que seguramente es un récord de inicios en la radio. Tenía trece años le brindaron la oportunidad de colaborar en Radio Sonora, la emisora oficial del gobierno de ese estado, surgida en 1982 y cuya programación, desde un inicio, tuvo en cuenta al auditorio infantil. "Supongo que le caí muy bien a la licenciada Robles", sonríe Humberto; "quizá se le hizo curioso que llegara a pedir trabajo a esa edad y me abrieron las puertas. Me mandaron con una discotecaria y le dijeron: `Humbertito te va a ayudar aquí´. En Hermosillo me conocen como Humbertito y en el medio me pusieron La Chiquita, como al famoso boxeador. Para mi fue muy grandioso comenzar a acomodar discos, armar una discoteca de miles de acetatos. Al paso de los meses tuve la oportunidad de conducir un programa infantil al que bauticé como La Cajita de Sorpresas. Se tocaba música de Cri-Crí. Además, yo había crecido con las radio novelas como Porfirio Cadena, El Ojo de Vidrio, Kalimán, y tenía la ilusión de hacer algo similar. Tuve la gran oportunidad de producir y adaptar muchos cuentos infantiles en Radio Sonora: Blanca Nieves, Pinocho, La Bella Durmiente, con actores y locutores locales, cuando tenía apenas unos 15 años. Fue una época muy bonita".

"Cuando era adolescente me gustaba la radio cultural. Escuchaba a Beethoven, a Bach, y me imaginaba toda mi vida en la radio cultural, con el jazz, new age, la música clásica, aunque en la radio comercial la música en inglés estaba en su apogeo. En 1987 me invitaron a trabajar a la radio comercial, y yo me preguntaba qué iba a hacer allá". La invitación venía de Rock 11.7, un proyecto en AM lanzado por Radio S.A., el consorcio radiofónico local, aprovechando el auge del Rock en tu Idioma. La emisora, que duró poco tiempo, ofrecía, además de un formato con musca de rock en inglés, las bandas argentinas, españolas y mexicanas de moda— segmentos especializados como la hora del heavy metal, conducido por Carlos Aparicio Jr. y Martín Moreno, y otro programa con bandas punk.[1] "Tuvo un gran éxito", añade Humberto, "yo entré como locutor, pero también estaba en producción, escribía textos, hacía programación... me gustó siempre mucho la parte de `atrás´ de la radio".

"Después de unos ocho meses de estar ahí, cuando tenía 18 años, me llamó mi jefe, el señor Carlos Aparicio Rochín, un hombre muy creativo del cual aprendí mucho, y me dijo que habían tenido que despedir al programador de XEDL Radio Ambiente, la estación grupera, y que quería que yo le ayudara. A los 18 años no sabía gran cosa, sólo lo que había aprendido en Radio Sonora y en aquellos ocho meses pegado al programador de la estación de rock. Cuando empecé en Radio Ambiente lo

---

1 *El slam o la vía más rápida de estar tranquilitos sin entrarle a las ruedas psicotropicas*. Tesis de la Universidad de Sonora. Autor desconocido. Accesado el 15 de septiembre de 2015 en http://www.bibliotecadigital.uson.mx/pagindice.aspx?tesis=8819

hice prácticamente por instinto; comencé a seleccionar música de oído y con lo poco que podía preguntarle en la calle al señor de los tacos, al de los hot dogs, al chofer del camión, al jardinero, al mecánico. Hacía mis propias investigaciones, con la guía de Carlos Aparicio, con un grupo de estudiantes de Comunicación; casa por casa le preguntábamos a la gente qué quería escuchar. Un buen día me habló don Carlos a su oficina. Pensé que me iba a regañar por algo. `¿Qué le hiciste a Radio Ambiente? ¡Estamos en primer lugar en audiencia!´, me dijo. De ahí en adelante continuamos con ese formato, me colgaron la etiqueta de programador grupero y luego me hicieron jefe de operaciones de todo el grupo, las tres estaciones de Radios S.A. del señor Carlos Quiñones Armendáriz".

Llega la FM

En 1990 el grupo Radio SA compró la emisora XEPB, Radio 14, y tocó a Humberto el lanzamiento de una nueva estación denominada Radio Amor. "Después vino nuestra primera FM", continúa. "En aquel entonces conocía a un personaje que producía un programa de jazz y a quien ayudaba en ocasiones, el señor Alberto Gutiérrez. Cuando estaba en Radio Sonora nos hicimos grandes amigos; yo no sabía que su papá

era el gobernador de Veracruz, y cuando estaba en Radio S.A., era el Secretario de Gobernación: don Fernando Gutiérrez Barrios. Cuando cumplí veinte años comenzaba a destacar como uno de los personajes con más carrera en el noroeste de México y llegó mi primera gran oportunidad de volar e ir a la Ciudad de México, invitado por Sony Music, a la presentación del disco de Emmanuel, La chica de humo. El Alberto Gutiérrez que yo había conocido era un tipo muy sencillo, vestía casi siempre de mezclilla y siempre me había dicho que cuando tuviera una estación de radio me iba a llevar a trabajar con él. Aquel día, cuando estaba haciendo la fila para abordar, él estaba ahí, pero totalmente transformado: de traje, zapatos muy boleados, muy peinado. `¿Te acuerdas de que te decía que un día iba a tener una estación de radio?´. Abrió su portafolios, me enseñó unos documentos. ¡Era una FM! En aquella época apenas comenzaban. Los radios en la mayoría de los autos sólo traían AM. Por supuesto la FM era muy elitista y las estaciones tocaban música muy seleccionada. Y ahí estábamos muy contentos, dando de brincos en el aeropuerto".

La noticia de la nueva FM para Hermosillo comenzó a correr como pólvora. Carlos Aparicio llamó a Humberto y le preguntó si era verdad que era muy amigo del licenciado Alberto Gutiérrez, que tenía ese proyecto para Hermosillo. Le contestó que sí y en seguida le pidió que negociara para que se afiliara a Radio S.A. Cuando éste aceptó afiliarse, se reunieron y le presentaron un formato específico: La Kaliente. Evidentemente en desacuerdo, Gutiérrez sacó un casete con la señal de la WFM de la Ciudad de México —que estaba en su época de mayor celebridad, con Charo Fernández,

Martín Hernández y Alejandro González Iñárritu— y les dijo: "¡Esto quiero!". "Me puse a escucharlo", recuerda Humberto, "tuve juntas con producción y me dijeron 'Imposible. No podemos hacer nada así. De seguro ellos tienen tecnología con la que nosotros no contamos'". "Es cierto", respondió Humberto, "que no tenemos el equipo, que no tenemos esa tecnología, pero sí tenemos mucho corazón. Con lo que tenemos, ¿qué podemos hacer?".

Radio caliente... muy kaliente

"Estuvimos día y noche, sábados y domingos, haciendo experimentos, copiando algunas cosas, hasta que dimos forma a la idea de una gran estación que marcó una época, Energía Digital 90.7. Fue todo un éxito en Hermosillo y en el noroeste del país. Comenzó a llegar gente de Tijuana, de Sinaloa, para ver qué estábamos haciendo. En una de esas ocasiones tuvimos la oportunidad de tener ahí a Martín Hernández y comenzamos a hacer intercambio de ideas, porque sí, WFM tenía muchísimas, grandiosas ideas; nosotros también, pero no teníamos ni una cuarta parte de su presupuesto. Energía Digital, donde fungí como director de operaciones y programación, fue una estación que marcó época. A la fecha la gente la sigue recordando. Pocos años después en Radio S.A. lanzamos nuestra segunda FM, llamada Estelar 105, con música de Pedro Vargas, Lola Beltrán, Pedro Infante, tríos, Emilio Tuero y Lupita Palomera, toda esa música. Tiempo después cambió a FM 105, que fue la primera con cinco canciones continuas, una idea también de Aparicio, que después fue llevada al DF".

"Como con todas las cosas, Energía Digital tuvo su momento y su ocaso. Llegaron tiempos de cambio. Yo mientras tanto había seguido insistiendo con poner la primera FM grupera de Hermosillo, pero no me lo habían permitido. Me parece que había tres FM gruperas en el país y que nosotros fuimos la cuarta. En 1992 don Carlos me dijo que habían decidido convertir la estación a grupera.

—¿FM 105? —pregunté yo.

—No, Energía Digital. ¿Te acuerdas del proyecto de La Kaliente? ¡Ármatelo! ¿Para cuando crees que podamos tenerlo?

—Yo lo tengo listo en tres días. —No quería que se corriera la noticia y se nos adelantara la competencia.

"El lunes, en el primer vuelo, me fui a Monterrey y a Guadalajara a recopilar música. El miércoles en la noche estaba de regreso en la oficina, nos pusimos a grabar promocionales para la estación, la identificación, y a las seis de la mañana salimos con La Kaliente en Hermosillo, Sonora. Igual, me volvieron a colocar la etiqueta de programador grupero. Todas las luminarias y todos los reflectores apuntaban a ese formato, pues se estrenaba en la banda FM. A la primera semana salimos a hacer encuestas para ver qué estación de radio estaban escuchando los hermosillenses. No había necesidad de preguntar; en todas las casas, en los coches, comercios, talleres... ¡La Kaliente! Fue una experiencia inolvidable, única en mi carrera".

El sonorense bronco de la sierra

En 1993 Carlos Quiñones Armendáriz, presidente y fundador del grupo Radio S.A., adquirió nuevas estaciones en varias ciudades del noroeste de México, entre ellas Ensenada, Tijuana, Mexicali, Magdalena, Obregón (en el estado de Sonora) y Los Mochis. Gracias a sus resultados con La Kaliente, Humberto González fue nombrado Director de Operaciones, quien se abocó en seguida a convertir a la emisora en una cadena que, al poco tiempo, se lanzó con éxito en Sonora, Ensenada y Tijuana en AM. Cuando el grupo en Hermosillo inició planes para lanzar su siguiente estación en FM, la 1110, Carlos Aparicio sugirió una nueva estación grupera para hacerse autocompetencia, con base, sobre todo, en el hecho de la que La Kaliente permanecía como una estación afiliada y que la competencia no se había atrevido a salir al género grupero.

"Me puse a darle vueltas a la idea", explica Humberto, "y me di cuenta de que todas las estaciones tenían el mismo el mismo estilo de producción: la Ke Buena, La Invasora de Monterrey, Fiesta Mexicana en Guadalajara, La Poderosa. Propuse hacer una estación muy regional, La Picuda, para tocar música más de la zona: grupos de Sonora, Sinaloa, las bandas; combinado con los éxitos de Bronco, Cardenales de Nuevo León, Los Mier, Los Temerarios, Los Invasores de Nuevo León, pero con más catálogo regional: Sergio Vega, Valentín Elizalde, Laberinto, etc. En la parte de producción se me ocurrió presentar a la audiencia, en lugar del locutor "con estilo agresivo" de todas las estaciones de radio, al maestro Sergio Galindo, un personaje muy reconocido en Sonora, cineasta, actor, productor de cine y escritor, para que me hiciera un personaje con su tono particular de la región, el típico sonorense bronco de la sierra".

"En 1997 hubo diferencias entre Carlos Aparicio, Alberto Gutiérrez, Carlos Quiñones, y nos despidieron a todo el equipo de Radio S.A. Ese mismo año me fui a Estados Unidos. Con Abel Quiñones, un gran amigo, comencé una consultoría para radio; nos establecimos en Tucson y en Phoenix. Nos iba regular, sacábamos para pagar la renta apenas. Mientras tanto, yo en Hermosillo tenía a mi esposa y dos hijos pequeños. En determinado momento había dejado de pagar la hipoteca de mi casa y me hablaron del banco. Regresé a negociar un plan de pago. Era 1998 y estaba buscando en mi agenda cuando vi el nombre de Silvia Duarte y le llamé para saludarla. Me dijo que estaba por acudir a una entrevista de trabajo para la gerencia del Grupo ACIR, y que me invitaría como su gerente de programación si se la daban. En 1998 llegó a la gerencia del grupo ACIR y yo me integré en el mes de marzo. Y comencé a hacer mis locuras. El grupo ACIR había lanzado La Comadre —antes Estéreo Festival en Culiacán, después establecida también como La Comadre— y era mi oportunidad de pegarle a La Kaliente en Hermosillo, que ahora era mi competencia. La Comadre estaba en pocas plazas. En aquel entonces el grupo ACIR no tenía las cadenas formadas como ahora".

Comadreando

Aníbal Córdoba, entonces gerente nacional de programación del Grupo ACIR, habló con Humberto de sus planes para regionalizar el grupo y poner orden, al tiempo que le extendía una invitación como jefe regional de operaciones. ACIR comenzó a formalizar las cadenas y tocó a Humberto presentar las cosas que había hecho para La Kaliente, la Picuda y ahora para La Comadre. Por unanimidad se decidió que La Chiquita se encargara de la producción de La Comadre. Más tarde, en 2006, vino un nuevo ascenso: Manuel Fernández Téllez y Juan Carlos Alonso le hicieron la invitación como gerente nacional de la marca Comadre, cargo que asumió en 2007 en la Ciudad de México. "Comenzamos a trabajar, homogeneizamos los procesos, las políticas, las estrategias, la toma de decisiones, para hacer que todas las estaciones —la de Culiacán, la de Oaxaca, la de San Luis Potosí, la de Acapulco— sonaran como un solo producto; claro, con su toque de casa". Entre los planes de Humberto había estado siempre el objetivo de lanzar el primer morning show a nivel nacional en radio regional mexicana, cosa que concretó el primero de julio de 2015, cuando comenzó a emitir La Comadre en el DF con el lanzamiento del "Huarashow de La Comadre, conducido por los afamados hermanos Aarón y Juan Campa: Huarachín y Huarachón", un sueño que había acariciado durante mucho tiempo.

"La Comadre nació con buena estrella", comentó en esa ocasión, al momento en que ACIR cumplía 50 años de vida. En la inauguración, la emisora había contado con la presencia de dos grandes íconos del regional mexicano: Alberto "Chencho" García y Domingo Chávez, y había aún más ideas en la cajita de sorpresas que era Humberto. "Un año antes había estado platicando con Alberto `Chencho´ García sobre Los Tigres del Norte —que para mí son como los Beatles mexicanos— sobre el proyecto de relanzamiento, de su nuevo disco y de hacer alianzas. Y hablamos de un programa de radio a nivel nacional; un programa en donde se escucharan las voces (pregrabadas) de Jorge Hernández, de Luis, de Hernán, de Lalo, conduciendo ellos mismos. Algo así como: `¡Hola, amigos, soy Jorge Hernández de Los Tigres del Norte! Vamos con esta canción que es una de mis favoritas: No pude enamorarme más. Esta canción me la pidieron vía Twitter allá de San Luis Potosí. ¡Un saludo amigos. Estás en La Comadre, la casa de Los Tigres del Norte!´".

En 2015 "Humbertito", como siempre se le conoció en su natal Hermosillo, sin abandonar su empresa radiofónica, regresó a su ciudad con una estricta orden médica de cuidar más su salud, lo cual no resulta sorprendente después de 33 años trabajando en la radio sin tregua, siempre poniendo los buenos resultados y el trabajo impecable por encima de cualquier otra cosa. Sin embargo, él mismo reconoce que es una buena oportunidad para imaginar nuevas cosas y, sobre todo, estar cerca de su adorada familia. "He hecho amistad con muchos artistas del medio, con Jorge Hernández de Los Tigres del Norte; con Poncho Lizárraga, con Valentín Elizalde y Sergio Vega. Tuve la oportunidad de promover muchas carreras, de cosechar frutos, de pasar un año nuevo en la casa de Marco Antonio Solís, de cumplir sueños. He vivido cosas que nunca me hubiera imaginado cuando crecí en una casita de cartón de Hermosillo y mi papá era el recolector de la basura", concluye con satisfacción. Y es que cuando el calor se lleva en el alma, no hay meta inalcanzable.

Gabriel Hernández Toledano

"Por ese tiempo fue que se comenzó a hacer la leyenda de que si yo tocaba una canción, iba a hacerse un éxito."

En 1943, el plena Segunda Guerra Mundial, apareció El viento que barrió a México, de la aguascalentense Anita Brenner, un libro considerado por muchos como la primera historia de la Revolución Mexicana. En realidad, muchos otros vientos habían barrido ya la geografía mexicana. Y se acercaban huracanes aún más fuertes, sólo que, esta vez, en la relativa paz del "milagro mexicano", los vientos que barrerían a México vendrían ya no en forma de ejércitos, sino de ondas hertzianas. Gracias a la magia de la radio, llegarían en forma de acordes y alegres ritmos a los aparatos de radio de toda la república, desde Baja California hasta Yucatán.

Al terminar la segunda gran conflagración mundial estaba en ascenso, desde luego, la música de mariachi, pero aún vendrían los boleros y los tríos, el rocanrol (así, mexicanizado y exportable), la balada y, por supuesto, la cumbia. Detrás de cada una de estas revoluciones —musicales, comerciales, incluso de hábitos de vida— estuvieron innumerables hombres y mujeres: compositores, músicos, vocalistas, arreglistas y técnicos de sonido. Pero estuvieron también hombres visionarios que, sin tomar nunca una guitarra, sin presionar nunca un teclado, contribuyeron, quizá más que nadie, a que todos esos vientos pusieran a bailar al país entero. Hombres como don Gabriel Hernández Toledano, de quien sería difícil decir cuál fue su mayor contribución: si su aguzado oído para detectar —y atrapar antes que nadie— el sonido de cada nueva ola, su capacidad de organización de empresas radiofónicas o el gusto que tuvo, desde muy pequeño, de jugar —y aprender— con la tecnología.

El corredor de vientos

Don Gabriel nació en Arriaga, Chiapas, uno de los puntos más al sur del país, al que, justamente, se conoce como el corredor de los vientos.[1] Gabriel fue hijo único. Siendo su padre el encargado de un rancho, pasó la primera parte de su infancia ayudando en las labores propias del lugar, pero también admirando la belleza de la naturaleza. "Mi primer recuerdo es el campo, la selva chiapaneca. Había aves y árboles impresionantes. Se sembraba maíz, frijol, calabaza. También se practicaba la ganadería. En el rancho que tenía a cargo mi padre solíamos ordeñar vacas, recoger la cosecha, desgranar el maíz, revisar los nidos de las gallinas. En mi escuela había un solo salón y quedaba a cinco kilómetros de mi rancho. Nosotros no contábamos con energía eléctrica; nada más estaba la planta de municipio que prendían a las seis, cuando oscurecía, y sólo iluminaba la calle principal, que no contaba con más de cuatro cuadras. A los once años, cuando terminé el sexto grado de primaria, me di cuenta de que en el rancho no había posibilidades para mi crecimiento y aprendizaje. Cuando llegué a Arriaga valoré las posibilidades y empecé a trabajar y a ahorrar para poder irme a la Ciudad de México. Lo que más me llamó la atención fue el telégrafo y un radio de onda corta que tenía un doctor. Yo me iba a sentar ahí en la calle para ver qué estaba oyendo el galeno; la música, las noticias; ahí comencé a escuchar el Hit Parade de los Estados Unidos, entendí qué cosa era la comunicación y me empecé a sentir fascinado con todo aquello".

Don Gabriel llegó a la Ciudad de México en 1943 —el mismo año que Brenner lanzó su "viento"— a la edad de once años, en búsqueda de trabajo y más oportunidades, con la meta de conseguir ocupación en los medios. "Llegué a las siete de la noche en un tren que venía desde Arriaga. Entusiasmado con conseguir trabajo, llegué a un taller de radio en el centro de la ciudad, el taller RCA. Como estaba muy chico me ocuparon barriendo la banqueta, haciendo el aseo, limpiando las herramientas y lavando los radios; ahí aprendí a desarmarlos. Después me trasladé a Majestic, una armadora de radios, para poder ver a conciencia cómo los ensamblaban. Vi todo lo que venía de Alemania; Punto Azul y todas esas marcas de aparatos que tenían banda corta y larga".

"Después me empezó a llamar la atención cómo se transmitía. Recuerdo que fui a buscar a un ingeniero Díaz, que por cierto era de la misma familia de don Porfirio, para ver cómo y dónde se armaban, y me tocó la satisfacción de que fuera en la XEW, que fue la primera estación que lanzó el señor Azcárraga, instalada Tlalpan 3000. Ahí me tocó saber cómo estaba compuesto, cómo se armaba, cómo se empleaba el agua con tubos de plomo; aprendí a instalar la antena, a instalar los radiales, para qué servían los radiales, etc. Luego quise saber dónde se originaba el sonido y fue cuando comencé a recorrer las estaciones, aunque sabía que conseguir una oportunidad sería muy difícil, porque eran puestos eternos; nadie iba a dejar el suyo para darme un espacio, así que mejor me esperé un tiempo", comenta don Gabriel, que para entonces ya había reunido un amplio conocimiento sobre el modus operandi de las estaciones y, a diferencia de

---

1 En 2012 se instaló ahí el Parque Eólico Arriaga para aprovechar los fuertes vientos del lugar.

muchos operadores del ramo, había conocido el sonido desde sus fundamentos, desde la parte tecnológica y el funcionamiento de los aparatos. En 1947, cuatro años después de llegar de su natal Chiapas, se integró por fin a lo que sería su pasión en la vida, como operador de audio en el Grupo Radio Centro, que Francisco Aguirre Jiménez acababa de fundar un año atrás.

De estación en estación

"Entonces se llamaba Cadena de Radio Continental; hoy es el Grupo Radio Centro. El señor Aguirre le había comprado equipo al señor Azcárraga, que ya estaba renovando el suyo. Ahí comencé a manejar las consolas, a conocer los discos, los diferentes tipos de micrófonos y todo lo relacionado con la transmisión. Además tuve la oportunidad de conocer a los grandes cronistas de fútbol: Agustín Escopeta es uno de los que recuerdo.

Yo trabajé con él. Teníamos un programa todos los días y a mí me tocaba transmitirlo. También me tocó aprender a hacer los controles remotos —yo estaba en cabina, pero hacían unos controles remotos, ya también de un negocio del señor Aguirre—, cómo se hacían las cabinas, y sobre todo me fui empapando de música".

Posteriormente, el joven Gabriel se trasladó un tiempo a Radio Mil, que se llamaba así por su ubicación en el cuadrante. Radio Mil había sido fundada siete años atrás por Ignacio Díaz Raygosa, nieto del ex presidente Díaz. Ahí don Gabriel destacó como operador de audio y grabaciones hasta 1952, cuando se mudó a Radio 6.20. También por ese tiempo trabajó como operador de audio y director musical en Canal 13. "De Radio Continental quise ir primero a otra emisora donde hubiera más movimiento", explica él mismo. "La que tenía más movimiento en esa época era Radio Mil, porque tenía una gran variedad de cronistas. Me tocó hacer muchos eventos deportivos. Pero luego se convirtieron en un periódico hablado, y las noticias no era lo que a mí me interesaba. Radio Mil le vendió su material a la emisora 6.20, La emisora de la juventud, y me fui metiendo con los discotecarios (a quienes ahora se llama directores artísticos). Yo vi que lo que se necesitaba era música nueva, porque (en las estaciones) repetían y repetían lo mismo, aunque tuvieran un catálogo más o menos grande, sobre todo álbumes que les llegaban en exclusiva de las disqueras. Ahí, en la 6.20, me di la oportunidad de experimentar y comprar (nueva música). La emisora fue número uno entre la juventud de la época. Hicimos programas especiales para ellos, con la intención de capturar a los estudiantes. Pero yo necesitaba algo más novedoso; las grandes bandas, que venían desde los 20, ya habían pasado. Lo ranchero y lo norteño iba en decadencia".

"Iba a las grabadoras para ver qué tenían, qué estaban haciendo y procuraba que nos diera la primacía, porque en aquella época no veía que destacara movimiento alguno. Yo había vivido una época maravillosa con Dámaso Pérez Prado, aunque él no fue el inventor del mambo. Con apenas cuatro discos de 78 rpm y ocho temas, la 6.20 hizo una hora de mambo a las ocho de la noche todos los días, e hizo una verdadera revolución. Ahí empecé a entender que la gente sintonizaría lo que ellos verdaderamente quisieran oír, no lo que uno les dictara. En ese tiempo se vino también una avalancha de películas musicales; por eso iba también a ver si había soundtracks que valieran la pena". Justamente, uno de sus grandes descubrimientos de aquellos años fue la banda sonora de una película llamada Canción de juventud, donde el tema principal lo cantaba una jovencita llamada Rocío Dúrcal. "Fui con una grabadora para enseñárselos porque yo sabía que podía ser un éxito, pero no les interesó. Así que vendí mi coche para que me hicieran mil piezas del disco y se las compré todas. Ya saben lo que pasó después".

"Cuando empezó la fiebre del rock´n´roll en Estados Unidos", continúa, "yo fui de los primeros en traer ese tipo de música. Me gustaban mucho las cosas nuevas. Meter el rock´n´roll en 6.20 fue un paso muy interesante. Muchas emisoras lo hicieron después, pero el que los presentaba mejor y antes tenía un plus. Era importante que el público le tuviera confianza a la estación y quisiera. Conseguimos traer discos desde Estados Unidos. Por eso considero que la 6.20 fue la precursora primero de las grandes bandas y después del rock, porque era lo que necesitábamos. Cuando se comenzó a interpretar el rocanrol en México, ya en vivo, fue con universitarios o politécnicos ingenieros. Ellos eran los que abrigaban más ese ritmo y estaban más unidos. Empezaron a hacer sus grupos y comenzaron a grabar todo lo que salía en inglés, pero traducían los temas ellos mismos. Luego surgieron algunos temas originales (dentro de este género), por ejemplo la canción Tus ojos,[2] y a aquellos chavos les dieron oportunidad de hacer una hora de rocanrol los domingos, de seis a siete. Después de un tiempo, muchas de aquellas bandas dejaron la música y siguieron sus carreras".

Al comenzar la década de los 60, Gabriel Hernández Toledano incursionó por primera vez en la televisión. En 1961 entró a Televicentro a trabajar en los canales 2, 4 y 5 como operador de audio, telenovelas, noticieros, programas musicales, controles remotos y producción de comerciales. En 1967 obtuvo por primera vez un puesto de director artístico en una estación, Radio Éxitos 7.90, donde siguió programando música juvenil y en inglés. En 1971 tomó también Radio Sensación, en el 1110 AM del cuadrante, una emisora de balada romántica. Ese año se llevó a cabo el festival de rock en Avándaro, en el estado de México. Al respecto, don Gabriel comenta que aunque el famoso concierto representó un cambio, no es verdad la leyenda negra de que hubo una orden expresa del gobierno de sacar a la música de rock (en español) de la radio. "Avándaro fue un parteaguas. Las autoridades nunca pensaron que esa música llegara a tener tanta repercusión entre los jóvenes. Nosotros modestamente les dimos la mano a los organizadores porque yo veía que era una corriente que venía muy fuerte y merecían apoyo, además de que todos en ese concierto eran mexicanos y demostraron que tenían un potencial increíble. Pero después hubo una orden general de que no se iban a efectuar ninguno de esos eventos para no promocionar la venta de mariguana. (Sin embargo) en la radio no recibimos nunca una orden de no tocar esa música. Al contrario, nosotros la tocábamos mucho. También rock norteamericano. Yo escogía las canciones específicamente para México, porque es cierto, un tema podía ser número uno en otro lado, pero a lo mejor aquí no me servía".

"¿Quién no quería bailar cumbia?"

Hernández Toledano estuvo toda la crucial década de los setenta a cargo de Radio Sensación, que llegó a ocupar los primeros diez lugares de audiencia. Siempre inquieto, a la búsqueda no sólo de nuevos talentos con qué llenar el espacio radiofónico, sino sobre todo de nuevas corrientes, decidió un día mirar hacia el sur y hacer una gira por Sudamérica. "Hablé con el señor Aguirre y le dije que teníamos que buscar algo nuevo. Me preguntó a donde quería ir, y yo le dije: `Voy a Sudamérica´. Me dijo: `Ándale, pues. Vete a Sudamérica´. Fui a Chile, a Brasil, donde encontré a Roberto Carlos, pero hacía falta más: no eran grupos, era una corriente musical lo que yo necesitaba. Nadie me había dicho que en Colombia estaba la famosa cumbia, y caí ahí con tanta suerte que llegué al Festival de Valledúpar en la sierra de Colombia, donde la gente llegaba bailando al ritmo de cumbia hasta donde estaba el santo del lugar. Cuando me puse a investigar, vi que la cumbia tenía casi 500 años. En ese país ya estaba muy diseminada y pensé que sería algo bueno y popular".

"De regreso, me traje unos 250 discos a México. Traje (música de) Diego Verdaguer, Leo Dan y Roberto Carlos. De éste último, todos me decían que estaba loco por querer tocar canciones en portugués; decían que nadie compraría un disco que no estuviera en español. Ya después Roberto Carlos se animó a cantar en español. Pero cuando entró la cumbia fue una verdadera revolución. Yo había estado localizando a una persona que había grabado la cumbia en el norte (de México). Y pensé: `Yo voy y

2 *Tus ojos*, de Los locos del ritmo (1959), compuesta por Rafael Acosta Córdoba, fue una de las pocas composiciones originales de la primera oleada del rock mexicano. N. del A.

lo busco porque éste es uno de los primeros cumbieros mexicanos´. Y efectivamente, este muchacho había pegado en todas las estaciones, tenía todos los bailes acaparados. Yo lo veía en las papeletas y los murales y me daba cuenta de que sí la estaba haciendo en grande. Estuve esperando hasta que encontré el Costa Azul, que tenía de vocalista a Rigo Tovar. Rigo tenía algo. Cuando lo conocí le dije: `A ver, éste es el ritmo que hay que agarrar. Ya tenían el tamborcito y la flauta, ya habían agregado el acordeón —que apareció primero en Colombia, posiblemente traído por un marinero de Europa—, ya tenían tres elementos musicales. En Colombia le habían metido metales. Yo le dije a Rigo que aquí le íbamos a poner teclados para no parecernos ni a las Dinamitas, ni a nadie de Colombia. Él al principio no quería, pero ésa fue la gran diferencia. (Rigo) es cumbia, pero con teclados, y eso le dio un estilo totalmente diferente. ¿Quién no quería bailar cumbia en ese tiempo? Con Rigo tuvimos 600 horas diarias de radio en toda la República. Había estaciones que transmitían tres veces la hora de Rigo Tovar. Después vinieron grupos colombianos y llenaron todos los lugares".

"Por ese tiempo fue que se comenzó a hacer la leyenda de que si yo tocaba una canción, iba a hacerse un éxito", ríe don Gabriel, pero los ejemplos abundan y en muchos caso fue cuestión de puro instinto. En el caso de Los Bukis, le dio la vuelta a su primer single para tocar la cara B, Falso amor, en lugar del lado A que estaba promoviendo la disquera, "y Falso amor fue la mecha que prendió", interviene. Lo mismo pasó con Los Yoniks, que en 1976 traían El tamarindo como punta de lanza de su segundo LP, "pero yo volteé el 45 rpm y fue otro batacazo. Tamarindo pegó, pero como hasta dos años después. Tuve broncas con las grabadoras porque me decían que se estaban gastando una fortuna para promocionar tal tema y que yo estaba tocando otro, y yo les contestaba que si querían no metía las manos. Adquirí esa fama, y llegó el caso de que a veces estaban grabando algún disco en España y se preguntaban si le gustaría al señor Gabriel Hernández".

Ese buen oído e instinto musical continuaría en las décadas por venir. En 1982 se hizo cargo de la dirección artística de K Love en Los Ángeles, llevando la emisora al primer lugar. A finales de esa década introdujo el concepto de "más música y menos comerciales" en la 97.7 FM de la capital mexicana, lo cual también le valió críticas… al principio. Lo mismo en La Z, que nació en julio de 1993 para convertirse en la reina de las emisoras. Ahí su costumbre era hacer que los locutores se acercaran a las personas, sacarlos de sus cabinas y que la gente pudiera verlos. Estas dos estaciones, a las cuales llevó a la cima de las preferencias, continúan desde entonces en los primeros lugares de popularidad. Durante un tiempo don Gabriel salió de las filas de Radio Centro, y Televisa lo contrató para que tomara las riendas de dos de sus estaciones de la capital, entre ellas la Ke Buena, a la cual puso en el primer puesto dos meses después, además de incrementar el rating del grupo en 63%.[3] Sin embargo su estancia en Televisa Radio fue corta, pues más tarde volvió al grupo donde había pasado la mayor parte de su trayectoria. Ahí tomó nuevamente la dirección de La Z y de la 97.7. En 2013, finalmente, decidió cerrar un ciclo y retirarse no de la música, ni mucho menos de la caza de talentos, sino solamente de Grupo Radio Centro y, por tanto, de su carrera en la radio.

La música de nuestras vidas

Tener la oportunidad de mirar de cerca —y en ocasiones intervenir— en el surgimiento y el ocaso de bandas, estilos, modas y formas de hacer radio, ha otorgado a don Gabriel un conocimiento privilegiado, suficiente para llenar un libro de anécdotas, recuerdos y conocimientos sobre la industria. También, indudablemente, para compartir su veredicto de más de cincuenta años de música mexicana en el mundo. ¿Cuánto ha contribuido nuestro país? ¿Cuánto ha tomado prestado? ¿Hemos pasado la prueba o

---

3 Gabriel Hernández, el Señor Rating de la radio abandona Grupo Radio Centro. Accesado el 13 de septiembre de 2015 en http://frecuenciamusicalradio.blogspot.mx/2013/05/gabriel-hernandez-el-sr-rating-de-la.html

simplemente seguido senderos que otros abrieron? "Ni el bolero, ni la cumbia, ni el mambo ni el rock es nuestro", responde don Gabriel. "El barrilito es alemán. La polka norteña lo mismo tiene influencias externas. El mariachi lo tenemos gracias a que (sus antecesores) aprendieron de los maestros italianos que llegaron en el siglo antepasado y en el porfiriato, cuando venían las grandes compañías españolas e italianas a fiestas de la burocracia. A mí me da mucha pena. En lo personal me pregunto cómo no podemos hacer otra cosa".

"Sin embargo, creo que fue México quien le dio el bolero al mundo, aunque nosotros no hayamos sido sus creadores. En este sentido, la más grande contribución ha sido Bésame mucho. Morenita mía fue el primer bolero de un compositor del norte, muy bien hecho, aunque no era el título original. Otro de los grandes es El reloj, de Roberto Cantoral, que he oído en muchos países y hasta con otros ritmos. En Colombia, por ejemplo, lo hicieron bailable y suena muy bonito. El rocanrol en español (de los años 50) se irradió desde México. María de Lourdes le dio la vuelta al mundo con el mariachi, que ése sí es nuestro indudablemente. En alguna reunión con alguna mesa directiva de la industria, les decía: `Señores, ¿por qué no hacemos un movimiento?´. Pero yo los encontré siempre en su zona de confort. Y de ahí es muy difícil sacar a alguien".

"Cuando a mí me daban la oportunidad (de traer una nueva corriente) en Radio Centro, era porque no hallaban qué hacer, cosa que les agradezco mucho porque yo también quería ver si había aprendido lo que tanto trabajo me había costado estudiar", señala. Al mismo tiempo, considera que ha habido, cundo menos, tres momentos que no sólo marcaron una generación de radioescuchas, sino incluso cambiaron actitudes de todo el pueblo. "La primera fue la cumbia indudablemente: apareció en un momento en el que ya había pasado todo. Habían pasado los grupos, ya no había otra cosa qué traer. Fue una revolución insospechada, pegó en todos los niveles socioeconómicos, todos querían bailarla, pero entramos por la parte de abajo y permeó hasta las clases altas. La segunda (no en orden cronológico) fue el rocanrol, terminando la guerra. Fue moda y revolucionó. Pero había que ir uno mismo por las cosas, no era fácil que aquí las grabadoras lo proporcionaran. Yo mismo me plantaba y les decía: `Déjame ver qué música (de rocanrol) tienes, yo te escucho´, y era un súper batacazo. Ellos no le prestaban mucho la atención a esa música, y era lo que yo estaba buscando para ser diferente. Incluso a los intérpretes los metían a la cárcel. El tercer hito posiblemente sea la banda (al iniciar los años 90), aunque se les ha dificultado entrar al sureste. Yo les dije que hicieran el esfuerzo para entrar allá. Aunque hay que aclarar que la banda tiene muchos más años que el bolero o que la ola inglesa; son como el mariachi, están desde la época de Maximiliano, que trajo muchos maestros de Francia e Italia a nuestro país".

Secretos

¿Pero tiene algún secreto el hombre que supo llevar a la cumbre a tantas estaciones de radio y reconocer el talento cuando lo escuchaba? "Siempre me ha gustado la información", subraya don Gabriel, de carácter jovial y sencillo, poniéndose un poco más serio. "La información forma la columna vertebral de toda estación de radio en cada una de las ciudades. Yo tuve 83 emisoras en el Grupo Radio Centro; me entregaron 22 y en tres años tuvimos 83 en todo el país. Y supe que una cosa es programar Guadalajara y otra Oaxaca o Monterrey. Lo primero que uno tiene que hacer es conocer su mercado. En cada ciudad la gente tiene sus propios hábitos, horarios, tipo de comida, su forma de hablar y de comunicarse. Cuando llego a una plaza estudio en qué volumen estoy, cuántos hombres y mujeres hay en la ciudad, qué edades tienen, veo porcentajes para poder perfilar bien mi mercado; a dónde van a bailar, qué días lo hacen, a qué horas es el desayuno y el almuerzo, o si sólo almuerzan y no desayunan. A qué horas les gusta descansar. Por ejemplo, cuando fui a Guadalajara vi que la gente se iba a su casa a comer y echar la siesta a la una, así que a las dos debía ofrecer una música para que se durmieran y otra a las cuatro para que despertaran y se fuera todo mundo otra vez a abrir sus negocios. Cada población, grande o chica, es diferente, aun siendo del mismo estado; por ejemplo las localidades de Sonora y Coahuila, que son estados muy grandes, hay que manejarlas de manera muy diferente".

"Cuando llegaba a las ciudades, ya iba armando con cierta información: sabía cuántas emisoras había, de qué potencia, cuáles eran sus trayectorias, si siempre habían estado en el mismo formato, qué voces tenían. Pero también pedía los nombres de los locutores, cómo se llamaban y sus horarios. Si teníamos que hacer ajustes de personal, recurría al dueño. Pero para esto yo ya había platicado con los locutores fuera de la estación, los había invitado a comer, les había preguntado cómo se sentían, para conocerlos directamente y a ver hasta dónde estaban comprometidos. Había quienes sólo iban a hacer unas horas porque también tenían chamba en la presidencia municipal. Y yo les sabía vender los cambios. Reunía a los gerentes de ventas, les pedía la carta de los spots, la comparábamos con lo mío y les hacía notar cuando estábamos quedando mal con los anunciantes".

Construyendo molinos

No son pocos quienes dicen que la industria musical en México, y en cierta medida en América Latina, está pasando por una crisis de credibilidad e innovación. Gabriel Hernández Toledano, quien confiesa que le encanta la investigación de mercados, puntualiza que más que nuevos compositores, músicos, bandas o disqueras dispuestas a arriesgar, lo que se necesita en México son cazadores de talentos. "Yo siempre me he considerado un cazatalentos. Hay magníficos intérpretes y grupos; compositores los hay a pasto, pero mientras no queramos, no los vamos a encontrar. Los que están arriba no quieren compositores que les hagan la competencia. Por eso, si existen los nuevos talentos, tienen que saber, incluso, engañar a la gente", dice con un guiño; "si tienen la capacidad para hacerlo, deben hacerlo. Ahí están, hay que invitarlos: están en los pueblitos, en las colonias populares, nomás con hacer tantito ruido salen autores e intérpretes; hay que encontrarlos abajo, en el pueblo, no un banco".

"Por otro lado", puntualiza, "las grabadoras están paralizadas, nada más esperando a ver qué les pasan. En mi vida, acudieron a mí muchos grupos a pedir ayuda. Algunos me decían: `Don Gabriel, le doy mi guitarra por quince pesos, lo que ahorita quiero es llegar a mi pueblo. Ya fui a todos lados, y me han dicho que usted es buena gente´. Y yo veía a los grupos, la ilusión que tenían, cómo tocaban, cómo cantaban, y si sentía que algo funcionaba, les daba (promoción). Y ahí andaban las disqueras preguntándome quiénes eran, para contratarlos. Así salieron muchos y así hice con varios grupos porque vi que eran buenos y que nadie les había dado la oportunidad. Además yo sabía que atrás de cada conjunto había cinco familias que mantener. Hoy es necesario recordar que hubo un tiempo en que fuimos grandes exportadores de nuestra música. Por ejemplo, el rock en español (de los años 50) lo conocieron de aquí para abajo (en Sudamérica) por medio de intérpretes mexicanos. Los grandes tríos (de bolero) permearon desde aquí. Lo mismo el mariachi, sobre todo Cuco Sánchez, que incluso entró al habla popular. En Sudamérica, en las provincias, todavía lo siguen tocando".

En su dilatada carrera en los medios de comunicación, don Gabriel ha recibido muchos premios y reconocimientos pero, por sencillez, no quiere mencionarlos. Le gusta describirse como una persona curiosa a quien le gusta romper esquemas, aunque muchas veces lo hayan llamado loco o le hayan vaticinado el fracaso. Entendió en su momento la rebeldía del rocanrol, el romanticismo de los baladistas sudamericanos, la buena vibra de la cumbia, la frescura de la música infantil en los años 80, y cuando percibió el declive el género ranchero, la importancia de apoyar el movimiento de rondallas. Todo ello sin mencionar las estaciones que concibió o a las que levantó sus alas caídas. Dice un viejo proverbio holandés que no puede impedirse el viento, pero sí pueden construirse molinos. Y si las modas, géneros y estilos que conoció don Gabriel fueron aires pasajeros, brisas o auténticas tormentas, justamente, lo que él hizo, fue construir molinos de viento.

Juan Carlos Hidalgo

A number of years ago (…)
you felt like the disc jockey was your friend.

Gary Stone

En 1981 el director José Luis Garci estrenó su película Volver a empezar, y aunque fue devorado por la crítica en su país, al año siguiente ganó el primer Oscar para una película hablada en español. Cuatro décadas antes, Gabriela Mistral había recibido el primer Nobel de Literatura para América Latina. Y si nos gustan los saltos en el tiempo, podemos insertar aquí que casi dos milenios atrás, Trajano se convirtió en el primer emperador romano en hablar "el latín nativo" de Hispania. El español, el idioma de las erres y las vocales abiertas, con el cariño y el riego necesario es como la proverbial semilla de mostaza: llega para quedarse.

El logro del muchacho delgado y sonriente de Michoacán, salido de los campos de fresas —no los oníricos de Lennon, sino los reales y arduos de Oxnard, California—, fue mucho más modesto. El escenario también. Y más que logro, lo suyo fue más parecido al acto de un surfista que reconoce el momento adecuado para subirse a la ola y convertirse en el rey de la playa. "No dormí esa noche", recuerda Hidalgo. "Sabía la importancia que tenía Los Ángeles, a quién me estaba enfrentando, quiénes eran los locutores, y me preocupaba lo que la gente iba a pensar de nuestra locución tan sencilla".

—Bueeeenos dñiiiiiiiiiias, Los Ánnnngelessssss. —Fueron las primeras palabras de Juan Carlos el primer día de "La X", la pequeña emisora a punto de hacer historia[1]—. Ésta es La Equis, la primera estación de música mexicana en Los Ángeles, y a partir de hoy voy a ser su amigo y compañero en las mañanas.

"El edificio de la radio era muy chico, una esquinita junto al freeway 101 en un barrio de Hollywood, lleno de vagabundos. Tenías que entrar por la parte de atrás. La cabina era muy pequeñita y todavía había cartuchos de ocho pistas". La 97.9 FM, una estación a punto de desaparecer, acababa de cambiar sus siglas a KLAX y también su formato para transmitir música de banda en el mercado radial más grande de Estados

---

[1] Su saludo inicial fue una referencia a Robin Williams en *Good Morning, Vietnam*, de Barry Levinson (1987).

Unidos; sus voces representativas eran las de Juan Carlos Hidalgo y su sidekick El Peladillo. Tres meses después estaban en el número uno de acuerdo a Arbitron. Pero no era cualquier número uno. Era como el número uno de los Beatles en 1964, o el del glam rock en 1974, o el heavy metal en 1984, señalaba el inicio de una nueva era. Se trataba de la primera estación FM con música popular en español —la industria veía esto con un gesto adusto desde las alturas del mercado anglosajón— en ocupar, desafiante, el primer puesto.

Por todas partes se levantaron muchas cejas, no sólo en California, sino en todo el país. "¿Fue chiripa?", preguntó Los Angeles Times sobre el que llamaba nada menos que un "hecho sociológico": "El ascenso de la KLAX no tiene precedentes y tiene pasmada a la industria", publicó. Howard Stern, que esperaba ganar ese sitio, opinó ultrajado que era un error de la empresa de medición. No era el único que así pensaba. "¿Qué es esta pendejada?", le preguntó Rod Stewart al CEO de Arbitron —que iba acompañado de Raúl Alarcon Jr., dueño de KLAX— en un restaurant de Los Ángeles. Al otro lado del país, el respetable New York Times advertía: "Quizá sea número uno en ratings (la KLAX), pero no esperen que sea número uno en ingresos". En general, la empresa Arbitron sufrió algo parecido a una rechifla e innumerables cuestionamientos en torno a la veracidad de sus datos.

Pero el español, en este caso, también había llegado para quedarse. Lo mismo que la banda, ese género musical mexicano en 3/4 con influencias caribeñas y hasta alemanas. Aunque en otras ciudades algunas estaciones en español ya se habían colado al número uno en sus respectivas plazas,[2] el caso de Los Ángeles —la ciudad con más hispanoparlantes en América del Norte después de la Ciudad de México— representaba

mejor una tendencia que venía en ascenso; era un señalamiento del perfil que tomaría la radio americana en el siglo XXI. Junto a la música regional mexicana, que estaba viviendo un renacimiento, se hallaba el equipo de locutores sencillos, parte esencial de la fórmula ganadora. Entre ellos los "comiquísimos conductores" que los periódicos y la gente celebraban —Juan Carlos y El Peladillo—, también tenían conciencia social. Hidalgo pronto se dio cuenta del poder que le daba el micrófono y de las multitudes que se reunían en los eventos al aire libre de la estación. Y se usó para transmitir valores, integrar a la población y, de ser posible, cambiar conductas de pandillerismo y violencia que plagaban las comunidades hispanas. No en balde, algunos como Jack McVeigh, gerente de ventas de las emisoras, llamaron al fenómeno de La "X" una auténtica revolución social.

2 Adelson, Andrea. (1993). *The media business. Spanish radio in Los Angeles.*
 Recuperado el 12 de mayo de 2015.
 http://www.nytimes.com/1993/01/25/business/the-media-business-spanish-radio-leads-in-los-angeles.html

Campos de fresas, pero no para siempre

Numerosos libros han recogido lo que sucedió en 1992, sin olvidar mencionar que el mismo Hidalgo había cruzado la frontera con México en las mismas condiciones que muchos de sus radioescuchas: sin documentos y con apenas la suficiente comida para un día. Juan Carlos nació en 1965 en San Antonio Tariácuri, Michoacán, un apacible y colorido poblado de apenas 600 habitantes. Su padre, Miguel Hidalgo —igual que el iniciador del movimiento de Independencia de México—, tenía un modesto cine en el pueblo. Por las tardes tocaba música en un tocadiscos y se anunciaba la función de dos películas de estreno. Pero cada año, al acercarse la primavera, el señor Hidalgo emigraba a Estados Unidos para trabajar. "Entonces mi madre hacía lo que podía para darnos de comer", recuerda Juan Carlos. "Básicamente tortillas de harina con frijol fresco y xoconostles; de vez en cuando alcanzaba para un pedazo de carne. Ver cuánto esfuerzo hacía a mi madre para conseguir unos centavos, y lo mucho que sufría por la ausencia de mi padre, me sirvió de motivación para buscar trabajo en lo que fuera. No quería ser una carga, al contrario, me sentía con una gran responsabilidad para ayudarla a sacarnos adelante.

En Tariácuri fui cargador de bultos, ayudante de albañil y vendía naranjas en el campo de fútbol los domingos por la tarde. Además, cuando mi papá no estaba tenía que hacerme cargo de la sala de cine; tendría unos doce años cuando me encargaba de los rollos de las películas para la función de esa noche. Alguien tenía que anunciar la función de la tarde, tomar el micrófono y avisarle a la gente que por ningún motivo, se perdieran las dos películas de estreno; en aquella época las más populares eran las de los hermanos Almada. Temblando, tomé el micrófono, soplé y dije: `¿Bueno, bueno? Hoy es noche de estreno en el cine Hidalgo, presentaremos una película de acción y emoción sin límites´. Con el tiempo fui tomándole confianza al micrófono. Un día me armé de valor para pedir trabajo en la XEZI, una de las dos emisoras más populares de Zacapu, Michoacán. El gerente de la emisora se rio de mí, pero con mucha cordialidad me dijo: `Primero estudia, te vas a la ciudad de México y consigues una licencia de locutor´".

No sería así, porque un día el joven se dio cuenta de que la vida en San Antonio Tariácuri no iba a llenarlo. Trabajando en la pizca del maíz, reunió suficiente dinero para un pasaje, y tomó un autobús Tres Estrellas de Oro rumbo a Tijuana. En 1984 cruzó la frontera con Estados Unidos oculto en la cajuela de un auto. "Hacía tanto calor que no podía respirar, éramos cinco o seis en esa cajuela a la que se le metía el smog; parecía que nunca saldríamos de ahí y nos empujábamos unos a los otros por la desesperación. Para resistir trataba de concentrarme en imaginar lo que me esperaba al llegar, las maravillas que conocía sólo en las películas". A su llegada se alojó con una familia de Oxnard., una localidad a 35 millas de Los Ángeles. De inmediato comenzó a trabajar en la pizca de la fresa. "Era un trabajo tanto pesado que al llegar por la tarde a la casa no podía ni sentarme en la taza del baño", recuerda. Ahí en el campo se encontraría un tesoro que cambiaría su vida para siempre: un radio portátil. "Una señora que trabajaba junto a mí en el campo estaba oyendo música en su radio y me lo presto al ver mi interés por escuchar. Se convirtió en mi compañero esencial. Me gustaba mucho escuchar la KXOR, La Mexicana y a don Marco Antonio del Castillo, uno de los legendarios locutores de Oxnard: tenía una gran voz y trasmitía un programa que se llamaba El mercadito, a donde la gente llamaba para vender su tiliches; la otra estación en español se llamaba Radio Tiro; sus locutores y artistas eran los de moda, ahí escuchábamos a Los Bukis, Joan Sebastian y Los Yonic's".

"Juan Carlos se volvió loco"

Un día escuchó un anuncio de la escuela de locutores en donde invitaban a la gente a inscribirse. Eran las voces de Pepe Reyes y Pepe Barreto, locutores muy famosos de Los Ángeles, y el spot decía: ¡Tú puedes ser locutor, no necesitas más que ganas de querer ser locutor, inscríbete hoy! "Esa misma tarde fui hasta el pequeño edificio de la Calle 5ª. En la bolsa llevaba un cheque de trescientos dólares, justamente lo que había cobrado esa semana en la pizca de fresa. Curiosamente ése era el costo de la inscripción. Al llegar a casa esa noche le platiqué a mis hermanos y a unos amigos que me inscribiría y se burlaron de mí. `¿Estás loco? crees que porque anunciabas las películas en Tariacuri ya vas a ser locutor?´. Fue tanta la burla que por varios meses estuve pensando si realmente tenía vocación, y un día, sin decirle a nadie, fui y me registré, aunque me quedé sin un centavo en la bolsa: ya era estudiante y me sentía el hombre más feliz del mundo. Elio Gómez, el director y dueño de la escuela, confió tanto en mí que me permitió tener una llave para que entrara y practicara el tiempo que yo quisiera. Había una cabina, ponía un cassette, hacía un programa como si estuviera en vivo, lo escuchaba e iba corrigiendo. Los martes había clases de teoría, donde enseñaban dicción. Mis maestros eran locutores que ya estaban trabajando en algunas estaciones de radio; uno de ellos Sergio Ríos. Cuando me sentí con más confianza hice un demo. Grabé unos comerciales y presente algunas de canciones. Un día vino uno de mis amigos a buscarme a casa.

—Oye, ¿estás bien?
—Sí, ¿por qué?
—Pos es que te perdiste, ya van como tres meses que nadie te ve —me dijo alarmado. Pero no me veían porque yo salía a las seis de la mañana para ir al trabajo y en seguida me iba a la escuela—. ¿De verdad estás bien?
—Sí, estoy bien, Toño, ¿por qué?
—Es que hay muchos rumores de que a lo mejor andas en malos pasos.
—No como en malos pasos, estoy bien de verdad. —Después supe que decían que me estaba volviendo loco porque hablaba solo, y es que aprovechaba cada oportunidad en que estaba solo y me ponía a practicar, a anunciar, a hacer voces, y la gente me escuchaba y decían que estaba mal de la cabeza; hasta querían avisarle a mis papás.

Hidalgo comenzó su carrera en la radio en 1988 en KTRO "Radio Tiro", la 1520 AM, donde conoció Antonio García "El Buki", hoy su amigo y socio, Antonio le presentó al legendario Alberto Vera, Brown Bear, quien le dio un consejo, casi apostólico, de dejar todo y dedicarse completamente a su vocación, aunque eso significara vivir en su coche. Y así fue. Su primer intervención fue un domingo de junio de 1988. Eran las dos de la mañana y presentó por primera vez una canción en vivo, Tu cárcel de Los Bukis. Después de varios meses, el locutor de las mañanas y su maestro en la escuela de locutores se fueron de vacaciones y Brown Bear le pidió que cubriera su horario. "Recuerdo que le pregunté qué quería que hiciera en el programa y me respondió que hiciera lo que me diera la gana. Así que, con muy poca experiencia, preparé unos efectos y pistas, armé algunos libretos e hice un programa para las mañanas. Seguramente no me escuchó hasta dos días antes del regreso de Sergio Ríos, y llegó gritándome:

—¿Quién te dijo que tú eres locutor?
—Usted, Bown Bear. —Se salió y más tarde me llamó a su oficina para informarme que me quedaría por las mañanas y que Sergio mi maestro se iría a las noches—. Yo no le puedo hacer eso a Sergio, Brown —le dije.
—Pues si no quieres te vas.

En diciembre de 1991 llegó James Gabbert, el propietario de una emisora en San Francisco, a contratar a Brown Bear. Éste le dijo que él no se quería mudar, `pero por favor llévate a Juan Carlos, él hará un buen trabajo´. Confundido, acepté el puesto, aunque tenía un mes de conocer a una maravillosa mujer y no quería perderla. Así que le pedí a Norma que se casara conmigo y milagrosamente aceptó, aunque la boda sería seis meses después. Eso significaba que tendría que viajar constantemente para poder verla. Medio año después nos casamos, y desde entonces ha sido mi compañera, ha estado a mi lado en las buenas y en los momentos mas difíciles de mi vida. Soy muy afortunado".

Como programador de Radio KOFY, Hidalgo logró en seis meses el primer puesto de rating en el área de la Bahía. "Yo no tenía experiencia de programación", reconoce. "En Oxnard le ayudaba un poco a Brown Bear y a su esposa Sahara del Sol, pero la verdad era un novato. James Gabbert, el dueño de KOFY, me preguntó qué necesitaba para reestructurar la emisora. Le pedí dinero para comprar discos. Me dio tres mil dólares, fui a Discolandia de la calle Mission y volví con una caja de Cds. Me puse a escucharlos uno por uno, marcando por la parte de atrás las canciones que me parecieran buenas. Lo mío era banda y lo grupero: Vicente Fernández, Joan Sebastian, Antonio Aguilar, Los Bukis, los Temerarios, Bronco, Vaquero Musical y la Banda Machos, que recién salía con su más grande éxito Un indio quiere llorar. Un día se reunieron los gerentes y el dueño de la KOFY y me dijeron muy molestos que aquello no era Radio Ranchito, y que aquél no era un formato para el mercado de San Francisco". Yo no podía entender cómo me decían eso si la estación tenía los mejores ratings de su historia. Eso me preocupo mucho pues apenas unas semanas antes me había casado y quizás me iba a quedar sin trabajo. Afortunadamente, ese mismo día Hidalgo recibió una llamada de Alfredo Rodríguez, un programador y locutor nacido en Hermosillo que hasta entonces había estado a cargo de la KWKW. Se comunicaba para invitarlo a una nueva estación que iba a arrancar en Los Ángeles el 2 de agosto de 1992. Rápidamente aceptó la oferta y renunció a Radio KOFY. "Al Peladillo, que era mi compañero en el show, le dije: `Aguántate unos días aquí chato, deja voy a Los Ángeles a ver qué se logra´. Mi esposa y yo recogimos las pocas cosas que teníamos, una mesita, cuatro sillitas, mi televisión y un colchón; las puse en una pick up que me prestaron y nos mudamos a la casa de mi hermana en Los Ángeles".

Revolución se escribe con X

"SBS estaba en serios problemas económicos", recuerda Hidalgo. Raúl Alarcón Jr., entonces de 37 años, había comprado la estación apenas cinco años antes por 15 millones de dólares. "Los rating eran horribles", comentó Alarcón. "Habíamos intentado todo. Poníamos a los mejores artistas hispanos, Julio Iglesias, Roberto Carlos, Ana Gabriel, y sencillamente no levantaba. Yo seguía preguntándome qué estábamos pasando por alto".[3] El viernes 2 de agosto de 1992, la estación hizo el cambio a regional mexicano. La primera canción en transmitirse, a las doce de la noche, fue Como México no hay dos de Vicente Fernández. El sábado y domingo no hubo locución, pero todos salimos a las calles y nos dimos cuentas que la gente ya estaba escuchando La "X" 97.9. Aquello se regó como pólvora". El equipo estaba conformado por Alfredo Rodríguez (gerente), Fidel Fausto, Elio Gómez, Antonio Covarrubias, Marcelo Estrada, Edgar Rodríguez, Salvador Prieto, Juan Carlos Hidalgo y Jesús García "El Peladillo. El lunes, Hidalgo entró a las cinco de

---

[3] Los Angeles Times. *"Buenos Diiiiiiias, Los Annnnngeles!!" : Is It the Loyal Audience? The Popular Music? The Hilarious DJs? KLAX-FM's Domination of the Ratings in the Country's Biggest Market Is Attributable to All That and One Other Crucial Factor: Se Habla Espanol*, 12 de junio de 1994.

la mañana. "Realmente estaba muy nervioso. El primero que iba a abrir el micrófono iba a ser yo. Bueeeenos díaaaaaas, Los Ángelessss. Recuerdo que el teléfono de la cabina era uno de esos aparatos grandes; las líneas estaban todas apagadas, estaba muerto, y eso preocupaba. Entonces como a las diez llegó el ingeniero y dijo: `Ya tenemos numero de teléfono: el número de La X es 520-0979´. En cuanto lo dijimos al aire, se encendieron las 30 líneas. Las luces no se apagaron por cuatro años, ni siquiera de madrugada. Había gente que pasaba horas tratando de comunicarse. No teníamos ni idea del impacto que había causado La X".

"Lo que hicimos básicamente fue ponerle un énfasis muy juvenil a la estación, con un estilo popular, pero moderno", le comentó Alarcón a Claudia Puig de Los Ángeles Times. "Tomó un formato que ya se consideraba poco dinámico y lo revitalizó". Durante el día la KLAX ofrecía una combinación de música y noticias, una parte estelar en las mañanas era el un programa con "formato zoológico" El Show de Juan Carlos y El Peladillo, un programa caracterizado por la excentricidad y extravagancia de estos dos locutores, además de payasadas, bromas y efectos de sonido provistos por ellos mismos. Por ejemplo, en La X era normal que uno de ellos anunciara con voz seria: "KLAX, la estación favorita de la Casa Blanca, o que El Peladillo se pusiera a cantar a gritos, notablemente desafinado.

> Juan Carlos: ¡Ay, pero qué feo cantas!
> Peladillo: ¿Y tú, qué? ¿Apoco cantas como Frank Sinatra?
> ¿Por qué te burlas de cómo canto?
> Juan Carlos: No, si no me burlo.
> Pero no la riegue, sólo de escucharlo dan ganas de llorar.

"Nos gustaba hablar de las costumbres de México y hacer que la gente se sintiera orgullosa de su cultura y experimentara la cercanía con sus pueblos a través de nuestros comentarios", dice Hidalgo. "La gente que emigra a Estados Unidos añora estar en México; la radio de alguna manera orgánica ayuda a conectarse con lo suyo, se logra una estrecha relación entre el oyente y la estación. A mí me pasó; cuando llegué a Estados Unidos para mí era muy importante escuchar música en español, y de hecho sentí que allá los mexicanos consumían más música que en México. Eso fue también parte de nuestro éxito y de muchas otras estaciones. Peladillo y yo decíamos cosas como: Hoy es día de la Candelaria, ¿te acuerdas Peladillo? Hoy toca hacer tamales si te tocó el monito de la Rosca de Reyes. ¡Cómo me acuerdo de los tamalitos que hacía mi abuelita Rosa! Los ponía en un horno de leña porque no había estufa de gas, y ahí junto al horno nos esperábamos todos los nietos a que salieran los tamalitos de elote. La gente nos decía que se les hacía agua la boca por la manera en que describíamos los antojitos mexicanos. Hablábamos de las fiestas tradicionales, de los desfiles, de cómo se vive en cada región. Claro que era difícil conocer cada rincón de la república o Centroamérica; teníamos mucho oyentes salvadoreños, guatemaltecos y hondureños, y yo quería que cada persona se sintiera conectada con sus raíces. Tenía un truquito que me funcionaba muy bien. Cuando tomaba una llamada, primero platicábamos fuera del aire:

—Hola, ¿de dónde eres?
—De Aguascalientes.
—¿De veras? ¿Por dónde vives?
—En el barrio del Encino.
—¿Y qué hay ahí en Aguascalientes? ¿Qué haces el domingo?
—El domingo vamos al parque.
—¿Cómo se llama el parque?
—Parque Hidalgo.
—¿Y a dónde van a comer cuando sales con tu familia?
—A las tortas del mercado Terán.

—¿Y cuándo es la fiesta de ahí de Aguascalientes?
—La romería de la Asunción.
"Cuando los tenía al aire, ya había anotado los datos y decía algo así: Tengo en la línea a José Romo de Aguascalientes. ¿Cómo estás, Pepe? ¿Apoco no te acuerdas de las tortas del mercado Terán? Y de la gente de allá del barrio del Encino, cuando se va uno a la romería. ¡Y aquellas idas al parque Hidalgo, con la familia! Y la gente pensaba que yo conocía todo México. Lo importante era que se sintieran importantes, tanto los que llamaban pero sobre todo quienes nos oían. Anotaba todo en tarjetas y hablábamos de cómo era la vida en Jalisco, Nayarit, Sinaloa y por supuesto en Michoacán. Lo peor de todo es que, por falta de experiencia, no supimos capitalizar eso como se hace hoy. Ahora a cualquier locutor que tiene tres o cuatro puntos de rating se les paga un millón de dólares. Lo más que llegué a ganar con Alfredo fueron 60 mil dólares, pero no nos movía el dinero. Éramos idealistas".

Creando comunidad y conciencia

Cuando en enero de 1993 KLAX apareció en el número uno, Howard Stern, cuyo programa transmitía la KLSX, se quejó de que su éxito se lo habían atribuido a "no se qué estación mexicana". Otros dijeron, en broma, que la KLAX era un servicio del aeropuerto de Los Ángeles, que comparte casi las mismas siglas. "El nombre fue estratégico", comenta Juan Carlos. "Cuando Alfredo Rodríguez estaba buscando un nombre para la estación, pensó: `México.... México.... México se escribe con equis´, y luego se acordó del aeropuerto, que era LAX, y junto con Chencho García hicieron el famoso jingle La X, La X, 97.9. La idea era hacerlo con la tonadita de La cucaracha. Así salió el nombre de la Equis. El logo original era muy sencillo, como la estación y sus locutores".

Más allá de las "silly antics" de Juan Carlos y El Peladillo, lo que llamó la atención de los medios de comunicación, y posteriormente de la academia, es la forma en que el par creó una movilización social que repercutió en aspectos no sólo musicales y económicos, sino políticos e incluso en la moda. "En ese momento todo el mundo nos escuchaba; niños, jóvenes, sus padres e incluso los abuelitos. Como estrategia, no tocábamos ninguna canción lenta o triste; toda la música era alegre y bailable. Antes de la llegada de La X, los jóvenes latinos sólo escuchaban la radio en inglés. De pronto les llamo la atención la contagiosa música de banda y empezaron a poner atención. Los padres se sentían orgullosos de que sus hijos escucharan radio en español. El movimiento creó una moda: antes vestían con pantalones flojos estilo cholo; ahora se vestían con jeans más apretados y su pañuelo en la bolsa trasera del pantalón que decía Michoacán, o Jalisco; ahora los jóvenes usaban sombrero, y para sus padres eso era un gran orgullo".

"También nos llamó la atención que los jóvenes empezaron a hacer clubs con nombres de canciones. Estaba el club Un indio quiere llorar y el de La casimira. Debió de haber más de 150 clubs, cada uno con un promedio de veinte miembros. Había de niños y de jóvenes, hacían fiestas, rentaban salones y nos invitaban. Los fines de semana íbamos de fiesta en fiesta, saludando y agradeciendo. Llegábamos, con cargamento de regalos entre playeras, CDs de sus artistas favoritos o los de colección de éxitos de La X 97.9. Se ordenaban tirajes de hasta medio millón para regalar, y por lo tanto las cajuelas de nuestros coches estaban llenas de discos. A cualquier persona que nos saludara le teníamos un CD de la emisora. Esos CDs los reprodujeron los piratas y se convirtieron en los más vendidos en los tianguis". En su libro Banda, Mexican Musical Life Across Borders, la etnomusicóloga suiza Helena Simonett explica cómo "unas de las acciones de la KLAX para infundir el orgullo cultural fue fomentar la creación de clubs de baile. Una de las funciones más importantes de los locutores era patrocinar dichos clubs. Cientos de personas se inscribían y les pedían a los populares conductores que fueran sus padrinos". Y añade que "tras el terremoto de 1994, el equipo (de locutores) organizó una masiva campaña de repartición de alimentos y otros bienes para las comunidades que habían sido mayormente afectadas; impulsaron la reconstrucción de barrios afectados, y estuvieron presentes con música y donativos en los eventos comunitarios, pintaban paredes que tenían grafiti en las festividades escolares y en campañas antidrogas".[4]

Ambos locutores descubrieron pronto su influencia entre la gente y comenzaron a introducir temas sociales y políticos en su programa. "Queremos que nuestra gente se sienta orgullosa de nuestra raza", declaró Hidalgo en 1993. "Así que ofrecemos algún consejo que nos una como latinos luchando por nuestra raza. Sentimos una responsabilidad de hacer lo correcto. Nos dan mucha tristeza las pandillas y que la gente se agreda con armas de fuego. Nosotros hablamos de la importancia de tener una buena educación. No hacemos bromas que ofendan a nadie. Yo no quiero decirle a la gente qué podemos hacer juntos como comunidad. Aunque mi trabajo es entretener y divertir. Pero hablamos de todo: temas de inmigración, discriminación, del gobernador racista que no reconoce el trabajo y la contribución de los latinos".

Cuando Pete Wilson, el gobernador de California, se convirtió en uno de los principales promotores de la Iniciativa 187, que habría prohibido el acceso a los servicios básicos de salud y de educación a los residentes indocumentados, Juan Carlos —él mismo había llegado sin documentos al país— y El Peladillo lo convirtieron a él en blanco de sus ataques. "Wilson están usando el tema de la inmigración como campaña política por hacerse publicidad y lograr la reelección", comentó Hidalgo. "¿Cómo puede el gobernador hablar así de esta gente cuando son ellos quienes ponen la comida en su mesa? Son humildes, contribuyen a la economía del estado y pagan impuestos como todos los demás".

Hidalgo y El Peladillo lanzaron su propia campaña de broma como gobernador, para invitar a la gente a votar. "Cuando llegó la propuesta de ley 187 que impulsaba el gobernador Pete Wilson, siendo la estación líder, teníamos que representar a la comunidad, y empezamos a hacer marchas, a juntarnos con líderes políticos, hacíamos burlas, entrevistábamos a los conservadores, los invitábamos a los programas para que justificaran la propuesta de ley. Hicimos muchos eventos; construimos un mono de Pete Wilson, y salía El Peladillo en un burro arrastrando en el ruedo a Wilson. Apoyamos mucho esa causa. Al principio estábamos totalmente en contra de la ley, pero no sabíamos qué hacer para detenerla, hasta que se acercó a nosotros un maestro de la UCLA y nos dijo que la única forma de cambiar las cosas era que la gente se registrara para votar; que los residentes se convirtieran en ciudadanos y pudieran participar en las elecciones. Entonces hicimos una campaña enorme diciéndole a la gente que tenía que obtener la ciudadanía y votar. Después ya no fuimos sólo nosotros, porque le hablamos a las estaciones de Fresno y otras ciudades de California para que se unieran a la causa; se involucró la unión de campesinos y, bueno, ya era un movimiento estatal".

La X se desdibuja

"De repente todo el mundo perdió el piso y nos entró la arrogancia. Desde el gerente, quien se dio el lujo de decir: `Esto sí y esto no, y no´. Ya no se tocaban los éxitos que la gente quería escuchar, ya no se programaba la radio a conciencia ni había el entusiasmo del principio. A ello hay que sumar que llegaron otras estaciones a competir en el formato. Hubo cambios en la dirección, y por los resultados se afectó la relación de Alfredo con Raúl Alarcón. Raúl ya había tomado la decisión. Unas semanas después trajeron a otra persona a programar La "X", pero esa persona tenía problemas y vicios. A los 15 días de su llegada, como no tenía coche, tomó una camioneta Van de promociones la radio y se desapareció por cuatro días, hasta que un radioescucha nos llamó para decirnos que afuera de un table estaba un vehículo de la emisora desde hacía varios días. Llamaron a una grúa; a él lo despidieron y en 1995 me quedé como responsable de la estación. Con el tiempo hubo muchos cambios. Llegaron otras personas, no había estabilidad en los

---
4 Helena Simonett. *Banda, Mexican Musical Life Across Borders*, Wesleyan; primera edición, 2001. pp. 199.

ratings. Una de las personas que trajeron le cambió el nombre a La Ley. Heftel se apropió del nombre de La X: vieron que nunca se había registrado el nombre y lo solicitaron. Yo vi la oportunidad de iniciar mi propia empresa de asesoría de programación. Un par de años después, Pío Ferro y Bill Tanner me llamaron y me dijeron: `Juan Carlos, queremos que regreses´. Yo les dije que no estaba interesado, pues me estaba yendo muy bien como asesor y presidente de Mass Radio Inc. Ya teníamos unas veinte estaciones en todo el país. Pero... era La X y me gustó el reto de recobrar el éxito de KLAX. Al regresar me preguntaron:

—¿Qué te parece La Ley?
—Yo prefiero que regrese a La X 97.9
—Pero ese nombre ya está registrado. No lo podemos usar.

"Entonces empezamos a ver nombres y me acordé de una estación de Hermosillo que se llamaba "La Raza", y empecé a jugar con la tonada del jingle original y sí daba; así que cambiamos las reglas de programación; ahora el formato se enfocaría en bandas, norteñas y cero corridos; contratamos a un par de locutores, entre ellos El Mandril, y rescatamos la emisora. Ya no tuvo el mismo impacto que en 1992. Pero hay que recordar que ya no era la única estación en el género regional mexicano en Los Ángeles. Años después tuvimos la fortuna de lanzar una estación diseñada exclusivamente para La Raza de San Francisco, en donde junto con Jesse Portillo, se formó un equipo de locutores que ahora son las nuevas estrellas de la radio en Los Ángeles, entre ellos Alonso Romero "El Raton" y Sylvia del Valle "La Bronca". Entre ellos se diputan el primer lugar de popularidad, pero en un momento compartieron la cabina y las enseñanzas de Jesse".

Mass Radio Inc.

En 1998 Hidalgo inició su empresa de consultoría Mass Radio, una plataforma para asesorar diversas estaciones en Estados Unidos, pero además para dar inicio a varios proyectos, entre ellos Radio Notas, un portal electrónico inspirado en la legendaria revista Antenna, fundada por Brown Bear. Actualmente Radio Notas es una de las publicaciones más influyentes y confiables en lo que se refiere a información sobre la industria discográfica y la radiofonía.

En 2010 fue honrado con una estrella en el Paseo de las Estrellas en Las Vegas, donde se encuentran los nombres más importantes de la radio, la televisión, la música y los deportes. "Juan Carlos es una personalidad que ha hecho mucho por difundir el talento de nuestra gente", comentó Pablo Castro Zavala, vicepresidente del Paseo y presidente de Las Vegas International Press Association. "Es una persona que ha logrado tener un impacto positivo en la comunidad artística de Estados Unidos. Nos sentimos muy honrados de ser quienes reconozcamos la carrera de esta personalidad que durante varios años ha sido pieza fundamental en el desarrollo de muchas agrupaciones musicales que ahora se escuchan por todo el mundo".

monitorLATINO

Con los años, Hidalgo ha pasado de presentar los números uno de la música en español de una modesta cabina en Oxnard a otra forma más institucional y, por mucho, que genera más atención. monitorLATINO, la empresa que concibió y fundó al iniciar el nuevo siglo, no sólo determina los primeros lugares de popularidad en la música latina, también perfila tendencias en la industria de la música a nivel continental. La firma es hoy el referente obligado donde están los ojos de los artistas y productores, como en otro tiempo Billboard en Estados Unidos o el New Musical Express en el Reino Unido. Lo utilizan no sólo las agencias informativas, sino también los editores y libros como los Fact Books Paulina Rubio, Ricardo Arjona y las oficinas de prensa de las bandas. Cuando monitorLATINO habla, los artistas de la música en español escuchan. A pesar de su alcance e influencia creciente, monitorLATINO nació durante un período en que Hidalgo buscaba una nueva dirección a su vida; irónicamente, no pensando en los grandes mercados, sino en las estaciones de pequeños pueblos norteamericanos que nadie tomaba en cuenta.

"En el tiempo que dejé la radio para iniciar mi empresa, conseguí trabajo de asesoría en algunas estaciones que necesitaban mejorar su programación. Eran estaciones de pueblos muy pequeños y por lo tanto tenían muy poca atención de parte de las artistas y de las disqueras. Los promotores nunca iban a visitarlos ni a llevarles discos, mucho menos algún artista. En alguna ocasión yo les había preguntado a otros servicios de monitoreo, entre ellos BDS y Billboard, por qué solamente se enfocaban en las estaciones de los mercados principales. En ese tiempo monitoreaban alrededor de 50 emisoras, cuando había cerca de 300 en español en Estados Unidos. Necesitábamos unos charts más confiables, un servicio que pudiera representar más fielmente al mercado de la música hispana. Me quedé con esa inquietud. Les compartí mi idea a mis amigos Antonio García y Juan Carlos Ortiz. Estaba consciente de que podía ser algo muy costoso en todos los sentidos, pero ellos me animaron. Yo la verdad no tenía idea de dónde empezar".

Durante un vuelo a San Francisco llegaría la respuesta. En el aire, Hidalgo comenzó a platicar con su vecino de asiento, un desarrollador de software que trabajaba para en un proyecto de la RIAA detectando las descargas ilegales de música en Internet y quiénes las hacían, creando una especie de huellas digitales. "Le pregunté si esto podría funcionar para monitorear una estación de radio. Me dijo que sí, y nos reunimos con el resto del equipo en San José, California. Hicimos un acuerdo y comenzamos a desarrollar juntos la aplicación. Pasé un año y medio trabajando por las noches, madrugadas y los fines de semana en el proyecto de monitoreo, al grado que por poco me divorcian. Finalmente en enero de 2001 logramos lanzar monitorLATINO, de entrada para a monitorear a todas las estaciones que no seguía BDS, o que no le importaban a Billboard. Íbamos a darle importancia a todas esas radios por más pequeñas que fueran, y por supuesto también a las de las grandes ciudades".

A las patadas con Billboard

"Al principio la gente nos juzgaba de locos, decían que me quería poner a las patadas con Billboard. Pero mucha gente en la industria del disco y la radio nos brindo su apoyo, dándoles la oportunidad de usarlo. Se volvió tan competitivo que la gente de Billboard, Media Guide, Media Monitors y BDS vinieron a buscarnos para ofrecernos alianzas, conscientes de que nosotros entendíamos mejor el mercado hispano. Después nos expandimos a México, donde existía un servicio de monitoreo que sólo se concentraba en las estaciones del DF, Monterrey y Guadalajara. En México el impacto fue todavía mayor. Hoy veo que eso ha servido para que las estaciones de radio se beneficien, porque se les da más importancia".

monitorLATINO es hoy el servicio de mayor influencia y autoridad para determinar la lista de popularidad en la radio hispana. "Es una guerra semana a semana por el primer lugar", reconoce Hidalgo. Además, la información que genera es utilizada para compensar de manera más justa a autores y compositores, con base en el número de tocadas que tiene un tema en la radio por región, un sistema que antes no existía. monitorLATINO identifica no sólo los temas y las estaciones con más éxito; también provee herramientas estadísticas para la caracterización de mercados, así como guía para programadores de radio, productores y estudiosos de las tendencias en la música latina. Su información permite a los artistas conocer su popularidad por ciudades, planear sus campañas publicitarias y sus giras. Para nosotros, monitorLATINO México ha sido importante porque nos ha ayudado a identificar nuevos talentos, detectar tendencias musicales y proyectar su música a Estados Unidos. La mayor parte de nuestra música (en español) proviene de México. Todos los días recibimos llamadas de estaciones de radio interesadas en ser parte de los páneles y solicitando que las agreguemos al sistema".

Desde 2006, la Convención monitorLATINO, que se celebra cada año, es una plataforma de difusión y alianzas estratégicas para la industria, pero además un evento que reúne artistas, programadores, productores y locutores y demás ejecutivos de la música. En ella también se otorgan reconocimientos y homenajes a personalidades de la radio, televisión y artistas. "Creo que monitorLATINO ha ayudado enormemente a la industria", señala Hidalgo. "Ahora hay una competencia más sana por lograr la popularidad; ha servido para identificar las deficiencias de la industria. El ejemplo más ilustrativo es que la música pop en este momento prácticamente está desaparecida; la mayoría de las estaciones en México ahora son una mezcla de música urbana en español y caribeña con música en inglés. Lo poco que hay de música pop son artistas que están regresando a la escena musical, pero no hay un desarrollo. Sin embargo, hay una enorme variedad en el género regional mexicano; todos los días hay nuevas canciones, constantemente surgen nuevos artistas. Me atrevería a decir que el regional es lo que sostiene a la industria del disco, no solamente en México. Y todo esto nos lo permite saber monitorLATINO. Nuestra visión es que en un mediano plazo se convierta en el sistema de monitoreo de

toda América Latina".
En la misma sintonía

Desde sus inicios en la radio, Juan Carlos Hidalgo sintió admiración por quienes lo precedieron y por quienes, aun estando en la competencia, demostraron su talento y de los aprendió. "Alberto Vera, Pablo Raúl Alarcón, Ramiro Garza, Pepe Reyes, Homero Campos, Alfredo Rodríguez, José Luis Arenas, Pepe Barreto, Humberto Luna, Hernán Armendáriz, Polito Vega, Elio Gómez, Pepe Garza, Martín Fabián, Jessie Cervantes, Jesse Rios y muchos más que a lo mejor no saben cuánto me han enseñado", reconoce Juan Carlos. Es esa misma mezcla de admiración y respeto por quienes han pasado a su lado, y quienes siguieron después, que motivó el primer libro que reuniera la vida de algunos líderes de la radio, la mayoría de los cuales comenzaron como locutores. "Queremos que este volumen sea una primera parte de una secuencia de semblanzas de quienes escriben cada día la historia de la radiodifusión en nuestro continente".

"Creo que es importante contar su historia de éxito. Son gente que escuché en algún momento o supe de ellos. Me parece esencial que las nuevas generaciones y quienes en estas últimos décadas hemos sido parte de la industria de la radio, podamos leer su vida en la radio, saber quiénes son esas personas detrás de los micrófonos, cómo fueron sus inicios en la radio; que nos puedan compartir y nutrir. Además, el libro es también en parte sentido de responsabilidad. Hay muy poca literatura sobre la radio en español, y a nosotros nos toca producirla; dejar a las nuevas generaciones la memoria de lo que ocurrió, de quiénes cambiaron la radio y cómo lo hicieron, las dificultades a las que se enfrentaron y sus momentos de triunfo. Será una herramienta valiosa para mucha gente, no sólo de la industria".

La radio del pueblo

Juan Carlos Hidalgo, actualmente vicepresidente de programación de las estaciones de la costa oeste en SBS, no tiene duda de que, a pesar de la aparición de servicios de música digital, la radio terrestre sobrevivirá robustamente a nuevas tendencias, como antaño pasó sin rasguños por modas como la radio satelital. "Recuerdo la época en la que se dijo que la radio satelital iba a desplazar completamente, que la gente estaba cansada de las radios comerciales. Y no ha pasado nada. Aunque ya no la escuchen tanto en sus casas, se suben al coche y lo primero que hacen es encender el radio. La radio es compañía, sobre todo las estaciones que no han perdido el enfoque y siguen sirviendo a su comunidad, que siguen haciendo radio local. Las empresas de radio, con el afán de ahorrar, contratan programas sindicalizados y éstos no pueden hablar de los acontecimientos locales, pues sirven a varias ciudades. Ahí existe una gran oportunidad para las estaciones locales. La gente quiere estar enterada de lo que está pasando a su alrededor. Siempre que pasa algo, o que necesitas una noticia, lo primero que haces es encender la radio. Sí, habrá muchos

servicios de música, pero la información inmediata de tu comunidad la escuchas en la radio o en las redes sociales".

A lo largo de las páginas de este libro, *Vidas en la radio*, el lector se ha encontrado con muchas voces sobre la importancia de la locución. Siendo él mismo parte de una generación que inauguró un nuevo estilo, menos afectado, más cercano y personal, Hidalgo puede comentar con seguridad sobre las numerosas opiniones que existen sobre el papel del locutor: si director de orquesta o parte de la audiencia; si maestro o compañero de banca. "Al público siempre le han tenido que hablar en su lenguaje. Es cierto que hay personas a quienes no le gusta la radio popular, pero ellos tienen sus medios. Siempre va a haber un pueblo que quiera una radio sencilla. Y mientras exista esa necesidad, y el pueblo quiera que le hablen estrechamente, abrazándolo, nosotros habremos de cumplir esa responsabilidad, tanto con los radioescuchas como con nuestros pueblos. Los locutores están ahí para acompañar, no para educar. Los locutores están ahí para divertir, para motivar, no para incomodar. Sería una locura tratar de cambiar eso. El mejor locutor es el que sabe hacer nacer lo mejor de cada persona. Cuando el locutor ha salido del mismo pueblo, el resultado es sorprendente". Incluso para Rod Stewart.

Eddie León

*"Dedícate a lo que te gusta y
jamás tendrás que trabajar en
tu vida."*

En alguna ocasión, el escritor Michael Morris contó que su abuelo, un hombre de ideas estrafalarias, los obligaba a dormirse mirando hacia el oriente, para poder ver el sol en cuanto saliera. Era un abuelo sabio que tenía por amante al sol pálido de los fríos inviernos de Kentucky. El abuelo de Eddie León —actual vicepresidente de programación en Liberman Broadcasting y LBI Media—, tenía una costumbre parecida. Sólo que él sí amanecía con su amor entre los brazos, en el sufrido pueblo de La Sauceda, Michoacán. Pero la pasión era la misma. "Le gustaba tanto la música", dice León, "que mi abuelo dormía con el radio al lado de la cama, y a veces amanecía con él abrazado". Lo cierto es que los abuelos tienen más influencia sobre uno de la que a veces les concedemos, pero en el caso de Eduardo, el anciano fue un factor directo de su amor no sólo por la radio, sino también, aun de forma rudimentaria, por el uso del sonido para difundir cosas maravillosas: música, negocios, ventanas al mundo.

Del árbol más alto

Eduardo León nació en 1964 en La Sauceda, Michoacán, y su vida ha sido, en parte, una réplica a gran escala de la de su abuelo. Cuando menos en lo que tiene que ver con las ondas sonoras. "Él era residente de Estados Unidos", recuerda, "y siempre que llegaba traía música nueva". Cuando el visitante llegaba, toda la familia se congregaba para escuchar los discos y novedades que había comprado en Estados Unidos. "Así fue que conocimos mucha música norteña; los Relámpagos del Norte, Palomo y el Gorrión, y otros. A todos influenció mucho la música de mi abuelo. Su pasatiempo favorito era escucharla en una de esas consolas grandes, de mueble; sólo había dos o tres en el pueblo. Era una sensación escuchar la música en unas bocinas grandes. Además mi abuelo, siempre a la vanguardia, tenía la consola más nueva. Cuando salió una que tenía lucecitas que vibraban al ritmo de la música, imagínate, no sólo la escuchabas, sino la mirabas".

Hombre emprendedor que además de trabajar en el norte y ser dueño del billar del lugar, el abuelo era dueño de "la bocina" del pueblo, de donde obtenía una cómoda fuente de ingresos; se trataba de una práctica muy propia de los pueblos de México y de una época en la que la industria publicitaria apenas entraba en su adolescencia. "Era una bocina que colgaba en el árbol más alto y desde ahí anunciaba dónde iba a haber enchiladas; la gente llegaba y decía: `Oiga, ¿me puede anunciar que va a haber carne de res en tal casa?´, y nos pagaban por la publicidad. Otros nos pedían serenatas: `¿Me puedes llevar unas Mañanitas para tal persona?´. El abuelo nos daba la mitad de lo que nos pagaban; él ponía el equipo, nosotros éramos los locutores", recuerda León, improvisado locutor ya desde muy joven, una labor a la que posiblemente ayudaron las estaciones que lograba sintonizar en La Sauceda. "Escuchaba todas las estaciones de Monterrey que se escuchaban de noche, o la radio exprés de Los Ángeles".

"Tanto nos infundió mi abuelo el gusto por la música", recuerda, "que mi hermano mayor, Salvador, se pasaba el tiempo (pegado al radio) esperando a que dijeran `Salió el nuevo disco de tal grupo´. En ese tiempo estaban de moda los Baby's, los Freddy's, los Muecas. Y cuando íbamos a la ciudad, pasaba a la tienda de discos y preguntaba: `¿Qué salió de nuevo?´. Si era de lo que a él le gustaba, compraba el single, porque no teníamos para comprar el Long Play. Él era de llegar y compartir los discos con los amigos; se los prestaban entre sí; escuchar música en las tardes era como un pasatiempo".

En La Sauceda, León estudió hasta tercero de primaria. Después tuvo que trasladarse a la cercana ciudad de Zamora y posteriormente a una escuela tecnológica en la localidad de Ario de Rayón, Michoacán, en el mismo municipio. En Michoacán permaneció hasta los trece años, cuando finalmente emigró con su familia a los Estados Unidos. "Mis papás nos trajeron porque allá éramos campesinos, y no éramos muy buenos para la escuela que digamos", sonríe. "En ese tiempo, venirte a Estados Unidos y poder conseguir una residencia era casi equivalente a tener una carrera. Y mi papá decía que quizá no podría darnos estudios universitarios, pero sí cruzarnos al país del norte, porque él ya había arreglado los papeles de mi mamá. Nos trajo a todos; ahí no tuvimos voto. Me vine a regañadientes porque yo quería estar con mis amigos".

Al primer lugar

El primer acercamiento profesional con la radio ocurrió mucho después, tras haber pasado un tiempo en Estados Unidos, aunque ya desde antes había ciertos indicios de su afición por los micrófonos y las cabinas. Su padrino de su generación en la primaria había sido Ramón Cerpa Fajardo, un reconocido locutor y cronista deportivo de Zamora, y es posible que desde ese momento haya tenido en mente la intención de hacer carrera en la radio. "Al venir a Estados Unidos lo olvidé por completo. Crucé la frontera, sin documentos, llegué al campo, a estudiar, a tratar de salir adelante, y se me olvidaron mis metas de México". Con todo, más tarde se inscribió en un curso de radio y televisión en Modesto, California, si bien fue una instrucción temporal, porque su principal ocupación siguió siendo primero el colegio, y después la universidad, donde comenzó estudiando computación. "Luego me cambié a Administración de empresas, y al final a Ciencias de la Comunicación, que acá se llama Periodismo. Una vez en la universidad, se presentó la oportunidad de entrar a un concurso de locutores en Santa María, California. Decidí entrar porque el premio era que te dieran trabajo (de locutor) el fin de semana. Entré y gané el primer lugar, no por ser el mejor, sino porque era el más completo: estaba estudiando y tenía la voz más gruesa, lo cual en ese tiempo era una ventaja; tener, como se decía antes, voz de locutor".

"Gané el concurso y me dieron el trabajo en fin de semana en Radio Alegría. Aquello me gustó mucho; sabía mucho de música, conocía los artistas que programaban y muchos más de los que ahí se tocaban. Combiné la escuela con la locución los fines de semana; luego se presentó la oportunidad de entrar a las demás áreas de la empresa;

hacer comerciales, hacer ventas, es decir, todos los departamentos de la radio. Más tarde, Gregorio Esquivel, que era el gerente, me dijo que necesitaba un programador, y me ofreció el puesto". Eduardo se enfrentó entonces a una importante disyuntiva: ¿seguir estudiando o aceptar el trabajo? Pero se dijo a sí mismo: "Estoy estudiando para dedicarme a esto, ¿para qué me espero? De una vez le voy a entrar". Así, después de tres años y medio de estudios superiores, decidió hacer una pausa y aprovechar los créditos que la universidad otorgaba por trabajar. Además estaba contento por poder ayudar económicamente a su familia.

En Radio Alegría, León estuvo trabajando por dos años en diferentes departamentos, hasta que decidió, con algunos socios, iniciar su propio proyecto. "Radio Pantera era nuestro proyecto. Podíamos escoger el nombre y el formato que quisiéramos; en la otra estación nada más trabajaba y hacía lo que me decían. Radio Pantera solía ser una estación en inglés pero nosotros la cambiamos a español, y era mi proyecto como programador de tiempo completo; ya no haría ventas, ni comerciales ni noticias; yo sería el programador y el producto final sería mi responsabilidad. Luego, en Santa María le ofrecieron una estación en Bakersfield a un amigo mío; iba a ser la segunda FM en español, pero él estaba ocupado en otra cosa. Me dijo: `¿Por qué no te vas tú y la programas, y yo la asesoro?´. Me gustó mucho la idea porque era un mercado más grande; era una estación FM; iba a ganar más; era un proyecto competitivo porque había otras estaciones, incluyendo otra FM; (en la localidad) había un locutor que era famoso. Es decir, el reto no era menor. En cuatro meses nos fuimos a primer lugar".

"Ése fue uno de los momentos de los que me siento más orgulloso en mi carrera. Recibí la noticia de que éramos número uno cuando íbamos despegando en un avión. Después ese mismo momento se convirtió en uno de los más tristes. Ya después con el tiempo (bajar en las listas) no te afecta tanto, pero al principio eres feliz cuando estás bien y eres muy infeliz cuando estás mal. Sufrí bastante hasta que aprendí: `Oye, nada más es una medición, no es exacta. No quiere decir que no sepas lo que estás haciendo; nada más hay que hacer ajustes y hay que mejorar´".

Música de cantina

El éxito en Bakersfield trajo nuevas recompensas en la forma de asesorías a otras estaciones de radio en español, en otros mercados como Madera, California; Santa María, Salinas y Stockton. "Asesoraba y observaba el equipo. Llegué a tener ocho estaciones en California donde prestaba mis servicios". En 1997 comenzó una nueva etapa al trasladarse a la estación WLEY. "Entonces se me empezó a presentar la oportunidad de ir a Chicago, que ya era un reto mayor, el segundo mercado más importante del país en español. Fue Juan Carlos Hidalgo quien me recomendó; él trabajaba para la compañía y le habló de mí a Raúl Alarcón. Raúl habló con el gerente (de Chicago) y acudí a una entrevista.

Era una estación en inglés, pero la íbamos a convertir a español. Inmediatamente hubo una química de trabajo muy buena. Llegué a Chicago con un gran ejército de personal, pues yo ya sabía quiénes eran los buenos locutores. Al principio estábamos asustados. En cuando llegamos al centro (nos dimos cuenta de que) no había hispanos por ningún lado; todo el personal eran europeos o afroamericanos, y yo pensé: `¿A quién logro escuchar aquí?´. Hasta que nos dimos una vuelta por el barrio mexicano fue que nos percatamos de que sí había un millón de mexicanos".

"Entonces, lo primero que hice fue salir a las calles a ver qué era lo que estaba escuchando la gente, a preguntar por qué escuchaban la estación; si era porque no había otras opciones o porque realmente les gustaba lo que programaban. Nadie me conocía y la gente me decía la verdad. Iba a las tiendas de discos a ver qué se estaba vendiendo, y ahí me di cuenta que lo que se estaba escuchando en la radio no era lo que le gustaba a la gente de la calle. Lo que ellos consumían era regional mexicano; eso era lo que llenaba los bailes. La radio de Chicago era elitista. Por regla no tocaban música de acordeón ni tipos similares de música que ellos llamaban de cantina. Entonces llego yo y ésa era mi bandera: Ramón Ayala, Vicente Fernández, Chalino Sánchez, las bandas, lo ranchero, todo lo de la calle".

En cuatro meses la nueva estación estaba en primer lugar, pero todavía había un problema qué resolver: encontrar el nombre adecuado. "La batalla en ese tiempo", explica Eduardo, "era que la medición se hacía por medio de diarios; básicamente le enviaban un libro a cierta cantidad de personas y le preguntaban qué estación escuchaban y en qué sector la habían sintonizado. La guerra era de nombre. La competencia se llamaba, por ejemplo, FM105.1 Estéreo Mex, pero en la encuesta que hicimos, la mayoría de la gente lo recordaba por el nombre "Radio Ambiente", y ese nombre hacía dos años que lo habían dejado de utilizar. Así me di cuenta de que podíamos ganar en el posicionamiento por el nombre, porque los otros no tenían imagen; estaban divididos entre la frecuencia, el nombre nuevo y el nombre viejo, y la audiencia estaba demasiado dispersa. Nosotros llegamos con uno de sólo cinco letras, "La Ley", y eso inmediatamente se le pegó a la gente. Duré dos años (1996-1998) en Chicago como director de programación de WLEY-FM La Ley, una estación que pertenece a SBS (Spanish Broadcasting System).

Liberman Broadcasting

Desde 1988, Eduardo León no sólo ha sido el responsable de programación de las estaciones de Liberman Broadcasting, una empresa fundada en 1987 por José y Lenard Liberman, que actualmente cuenta con más de veinte emisoras en seis importantes mercados estadounidenses, donde se encarga de formatos y la contratación de los directores de programación de las distintas estaciones, en donde ha demostrado tener un gran tino. Sin sombra de duda, León reconoce que forjó una de las asociaciones más afortunadas de su carrera con Pepe Garza.[1] "Para mí, trabajar con Pepe fue entrar a otro nivel de trabajo y lograr una consolidación profesional en la radio. En México él había tenido mucho éxito con la Ke Buena y yo admiraba su trabajo. El promotor Alfonso de Alba me había dicho que era un genio para la radio y que me lo iba a presentar. En un tiempo en el que los (mejores) locutores eran los que sabían inglés o los que tenían voz gruesa, con él pasamos a una época en la que se trataba más del arte de hacer radio, investigar qué es lo que pide la gente y como dárselos. Juntos descubrimos cosas que antes no se tocaban en la radio; antes todo era Vicente, Juan Gabriel y Alejandro. Empezamos a salir a la calle para investigar. Por eso, sin duda, la mejor decisión que tomé en mi carrera fue haber invitado a Pepe; desde que él llegó nuestro nivel de radio cambió y me siento muy agradecido con él porque, en mi opinión, es el mejor programador que hay".

Liberman ha representado para Eduardo un reto y también una agenda muy ocupada. "En una semana puedo tener que ir a Chicago, Houston o Dallas; trato de hacer

---

1 También en este volumen.

al menos las cinco cosas más importantes. Lo demás es el quehacer diario; realizar listas de programación, realizar encuestas y revisar con los gerentes de la radio en qué les podemos ayudar. Y me gusta tanto mi trabajo que a veces me tengo que prohibir trabajar y hacer otra cosa, como ir al cine o jugar fútbol. Creo que una de las cosas más importantes que aprendí de Gregorio Esquivel, la persona que me enseñó a trabajar, se refiere no tanto a la ciencia y el arte de la radio, sino que lo básico es dedicarte a lo que te gusta. Le gustaba citar al escritor Henry David Thoreau: `Dedícate a lo que te gusta y jamás tendrás que trabajar en tu vida´".

Eddie León —que raramente da entrevistas—, uno de los ejecutivos clave de la radio y, por tanto, de lo que se escucha en la radio hispana de Estados Unidos, está de acuerdo en que el trabajo del programador se parece mucho al del pronóstico del tiempo, o incluso a jugar a la bolsa de valores. Todos pueden hacer sus predicciones, pero nadie sabe lo que va a pasar con la música en español, cuyos giros y nuevas figuras han dado varias sorpresas en los últimos veinte o treinta años. ¿Qué es lo que va a estar de moda el día de mañana? ¿Cuáles serán los géneros que conquistarán a las nuevas generaciones? "Eso ni yo ni nadie lo sabemos", responde; "el que lo supiera sería uno de los hombres más ricos del mundo. En todo el tiempo que llevo yo en este negocio, jamás hemos sabido qué viene. Pero lo que sí veo ahora es que está subiendo el nivel de exigencia. La gente, por ejemplo, ya no se conforma con letras mediocres. Y sin embargo", acota divertido, "tampoco de eso podemos estar totalmente seguros. Hace poco salió una canción (con letra mínima) que se llamaba La Vaca², y vendió millones". Sin embargo, León piensa que, en términos generales, sí está subiendo el nivel de exigencia en la música popular latina en cuanto a composición, letra, armonía y melodías.

"Aunque yo vivo más en el mundo regional mexicano y escucho poco lo que está pasando en otros géneros, sí veo la calidad de las canciones que están arriba. Hoy en los primeros lugares ves temas mejor hechos, con buena letra, con buena melodía. Las letras están diciendo cosas diferentes, ya no es lo mismo de siempre. En los últimos diez años se está hablando de asuntos que antes no se hablaban, o bien se están tratando de forma diferente. Muchos años duramos con lo que había pasado en la época de oro de la música mexicana. Llegaban otros géneros, como lo grupero, y grababan todavía Me caí de la nube y Murió la flor. Ahora han salido canciones completamente inéditas, nuevos compositores con fraseos y palabras que antes no se hubieran utilizado y que se usan en la calle. Han salido cosas que van a perdurar. Espinoza, por ejemplo: me convertí en fan de su manera de escribir porque dice cosas de una manera muy poética. Casi todas sus canciones para mí son verdaderas obras. Los éxitos que han dominado los últimos años han sido un combinado de sus canciones con las interpretadas por La Arrolladora".

Responsable de haber contratado para Liberman a célebres programadores como Pepe Garza, Ezequiel González, Rafael Bautista y Arturo Buenrostro, a Eddie León le gusta comparar la programación de una estación con una trophy wife, una esposa atractiva que atrae las miradas de los demás. "Si tú no le das lo que quiere, alguien más se lo va a dar. Así es la radio. Un buen programador siempre tiene que estarse preguntando qué es lo que quiere la gente. Tienes que ser ejecutivo, tienes que ser vendedor, tienes que saber que la programación existe para vender los productos que tiene tu departamento de ventas. Hay que saber cómo manejar todo eso. Puede haber alguien que sea muy talentoso para programar, pero si no sabe cómo trabajar con el departamento de ventas, o con la gerencia, no va a durar mucho. A fin de cuentas, hay que tenerlo muy claro esto: la radio es un negocio", concluye.

El lejano abuelo de La Sauceda, Michoacán, grabado en los recuerdos con una bocina colgada de la copa de un árbol, para anunciar la oportunidad comercial del día, no podría estar más de acuerdo.

---

2 Del cantante dominicano conocido como "Mala Fe".

Alex, el Genio Lucas

"La gente que escucha radio en Estados Unidos carga mucha nostalgia, mucha tristeza, y quiere ser escuchada. Y ése es un concepto que nunca he cambiado."

Salinas, en el norte del estado de California, es una localidad de clima agradable conocida como la Ensaladera del Mundo, por sus cuantiosas cosechas de lechuga, brócoli y champiñones. Pero para el joven Alex, que pisó su estación de autobuses a los veinte años con cara de susto, parecía más bien un plato amargo. El estudiante de la escuela de locutores de Elio Gómez, a punto de renunciar a los estudios, había viajado a Salinas porque estaban solicitando a un locutor "no muy bueno; nada más buena gente" en una estación de radio. El solicitante, Gregorio Esquivel, lo estaba esperando. Pero cuando vio al muchacho, sintió ganas de darse la vuelta e irse.

—Oye —le dijo a Alex Lucas—, yo pedí un locutor, no a un niño. Yo no quiero ser la niñera de nadie.

Pero algo se movió en el corazón de don Gregorio Esquivel. Aunque Lucas ya se había ido, se acordó de su cara, de cómo se veía en la estación de autobuses, y pensó: "Pobre muchacho, tuvo que viajar ocho horas para llegar hasta acá. Voy a ir por él, lo voy a poner a prueba en la estación de radio y a ver qué pasa".

Veinticinco años después de estos acontecimientos, Alex "El Genio" Lucas, convertido ya en uno de los locutores de habla hispana más populares de la Unión Americana, estaba recibiendo un homenaje de Joe Gunter, el mismísimo alcalde de Salinas, California, la ciudad que lo había recibido con un gesto de escepticismo. El hecho no deja de ser irónico, considerando, en primer lugar, el recibimiento que la ciudad —famosa por ser la cuna de Sammy Hagar y John Steinbeck— le dio a los veinte años; sino también porque anteriormente Gunter fue policía, y fue también un policía el primer estadounidense con quien Alex se encontró en el país... para deportarlo. "No importa a quién les cuente las historias (a hispanos, anglosajones o afroamericanos); él es honesto, es trabajador", dijo al alcalde en aquella ocasión, "(su programa) llega a todo California y a otros estados; ésta es una oportunidad para que reconozcamos a alguien de nuestra comunidad que alcanza y rebasa fronteras".

Cuesta arriba

Quizá para muchos ésta sea la mejor historia de alguien que logra vencer la adversidad, pero la vida de Lucas fue durante muchos años una empinada ladera cuesta arriba. Aunque nació en 1968 en el estado de Guerrero, a partir del año de edad empezó a vivir con su abuela en la Ciudad de México, hasta que su madre pudo reunirse con él cuando tenía siete años. "Ahí se casó mi mamá. Vivíamos en total nueve hermanos en un cuarto donde además había un comedor y una cocina. Ahora que trato de imaginarlo, no concibo cómo lográbamos vivir así". Esa misma situación económica tan estrecha hizo que Alex tuviera que trabajar desde los ocho años. A esa edad se fue a ayudarle con su tío, Alberto Lucas, que atendía una cremería. "El dueño se llamaba don Salvador", recuerda Alex; "me daba cinco pesos al día. Pero un día tuvo que vender la tienda y me fui con don Baldomero a vender jugos y licuados. Aprendí muchos oficios: carnicero, hielero, pollero, a vender naranjas en los tianguis, etcétera. Así fue mi niñez, un poco difícil y complicada, pero todo me sirvió para aprender a ganarme la vida honradamente y a saber valorar las cosas. Entre todo, me marcó el infinito esfuerzo que ponía mi madre para podernos sacar adelante. Se levantaba a las cuatro de la mañana y se iba a La Merced a comprar carne; regresaba, la partía, la ponía en bolsas y se iba a venderlas a las casas; por las tardes iba con ella a buscar fruta en los basureros de La Merced, porque decía que ahí había forma de hacer Ω desde niño, me volvió violento, duro, aunque no grosero. Toda la gente que se cruzó en mi camino, don Antonio Domínguez, el señor Memo en la peluquería, el señor Alfonso, el del hielo, me decían que me querían como a un hijo; pero otros me veían como un pandillero que no respetaba tamaños ni edades. Es cierto, me junté con gente que era ratera, drogadicta, pero gracias a Dios nunca robé ni tengo vicios. Por eso cuando mi primo Amador me preguntó si quería irme con él a Estados Unidos, su papá le dijo que se iba a meter en un lío. Pero mi primo, contra todos los pronósticos, me llevó".

Así, a los diecisiete años se despidió de su antiguo mundo y abordó un autobús hacia la frontera norte de México. "Separarme de mi mamá marcó un episodio muy duro en mi corazón. Recuerdo que me llevó a la estación de autobuses y cuando me subí, me senté y volteé a verla; ella corrió, se sentó en la banqueta y comenzó a llorar. Ahí fue donde me di cuenta de que estaba dejando algo grande en mi vida. Luego estuve un mes en Tijuana intentando cruzar la frontera. Caminamos desde las cinco de la tarde hasta la una de la mañana. La (policía de) migración nos rodeó por un cerro. Yo me fui por un lado y ya no supe qué pasó. Me quedé dormido por el cansancio. Cuando desperté no había nadie. El coyote nos había dicho que si lográbamos escaparnos, nos pusiéramos a gritar una palabra clave para saber que éramos nosotros. Empecé a gritar, pero no había nadie. Pasé tiempo en la total oscuridad, entre el temor y la incertidumbre, cuando vi que a lo lejos venía un carro. Corrí hacia él y vi que era una patrulla de migración. Adentro venía mi primo Amador. Fue la primera vez que recuerdo que lloré con ganas".

De vuelta a la escuela

Lucas llegó a Estados Unidos en 1986 bien entrenado en muchos trabajos que había desempeñado en la Ciudad de México, pero su primo le dijo que en lugar de dedicarse a mil cosas, se especializara en algo y creciera en un oficio. "Me enseñó a ser disciplinado, porque yo tenía varios trabajos, en la jardinería, en un restaurant, lavando platos, cocinando. Así aprendí a ser cocinero. En 1987 trabajaba en tres restaurantes en Santa Bárbara, siempre oyendo la radio mientras andaba por la cocina. Ya desde la Ciudad de México, desde niño, tenía esa costumbre de levantarme y prender el radio. Me encantaba la música, aunque no le ponía atención a los locutores. En Santa Bárbara mantuve ese hábito; siempre que llegaba al trabajo ponía mi radio. Una noche escuché un comercial en la voz de Elio Gómez, quien me abrió las puertas de su escuela y de su vida. Decía así:

> *La escuela internacional de locutores de Oxnard, California,*
> *está buscando personas que quieran ser exitosas, que quieran conocer a los artistas,*
> *que quieran ganar mucho dinero y tener un buen futuro en este medio*
> *de comunicación, que es la radio.*

Ahí mismo en la cocina, Alex anotó el número de la escuela y pocos días ya se había inscrito. Comenzó a asistir a clases, aunque estuvo a punto de desertar a mitad del camino. "Un día el maestro Sergio Ríos se puso a hacer la evaluación de cada uno de nosotros, y decía: `Adelita: muy buena presencia para la tele. Fermín: muy buena voz para las noticias. Armando: buena dicción para estar al aire. Y Alex... Alex.... tú échale ganas. Ahí la llevas´. Aquello me decepcionó", reconoce Lucas. "Me fui a casa pensando que estaba perdiendo el tiempo. Amador me vio, sabía que era día de escuela, pero no me dijo nada, hasta que por fin no se pudo aguantar.

—¿Qué pasó con la escuela?
—Ya no me gusta.
—Pues vamos para que te regresen tu dinero.
—Nooo, así está bien.
—¡Vamos por el dinero! —amenazó—. ¡O regresas a estudiar! Tú elige.

"Y ahí voy de vuelta a la escuela, pensando: `¿Qué hago? Si no tengo presencia para la televisión, ni voz para locución, ¿qué puedo hacer? Entonces me dediqué a producir comerciales. Eso le llamó mucho la atención a la gente, entre ellos a Juan Carlos Hidalgo". Finalmente, en 1989 llegó a la escuela de locutores una llamada de la ciudad de Salinas; alguien estaba solicitando un locutor "buena gente". Elio Gómez recomendó a Lucas y, después del rechazo inicial, que ya es historia, consiguió por fin su primer trabajo en Radio Tigre, primero a prueba; luego ya de manera oficial ocho días después. "Cuando me dieron el trabajo fui a casa por mis cosas, y al llegar a Santa Bárbara les dije a mis patrones del restaurant que me iba a la radio. Me hicieron una fiesta para despedirme, algo que a nadie le habían hecho antes. Al despedirse, el administrador me entregó un sobre cerrado, me dijo que no lo abriera hasta que llegara a mi destino. En ese sobre había dinero y una carta que decía: `Aquí están 200 dólares. Si no te gusta tu nuevo trabajo, compra tu boleto de regreso, te esperamos con los brazos abiertos´. Fue también mi primo Amador quien me llevó a Salinas en su coche y me dejó en el trabajo. Cuando ya se iba lo abracé y le dije que no se fuera", recuerda Alex con evidente tristeza en su voz. "Le dije que primero había tenido que despedirme de mi mamá, y ahora de él. Pero él me abrazó y me dijo algo que nunca olvidaré: `Alex, tú nos has enseñado que se pueden hacer grandes cosas en la vida. Éste es un trabajo diferente al de todos nosotros. Mucha gente cree en ti incluso sin haberte visto trabajar. Así que no nos defraudes y échale ganas´".

Le sale el genio… y el Genio

La motivación siempre constante de su primo contó mucho, porque en 1992 Lucas fue nombrado director de programación en Radio Tigre y empezó a consolidar una carrera que iría a cada vez mayores alturas. Por aquel tiempo surgió el apodo que lo hizo famoso. "Como no tenía voz para locutor, me especialicé en la producción", explica Alex. "Ya en Salinas, el señor Gregorio Esquivel contrató a don Román Alfonso, un locutor de El Salvador al que le pusimos La Voz de Oro; el mismo mote lo dice todo. Don Román sabía hacer muy bien su voz y yo le ponía efectos, la vestía para que sonara impresionante. Pero cuando nos poníamos a grabar a veces lo hacía repetir hasta diez veces la misma palabra, que podía ser simplemente un "Yo". Y lo regañaba y le decía: `¡No, don Román, así no! ¡Aplíquese!´. Una vez que yo consideraba que había grabado bien su parte, le pedía media hora, que se saliera y me dejara trabajar. Don Román regresaba, escuchaba la producción decía: `Usted es un genio, pero por dos cosas: por el genio que se carga cuando nos ponemos a grabar, y por el genio que demuestra cuando termina su trabajo. Es increíble lo que usted hace. Para mí, usted es un genio´. Luego, cuando empecé a trabajar en Cadena, falleció don Román, y de alguna forma quería retribuirle. `Usted con su genio puede hacer mil cosas´, solía decirme, y yo pensé: voy a usar lo de Genio; con el apellido Lucas suena muy comercial: el Genio Lucas. Creo que quedó bien".

Después de Radio Tigre, Alex trabajó una breve temporada en la televisión en Monterey, California, pues, en sus propias palabras, no había muchas oportunidades en la radio. De ahí pasó a la estación La Buena 103.5 y, cuando la emisora cambió de dueño, nuevamente a Radio Tigre. Posteriormente trabajó casi un año en Radio Tricolor, donde colaboró al lado de Eduardo "Piolín" Sotelo. "El Piolín me traía de mandadero, pero no lo hacía de mala manera. Un día una señora que me conocía y era mi fan, Lupe Puga, se le enfrentó y le dijo que yo era mil veces mejor (para el trato que me daba). Yo no le di importancia pero me quedé pensando en sus palabras. A los ocho días me tocó ir a hacer promoción a una tienda de abarrotes. Estaba pegando calcomanías en los carros cuando llegó mi esposa. Se me quedó viendo y me dijo: `Alex, tú no eres para estar pegando calcomanías. Tú tienes capacidad para más cosas y me da tristeza verte así´. Y me cayó el veinte… ¿qué hacía yo pegando calcomanías? Ese día vi lágrimas en los ojos de mi esposa al ver lo que estaba haciendo y sabiendo de lo que yo era capaz. Así que me fui con el patrón, Kim Brian".

—Kim, creo que te estoy robando, porque eso de pegar calcomanías, pienso que lo hago mal. Yo no sirvo para esto. Tú me trajiste a esta compañía porque me dijiste que yo era el legendario Alex Lucas, el que siempre te había hecho ganar en números; que si a alguien le tenías miedo cuando estabas al aire, era a Lucas. Y por eso, pegando calcomanías yo no sirvo.

—¿A dónde vas? —preguntó.

—No sé —dije encogiéndome de hombros—, quizá a la tele otra vez, a ver si me dan trabajo.

—No, espera. Voy a llamar a la compañía para que te den una estación de radio.

"A los dos días me llamó Kim. Me dijo que ya tenía permiso de separar la 700 AM de Superestrella, pero que quería que le entregara un plan. En el área había seis estaciones FM y tres AM. A mí me pusieron en una AM. Me pregunté qué iba a hacer con toda esa competencia. Me puse a analizar el mercado, y me di cuenta de que todos tocaban lo mismo: música de banda —la moda de los 90— y norteña. Para no tocar lo mismo, decidí rescatar la música del recuerdo. Así, en La Consentida, que era el nombre de la estación, comencé a tocar a Los Ángeles Negros, los ritmos rancheros de Las Jilguerillas, a Lorenzo de Monteclaro, música que estaba guardada. Las bandas estaban tocando sus éxitos. Yo no estaba dispuesto a tocar un cover cuando tenía la original, y para mi gusto era mejor. Eso nos hizo sobresalir en el mercado. En dos meses ya estábamos en el tercer puesto". Un momento importante de su carrera vino en 2006 con el lanzamiento de La Preciosa, la cadena musical de música mexicana de Clear Channel Radio, que ofreció el programa de Alex Lucas, "El Genio Lucas Show", a una audiencia nacional, acompañado de música de las décadas de los 70, 80 y 90.

El Genio hoy

En 2011, la cadena Entravision y Stardome Radio Networks anunciaron la incorporación del show de Alex Lucas a JOSE FM, en nueve mercados de primera importancia. Actualmente el Show del Genio Lucas, una emisión de música y segmentos hablados que se distingue por su tono familiar y buen humor, se transmite a cerca de 60 estaciones afiliadas en todo Estados Unidos, especialmente en la franja sur del país, además de tres estaciones de México.   Lucas es la estrella del show, pero lo ayudan personalidades como don Pito Loco, Jorge Rivera, Antonio Rosique, Mario Flores, Andy Valdez y Katrina "Todos ellos personas muy importantes, sin los cuales habría grandes huecos", dice Alex, y el resto se adereza con las reflexiones que tanto le gustan. Una de sus favoritas es: "Eres más valiente de lo que crees, más fuerte de lo que aparentas y más listo de lo que piensas", aunque él mismo aclara que todas las ha ido leyendo y recolectando para usarlas en el momento adecuado. "Siempre me gustó esa frase, y solía repetirla para mí mismo cuando había que hacer cambios en mi vida, cuando había que buscar otro lugar donde me dejaran crecer, donde pudiera desarrollarme. Mucha gente está trabajando con personas que no le permiten crecer y eso es lamentable. Por eso muchas veces me comporté de manera un tanto inestable; tengo mis ideales y tengo que defenderlos. En La Preciosa ganaba buen dinero, pero tenía que vivir con la cabeza agachada, y yo no soy así".

"Fue la vida misma la que me llevó a luchar por lo que quiero y ser optimista, a pesar de las dificultades —excepto cuando algo sale mal en el programa o falla una computadora, porque me gusta la perfección—, y al decir vida, pienso en cada una de las personas que he encontrado en ella, desde el señor Salvador de la cremería, don Baldomero, Antonio Domínguez, mi primo Amador y mi mamá, hasta el señor Carlos Moncar y todo mi equipo de trabajo, y de manera especial Mónica Linares, a quien conocí cuando trabajaba de interna en el canal de televisión, y que desde 2002 ha sido responsable de la mitad —o más— de lo que he logrado. Juntos hicimos el proyecto de La Consentida, de La Preciosa y el nuevo network que tenemos.

"Yo veo que hacen estudios, encuestas y estudian números", comenta Alex para terminar la entrevista, cuando llega el momento de hablar de qué es lo hace tan exitoso a su programa. "Yo jamás me preocupado por saber si una canción es buena o mala o cómo están mis números. Lo que no les gusta a la mayoría de los programadores es que yo sigo trabajando en lo básico, en lo humano. La gente que escucha radio en Estados Unidos carga mucha nostalgia, mucha tristeza, y quiere ser escuchada. Y ése es un concepto que nunca he cambiado. Trabajé con gente que venía de Chicago, de Los Ángeles, y siempre me dijeron: `Tu filosofía es vieja, tienes que renovarte. La moda hoy es decir chistes, ser gracioso´. Pero yo escucho a los borrachos decir los chistes con más gracia que muchos locutores. Para mí los principios no pasan de moda y eso va a ser siempre una buena manera de hacer radio: mantener la idea de la familia unida, dar consuelo a los que están lejos de su mamá, comprender la nostalgia de quienes dejaron su familia en México, dar un mensaje que logre dejar tranquila a una mamá. Y eso es algo que sólo viviéndolo puede entenderse. Por eso estamos ahí".

Víctor Manuel Luján

"Siempre he estado a la vanguardia, siempre veo lo que viene más allá, lo que sigue. En la vida me he abierto camino, y con ello, a muchos más."

Para muchos jóvenes capitalinos —y aquellos del resto de México que alcanzaban a sintonizar la WFM 96.9—, su primer contacto con el rock estuvo cobijado por la voz barítono de un joven llegado de provincia, no sólo para imponer el rock nuevamente como un producto aceptado, mainstream, de la radio en México ("En aquel momento todo lo que oliera a rock era mariguano, mal visto", interviene). Víctor Manuel Luján había llegado también a implantar un estilo de locución que prácticamente nunca se había oído, mucho menos en la FM: hablado, personal, ocurrente, casi hecho poesía con los ingeniosos slogans que nacían de su mente. Justo era que fuera precisamente Víctor Manuel Luján quien, en 1985, comentara en vivo, para la televisión mexicana, el legendario concierto de Live Aid.

Luján nació en Parral, Chihuahua en una familia compuesta por seis hermanos. Su padre trabajaba en una compañía minera y su madre se dedicaba al hogar. Su interés por la radio llegó temprano. "Estaba en la primaria y había una estación muy popular, la XEGD, La Poderosa de Parral", recuerda. "Una vez, en un recreo me escapé y fui a dar a un evento como los que hacía la XEW, con su teatro estudio y artistas. En ese momento me volví loco, dejé de ser niño, se me olvidaron los recreos y toda mi vida se concentró en eso. Aunque era apenas un niño de quinto de primaria, me gustaba meterme ahí. Descubrí que había música, la relacioné con la radio y me les pegaba. A veces me corrían, otras me daban entrada, pero me aferré hasta que logré que en unas vacaciones me dieran trabajo de mozo. Era algo modesto, pero yo estaba feliz por formar parte de eso. Después fui mensajero y al fin me dieron la oportunidad de operar. Yo me sentía en las nubes, y aunque todavía no me daban la oportunidad de estar al micrófono, que era lo que yo quería, me daban permiso de practicar".

La muerte de la era Disco y la WFM

"Yo quería trabajar en la radio y tuve que buscarle mucho", admite Víctor, que ya no tenía otro objetivo en la vida sino trabajar en una cabina con discos. Buscó en la capital del estado, pero se encontró cerradas todas las puertas. Su primera oportunidad llegó cuando le llamó un amigo para decirle que estaban buscando a alguien que tuviera muchas ganas de trabajar en una estación de Manzanillo, Colima. "No la pensé", recuerda. "Me fui sin siquiera saber dónde estaba Manzanillo, y ahí empecé. Yo quería meterme a Guadalajara pero era muy difícil, porque era una radio muy profesional. Poco después recibí una llamada de Monterrey, que fue la gran escuela para mí porque en la capital de Nuevo León tuve grandes maestros. La radio de Monterrey es muy superior, al estilo americano. Ahí trabajé en Radio Alegría, donde también hacía jingles, y luego brinqué a Estrellas de Oro". Sin embargo, el joven Luján tenía ya su meta bien trazada: la Ciudad de México, y más específicamente, Televisa.

"De Monterrey me jaló otro grupo de Guadalajara, Ondas de la Alegría, y me dieron la dirección artística de una FM de Tijuana. Les encantaba el estilo que yo traía de Monterrey. Yo andaba por los veinte años de edad. De ahí me llevaron otra vez a Guadalajara al Canal 58, y también le pegamos duro con mi tipo de radio agringado".

Una de las etapas más recordadas de Luján —y de la radio en México— sin duda tuvo que ver con la aparición y evolución de la WFM 96.9, a la que muchos consideran no sólo la portadora de un estilo innovador, sino semillero de talentos y cuna de la más importante oleada de rock en español del siglo XX.[1] La estación había sido creada en 1975 por Emilio Azcárraga, y tras el micrófono estaba Mario Vargas, un importante personaje de la radio fuertemente identificado con la época de la música disco. Con la "muerte" simbólica de la Disco en Chicago [2] y el declive de toda esa cultura, la marea retrocedió y en 1981 tocó a Víctor Manuel Luján tomar la estafeta. Su misión sería llevar nuevas bandas, estilos y actitudes a una nueva generación que buscaba otros sonidos. Con la locución y dirección artística de Víctor Manuel, la estación, ahora llamada Rock Stereo, empezó a ofrecer un concepto más fresco y a dar una imagen más juvenil transmitiendo el rock pop de principios de los años 80. La estación de inmediato captó la atención del público. "A Mario Vargas ya se le había acabado el gas", comenta Luján, "y la gente de Televisa estaba buscando algo diferente. Un día me llegó una llamada de Jaime Almeida para la dirección de WFM en la Ciudad de México. Tuvimos una entrevista y a los 15 minutos ya estaba contratado. Tenía 23 años. WFM era una gran responsabilidad, pues además de ser locutor y programador, también era el encargado de la administración".

La estación fue, en cierto modo, un laboratorio para el resto de la industria radial. Luján tocaba desde Fleetwood Mac hasta heavy metal, un estilo que comenzaba a escalar los charts en Estados Unidos. El locutor, con absoluta libertad de elección, fungía a la vez como programador, director artístico y creaba pequeños slogans e himnos de diez segundos tanto para presentar como para despedir las canciones. Si antes el locutor promedio de la FM era más mecánico y su labor se limitaba a presentar los títulos de las canciones, ahora se podía convertir en un poeta: "Erradicando totalmente cualquier indicio de monotonía", decía Víctor Manuel; "Más allá de las fronteras usuales de la radio" o "Los titanes atacan de nuevo" eran el tipo de banderines que él iba creando al aire para presentar a grupos como Status Quo o a Foreigner. Sobre todo, aquella generación recuerda su Monster Production Show, donde además de la música daba notas sacadas de las revistas Hit Parader o Rolling Stone, información sobre los integrantes de las bandas y abría el micrófono a la gente para pedir sus opiniones; si le gustaba una canción la repetía, y si el público se lo pedía, se quedaba más tiempo en la cabina.

---

1 La primera gran ola fue a partir de la segunda mitad de los años 50, y algunos quieren ver otra a finales de los 60 y los primeros años de los 70.

2 *Disco demolition night*, el 12 de julio de 1979, en el que se hicieron explotar miles de álbumes de música Disco tras un juego de béisbol.

"WFM era una estación para la clase alta, una emisora más bien para señores, con mucho jazz. Yo llegué y rompí con todo, pero tuve que prepararlo durante seis meses, haciendo pruebas, grabando. Yo no soy locutor, yo soy DJ, y por eso traté de hacer las cosas de otra manera. De niño, mi primer regalo fue una grabadora de casetes que tenía un poderoso receptor de radio, y en las noches escuchaba estaciones setenteras de Estados Unidos que eran muy agresivas; era una radio muy atractiva, feroz, con Rick Dees, Howard Stern, y de ahí me agarré. En lugar de hacer como los locutores gritones, que terminaban hacia arriba (con una nota más alta), yo lo hacía hacia abajo, hacia las graves, y eso resultó muy atractivo (ahora todos lo imitan, hasta los banderos). Al rock no lo dejaban entrar a México. Todo lo que oliera a rock era mariguano y violento. Yo hice una estación elegante, con música fregona, fresca, sobre todo accesible, para que la gente dijera `Ah, qué rico está esto´: Toto con Rosanna, Asia con Heat of the moment, Fleetwood Mac con Hold me... y a cada canción le ponía una especie de presentación o despedida. La emisora primero se iba a llamar "La Caverna del Rock", pero el Tigre (Azcárraga Milmo) llegó y me dijo: `¿Cuál pinche caverna? No. Ponle otro nombre´.

"Así, entré con la onda pop", continúa. "En la primera parte de los años 80 venía un rock muy fresco: Supertramp, Sting, Outfield, The Cars, Alan Parsons, Pat Benatar, y la verdad fue un trancazo. Mi voz estaba las 24 horas. Fui el primero en estar en vivo en FM; antes, estaban grabadas. Ése era mi fuerte, y nos los comimos a todos. Al principio eran los fresas los que escuchaban la estación, pero luego se fue juntando toda la raza y la banda. El público del DF estaba reprimido; es un público bravo, agresivo, muy clavado. Quería a Status Quo, a Black Sabbath, y más adelante a Luzbel. Por eso, cuando empezaron a surgir las propuestas tipo Cindy Lauper y Madonna —el rock bailable—, la raza protestaba. Quería puro Scorpions y Def Leppard. Alegaban que El rock es cultura, que el rock es la filosofía. Pero yo era totalmente libre; sabía que ante todo se trataba de una estación comercial. En la revista Conecte[3] me aventaban pedradas: que tocábamos puras fresadas, que por qué no tocábamos a Briseño, a Paco Gruexxo, los mismos de toda la vida. Pero yo sentía que eso era justamente lo que le había dado en la madre al rock, y yo quería limpiar esa imagen".

Víctor Manuel no se quedó callado. A las páginas de Conecte les replicó, al micrófono: "`No compren esa cochinada, mancha las manos´. Tuvo que venir a verme el dueño para pedirme que le bajara. Pero yo le dije que él también entendiera el trabajo que me había costado levantar una FM con música rock, en Televisa. Después vinieron un montón de propuestas que querían imitar el sello. De ahí surgió el interés de los *juniors* de venirse a hacer radio. Me mandaron de aprendiz a Miguel Alemán (Magnani); luego llegó Martín Hernández, Iñárritu, la Charo (Fernández), pero Miguelito ya venía con un presupuesto grande, y yo me fui con Luis de Llano a Televisa. Me dieron televisión, (voz en) todos los canales, gafete blanco (el de los ejecutivos); incluso fui DJ en los cumpleaños de Emilito (Azcárraga). Andaba en esa palomilla, con los Alemán Magnani".

Cuando llegue el temblor

En 1985 la comunidad rockera internacional se unió a la iniciativa de Bob Geldof y Midge Ure para organizar un gran concierto que recaudaría fondos contra la hambruna en Etiopía. Fue un evento sin precedentes que se transmitió a todo el mundo vía satélite. Las grandes bandas acudieron y se organizaron no uno, sino dos conciertos simultáneos en Londres y Pennsylvania, en lo que fue considerado el Woodstock de una nueva generación. Fue a Víctor Manuel Luján a quien tocó dar voz, para la televisión mexicana, en una maratónica sesión, a lo que iba ocurriendo en ambos escenarios. "Estábamos grabando en San Ángel un programa con Luis de Llano —trabajar con Luis era andar con él, comer con él, ir a su departamento— y me dijo: `¿Qué crees? Me habló el Tigre (Azcárraga). Que va a haber un concierto así y asá y nos lo tenemos

---

3 Revista surgida en 1974, la única publicación dedicada al rock que existió en México durante muchos años.

que aventar, así que de aquí ya no sales´. Y nos lo aventamos sin dormir, bajando el material como iba llegando del satélite, e íbamos al aire. Fue una prueba monstruosa que nos aventamos en vivo"."Por ese tiempo comencé a grabar un programa para el Canal 2 de rock en español, donde estaría Soda Stereo, Mecano y todo aquello que se vino. Grabamos los sábados de todo un año en el foro 2 de Televisa San Ángel, y a unos cuantos días de salir el promocional del programa, llegó el terremoto de 1985. Debido a esto, Televisa San Ángel pasó a ser auxiliar de Televisa Chapultepec, y aquel programa que habíamos hecho para el Canal 2 salió por el Canal 5, pero ya no tan grande como lo habíamos planeado. Tuve que aguantarme un buen rato solo en México. Me la pasaba encerrado viendo películas, hasta que me propuse a grabar un disco, algo que siempre había querido hacer". El álbum debut de Víctor Manuel, titulado Tolerancia, apareció en 1987 bajo el sello Ariola con el sello de *Rock en tu Idioma* y el nombre artístico de "Lujján". La mayor parte de los temas habían sido escritos por él mismo —al final de la cara B incluyó un cover de Phil Spector— y llevaban títulos como *Qué es el amor, Dos mil años luz* y *Tolerancia*. "Quedó presentable, pero entonces se vino toda la avalancha argentina, española, y finalmente yo traía la etiqueta de que era locutor. Me las he visto un poco duras por esto, pero tengo ya cinco discos".

En 2001 presentó *Poema*, una antología de poesía que luego fue distribuida por Sony Music. Ese mismo año, la misma disquera lanzó también su producción titulada *La energía del amor*, que contenía doce baladas de otros compositores, y que de acuerdo a su sitio oficial logró vender más de cien mil copias a pesar de la falta de promoción, gracias a su programa radiofónico matutino.[4] Siguiendo su frenético ritmo de actividad, en 2002 presentó *Antes de la ausencia* con Universal Viva Music, una producción realizada en España que contenía, nuevamente, un tema original homónimo. "Recientemente saqué uno que son rolas de rock clásico, tipo Tom Jones", comenta Luján, "con trompeta, orquestal, muy poderoso. Lo hice en Los Ángeles con Benny Faccone, que es el que hace todo lo de Luis Miguel, Santana, y es súper rockero. Creo que es el disco que más me ha gustado: es elegante, fino, el sonido americano del rock; combinamos metales con guitarras poderosas y suena muy bien".

El Máster

"Después del temblor puse mi centro de producción, Master Radio. Mucha de la radio que se conoce en México fue producida por mi compañía. Todos los grupos fuertes me contrataron, Radio Grupo de Aguascalientes, FM Globo, y mucho más. Incluso volví a trabajar en Radiópolis y les vendí producción a las Ke Buena, Estéreo 102, la W, la Q. Me hicieron una dirección de producción musical en Sistema Radiópolis, pero a mí me convenía más tener mi propio negocio, con el que cubría todo el país, de Mérida

---

[4] Víctor Manuel Luján. Accesado el 8 de septiembre de 2015 en http://www.elmaster.com.mx/

a Ensenada. Hice Pulsar FM, La Rancherita de Monterrey. Asesoré a Radiorama, con quienes tengo una relación de amistad muy fuerte y que tienen 350 estaciones en todo el país. Todos los grupos radiofónicos grandes tienen producción mía. Después fui a los Estados Unidos e hice también producción, además de dar asesoría. En el proceso, trabajé con mucha gente: Pepe Garza en Los Ángeles en la Ke Buena —a quien le ha ido muy bien—, Jessie Cervantes, que es director de EXA; Martín Fabián, que es muy destacado también; todos ellos son gente que yo recluté".

"En una ocasión de regreso a Guadalajara, supe que Ondas de Alegría se había dividido en dos, y uno de los grupos me pidió que lo ayudara porque andaba de capa caída. Entonces llegué y levanté al grupo. Pero me faltaba un concepto para llenar el cuadro, y descubrí que en San Antonio estaban muy fuertes las estaciones texanas (de Tex Mex), y lo monté en la Ke Buena, que se disparó, porque era un concepto que solamente se oía en AM, un concepto grupero que aunque ya está distorsionado —para lo único que sirve es para hacer payola y bailes— entonces era algo fino que le dio vida a la Ke Buena y luego a la Fiesta Mexicana, a La X de Los Ángeles, a la KOFY de San Francisco, La Tremenda, Radio Lobo… Todo ese gruperío nació de ahí".

"Antes del 2000 me pidieron un producto, un programa en vivo. Tomé el modelo Howard Stern, lo mexicanicé, en un momento en que nadie hacía shows en la mañana en México —nada más estaba Pedro Ferriz con noticias—, y los resultados fueron estupendos. Ahora las mañanas son los horarios principales y por eso la radio está llena de *morning shows*, pero con gente que no sabe hacerlos. Yo llegué con todo el desmadre: cantando en vivo, declamando, atendiendo a la gente, motivando, y eso me llevó de pronto a realizar todo lo que yo quería con la música. La gente quería verme en vivo y empecé a hacer giras. Fue cuando comencé *La energía del amor*, con Sony, con el que me fue muy bien. Después en Guadalajara me ofrecieron un programa de dos horas diarias por la noche". En 2003 Luján lanzó su célebre Master Show y a principios de 2006 se integró a un elenco de grandes personalidades de la radio para la cadena La Preciosa, en Estados Unidos, una creación de Clear Channel Communications. Finalmente, en 2013 regresó a la radio con su morning show *Master*, que se transmite en cadena nacional a través de Radiorama y varias ciudades de Estados Unidos.

Abrir camino

Aunque para muchos su voz y su nombre han quedado identificados con una época, el rock de los años 80, Luján es un personaje de la radio que ha transitado por muchos géneros, aventuras musicales y medios, y ha desplegado, a través de su empresa Master Productions, un trabajo creativo que dejó una huella y un estilo en la manera de hacer radio en todo el país. Víctor Manuel, quien reconoce que su infancia terminó antes de lo debido por sus ansias de entrar a trabajar a la radio, piensa que la programación que viene pagada desde las grandes ciudades de Estados Unidos ha matado el espíritu de la radio, y desde luego al programador. Sostiene que la gente busca, ante todo, valores en la música y en los espectáculos a los que asiste, y confiesa que detesta la nostalgia.

A pesar de todo, al final acepta que ha pensado escribir su vida algún día. "Tengo anécdotas para escribir no uno, sino dos o tres libros. He conocido a tanta gente, vivido tan de prisa, tenido tropiezos, sufrido traiciones. Por ejemplo, cuando yo hice la onda grupera en FM, todo mundo se hizo millonario, pero yo nunca payolié. Yo pienso que el éxito se define como una permanencia: estar vigente y estar preparado para lo que sigue. La gran escena de la película que podría ser mi vida todavía no llega. Ésa es mi filosofía de vida. Por eso no guardo nada: tengo la práctica de no guardar ni fotos, ni discos, ni casetes, porque cuando empiece a juntar todo eso, me voy a sentir tremendamente viejo. Sigo siendo el rocanrolero, pero también un ejecutivo. He estado con los grandes, he aprendido mucho, y sigo aprendiendo. Siempre he estado a la vanguardia, siempre veo lo que viene más allá, lo que sigue. En la vida me he abierto camino, y con ello, a muchos más".

Humberto Luna

"No podía creer que me pagaran por divertirme."

"Antes del Cucuy, antes de don Cheto, antes de Juan Carlos y el Peladillo, estaba Humberto Luna", subraya Juan Carlos Hidalgo, locutor de La X en su mejor momento. "Los logros de Humberto Luna en rating y trabajo comunitario no tienen comparación. Es un auténtico ícono que otros han tratado de imitar por años", comentó Alfredo Alonso en 2009, que entonces era vicepresidente de la división hispana en Clear Channel. "Una de mis primeras fuentes de inspiración (…) fue Humberto Luna, uno de los locutores de radio en español en Estados Unidos más famosos", escribe Eduardo Piolín Sotelo en su autobiografía.[1] "Hice una escuela", reconoce el aludido. "Cuando llegué a Los Ángeles, a principios de la década de los setenta, cambié el formato formal de la radio por uno más humorístico e informal, cosa que nadie había hecho. Se convirtió en un gran éxito y desde entonces muchísimos locutores hispanos lo han adoptado". La revista Hispanic Business, que circuló durante más de treinta años como una influyente voz de la comunidad, nombró a Luna como uno de los cien latinos más influyentes en el mercado hispano en Estados Unidos. Y justamente fue ahí, en un mercado, que todo comenzó.

Zapatos buenos, bonitos, baratos

Luna nació en septiembre de 1956 en Tlaltenango, Zacatecas, una región del centro de México tradicionalmente expulsora de mano de obra, por lo general poco calificada. Pero ya estaba escrito, en alguna extraña conjunción lunar, que de esta pequeña comunidad, azotada por la sequía y las altas temperaturas, algún día se exportaría buen humor y entretención para miles de familias no sólo zacatecanas, sino de todo

---

[1] Sotelo, Eddie Piolín. (2015) ¿A qué venimos? ¡A triunfar! Cómo encontré mi voz entre la esperanza, la fuerza y la determinación. Celebra, Penguin Books, U.S.A.

el mundo latino, para Estados Unidos. "Mi papá trabajó en la policía. Fue comandante y jefe de la policía judicial en el municipio de Tlaltenango", recuerda Humberto. "Mi mamá, una mujer de hogar, y yo me dedicaba a estudiar. Fui el único hijo de ese matrimonio, no tuve hermanos. Eso era lo que conformaba el círculo familiar. Un día, a los once años, me hicieron una invitación a que fuera el anunciador de las ofertas de una zapatería en la zona comercial del pueblo. Lo pensé. No estaba muy seguro. Como que sí quería y como que no, pero al final acepté. Y así comencé, anunciando: `Pásele a la zapatería: zapatos buenos, bonitos, baratos para usted y su familia´. Hacía anuncios y ponía música. Por cierto la tienda tuvo muy buenas ventas. Además me gustaba cómo se sentía el micrófono. Después estuve en la presidencia municipal colaborando, por ejemplo, para darle la bienvenida al gobernador del estado. En una de esas le pregunté si podría recomendarme para trabajar en una estación de radio en Zacatecas. Me dijo que sí, me dio una carta, fui con el dueño de la emisora en la capital del estado, pero desafortunadamente me dijo que no me podía dar el trabajo, porque tenía que tener un permiso de locutor, que otorgaba la Dirección General de Educación Audiovisual de la SEP".

"Ahí se me cayeron mis ánimos", reconoce Luna, pero el desencanto fue temporal, porque estaba decidido a lograrlo. "Me fui a estudiar a la Ciudad de México a la Escuela Nacional de Locutores y posteriormente cursé el Primer Seminario de Preparación de Locutores, Cronistas y Comentaristas de Noticias que organizaba el Departamento de Radiodifusión y Televisión. En 1969 obtuve mi acreditación y mi título de locutor con categoría A". Para entonces, el padre de Humberto estaba viviendo en la ciudad de Los Ángeles y su hijo decidió visitarlo en el año de 1971, "con una visa de turista nada más", aclara. El joven no había contemplado la posibilidad de quedarse a vivir en el Norte, pero una vez en California le ofrecieron la oportunidad de ingresar a la XEGM Radio 95, a pesar de que apenas era un veinteañero sin gran dominio del inglés. "Pero el hecho de contar con estudios formales en comunicaciones —cosa que ya no se les exige actualmente a los locutores— hizo que fuera más fácil colocarme. Me gustó el país, cambié mi visa por una de estudiante, estudié inglés y entré al colegio". Humberto no pudo haber llegado en mejor momento a la XEGM. La estación, con sede en Tijuana, gracias a la iniciativa de Teddy Fregoso y los hermanos Liberman acababa de ampliar su potencia radiofónica y ahora podía escucharse hasta Los Ángeles. El trabajo de Luna estaba oficialmente en la ciudad angelina, pero su "oficina" en Tijuana. Cinco días a la semana grababa su programa en California, enviaba las cintas a la ciudad fronteriza mexicana, que a su vez regresaba la producción por medio de ondas radiales de vuelta a L.A.

El lunático mayor

Desde sus inicios, Humberto se convirtió en un verdadero "lunático" con un estilo diferente que pasaba por alto la solemnidad y formalidad que entonces prevalecía en las cabinas. "Cuando empecé a hacer radio en las mañanas, los locutores entregaban una radio muy formal. Solamente anunciaban la música, las noticias, presentaban a Carmela y Rafael, a José Alfredo Jiménez, y yo pensaba: `¿Cómo así? ¡Esto no me gusta!´. Así que hice a un lado los parámetros normales de la radio y empecé a echar relajo. Decidí introducir la informalidad. Empecé a crear distintos personajes, el padrecito, la flor porteña, doña Quica, muchos diferentes, y hacer cosas que nadie hacía. Entraba a limpiar el estudio y prendía la aspiradora para que se oyera, y decía al aire: `En este momento están aquí limpiando el estudio´ y era una señora que hablaba el español medio raro. `Ay, Chebo´, le decía, `quita la aspiradora, vamos a empezar nuestra clase de inglés y español´".

Ocho años después Humberto estaba trabajando en la popular emisora KTNQ/KLVE de Los Ángeles, entonces la estación en español con mayor facturación en todo

el país. Ahí permaneció durante poco más de veinte años como talento al aire y forjó su leyenda. "Preparaba algunas cosas un día antes, pero casi todo era improvisación", comenta. En 1989, convertido ya en el locutor hispano con más alto rating en todo el sur de California, se convirtió en el primero en obtener un contrato salarial de más de un millón de dólares anuales con la KTNQ AM, la Súper 10-Q, lo cual lo convertía, por mucho, en el mejor pagado en su tipo. [2] "Luna pasa todas las mañanas de seis a diez con su desfile de personajes (a quienes él llama sus lunáticos), emplea efectos de sonido, como ruido de excusados o huevos friéndose, comenta las noticias, presenta una buena selección de música en español y, sobre todo, es él mismo, encantador y afable", escribió Claudia Puig para *Los Angeles Times* en 1989. El show también contaba con populares segmentos donde el anfitrión invitaba a la gente a llamar a la emisora para decidir si determinado disco debía tocarse o romperse. "No podía creer que me pagaran por divertirme", sonríe Luna.

Gracias a esta notoria popularidad, ese mismo año Humberto comenzó a hacer televisión participando en la conducción de *Hablemos de cine*, un programa donde, junto con Jorge Elías, comentaba las más recientes producciones a través del canal 34 KMEX y para toda la Cadena Univision, con una teleaudiencia estimada de varios millones de espectadores. A partir de 1995, y durante tres años, fungió también como anfitrión de *La hora lunática* en Telemundo y al término de ese periodo en *La tarde lunática*, en el Canal 22 de Los Ángeles. La popularidad del "lunático mayor", como lo bautizaron sus seguidores, lo llevó también a la pantalla grande y a romper, seguramente, el récord de

---

[2] Puig, Claudia. *On the Edge With Humberto Luna*. Los Angeles Times, 15 de septiembre de 1989.

número de películas para alguien que se dedica a la locución: en total 27 producciones. "Efectivamente la radio me dio la oportunidad de hacer cine y televisión", repone Luna", y el doce de octubre de 1990 me dieron una estrella en el Paseo de la Fama de Hollywood, la primera para un locutor hispano, por cierto orgullosamente mexicano". La estrella no solamente era la primera para un trabajador de la radio, sino, en ese momento, una de las pocas para celebridades originarias de América Latina.

En 2001, después de más de veinte años ininterrumpidos de show matutino en la KTNQ —un récord en la industria—, y en parte por su desacuerdo con los cambios en los formatos, Luna decidió que era tiempo de probar nuevos aires y se unió a la KLAX, en un momento en que La X buscaba también dar consistencia y mayor solidez a su programación.[3] Posteriormente trabajó también en KHJ La Ranchera, donde colaboró siete años, y a partir de 2009 en la cadena La Preciosa, de Clear Channel, donde con bombo y platillo se anunció el gran regreso de Humberto a un nuevo show matutino, que comenzó el 20 de enero de ese año. El show se pudo escuchar en más de diez estaciones de diferentes mercados de los Estados Unidos. "Estoy encantado con la oportunidad de poder llegar a radioescuchas de todo el país", comentó en esa ocasión. "Mi programa de Los Ángeles siempre se vio distinguido con un público muy leal, y ahora espero hacer lo mismo a nivel nacional. Es un gran momento para mí".[4]

El lado amable

Humberto hace mofa del hecho de que "de las veintisiete películas en las que participé, en todas me matan, excepto en una", ironiza. "En ésa me ahorcan". No es que los directores no lo hayan querido en el set, sino que, como él mismo explicó en alguna ocasión: "No tengo el tiempo suficiente para dedicarlo al cine. Entonces, para llenar el papel, luego luego me matan". Pero ya fuera de la ficción y el buen humor, es un hecho que Luna siempre aprovechó su influencia y capacidad de convocatoria para ayudar a quienes más necesitaban. En tan sólo dos años, para tres desgracias que ocurrieron casi juntas —las explosiones de San Juanico, el terremoto en la capital mexicana y al año siguiente en El Salvador— logró reunir poco más de un millón de dólares para los damnificados, donaciones que entregó, con la presencia de los medios de comunicación, a la Cruz Roja y otras organizaciones. A lo largo de su carrera ha entrevistado —"¡A quién no he entrevistado!", interviene sonriente— a celebridades de todas las latitudes, ha aparecido en la pantalla grande al lado de Rafael Inclán, Mario Almada, Hugo Stiglitz, el Piporro, David Reynoso, Los Tigres del Norte, entre otros, y también con

---

3 Baxter, Kevin. *Luna Takes a Morning Berth at KLAX*. Los Angeles Times, 28 de diciembre de 1998.
4 Business Wire. *Popular Spanish Personality Humberto Luna to Join Clear Channel Radio's La Preciosa Network*. Recuperado el 5 de octubre de 2015 en http://www.businesswire.com/news/home/20090109005582/en/Popular-Spanish-Personality-Humberto-Luna-Join-Clear#.VhK6lqJdEqh

Andrés García en 1989 en Programado para morir (su maldición en la pantalla grande). Revela también que está en preparación un libreto para una película de su vida, que, sin embargo, no resolverá el mayor misterio de todos: "No sé de dónde saqué o a quién le heredé el sentido del humor", reflexiona y se queda callado por un momento. "Mi papá era muy serio y mi mamá también".

Pero humor no es lo mismo que majadería o simpleza, y Luna es el primero en reconocerlo. "Ahorita la radio está muy mal porque los difusores, en lugar de buscar gente con estudios, quieren economizar; en vez de buscar talentos, procuran meter al estudio gente que sepa gritar, aunque sea sólo una canción, y que diga majaderías. Eso es lo que hacen ahorita, les pega y les da resultados. Las estaciones formales que tienen programas culturales no pegan ni tienen números porque la mayoría de la gente (latina) en Estados Unidos tiene un nivel cultural muy bajo. Acá, entre más corriente te comportes, más pegue tienes. Y yo no lo hago".

Siempre caballeroso, con voz cálida que recuerda a una emisión de radio, sin prisas, Humberto termina reflexionando sobre aquello que lo ha distinguido y le proporcionó tantos premios como imitadores. "A lo largo de mi trayectoria, he mantenido principios que he respetado desde muy chico: ante todo, tratar de informar, pero sobre todo, buscar a las cosas el sentido del humor. Yo no puedo hacer un comentario serio sin buscarle el lado amable a la noticia. Creo que debemos terminar con algo simpático. No irreverente, sino gracioso, algo que complemente de forma ingeniosa la parte seria. Gracias a Dios sigo con la radio, mi juguete de toda la vida, y voy a continuar. Yo establecí la radio informal, loca, en Los Ángeles. Todos han tomado prestado un poco de mí. Pero ése soy yo: el lado amable. El lunático mayor".

Tony Luna

"Mi recomendación para todos los locutores y para la gente que vive detrás de un micrófono es ésta: tratar de ser lo más auténticos, genuinos."

Es ya un tópico de la comedia romántica el del amigo que arrastra a un compañero solterón a una cita a ciegas, y es él quien termina enamorándose de la muchacha. Algo así le pasó a Tony Luna — hoy director de programación en Mega 101 FM en Houston, Texas, de CBS—, pero no en el pantanoso terreno de las citas, sino en la radio. Su ingreso fue, como él mismo lo llama, absolutamente accidental. La escena ocurrió en su natal Puerto Rico, y la estación era la SUPER-Q 104, que tenía una vacante para un operador. "Estaban buscando a un locutor que mezclara", explica Tony, que entonces tenía tan sólo 14 años de edad; "yo conocía a un vecino que lo hacía, me acerqué a él y le comenté que estaban buscando a gente para una emisora de radio que iban a abrir. Así que fuimos y le hicieron la prueba. Pero vez estando ahí, me invitaron también a que grabara un comercial. Lo hice sin ninguna expectativa, leí ante un micrófono que parecía muy intimidante. Pasó el tiempo. Aquel muchacho, mi vecino, me preguntó si lo habrían escogido para ocupar aquel puesto. Cuando fuimos me dijeron que me quedara, que no tenia nada de experiencia en la radio".

El adolescente, que no tenía ni permiso para manejar, se trasladaba en una bicicleta para cumplir las cuatro horas a la semana que le ofrecieron para hacer locución al aire. "Básicamente ésos fueron mis inicios, en SUPER-Q, una estación pequeña de AM de 250 vatios que me enseñó mucho".

Puerto Rico

Tony nació en 1968 en Mayagüez, Puerto Rico, al oeste de la isla, un municipio costero al que se conoce como "La Cuidad de las Aguas Puras", "La Cuna de Eugenio María de Hostos", "La Sultana del Oeste", originado por la supuesta existencia de una hermosa mujer de rasgos árabes que enamoraba a todos con su belleza. "Mi papá era supervisor para el departamento de transporte público, y mi mamá trabajaba en una fábrica", recuerda Luna. "Se conocieron a través de un tío. Fuimos doce de familia, aunque lamentablemente una hermana murió. Mi padre era muy riguroso, muy estricto, y no me dejaba convivir con muchos niños del lugar; muchos de ellos no andaban bien, y obviamente él no quería que yo cayera en malas influencias. De niño yo quería ser payaso", comenta Tony divertido, "y creo que hasta cierto punto se me dio", remata riéndose. "Me gustaba ese tipo de arte que atraía a muchos niños, aunque a otros causa temor. A mí me fascinaban los payasitos. Me gustaba su espontaneidad, más que ningún otra cosa. Pero sólo eran ilusiones de ésas que uno tiene de niño, como algunos quieren ser bomberos, otros policías, otros políticos".

Después de su breve pero decisivo paso por SUPER-Q, Tony consiguió ingresar a la mucho más popular Cosmos 94 FM, Pepino Broadcasting, donde fungió primero como asistente de programación, y con el tiempo fue también programador. En esos años combinó su actividad en la radio con sus estudios en la José de Diego High School, primero, y posteriormente en la Universidad Interamericana de Puerto Rico, donde estudió Administración de Empresas. En 1994 fue reubicado al área metropolitana donde continuó como director de programación, para competir con la que por muchos años había sido la estación dominante en Puerto Rico. Durante los siguientes tres años aprovechó al máximo esa oportunidad. Aquella estación de radio tuvo mucho éxito, siendo la primera radioemisora en Puerto Rico en radiar en su programación las veinticuatro horas al día y los siete días de la semana el sonido que hoy día internacionalmente se conoce como "urbano" o "reggaetón", convirtiendo a Tony en "el Padrino" de un formato muy atractivo, con lo que tuvo la dicha de contar con buenos números de audición. "Yo no sabía que el género iba a trascender de la tal forma. Admito que es muy gratificante tener una contribución en la historia de la música, aunque sea con un género el cual aún genera controversia", comenta Tony.

A finales de 1997 recibió una oferta de trabajo en Estados Unidos en una estación del grupo Heftel HBC. A principios de 1998, con 27 años de edad, estaba ya en Nueva York para asumir el puesto de director de programación en la WCAA-FM, denominada Caliente 105.9 FM, una estación debutante del grupo Heftel en la Gran Manzana, que en ese momento la revista Billboard consideraba "un mercado muy desatendido para el sector latino".[1] Por lo tanto, si el reto era grande, también el tamaño de las oportunidades.

Nueva York

"Había pocas estaciones", concede Tony al recordar aquel momento, "sobre todo de FM; la dominante era WSKQ, la Mega. Y como todo migrante, indistintamente de la nacionalidad o de su estatus migratorio, viví en carne propia ese fenómeno de la inmigración, a pesar de la gran comunidad puertorriqueña que hay en Nueva York. Yo era un puertorriqueño de Puerto Rico, no de Nueva York, y hubo que empezar a entender la mentalidad del nuyorican,[2] la cual es totalmente diferente a la de la isla". A finales de 2001 Billboard reportó que Luna había sido nombrado director de programación de SBS en Puerto Rico, donde su misión era supervisar la programación de las cinco estaciones del grupo en la isla, pero en realidad los planes no se concretaron porque, al parecer, el destino le tenía otros planes.[3] "Había planes para que yo fuera vicepresidente de programación de todas las estaciones de la SBS en Puerto Rico", admite, "pero nunca se llegaron a materializar. Ya había terminado con Heftel SBC e iba a fungir en esa posición en Puerto Rico; pero Nueva York siempre ha sido un mercado muy importante para los latinos, y yo tenia la experiencia que ellos querían, así que me dijeron que me quedara porque me necesitaban en Nueva York".

---

1 Billboard magazine, 4 de julio de 1998, pp. 42.
2 Se refiere a los miembros, o a la cultura, de la migración de los puertorriqueños que viven en Nueva York.
3 Billboard magazine, 27 de octubre de 2001, pp. 40.

De esta forma, en mayo de 2002 Luna comenzó una exitosa etapa como director de programación de dos estaciones, Mega 97.9 y, de manera prominente, Amor 93.1, donde permanecería durante casi diez años. Ante una población hispana en constante crecimiento, especialmente de México, Tony llegó con la misión de rejuvenecer la emisora, comenzando con cambios en el personal y el tipo de música que se tocaba. "Queremos que nuestro slogan refleje que ésta es una estación de música romántica", comentó Luna en 2006. "No hemos dejado de tocar a gente como Marco Antonio Solís y Ana Gabriel, por ejemplo, pero también programamos música más contemporánea como Ricardo Arjona, Alejandro Fernández y la Oreja de Van Gogh. Es una falsa idea que nuestros escuchas ya no sean jóvenes. En Amor somos juguetones, pero no vulgares. Por las mañanas podemos abordar temas controvertidos para informar al público. A veces somos un tanto atrevidos, pero nunca creamos una situación en la que mamá o papá tengan que cambiar de estación cuando llevan a los niños a la escuela porque dijimos algo inapropiado". [4]

Entre otras innovaciones de la época, Tony activó promociones llamativas incluyendo conciertos en vivo al estilo Unplugged, en un programa que bautizó como "Vívelo", y dio gran importancia a una investigación de mercados que fuera más allá del aspecto meramente técnico. "Nueva York fue una experiencia espectacular", recuerda. "Hubo una persona que me llenó de buenos consejos y a quien aprecio mucho: Polito Vega, muy querido en la ciudad de Nueva York. Cuando yo comenzaba, el gran Polo me dijo: `Tony, tú me caes muy bien. Yo veo que eres muy buena gente, y me han hablado tan bien de ti que te voy a decir una cosa: por esa emisora han pasado fulano, zutano y mengano (grandes compañeros, algunos de los cuales aún siguen trabajando en el rubro), y todos han querido poner esa emisora muy bonita´. Y con sus palabras me dijo cómo podía hacerle para poner esa estación lo mejor posible. Aquellas palabras tuvieron una gran influencia en mí; por eso siempre he dicho que hay que escuchar a las personas que tienen experiencia. Seguí sus consejos y refrescamos la programación; a los locutores los puse a hacer conversaciones más reales, y creo que funcionó bastante bien".

Ciencia, corazón e intuición

Como todo buen programador, Tony comprendió desde un inicio la importancia de tener contacto directo con la gente de la calle, las tiendas de discos, lo que sonaba en los automóviles e, incluso, llegó a pagar a una taxi dancer[5] en un salón de baile donde acuden, sobre todo, inmigrantes que se sienten solos. "Siempre he sido curioso, y si estás tratando de penetrar un mercado, es importante conocer realmente a la gente; ver

---

4 Madrigal, Jackie. *NY's Love Affair with Amor*. Radio & Records Magazine, 16 de junio de 2006, pp. 67
5 El término se refiere a una pareja pagada en un baile. Los *taxi dancers* cobran por canción. La práctica apareció a principios del siglo XX en Estados Unidos.

no sólo lo que te dicen los estudios, que por cierto son carísimos, sino tocar a la gente, ver a la gente. Analizarlos. Se pueden sacar ideas de restaurantes, salones, talleres mecánicos, cualquier cosa es buena. De ahí se nutre la radio. Los estudios son fríos, y uno nunca sabe qué factores están influyendo en las personas que los hacen, (que puede ser) incluso la paga que están recibiendo. Uno tiene que entender la idiosincracia de las personas a las que se está tratando de llegar. Por eso me gusta combinar esas tres partes: ciencia, corazón e intuición".

Aunque la mayor parte del activismo social de la radio en los años 90 y años posteriores ocurrió principalmente en el sur de Estados Unidos, Luna no fue ajeno a la influencia que ejerció el medio en la defensa de la población inmigrante. Todavía algunos debaten si dicho activismo fue una táctica comercial de la industria o un verdadero movimiento que surgió desde las bases. "Creo que independientemente de la razón que haya sido, la raíz es buena: Estados Unidos es una nación cimentada y que ha crecido gracias a los inmigrantes. Podemos mencionar a los italianos, los judíos, polacos, irlandeses, que en un momento fueron discriminados como ahora estamos siendo discriminados los latinos. Antes, hablar de un italiano o de un irlandés se hacía también de manera discriminatoria. Ahora vemos que han aportado grandes logros que han ayudado al progreso de esta gran nación. Creo que en este momento, los latinos somos la comunidad que pasa por ello. Ya vendrán otras, pero nosotros también estamos dejando nuestra marca, y en no mucho tiempo vamos a ser la mayoría".

El sueño de un niño

Actualmente Tony Luna funge como director de programación en KLOL (Mega 101 FM) en Houston, Texas, una emisora de CBS, donde aplica la experiencia que le han dado más de tres décadas en la radio. Admite que ha puesto especial énfasis en el aspecto de la locución, lo cual trae a colación la discusión de cuál es la tendencia actual, al menos en Estados Unidos, en el nicho de la música latina.

¿Qué es lo que quiere la gente hoy en día de sus locutores? Luna lo tiene muy claro: "Si en un momento pensamos que teníamos que ser orgánicos —auténticos—, hoy tenemos que ser súper orgánicos. Me gusta que todos mis locutores sean de verdad comunicadores; es nuestra obligación si queremos seguir haciendo de la radio uno de los medios más poderosos, obviamente complementándola con las redes sociales que van a seguir creciendo. Esto no es el futuro, es el hoy, y será clave saber cómo balancearlos y utilizarlos de la manera más eficiente para el provecho de todos los hispanoparlantes. A diferencia de otros medios, la radio tiene la característica de ser gratuita, y por tanto, de más fácil alcance para muchas personas. Y si nosotros le presentamos algo que le guste al auditorio, lo aceptará y lo va a consumir".

"Los jóvenes están diciéndonos: Dime lo que es como es; no me dores la píldora, no lo disfraces mucho, sólo dime cómo es. No me trates de tomar el pelo. Como antes, yo creo que la honestidad siempre ha funcionado y hay que hacer un poco más de eso. Por ello, mi recomendación para todos los locutores y para la gente que vive detrás de un micrófono es ésta: tratar de ser lo más auténtico, genuinos". Con estas palabras, Tony Luna revela que no está, en espíritu, lejos de su sueño original de niño, la de ser un payaso. En un sentido antropológico, un payaso es la representación de la autenticidad, pues encarna la idea de que el verdadero ser del público se revela bajo su colorido maquillaje.[6] Por tanto, poder apelar a la autenticidad con su equipo de trabajo sea, quizá, el sueño de un niño hecho realidad.

---

6 Purcell Gates, Laura. *Locating the self: narratives and practices of authenticity in French clown training.* Theatre, Dance and Performance Training. Volumen 2, número 2, 2011.

Carlos Martínez
El Bola

"Trabajamos con los sentimientos de las personas y tratamos de crear ilusión, de pensar, imaginar, y esa fórmula nos funciona muy bien."

"Mi mayor reto es mantener a la gente pegada a la bocina, estar generando nuevas ideas, buscar cosas diferentes... y que la gente se sorprenda", dice Charly Martínez, programador, locutor y organizador de eventos masivos en La Mejor, 95.5 FM, que ciertamente no han pasado desapercibidos, no sólo por su capacidad de convocatoria, sino por su carácter controvertido. Carlos, "el Bola", habla rápido, con trepidante entusiasmo, como si tuviera mil cosas en la cabeza; su vitalidad es contagiosa. No en balde su estación, "La Mejor", está en boca de muchos justamente eso: la más contagiosa del cuadrante en la ciudad de Guadalajara. Sin embargo, las cosas no siempre fueron ni fáciles ni claras para él.

Charly nació en Guadalajara en 1974 y desde muy chico su vida se vio trastocada al perder prematuramente a su madre, cuando tenía apenas dos años. Carlos se quedó con su papá y dos hermanos, "pero yo era como el más alegrón. Mi hermano era más serio y mi hermana no es tan *despapayosa* como yo. Ya se trae en la sangre ser alegrón", explica. Él cree que la ausencia de su madre fue uno de los factores que lo acercaron a la radio. "Escuché radio desde muy chico. En ese entonces había una estación, La Cotorra, que escuchaba mi abuela. De ahí me salió ese cariño por la radio. Me gusta desde que tengo uso de razón". Otras estaciones que llamaron particularmente su atención en aquellos años formativos fueron Estación 90, Fuerza Digital y Súper Estéreo, ya en la preparatoria. "Cómo olvidar a José Emilio Vázquez, muy buen locutor, Tommy, que trabajamos juntos también, a quien le tengo mucha admiración; el señor Vargas de Súper Estéreo hace muchos años. Grandes personalidades de la radio que me tocó escuchar y admirar en su momento".

Predicador o locutor

Si la locución por radio es una forma de predicación, tal vez no nos resulte extraño saber que este célebre locutor se vio que en algún momento frente a esta disyuntiva: trabajar en la radio o entrar al seminario. "Sí entré al seminario, pero me di cuenta de que no era lo mío, y me salí muy rápido. En cambio ya desde la secundaria traía esta idea de entrar al medio de la locución. Narraba los partidos de fútbol en la escuela, y todo el mundo me conocía como el locutor de la secundaria. Después me dediqué a trabajar en una discoteca. Fui a Plantación y regresé a Plantación 2 y empecé ahí con las tardeadas". Charly siempre fue un joven activo, en parte porque tenía que pagar sus estudios él mismo.

Estudió la carrera de Comunicación en la Universidad Univa, aunque "una vez que terminé la carrera, todavía le terminé debiendo dinero a la tarjeta de crédito". En cuanto egresó, se dedicó con mayor intensidad a la locución y comenzó a repartir demos. Junto con el DJ Richard, un productor nacional de la cadena EXA de MVS, amigos desde aquella época, estableció una oficina de grabaciones. "Empezamos con una computadora que tenía Richard. Todo era muy lento en aquel tiempo. Para (hacer) un promo de cinco minutos eran casi tres horas". Con el tiempo se convirtió en un pequeño negocio de grabaciones, producciones y promos. Sus principales clientes eran las discotecas de Guadalajara, Morelia y otras ciudades cercanas. "Estas grabaciones", explica Carlos, "fueron las que repartí como demos a las estaciones de radio una vez que terminé la carrera; quería trabajar pues en parte debía pagar lo que debía. Me contrataron con el segundo demo que llevé, gracias a Memo Lares, que me hizo el favor de darme esa oportunidad, además de que es una persona de la que aprendí mucho".

De esta forma comenzó su trabajo en la radio. Su primera estación fue Ondas de la Alegría, donde empezó a transmitir con Guillermo Lares Lazarit en los programas *Alma de México y Fórmula melódica*. "Recuerdo que estaba Memo con su personaje de don Justo; luego me pasaron a locutor de grabación comercial, que era lo primero que hacíamos. En el tiempo que yo iba todavía se llegaba con carrete y computadora. Se ocupaban dos o tres rollos de carrete, y si alguien se equivocaba, todos tenían que repetir la grabación, y como que sí era fastidioso. Había un locutor que se presionaba mucho para grabar y siempre le ganaba la risa, pero esa presión te enseña a trabajar bajo otros estándares. Realmente a mí me sirvió mucho ver a Memo, que por cierto sé que es una de las mejores personas para decir poesía; no he visto a nadie que la diga como él".

Al mismo tiempo, el Bola tuvo la oportunidad de participar como voz en off en un programa que se llamaba *Luz de Casa*. "Pero en ese programa tenía que hacer mi voz como muy aseñorada, porque estaba dirigido a un segmento adulto, y tenía que hacer la voz más como más áspera. Durante un tiempo estuve de manera simultánea en Fórmula Melódica y haciendo la voz para el programa, aunque ahí me empecé a dar cuenta de que lo mío era otro género". En alguna ocasión invitaron al programa a Alberto Martín Pérez, el Caifán, importante locutor y voz institucional de varias estaciones de Guadalajara y la región, que en ese momento estaba como director de Fiesta Mexicana. Carlos recuerda de aquel encuentro: "Me le acerqué y le dije qué intención tenía, que escuchaba su estación, y le entregué un demo. A los 15 días recibí muy buenas noticias, porque ya estaba trabajando en Promomedios con el Caifán y con José Andrés (Pérez), que son excelentes personas de las que también aprendí mucho. Duré tres años en Promomedios, a pesar de que como a los cuatro meses de que llegué, el Caifán se movió a otra estación y yo estaba un poco nervioso, pero conservé el trabajo".

Ex(tr)a-terrestre

El siguiente paso profesional fue en EXA Radio, donde comenzó con un programa que se llamaba "Estar en la bola". Ahí le tocó dar vida a varios personajes, de los cuales el más festejado, sobre todo por los niños, fue "El extraterrestre", que aparecía en el horario matutino y le hablaba a los niños que a esa hora se dirigían a la escuela. El ser del espacio tuvo tal éxito que, según explica Martínez, "los ratings subieron a esa hora. Era un personaje muy parecido al Morro,[1] era como del mismo color, medio raro. A mí me tocaba hacer la voz y funcionó muy bien. De hecho, hay un dato curioso al respecto: una vez que yo salí de EXA, trataron de hacer el personaje, y una vez llegó un chico al aire y estaba llorando. Y le dijo al locutor que estaba tratando de replicarlo: `¡Tú no eres el extraterrestre!´. Para mí fue muy grato hacer el personaje".

De EXA, pasó a La Mejor 95.5 FM de Guadalajara, una estación grupera llamada también la número uno en Guadalajara. "Iban a abrir una estación grupera en el grupo MVS y yo la verdad estaba muy interesado y tomé la oportunidad. Era un emisora para un segmento muy específico, pero había mucha apertura. Cuando la cadena arrancó, iniciamos con un morning show que se llama "La Parada", y hemos innovado. Ha sido interactivo con la gente, hemos sido abiertos en el lenguaje pero siempre con respeto. Nos gusta jugar mucho con las mismas cosas que juega la gente, y hablamos como ellos hablan; nuestra gente es muy dada a alburear, a estar alegre, a tratar alivianarse. Trabajamos con los sentimientos de las personas y tratamos de crear ilusión, de pensar, imaginar, y esa fórmula nos funciona muy bien".

En 2014, La Mejor FM de Guadalajara fue catalogada por monitorLATINO como, justamente, "La Mejor" estación grupera de todo el país en su género, gracias a su liderazgo, creatividad en la promoción, organización de masivos, locutores y presencia en Internet. Al reflexionar sobre qué los ha mantenido en el primer lugar de la preferencia de un gran sector de la población, Charly reflexiona: "En lo que hemos innovado es en el aspecto de (acercar) los corridos (a la gente); estaban prohibidos, pero en el campo veíamos que todos los escuchaban. Es una subcultura de la música grupera que, aunque ya no se transmita por radio, es popular. Por eso decidimos hacer un evento llamado "El baile prohibido" y tener a los mejores exponentes del corrido: El Tigrillo Palma, Fidel Rueda, Adán Romero, Los Canelos de Durango, entre otros".

¿Cómo ser "La Mejor" estación?

"Cuando yo llegué a la radio me daba cuenta de que todo estaba prácticamente parado", recuerda respecto a los eventos y bailes masivos, uno de los sellos distintivo de su éxito en La Mejor. "Decían que no se podía". Hoy la estación tiene un evento anual, el Evento Macro, que cada año supera todas las expectativas. Con al menos 150 conciertos al año y 450 mil espectadores, La Mejor está al aire en más de veinte ciudades del país. "Somos los primeros en estar trabajando con ISO en radio y eso ha representado

---

1 Ver la biografía de Tomás Rubio en esta misma publicación.

adaptar fórmulas, y nos ha abierto los ojos en muchos sentidos. Ha sido difícil cambiar a un sistema de calidad que estaba diseñado para otro tipo de empresas y adaptarlo a la radio, donde vendes creatividad todo el tiempo. Todo el tiempo estamos midiendo la satisfacción del cliente, tanto el que compra publicidad como el público".

"Lo más importante de todo ha sido tener un buen líder", continúa. "No lo digo por mí, sino por mi jefe, el licenciado Jorge Martínez del Campo, una persona que siempre ha sabido ser líder, a quien no le gusta estar parado, o que esté conforme con que siempre queramos hacer reír con las mismas cosas. Siempre nos presiona a crear cosas nuevas, a estar innovando y ser creativos, a cuestionarnos cada año, todos los días, qué es lo que estamos haciendo y hasta dónde vamos. La otra parte es la confianza que tiene en nosotros. Jorge nos tuvo esa confianza y nos permitió hacer cosas muchas; hemos por ejemplo regalado operaciones de bubi; una vez hicimos una parodia del (programa de televisión) Big Brother que se llamó Pig Brother, y también nos fue muy bien, y desde luego hemos tenido promociones que no requieren mucho dinero, que son como más creativas, y creo que básicamente es estar como rascándole a ver qué se te ocurre y hacerlo con mucho tacto. Las mejores producciones son, sin embargo, donde hemos hablado más de nosotros. No nos ha costado nada más que sentarnos a planear y a echarle creatividad e imaginación".

"La otra parte es brindar conceptos nuevos, como el Baile Prohibido, que nació como una petición de la gente de escuchar más corridos. Al aire es difícil poner muchos, pero si les gusta el corrido, pues pones corrido, caray. También tenemos un nuevo periódico de La Mejor que se llama *El mitote*, una guía de entretenimiento, las promociones de la estación, cine, etcétera. Hoy las estaciones de radio tienen un nuevo papel. Han cambiado las maneras de consumir la música, a pesar de que la gente consume música grupera que baja de Internet, también está la pauta y la influencia que siempre marcará la radio. Hasta el poder cambiar ideas. Por ejemplo, la gente ya no ve a los gruperos como nos veía hace diez años; todavía hay gente que cree que el grupero es igual a sombrero y paja. ¡Somos gruperos, no rancheros!".

Cuando Charly Martínez recuerda su breve paso por el seminario, en su temprana juventud, siempre queda la duda de si permanecerá algo de aquella inquietud espiritual, sobre todo en un medio tan distinto como es la radio, donde lo principal parecería ser el entretenimiento, el baile, la música e incluso pisar terrenos peligrosos con lo políticamente muy incorrecto. [2] "Siento responsabilidad social ante todo", subraya con un tono más serio de voz. "Nunca me olvido de que hay valores, pero sobre todo, como católico, creo que trabajes donde trabajes, siempre hay que devolver lo que se nos ha dado. Yo recuerdo siempre la parábola del hombre que se va lejos y reparte sus talentos, o sus bienes, a sus empleados.[3] Y después les pide cuentas: `¿Qué hiciste con los talentos que te di?´. Eso es lo que yo pienso todos los días. Si a mí Dios me dio este talento, día a día pienso que mi deber es retribuirle al patrón lo que me encargó: ayudar, hacer las cosas con amor y sobre todo hacer bien a los demás y a través de los demás".

---

2 En 2014 la estación recibió fuertes reclamos del Instituto Jaliciense de las Mujeres y otros sectores, por mensajes en las campañas publicitarias de La Mejor que calificaron como sexistas, como "¿Traes tupperware? Porque te daré hasta para llevar"; "Si me vas a dejar, que sea embarazada"; "Aunque la fresa se vista de seda, peda se encuera". La estación se disculpó públicamente y de inmediato retiró la publicidad.
3 Mat. 25, 14-30

Mariano Osorio

"Nuestra audiencia tiene muchas opciones, y en su inteligencia sabe claramente que nadie tiene un contrato de por vida con nadie."

A algunos de sus escuchas quizá les parezca difícil creer que Mariano Osorio, el locutor con el programa más extenso de la radio mexicana —su emisión maratónica dura todos los días de seis de la mañana a una de la tarde— era un niño muy callado, si no el más silencioso de su natal Tuxpan, cuando menos sí de su círculo familiar. Pero lo que no hablaba, lo compensaba con su capacidad de observación, su curiosidad intelectual y sobre todo, sensibilidad. "Curiosamente (en mi familia) era el menos conversador de todos, pero era muy observador. Desde chico tendía a analizar todo lo que pasaba, todo lo que oía, quién era quién, qué hacía quién, cómo decían las cosas", explica. El niño callado pero observador es ahora uno de los líderes de opinión más notables de México y uno de los locutores más premiados, autor de dos libros y cinco álbums de reflexiones.

El "rey de los comerciales"

Mariano Osorio Murillo nació en Tuxpan, Veracruz, junto con la década de los 70, en el mes de enero. Sus dos progenitores estaban en contacto con la cultura. Su madre se llama Sandra Luz, asistente educativa, y su padre Mariano, igual que él. Don Mariano Osorio Pérez era abogado y maestro en la UNAM, y su figura proyectaría una influencia importantísima en la vida de Mariano. "Uno de los recuerdos que tengo de mi padre es que, siendo yo muy pequeño, decía que yo era el 'rey de los comerciales'. Los programas que él veía me parecían aburridos; curiosamente, para mí lo más atractivo, seguramente por su formato, rapidez, por los colores y la música, eran los comerciales. Entonces cuando empezaban me llamaba: `¡Hijo, ven!´, y yo corría a la tele para verlos. Me embobaba con los anuncios". "Éste es el rey de los comerciales", bautizaba en son de broma el señor Osorio a quien con el paso del tiempo, no casualmente, desarrollaría como una de sus especialidades la grabación de publicidad. Infancia es destino. "Grabé por mucho tiempo, y grabo aún, anuncios de radio, de televisión, con campañas muy grandes; desde luego siempre de la mano de la radio"

De sus primeros años en Tuxpan le quedan pocos recuerdos, pero sí haber crecido rodeado del amor de su familia, abuelos y tíos. "Recuerdo con mucho cariño las mañanas en la playa, su deliciosa comida, la calle, la gente que vive de una manera desenfadada, sencilla, transparente... y esos hermosos días de brillante sol". Sin embargo, aquella vida sencilla y aparentemente segura pronto daría un terrible giro. Cuando Mariano tenía cinco años, su padre murió y la vida familiar se vio totalmente trastocada. La familia tuvo que mudarse a otra ciudad, ya que su madre tuvo trabajar en Tula, Hidalgo. Aturdido todavía por la pérdida de su padre, y en cierta forma también de su madre —que a partir de entonces tuvo que dedicarse mayormente al trabajo para sacarlos adelante—, hubo sin embargo algo en lo que Mariano encontró una forma de no perder su equilibrio. "Me empecé a refugiar en un aparato de radio que había sido de mi papá que me llevé a Hidalgo. El viejo radio tenía la esencia, el olor, el sabor (de mi padre), y yo aseguraba que no sólo sus huellas digitales, sino también su espíritu. Ese aparato de radio fue por horas, días y meses mi refugio, algo que en su momento tomé para mantenerme conectado con él".

La voz de los atlantes

En diversas ocasiones, Osorio ha mencionado que no sólo él, sino todas las personas deben tener la capacidad de reinventarse, de "comenzar otra vez desde cero" ante los cambios en la fortuna. Lo dice como alguien que lo ha vivido en carne propia. La muerte de su papá, el cambio a una ciudad extraña, la pérdida de su vida tranquila en Tuxpan, fue la primera vez que tuvo que hacerlo. "Nos quedábamos al cuidado de una señora que atendía la casa", explica, "pero no estaba solo. La radio me abrió una ventana gigantesca que me atrapó y me hizo descubrir mi vocación desde muy chiquito. Yo siempre he dicho que he tenido dos ingresos a la radio: el primero cuando descubrí mi vocación —que es el regalo más grande que la vida y Dios me han dado— y el segundo cuando a los 17 años pisé por primera vez una cabina".

La primera emisora que le abrió sus puertas fue "La voz de los atlantes" 89.3 FM de Tula, una estación del gobierno del estado de Hidalgo, la primera en la ciudad, cuyo nombre que se refiere a los enormes monolitos de la cultura tolteca. La historia de ambos, estación y locutor, de hecho comienzan al mismo tiempo. Según cuenta Mariano, "un día apareció en mi casa Silvino Mera, una persona que estudiaba la carrera de Comunicación en México. Tocó a la puerta de mi casa y me dijo:

—¿Tú eres Mariano?
—Sí
—¿Tú eres el que quiere trabajar en la radio?
—Pues, sí, soy yo. ¿Por qué?
—Es que van a abrir una estación aquí en Tula. Yo tengo un espacio de una hora los sábados y necesito un asistente. No hay sueldo, pero si quieres aprender, te invito a que me ayudes.

"Así fue como empecé; la radio fue a tocar a mi puerta, gracias a la generosidad de Silvino y Heriberto Vázquez Salomón, gerente de la emisora. Hicimos un buen programa juntos; yo aprendí, siempre tuve todas las ganas, la disposición, el criterio abierto para aprender, corregir y proponer. Empecé haciendo cosas muy pequeñas, después tuve algunos espacios propios en la emisora y finalmente fui la voz institucional. Yo tenía muy claro que quería ir a la Ciudad de México a estudiar la carrera de Comunicación, especializarme en radio y trabajar en eso, pero mientras estuve en Tula, nunca dejé esa estación".

El abc de la radio

Al siguiente año, Mariano comenzó la carrera de Comunicación en la Ciudad de México y se dedicó a buscar empleo en la radio. Lo obtuvo en un recordado programa cultural que haría historia, llamado ABC Radio, La Estación de la Palabra, con colaboradores como Andrés Henestrosa, Miguel González Avelar, Carlos Monsiváis, Sealtiel Alatriste y el propio Arreola. El contacto cotidiano con personalidades del mundo de la cultura de la época fue la segunda gran influencia para Osorio, que asimiló la importancia de crear contenidos culturales y una radio inteligente. Gracias al apoyo de Tere Vale, Mariano participó en los noticieros con la conductora, como asistente de producción, obtuvo sus propios espacios y se convirtió en la voz institucional.

"En el proceso fui escalando posiciones y haciendo cada vez más cosas", explica. "Fui productor de los espacios culturales de la estación y de un espacio de noticias. Pero, la escuela, la experiencia que representó haber pasado por ABC en esos años fue muy grande; fue lo que marcó mi rumbo. Yo tenía el privilegio de trabajar con Juan José Arreola, con Monsiváis, con Henestrosa, con el arqueólogo Eduardo Matos Moctezuma, con Manuel de la Cera (ex director del INBA), con (ex titular de la SEP) Miguel González Avelar y una gran lista de personalidades. De tal manera que mi visión, no sólo de la radio, sino del mundo, cambió. Entre otras cosas, me convertí en un lector más responsable. Yo no era un lector regular. Al estar en contacto con Arreola, con Monsiváis, me di cuenta de mi inconstancia. Yo vivía esa época romántica en la que uno siente que los proyectos van a durar para siempre, que ABC iba a ser una estación que se iba a escuchar en todo el país, con ese formato cultural".

Sin embargo, ABC Radio, ese "osado proyecto cultural construido desde la iniciativa privada, y acaso desaparecido por ello mismo"[1], terminó y Mariano se trasladó, junto con Vale, a Radio Centro. "El proyecto de ABC sucumbió porque era muy caro", explica Osorio; "no teníamos suficientes anunciantes, el alcance de la emisora era muy pequeño; era una estación de AM con una nómina muy cara, y en algún punto dejó de ser negocio; quizá nunca lo fue. Tere me consideró a mí y a un grupo de personas para trabajar y hacer noticiarios en grupo Radio Centro. Me invitaron a trabajar a Joya 93.7 y llegué cargado de inquietudes, de ideas. Por supuesto que yo no quería presentar canciones. Yo quería leer libros (al aire)".

Hoy con Mariano

Así, como parte del equipo de Vale, María Elena Cantú y Rocío Escalona, Mariano comenzó a realizar entrevistas, a dar noticias y a poner en marcha una actividad que más tarde lo distinguiría: compartir reflexiones y leer cuentos para niños. En 1994 comenzó a conducir, en Stereo Joya, una revista matutina llamada Mariano en las mañanas, que años después, a iniciativa de Francisco Aguirre, se convertiría en Hoy

[1] Nicolás Alvarado, *El círculo virtuoso*, en Milenio. 18 de noviembre de 2014.

con Mariano, una gran producción de carácter un tanto experimental en tanto que fue, y sigue siendo, el primer programa de radio de gran formato en noviembre de 1999.[2] La emisión, una de las más escuchadas del centro de México, se transmite de lunes a domingo de 6 de la mañana a 1 de la tarde a través de Joya 93.7 en la ciudad de México, y a otras 26 ciudades. Pero sus rasgos característicos no son sólo su duración, variedad y creatividad, sino en el cuidado que el propio Mariano pone en ofrecer contenidos sustanciosos para una audiencia que lo sigue fielmente todos los días. El programa ha rebasado los límites de la propia radio. La sección de reflexiones, por ejemplo, se convirtió debido a la insistencia de los radioescuchas en discos que fueron éxitos de venta. En cuanto a la promoción de la lectura, a Mariano le gusta leer libros, entre los cuales destacó la novela Aura de Carlos Fuentes y cientos más. Aunque admite que la idea de leer libros completos por radio al principio horrorizó a los directivos, ha tenido tanto éxito que en 2013 Conaculta le otorgó un reconocimiento especial como promotor de la lectura por su sección "La Narración". "Llevo 20 años leyendo libros al aire, traer ese concepto a una estación musical era algo que aterraba a los que la dirigían en ese momento. Hoy te puedo decir que fue una de las necedades de las que más orgulloso me siento. Fue todo un atrevimiento".

Su labor como productor y conductor —y en un sentido más amplio, como comunicador— ha sido ampliamente reconocida en diversos ámbitos, tanto privados como oficiales. Desde 2006 la revista Líderes Mexicanos lo ha incluido en su lista de los 300 más influyentes de México dentro de la categoría líderes de opinión. En dos ocasiones se hizo acreedor al premio "Principios" que otorga el Consejo de la Comunicación al mejor contenido en la radio, en tanto que en 2010 monitorLATINO le otorgó el premio de Mejor Locutor del año en el género pop. "México puede tener en los medios de comunicación a un buen aliado o a su peor enemigo. Así como muchas veces dicen que somos lo que comemos, también creo eso de dime que escuchas y te diré quién eres. Y no es que unas cosas estén bien y otras mal; sólo que hay unas más convenientes que otras en determinadas circunstancias".

"Si hay una preocupación que me acompaña todos los días, claramente es la de mantener frescos los contenidos, modernizarlos. El contenido de una emisión lo es todo. La propuesta siempre tiene que ir de la mano de lo que tu audiencia pide, de lo que la empresa requiere comercialmente y de la mano de tus anunciantes; pero también hay que atender esa preocupación de dar contenidos de más calidad, de hacer una aportación positiva a la vida de la gente, de tratar de salir de esa zona de confort que hace que pensemos que las cosas se van a arreglar solas. Siempre cito una máxima de Peter Drucker que me encanta: `Si quieres saber cómo será tu futuro, mira lo que estás haciendo en tu presente´. Hoy creo que en México tendríamos que ocuparnos un poquito más por ser mejores. Afortunadamente contamos con una enorme pluralidad, con libertades y criterio libre que nos permite seleccionar cada quien lo que quiere, pero yo pienso que ahí es donde nosotros jugamos el contrapeso. La dinámica me parece que te empuja a arriesgarte y a hacer cosas diferentes y a ser tú, sobre todo. Nuestra audiencia tiene muchas opciones, y en su inteligencia sabe claramente que nadie tiene un contrato de por vida con nadie".

El papel de la mujer

Fue recién llegado a la ciudad de México, durante su etapa en ABC Radio, que Mariano conoció a Tere Mijangos, una jovencita de 21 años que más tarde se convertiría en su esposa, y que hoy, junto con sus tres hijos, Mariano, Alejandro y Regina, conforman el más grande orgullo en su vida: su famila. En su programa de radio y sobre todo en sus libros se ocupa con especial énfasis de temas que interesan a las mujeres, que son quienes

---

2 *Mariano Osorio, nueva estrella de la TV*. Revista Contenido. Consultado el 17 de julio de 2015 en http://contenido.com.mx/2009/03/mariano_osorio_nueva_estrella_de_la_television/

conforman el grueso de la audiencia del llamado "locutor preferido de las mujeres". Para ellas ha creado también una "radio social, cultural y personal; promoviendo valores, buenos libros y una recopilación de ideas, pensamientos y ejercicios con el fin de contribuir al bienestar integral de los radioescuchas".[3] "Las mujeres mexicanas han tenido un crecimiento exponencial desde el punto de vista intelectual, familiar y social. Yo las escucho todos los días y forman parte de mis preocupaciones diarias, Lo hago desde hace muchos años, cuando me iba en las camionetas a hacer promoción saliendo de mi programa a preguntarles, a escucharlas".

"En los foros donde me presento a dar alguna conferencia, o a donde soy invitado a conducir algún evento, en el restaurante, o en la plaza en la que camino, tengo la fortuna de que la gente se acerca a mí, y ya una vez que nos saludamos y nos damos un abrazo siempre tengo una pregunta lista para hacer. Esa pregunta siempre tiene que ver con lo que estamos haciendo en el programa, y ellas son quienes me ayudan a construir el esquema de una emisión que con tantas horas al aire lleva varios años. Me gusta escuchar que se preocupan cada vez más por su salud y no solamente por la de su familia; me gusta saber que están conscientes de que tienen no sólo el derecho, sino también la obligación de ser felices. Hoy las veo con más poder que nunca, legítimamente puestas como la cabeza de las familias de México. Las veo como un referente importante en términos de honestidad, responsabilidad y confianza. A mí me parece que las mujeres en México claramente son un camino a seguir. Yo creo que estamos cerca de ver a una mujer dirigiendo el destino de este país, y eso sería no sólo sano, sino deseable".

El locutor más confiable de la radio

La radio, aunque es claramente la vocación de Mariano, ha sido insuficiente para llevar su mensaje tan característico, que ha sido reconocido como positivo y promotor de los valores. No en balde, en septiembre de 2016 fue reconocido, por segunda ocasión, por un valor que escasea en nuestro país: la confianza. Con base en una investigación nacional realizada por la revista Selecciones del Reader´s Digest a través de Ipsos Bimsa —una empresa de investigación de origen francés—, en el que se midieron los niveles de confianza que los mexicanos tienen en marcas y personalidades Osorio fue reconocido como el locutor en el que más confían los mexicanos.

Además de sus cinco álbums de reflexiones, que se convirtieron en discos de oro y platino, en 2006 incursionó como escritor y publicó Mariano en tu vida, dirigido más hacia la persona como individuo, y un año después Mariano en tu familia, con mayor énfasis en la vida familiar. En 2009 aceptó, después de tres años de insistencia, una oferta para trasladar su programa a la televisión, al Canal 2 de Televisa, para lo

---

[3] *Mariano Osorio sabe utilizar su voz*. El siglo de Torreón, 28 de mayo de 2007, sección Espectáculos, p. 1

cual puso una condición: no dejar la radio. "Después de 27 años en el medio, puedo decir que la radio es lo más importante para mí, y a partir de eso, todo lo demás puede encontrar acomodo. No creo que sea más importante que la tele, ni el caso contrario. Cada medio tiene una profundidad muy grande. (Pero) la radio para mí es claramente un estilo de vida, para mí representa la realización de todos mis sueños. Me ha dado y me ha formado en todo lo que soy el día de hoy. Me permite seguir creciendo y seguir construyendo; me ha llevado a grabar discos, hacer libros y programas de televisión, a narrar películas como Minions, me ha permitido encontrarme con la gente más interesante que he conocido en mi vida, me ha dejado viajar en sentido literal y en sentido figurado a donde he querido. Hay gente que nace para la actuación, hay gente que nace para cantar y otra que nace para la tele. En mi caso la radio corre por mis venas y mi ADN. La radio es mi vida."

Julio César Ramírez

"Esta gente que hace la radio, hace magia."

La fascinación con el número cuarenta está perdida en los orígenes de la historia. Muchos reyes de Israel tuvieron el poder durante cuarenta años. Uno de los requisitos en el judaísmo para poder estudiar la cábala era haber cumplido 40 años. Hoy se repite, con un poco de ilusión y escepticismo, que la vida comienza a esa edad, y el número de marras es, curiosamente, el más alto hasta el que alguna vez se contó en Plaza Sésamo. El interés por el cuatro y el cero, en nuestra cultura contemporánea, quizá sea más fuerte en la industria de la música. Que una canción ingrese al Top 40, es decir, a la lista de las más escuchadas y populares, significa la diferencia entre trascender y ser invisible.

Como formato, el Top 40 entró a Estados Unidos en 1951, y en España Las 40 Principales apareció en 1966. "En 2016 la marca cumple cincuenta años", comenta Julio César Ramírez, el director de la estación homónima en México. Al país, la franquicia llegó en 2004 y hoy está extendida por toda América Latina. "Cuando llegó a México, teníamos el compromiso de hacerlo bien, porque ellos siempre han sido líderes. Había que enamorarse de la marca, había que echarle muchas ganas, y sabemos que esa batalla nunca está ganada. Hoy, gracias al trabajo de mucha gente, gracias a la dirección que tenemos, la emisora lleva por lo menos siete años como líder en su género. Buscamos la actualidad, tener una buena oferta de entretenimiento para los jóvenes. Generamos contenidos divertidos para la gente joven, porque ya sabemos cómo estamos en este país; ya hay suficientes emisoras enfocadas en eso: las (malas) noticias. Nosotros queremos cuidar esa otra parte. El México que no debemos dejar morir. El México que es fiesta, en el que somos divertidos".

"Ellos saben algo que yo no…"

Julio César Ramírez es un joven reconocido por su entusiasmo detrás del micrófono, pero de carácter apacible cuando habla de su vida. Nació en una localidad llamada Tasquillo, en el estado de Hidalgo, y vivió con sus padrinos de bautizo hasta los quince años. "Somos una familia grande, tengo ocho hermanos. A pesar de tener a mi familia toda la primera parte de mi infancia, terminé viviendo con ellos. Eso tuvo que ver, de alguna manera, con mi gusto por la radio; cuando yo tenía siete años mi padrino me regaló un radio. En esa casa había que pedir permiso para ver la televisión; era una familia con horarios estrictos, donde se desayunaba a las siete, se comía a la una y se cenaba a las siete; no era como hoy en muchas familias, que comes cuando te da hambre. Veíamos televisión, pero también teníamos un horario. Fuera de ella, y con todas esas restricciones de horarios, aquel radiecito fue mi conexión con el mundo. A diferentes horas de la noche, con estática y todo, llegaba ese sonido maravilloso de la AM, y empezaba a imaginarme que habría más allá de los cerros de mi pueblo".

Sobre los picos y valles que separaban la Ciudad de México de Tasquillo, donde no había ni una estación de radio, cruzaban las ondas de Radio Pantera hasta el pequeño radio que era como un tesoro para Julio César. Mucho antes de eso, comenta cómo su padre ("una persona muy trabajadora, que ya murió") despertaba a la familia, en las primeras horas de la madrugada, con La T Grande de Monterrey. En su localidad natal estudió la primera y la secundaria, pero siempre con un oído pegado a la música que salía de su valiosa posesión. "Yo pensaba: `Esta gente que hace la radio sabe algo que yo no sé. ¿Cómo le atinan a la música? ¿Cómo saben que el fin de semana estoy contento? ¿Y cómo saben que en la noche el mundo es diferente? Seguramente es magia´. Era como si la radio supiera cuál era mi estado de ánimo. Con el tiempo entendí que se hacen estudios, que hay música que debe ir en diferentes partes del día, pero cuando estaba chico y no lo sabía, creía que era magia. Es más, lo sigo creyendo".

Primera estación

"El locutor tiene que ser un poco doctor, un poco payaso, un poco de esto y un poco de lo otro", explicaba al adolescente Julio César el locutor de la estación más cercana, a media hora de su pueblo. "Como locutor, le hablas a tanta gente que tienes que saber un poquito de todo", remató. Esa manera de describir el trabajo a aquel joven con cara de sorpresa hizo que le llamara aún más la atención. Había acudido con su hermano Rubén, dos años menor que él, a ver la emisora. "Y claro", seguía diciendo admonitoriamente el locutor que estaba a cargo en ese momento", no puedes abrir el micrófono y decir sandeces". Julio César recuerda el momento: "Obviamente no me dieron trabajo ahí, pero insistí en otra estación que se llama Radio Mezquital. Lo curioso es que en esa estación (la transmisión) era mitad en otomí y mitad en español, por la zona de Valle del Mezquital. El gerente, Pedro Norberto Téllez, en algún momento me dio la oportunidad de empezar a operar cuando alguno de los regulares se enfermaba. Ahí conocí a un personaje llamado Roberto Bravo, que venía de Pachuca, una persona experimentada, una voz tremenda, un talento enorme, y él es quien me empezó a enseñar sobre la radio. Él daba las noticias por la mañana y empezó a dejar que yo le operara; después me dio la oportunidad de dar la hora, luego los horóscopos, y después cosas más institucionales de su noticiero".

"Ahí estuve un tiempo, mientras terminaba la preparatoria. Cuando la concluí, me invitó a comer a una marisquería que estaba frente a la radio, y delante de los comensales… ¡me despidió! Me dijo que no podía volver a pisar la estación. Íbamos bien, estábamos contentos, yo vivía feliz… y me corre de fea manera. Al final de la comida, yo con lágrimas en los ojos, me dijo:

—¿Quieres saber por qué no puedes regresar a la radio?

—Por supuesto.
—Porque llegaste sin saber nada, y hoy eres la mejor voz que tenemos. Tú no naciste para quedarte aquí. Tienes que seguirte preparando, y a menos de que me traigas un comprobante de que sigues estudiando una carrera, no podrás poner un pie en la estación.

"Eso es algo que le voy a agradecer eternamente", reconoce Julio César Ramírez. "Así que me fui a estudiar al CREN, el Centro Regional de Educación Normalista en Pachuca, porque la mayoría de mis hermanos son maestros. Presenté el examen, afortunadamente lo pasé, pero sólo estudié seis meses en esa escuela, hasta que un día que llegué al cuartito que rentaba con una familia maravillosa, y escuché:

Corporación Pachuca te invita.
¿Te gustaría ser locutor en nuestras emisoras?
Audiciones, próximo sábado.

"¡Ahí voy! Fui a hacer la audición; fui el numero 113 y nos dividieron en dos bloques. Afortunadamente", dice con un guiño, "fui, vi y vencí".

En la casa embrujada

"Corporación Mexicana de Radio fue siempre una gran compañía. En ese momento habían abierto una estación FM de actualidad que se llamaba El y ella, en español e inglés, como muy fresa para su momento. Ahí conocí a un par de personajes maravillosos: Juan Manuel Larrieta, que había sido voz de 97.7, una voz increíble, por cierto. Cuando me acerqué para decirle que había ganado la audición, pero que quería seguir estudiando, me dio un gran consejo: `César, yo soy contador, pero la radio me ha dado grandes satisfacciones, más de las que seguramente hubiera tenido como contador. No seas tonto; pide un permiso de seis meses en la escuela, prueba; si no te va bien aquí, pues sigues estudiando". César consultó con su papá, pidió el permiso en la escuela y se puso a trabajar de tiempo completo en la Corporación Mexicana de Radio, donde conoció a Raúl Audiffred Pinedo, su director. "Él veía que yo quería sacar mi cabina siempre", recuerda; "tenía 18 años y me inventaba historias; un día terminó regalándome un libro sobre viajes espaciales".

"Viví dos años increíbles trabajando en esa ciudad. Aprendí muchísimo; la regué como todo mundo. Hay algunas historias divertidas. Recuerdo, por ejemplo, que una vez me invitaron a un evento; eran los primeros enlaces que iba a hacer. La inexperiencia me hizo tomar el micrófono (principal) del lugar donde se estaba llevando a cabo la presentación de un importante revista; había grandes personalidades. Entonces agarré el micrófono del recinto y no el de la estación y me puse a hacer mi enlace. ¡Todo se estaba oyendo en aquella discoteca! Aparte, fue en la mitad de la presentación, cuando estaban los socios, los dueños de la revista en el escenario, y yo feliz, parloteando. Todo el mundo se me quedó viendo. Casi me cuesta la chamba. Lo importante es que viví dos años de aprendizaje muy interesante, escuche grandes voces, aprendí del cuidado de la producción, del vestido, la música, todo lo que va conformando una gran estación de radio, porque El y Ella lo era. Ahí estuve dos años y después me fui a Toluca. Primero llegué a vivir a un hotel y luego, a una casa embrujada donde me espantaron varias noches. Al principio no entendía por qué rentaban esa casa a tan bajo precio. Era bonita, espaciosa y grande, y solamente vivía una viejita. Tenía todo: alfombra de primera, muebles de primera, en fin. Las primeras noches no entendía por qué no dormía como muy cómodo, hasta que un día me jugaron con las luces, con las ventanas, hubo ruidos extraños. Subí corriendo a buscar a la viejita, que vivía en un cuartito del segundo piso, para decirle que me estaban espantando. Yo pensé que me iba a decir que estaba loco, pero me dijo: 'Bueno, enciérrate en esa habitación de ahí enfrente y atranca la puerta. Hay un Cristo en la pared. Ponte a rezar y luego te duermes'".

Un sueño hecho realidad

"En Toluca me casé, conocí a mi mujer, aprendí, pero yo todavía quería comerme al mundo y, como todos, tenía el sueño de llegar al DF. Afortunadamente, un día Juan Manuel Arrieta, un amigo que había conocido en Pachuca, me hizo una invitación. En México estaban buscando una voz para una estación que en ese momento se llamaba Estéreo 102. El director era Gabriel Hernández. Lo que hice le gustó y me incluyó como locutor de su emisora, donde estuve dos años. Después me fui a cumplir uno de mis grandes sueños: formar parte de Stereo 97.7 con Arturo Flores, uno de los personajes más importantes en mi carrera, porque además de ser un gran señor que me dio grandes oportunidades, es una fina persona".

Julio César trabajó durante seis años en lo que él describe como una de las etapas más maravillosas de su vida, y no es difícil entender por qué. "Cuando yo vivía en Tasquillo y estudiaba la preparatoria, tenía un amigo —hasta la fecha lo es— que, de todos nosotros, era el único que tenía dinero, porque los fines de semana se iba a trabajar como despachador de gasolina a México. Entre semana regresaba al pueblo y seguía estudiando. Él tuvo la posibilidad de comprarse un estéreo con LEDs, de esos que te hipnotizan, y de los cuales no había en mi pueblo. Vivía en una comunidad que se llama Candelaria. Para llegar había que cruzar el Río Tula en un puente colgante, y yo iba encantado los fines de semana porque ahí había una cosa maravillosa: en lo alto de esa comunidad entraba la señal de Estéreo 102 y de 97.7, ondas que ciertamente no entraban a mi pueblo. Y por eso yo me llevaba mis cassettes; de un lado grababa 102 y del otro lado grababa 97.7, y eso era lo que oía en mi última etapa de la prepa. Hacía las tareas y oía a esos grandes locutores. Por eso, cuando tuve la oportunidad de trabajar ahí —de convertirme en la voz de 97.7—, fue como un sueño".

Las 40 principales

Tras cumplir un ciclo de seis años, César recibió una invitación de Ignacio Reglero —actual director de Televisa Radio— para lanzar Los 40 Principales en México. Doce años después de trabajar con la marca, Reglero le ofreció también ser director de las estaciones musicales de Televisa Radio. "Los 40 Principales fue un tema, una transición dura. Cuando cambiamos el nombre, la emisora se llamaba Box, un nombre cortito y pegajoso. Los 40 Principales no tenía mucho sentido para México. En España era originalmente un programa de fin de semana, un conteo, pero se volvió tan importante, y lo hicieron tan bien, que llegó a ser el nombre de la estación. Aquí también numeramos las canciones cada fin de semana, y todo el tiempo estamos pendientes de lo que pasa afuera. Ahora hay muchos más indicadores para saber qué es lo que le gusta a la gente; antes era nada más lo que pedían por teléfono; ahora además del Twitter y Facebook, hay grandes compañías como monitorLATINO que hacen mas difícil que te equivoques. Si no tienes una programación contundente, es porque de verdad no quieres; porque indicadores los hay cada vez más".

Como otros en la industria, Ramírez encuentra preocupante la relativa crisis de talento y de nuevas figuras que además de ser los motores de la corriente musical, marquen décadas o incluso épocas. "El otro día me decía un amigo de una compañía disquera, que si agarras una lista de lo mas vendido de hoy, y comparas con una lista de hace 15 años, te vas a sorprender la cantidad de artistas que coinciden. Es decir, nos encontremos a los mismos nombres: Shakira, Gloria Trevi, Luis Miguel, Cristian Castro. Hay pocos nuevos que hayan figurado, como Zoe o Camila; no los suficientes. Yo creo que el principal problema de hoy para la música en español para jóvenes, es que no hay tantas propuestas, o que no son lo suficientemente agresivas como para hacerle frente a la música en inglés. Y hoy es fácil que nuestro público tenga acceso a esa música, porque la descubren en las redes. Hoy son los jóvenes quienes nos influencian a las estaciones. La cosa cambió. Antes era de aquí para allá; ahora es de allá para acá. Por eso yo creo que hay que sacar la antena y escuchar, escuchar y escuchar. Pero el problema grave, insisto, es el de los talentos en español".

Ante la pregunta expresa, Julio César reconoce que la radio ha tenido que responder a esa situación con mejores contenidos, desarrollando mejores instintos y sobre todo, poniendo un esfuerzo específico en los contenidos. "El contenido bien hecho, bien estructurado, bien armado, funciona muy bien; ésa es una de las cosas por las que va a ser muy difícil que desaparezca la radio, porque la gente necesita quién le hable y que le cuente cosas. Prender la radio es un acto personal", dice con visible entusiasmo; "es un acto casi íntimo. Empieza por tomar una decisión, por buscar una estación; después un programa, la música que te hace feliz, la que quieras que te acompañe. Cuando era chico pensaba: `Esta gente que hace la radio, hace magia. ¿Cómo saben lo que quiero oír?´. De eso se trata precisamente. Con el tiempo reafirmé mi idea original de que una buena estación de radio es aquélla que logra que su contenido vaya a la par de lo que la gente esté haciendo, de lo que la gente sienta". En otras palabras, se trata de hacer magia.

Juan Carlos Razo
Don Cheto

"No me importa que la gente sepa que no soy yo, ya estoy del otro lado. Ésa es mi victoria."

Introducción

Don Cheto es, desde hace casi una década, uno de los personajes más populares de la radio latina en los Estados Unidos. A la vez una creación en constante adaptación y figura bien establecida, gracias a la inventiva de Juan Carlos Razo, el adorable viejito es un reflejo del espíritu mexicano y latinoamericano; un espejo donde los radio escuchas, migrantes, muchos de ellos pobres, cargando con una acuciante nostalgia por su pueblo y costumbres, pueden encontrar diversión y reivindicarse. La historia de don Cheto —los detalles no importan— ha ido creciendo junto con su fama. Don Cheto aconseja, don Cheto regaña e incluso muestra una extraordinaria vitalidad para su edad, con su versión de Gangman Style que ha recibido cerca de 50 millones de visitas en Youtube. Pero don Cheto no existe. El señor de La Sauceda es un personaje ficticio, y a la misma vez profundamente real y auténtico. Sin embargo, cuando termina la emisión, cuando se paga el micrófono, y se van el bigote, el sombrero y la guayabera, bajo el disfraz aparece Juan Carlos Razo. ¿Y quién es Juan Carlos? Ciertamente, no es don Cheto. Casi nadie sabe su historia —sin duda mucho más interesante y llena de drama que la de la creación radiofónica. Aquí se cuenta por vez primera, en primera voz.

El hombre bajo el disfraz

Me llamo Juan Carlos Razo Magaña. Nací en un pueblito de Michoacán que se llama La Sauceda, entre Zamora e Ixtlán de los Hervores. Soy el único hijo varón, tengo dos hermanas menores, y tengo sólo cosas bonitas de recuerdos de mi infancia. Nací en una situación muy humilde ahí en el rancho, una comunidad rural muy chiquita donde la mayoría de las personas se dedican al campo, especialmente al cultivo de la fresa, que es muy importante en todo el valle de Zamora. Mi papá quería que yo buscara otras alternativas aparte de trabajar en el campo. Él quería que yo estudiara, que fuera a la escuela; que fuera un profesionista, vaya.

Y aunque sí trabajé en el campo cuando era niño, reconozco que nunca fui bueno para el trabajo en las parcelas, así que me dediqué al estudio, para lo que tampoco fui bueno. "Éste no pinta pa' nada", decía mi papá, y era cierto. Mentiría si dijera que siempre soñé con ser locutor: la neta no, aunque siempre me gustó eso de hablar mucho y ser el centro de la atención en la pandilla de amigos, el chistoso de la banda. el payaso del equipo y el más maleta para jugar también. Aunque éramos campesinos, mi papá, a nivel "rancho" participaba en la política de la comunidad. Me recuerdo desde muy chico —a eso de los ocho años— leyendo la revista Proceso, porque mi papá la compraba. De ahí le agarré afición a la lectura, y prácticamente leía lo que se me atravesara: libros de política, de misterio, lucha libre y hasta las revistas de Avon que le agarraba a mi mamá. Bueno, ésas no eran para leer precisamente.

Cuando tenía unos doce años, mi papá tuvo una enfermedad: se le paralizó la mitad del cuerpo. Eso hizo que nos tuviéramos que endeudar para sobrevivir. Cuando se recuperó se le fue haciendo difícil pagar ese dinero y las deudas aumentaron; era pedir aquí para pagar allá. Sólo quedaba una opción: el Norte. Primero se fue él, después mi mamá y mi hermana más chica. Nos quedamos yo y mi otra hermana a vivir con mis abuelas. Extrañaba a mis papás, pero a los 14 años no estaba del todo mal tener esa "libertad" que sólo las abuelas te pueden dar: jugar hasta muy noche en las calles del pueblo, salir a vagar por todo el rancho y hasta los ranchos vecinos, cosa que con mis papás era imposible. Pero ya no era un niño, tenía que empezar a ayudar a mi padre, así que a los 15 años me fui a Estados Unidos, al mítico "Norte" que hacía los sueños realidad, hasta para un "no pinta para nada" como yo.

Un muchacho valiente

Un día mi papá me dijo que me necesitaba en Estados Unidos porque necesitaba juntar rápido el dinero, y que debía irme a trabajar. Había estudiado contabilidad seis meses en el CBTIS, pero tomé mis cosas y me fui a Estados Unidos. Me subí al autobús rumbo a Tijuana y llegué a la casa de unos familiares del pueblo que habían hecho su vida en esa ciudad. Me dieron la bienvenida, me trataron muy bien y me llevaron con el *coyote*[1]. Entraría, por supuesto, de "ilegal" al país. Caminamos por el cerro todo el día hasta ya entrada la noche. Íbamos yo y otras ocho personas en medio de la nada. Mientras tanto, yo volteaba para todas partes, miraba solamente montañas y me preguntaba dónde

---
[1] Persona dedicada a cruzar, de forma ilegal, grupos de migrantes de México a Estados Unidos.

estaba el *Norte*, el de las películas, el de las calles limpias y las hojas de los árboles en el suelo; el Norte de las pláticas de los paisanos de mi pueblo, el de las fotos que mandaban al lado del Camaro o con la grabadora grande. El Norte de los sueños, el que le había construido casas a medio rancho. Pero yo no lo veía. Sólo cerros y más cerros pelones. Nos subieron en un coche. Los coyotes no querían que fuera mucha gente, y a seis de nosotros nos tocó viajar en la cajuela. Sí, éramos seis en la cajuela; a los 15 estaba gordo, pero no tanto. Era ágil, y tenía una cualidad más importante: era valiente.

Reconozco que ese arrojo de quinceañero ya no existe y tal vez esa valentía de adolescente pendejo me salvó, al final del día, la vida. Aunque ya eran las ocho de la noche, hacía mucho calor. No sabíamos dónde estábamos. Recuerdo que habíamos caminado por Tecate. El chiste es que como a los veinte minutos, nos empezamos a asfixiar dentro de la cajuela del coche, y yo más, porque encima de mí iba un señor de treinta y tantos años. Todos nos empezamos a asustar. La gente comenzó a gritar en medio del pánico: "¡Nos vamos a morir!" y "¡Yo ya sabía que esto iba a pasar!". Alguien propuso: "Empujemos la cajuela a ver si se abre", pero todos seguían gritando: "¡Nos vamos a morir, nos vamos a morir!". Yo, que era el más chico de aquel grupo, trataba de tranquilizarlos, aunque ya no tenía ni aire para hablar. "No pasa nada", les decía; "cálmense", mientras empujaba al señor, ya a punto del desmayo; lo sentía cada vez más pesado.

De pronto, el carro frenó de golpe, se abrieron las puertas y escuchamos que alguien corría. Alguien gritó: "¡Ya nos agarraron!". El chofer, que era el coyote, abrió la cajuela. De inmediato tratamos de abrirla completamente para que entrara oxígeno; empujé al señor ya casi desmayado, pero desde afuera la volvieron a cerrar de un golpe. Era la migra.

—¡No le abran, hijos de su pinche madre! —Porque ellos hablan español, y te la *rayan*[2].

Nos sacaron uno por uno y nos metieron a una patrulla. El de la migra me vio, se acercó y me preguntó, porque era el mas chico, qué hacía yo solo, con quién iba.

—Vengo solo.

—Hijo —me dijo—, te vamos a chingar. No te vamos a dejar salir de la cárcel hasta que venga alguien por ti.

Entonces nos llevaron a un centro de detención, ¡y ahí estoy yo! Todo el día, y el día siguiente, amontonados, hasta que se empezó a llenar de la gente que iban agarrando, y poco a poco empezaron a dejarlos ir. Menos a mí, porque era el más chico. Me volvieron a decir que no me iban a dejar salir porque era muy joven, incluso menor de edad. Hasta que uno de ellos preguntó:

—¿No hay alguien, entre los que se quedaron, que pueda decir que es tu tío, que venía contigo en la caravana?

Y un señor que venía conmigo (me encantaría volverlo a ver y saber quién es) dijo:

—Yo soy su tío.

Así fue como me dejaron ir, con ese señor, que no era mi tío pero se convirtió en mi protector. Nos sacaron de la cárcel por un pasillo que desembocaba en una puerta que abrieron, ¡y ya estaba en México! Había paleterías y mil cosas más. Eran como las cinco de la tarde. Un día después, abordamos el camión a Tijuana. Después de mucho andar en camión, vi una plaza y recordé que yo había pasado por ahí con mi tía. Me bajé del autobús sin saber y empecé a caminar, de noche, solo. Hoy que lo pienso me da miedo, pero entonces no sentía temor. Sabía que mi tía vivía cerca de un CONALEP y empecé a preguntar. La gente me daba direcciones: "*No, pos pa'lla*"; y "*No, pos pa'l otro lado*". Caminé muchas horas, por muchas calles. Dieron las once de la noche hasta que di con el famoso CONALEP y la casa de mi tía.

---

2 Rayar, insultar.

Entre coyotes, cucarachas y raza brava

"Me van a dejar aquí descansar unos días". Eso era lo que yo estaba pensando esa noche, en casa de mi tía. Les había contado mi historia, había dormido… pero me levantaron a las ocho de la mañana, me dieron mi *Choco-milk*, ¡y me llevaron otra vez con los coyotes! Yo ya no quería. El nuevo coyote era un tipo con una *caguama*[3], recién salido del hospital, todo ojeroso; casi casi le acababan de quitar el suero. ¡Ahí voy otra vez! La misma travesía, la misma hora, todo exactamente igual; otra vez la cajuela, pero esta vez sólo íbamos cuatro adentro. Y cosa rara, me tocó exactamente con las mismas personas del día anterior, menos dos. Esa vez sí la hicimos. Duramos como dos horas en camino, llegamos a un lugar y empezamos a notar que el coche frenaba y luego le daba de nuevo. Uno de mis acompañantes exclamó: "¡Ya andamos en la ciudad, ya andamos en San Diego!". Entonces llegamos a una casa, nos sacaron de la cajuela y nos dijeron: "¡Métanse a esa casa!". Yo pensé: "¡Qué rico! Ahorita me baño, descanso" —porque me dolía todo el cuerpo—, y cuando abrieron la puerta… ¡estaba hasta la chingada de gente! ¡No cabíamos! ¡Había como 300 personas en esa casa! Caminábamos literalmente encima de los cuerpos. En un cuarto estaban las mujeres y en otro las que llevaban bebés. Ir al baño era toda una travesía.

—¿Sabes qué? —nos dijo el coyote—. Ustedes se la van a rifar por acá afuera, nada más no hagan ruido.

Afuera había un patio pequeño y sucio: botes de basura, triciclos viejos, un asador mohoso y botes de cerveza. Ahí nos tocó pasar la noche, sentados afuera. Nos dieron de comer frijoles acedos[4], teníamos que compartir el plato; comía y se lo pasaba al siguiente. Recuerdo que alguien dijo: "¡Aquí el que tiene asco se muere de hambre!". Había pura *raza* brava ahí, y yo tenía que portarme a la altura! Ya quedamos que en ese entonces yo era valiente. Me dormí entre unos botes de basura, entre las cucarachas. Cuando desperté vi a "mi tío", la misma persona que me había sacado de la cárcel, que estaba a mi lado, espantándome los animales de la cara. Me dio mucha ternura. Me estaba cuidando. Era como un ángel guardián.

Al otro día nos subieron a una Van, nos dieron la vuelta, nos regresaron y nos dijeron que estaba muy "caliente" y que no nos habían podido pasar. Al siguiente día pasamos por fin la otra aduana y llegamos a un lugar. Unos se bajaron y otros permanecimos en el vehículo, también mi nuevo "tío".

—Ahora sí —nos dijeron—, ya levántense normal, siéntense normal, pónganse el cinturón de seguridad.

Nos compraron un *Gatorade* y llegamos a una localidad. No sé qué ciudad sería. Me volví hacia mi "tío" para decirle adiós. Le di las gracias y me preguntó a dónde iba. Le dije que iba a El Monte; así se llamaba la ciudad: El Monte, California. Cuando llegué, el coyote le habló a mi tía. Creo que le pagó 500 o 700 dólares, que era lo que costaba en ese entonces (ahorita cobran seis mil dólares). Era pleno verano de 1996. Y ahí, por fin, vi una ciudad de Estados Unidos.

Mi mamá me vio, corrió y me abrazó. Me dio de comer y me metió al baño. Yo andaba más allá de la mugre; traía los zapatos rotos, el pelo largo y la piel más prieta que de costumbre. A los pocos días comencé a trabajar en un lugar donde doblábamos ropa de bebé. Un día, como al mes de estar trabajando, el supervisor coreano del lugar me dijo que ya no fuera.

—¿Por qué? —quise saber.

—Porque estás muy chico. No te puedo tener aquí.

Así que me fui a mi casa y le conté a mi mamá. Mi tía le dijo que yo no podía trabajar por ser menor de edad. Y con todo el dolor de mi corazón, me mandaron a la escuela. Fui a los grados diez, once y doce, y aprendí inglés. Me gradué de la escuela y empecé a trabajar en otras cosas; trabajé en fábricas, vendí discos en eventos, cueritos

---

3 Una botella grande de cerveza.
4 Agrios.

en vinagre para ayudar a mis papás, y fue por ese entonces que se me metió el gusanito de la radio: yo escuchaba a los locutores en las estaciones y quería ser como ellos, decir la hora, los saludos. No aspiraba a más. Pensaba: "Yo no soy chistoso". Mi ilusión era salir al aire y decir: "Son las cinco de la tarde y ahí está esta canción". Ésa era mi meta, no tener un personaje. Nunca pasó por mi mente que yo pudiera hacer reír, mucho menos tener éxito.

Un día hubo una fiesta del pueblo y vi a un amigo paisano. Yo sabía que él había sido locutor por algún tiempo. Entre el baile y la música le dije que tenía esa inquietud, que si conocía a alguien que me pudiera ayudar; una escuela de locución o algo, y me platicó de una.

—Ve, diles que vas de mi parte y no te van a cobrar nada.

Fui en autobús hasta Hollywood y me dijeron:

—No te voy a cobrar porque vienes muy bien recomendado, pero sí me tienes que dar la tarifa de inscripción.

Eran como 250 dólares, que por supuesto yo no tenía. Ganaba 140 dólares a la semana. El chiste es que no fui, porque no tenía dinero. Pasaron muchos meses hasta que volví a encontrarme con ese amigo.

—¿Fuiste a la escuela de locución? —me preguntó.

—Fui. Pero me cobraban.

—A ver, cabrón, ven —dijo muy serio—. ¿De verdad te gusta eso de la radio?

—Sí, sí me gusta. —Para ese entonces, yo ni siquiera música regional escuchaba. Yo era punketo y rockero, pero la radio era parte de mis gustos personales.

—Mira —me dijo—, yo tengo un compadre en una estación, el "Cheque" González, que es locutor en la Ke Buena de Los Ángeles. Ve los fines de semana, ve como trabaja, a ver si te gusta. Yo le digo que te dé oportunidad de ir los sábados.

Y así fue. Trabajaba de lunes a viernes en una fábrica, muy lejos de mi casa, y los sábados me iba en camión a la Ke Buena, con Cheque, de tres de la tarde a siete de la noche, y me regresaba a casa en camión. Ahí fue donde empecé a ver cómo se trabajaba y a enamorarme de la radio.

El señor del rancho

Empecé a trabajar con el Cheque González y a los pocos meses me preguntó si no me gustaría ir todos los días, como copiloto, porque antes se necesitaba a alguien que sacara la música; todavía no tenían el sistema automático. Eran cartuchos para los comerciales y discos para la música. Por supuesto le dije que sí. Llegué con mi papá, le platiqué que el Cheque me había invitado todos los días, pero que no iba a haber dinero.

—Mira —me dijo—, cuando ibas a la escuela, mal que bien me la rifaba. Si te gusta eso, ¡adelante!

—Mire, apá —le respondí—, si veo que no la levantamos, me regreso al trabajo.

Para entonces, ya habíamos dejado de vivir con mis tíos, pues queríamos independencia. Vivíamos en una casa, ya sin mi ingreso, con mucha gente más. En un cuarto dormían mi papá y mi mamá; en el otro había una familia; en otro estaban mis hermanas y las hijas de otro matrimonio, más otra señora con su hijo; y en la sala dormíamos otros seis, los hijos de las parejas y otro del rancho. Era difícil. Por ejemplo, en las noches yo quería dormirme porque me tenía que levantar temprano, mientras los otros querían estar platicando y *pisteando*, escuchando la radio a las once de la noche, y yo tenía que levantarme a las cuatro de la madrugada.

Pero me la rifé. Salimos adelante. Las cosas se empezaron a dar. Me enseñé a operar en la estación. Con el tiempo me dieron el turno de la medianoche del domingo. ¡Ni quien te escuche a esa hora! Pero yo era feliz. Contaba las horas para abrir el micrófono y dar la hora. Muchas veces dormía en la estación porque no traía ni para el camión, y le decía a mi mamá que iba a pernoctar con un amigo. No quería que mis padres se sintieran mal. Luego vino otro locutor, fui su operador, me metí al departamento de promociones y, después de un año, por fin me empezaron a pagar, cualquier cosa. Nos hicimos de un carro. Mi tío iba a tirar el suyo a un deshuesadero y mi papá le dijo que todavía aguantaba, ¡y se lo quedó!, aunque el cochecito nos dejaba varados en cada esquina. Mi papá me traía a la estación. Yo aprendí a manejar hasta los 25 años.

Cuando tenía unos veinte años, nació un personaje muy singular en la radio, don Cheto. Para entonces ya había estado de copiloto con otros locutores de quienes fui aprendiendo: el Cheque González, Rocío Sandoval "la Peligrosa", Ricardo Sánchez "el Mandril", Pepe Garza, Tomás Rubio, entre otros. A todos les agradezco mucho porque me dejaron crecer, hablar en la radio y aprender de ellos. Un día alguien al aire me preguntó si en mi pueblo había una estación de radio y le dije que no. Entonces quiso saber cómo anunciábamos allá, y le conté de don Rubén. Don Rubén, que hasta la fecha vive, es un gran amigo de la familia. Su casa era la única de dos plantas en el pueblo, porque tenía una tortillería y arriba tenía una bocina con un tocadiscos. "Uno va con don Rubén", expliqué, "y le dices cualquier cosa que quieras anunciar en el rancho: `Oiga, que mi mamá vende pollo`; `Oiga, que se perdió una vaca`; `Oiga, que fulano de tal anda buscando cooperación porque se quebró una pierna`; y don Rubén lo anuncia". Debo decir que don Rubén lo hacía de una manera muy buena. Prendía el micrófono, le soplaba y se oía en todo el rancho:

A toda la gente:
ahí en la casa de doña Esperanza Villanueva están vendiendo caldito de pollo.
¡Un caldito de pollo bueno! Para su esposo que anda trabajando en el campo.
Ya no le dé tanta verdolaga. ¡Al caldito, con doña Esperanza!

Y yo lo dije, al aire, en la radio, exactamente así. Me puse a imitar a don Rubén. Y de inmediato la gente empezó a llamar:
—Oiga, que me mande un saludo el señor del rancho.

Así que empecé a mandar saludos como "el señor del rancho" y a participar en un segmento con Pepe Garza que se llamaba "La lucha de las estrellas". Ahí empecé a darle forma al "señor del pueblo", hasta que le pusimos don Cheto. Grabé una canción que se llama *Vámonos pa'l rancho*, pues se me había dado esa facilidad de escribir rimas. Posiblemente heredada, pues mi papá es compositor. Compuse esa canción con Pepe. Él y yo teníamos un programa, yo ya como don Cheto. La gente pedía mucho la rolita. Fue cuando Pepe me dijo que grabáramos un disco de don Cheto con diez canciones. Venían temas como *Vámonos pa'l rancho, La puerca de mi suegra, La chica-gona, Necesito coyote*; eran casi puras parodias. No teníamos disquera. Nosotros pagamos la producción y empezamos a distribuirlo de puesto en puesto. Y se empezó a vender. ¡El chiste es que me gané como veinte mil dólares! ¡No podía dar crédito! Un tipo del rancho, indocumentado... Pepe y yo compusimos las canciones. La musicalización la hizo un amigo suyo que tenía una compañía musical y nos ayudó con una banda; yo se las tarareaba, ellos sacaban la música y la grabábamos. ¡A la bravota!

Después de diez años tuve que regresar a mi pueblo a arreglar una visa de trabajo como cantante, pero eso fue como un *chanchullo*. Cuando llegué, vi que mi antigua casa era la más fea del rancho. Tenía diez años de estar sola. Así que cuando regresé con ese dinero, le construí una casa a mi *jefa*. Derruí la casa viejita y le construí una nueva, que es donde vive ahora. Ya con papeles, regresé a Estados Unidos y me casé con mi novia de siempre —que es mi esposa todavía; no se ha rajado— y empecé a mejorar a don Cheto, a caracterizarlo cada vez mejor. Don Cheto iba en ascenso.

Crisis de identidad

Fue entonces que me pasó una cosa muy curiosa, como un punto de inflexión: me pregunté si en la radio quería seguir siendo Juan Carlos o don Cheto, y hacerlo bien. No podía hacer las dos voces. Yo, como Juan Carlos, no siempre podía decir las cosas que decía don Cheto, porque no se oían igual; se escuchaban ridículas. Así, decidí que en la radio ya no iba a ser Juan Carlos; iba a ser don Cheto, y me iba a dedicar a inventarle una vida a este señor desconocido[5], a quien hasta la fecha escucho, y veo que no tiene nada que ver conmigo. A veces me da risa. Yo mismo me pregunto cómo digo eso. Es en verdad otra persona.

Me dediqué a hacer a don Cheto. Le pusimos una imagen, seguimos grabando canciones, y lo demás es historia. Sí me costó. Me costó inventar toda una vida, una esposa, unos hijos. De verdad yo puedo saber qué está haciendo él ahorita, sé cómo piensa, qué opina de tales cosas; y no siempre son las cosas que yo pienso. Si él piensa una cosa de Donald Trump, quizá yo pienso otra. Don Cheto es como una mujer. Muchas de sus expresiones y actitudes están inspiradas en mi abuela materna, que se llama Adelaida: "¡Ay, ay, ay! ¡Ahorita vi a las hijas de fulana! ¡Cómo se visten! ¡Por el amor de Dios! ¿Qué no tienen padre?". Y con don Cheto la onda es ésa, preguntarme a mí mismo qué pensaría mi abuela de un tipo que se saca la ceja. Seguramente algo como: "¡Ay, estos muchachos, se van a hacer viejas! ¡Ahora se sacan la ceja, mañana se pondrán falda!". La verdad es que yo me divierto mucho. El caso es que, antes de mi programa la estación nunca había tenido el *rating* que tuvimos al mediodía, ni en la tarde. Luego lo empezaron a meter en la mañana. Aparecer en video ya requería más tiempo de mí, porque tenía que disfrazarme, tenía que hacer una caracterización, y si bien me daba dinero, en los primeros momentos yo tuve que poner de mi bolsa. Después me dieron un programa en la televisión que tuve que dejar por cuestiones médicas. Me empezaron a dar ataques de ansiedad por exceso de trabajo.

Por eso dejé de hacer tele y me dediqué a la radio. Duramos mucho tiempo en primer lugar[6]. Ha habido muchas cosas bonitas haciendo el personaje, colaborar con gente; hacer lo que más me gusta, que es escribir rolas, y cuando estoy fuera de don Cheto, trato de no pensar en él… lo cual es muy difícil porque la misma gente de mi pueblo ya no me dice Juan Carlos; me dicen don Cheto. Y hay que aprender a vivir con

---

5 Don Cheto es un hombre de 65 años. Su esposa se llama Carmela y es adicta a las compras en Walmart. Su hijo Encarnación supuestamente no quiso estudiar por andar de cholo y tuvo que entrar a trabajar en la construcción; su hija Sanjuana se juntó con otro cholo y tuvo un hijo al que llamó Brian o Briancito, como lo nombra don Cheto, y es su consentido; sin faltar su famosa "Astro-Van" del año 86, donde se transportan. Además gusta de nombrar muy seguido su pueblo de origen, La Sauceda, Michoacán, y otros pueblitos y ciudades a la redonda.

6 Desde que Juan Carlos Razo, en su alter ego, se hizo cargo del show matutino en la Ke Buena en 2006, los ratings de la estación prácticamente se triplicaron en el sector comprendido de 18 a 34 años, hasta llegar a 9.6% del mercado, de acuerdo a Billboard Magazine. En Ayala Ben-Yehuda, Don Cheto airs in Houston, Billboard, 10 de octubre de 2007.

eso. Yo digo, así como entre broma y serio: "Don Cheto es el que hace la lana y Juan Carlos es el que se la gasta".

Todos los sueños que tuve como Juan Carlos, se me cumplieron como don Cheto. Me gustaba el rap —de chico quería ser rapero— y don Cheto grabó canciones de rap. Quería tener cierto reconocimiento y éxito en la radio, y lo obtuve a través de don Cheto; comprarle una casa a mi mamá, una para mí... todos esos sueños que tenía, gracias al personaje, los hice realidad. Y son satisfacciones tras satisfacciones. Admito que no me gusta la parte de la disfrazada, pero después de que pasan los 45 minutos de transformación, automáticamente ya soy él; ya hablo como él y veo cuál es mi talento: crear un personaje, darle vida y flexibilidad, pues a fin de cuentas don Cheto es falso: visto de cerca, se ve que trae bigote falso y una peluca, y hasta la panza está hecha de esponja. Pero si yo puedo pasar esa barrera —como el famoso luchador, El Santo— y decir: "No me importa que la gente sepa que no soy yo", ya estoy del otro lado. Ésa es mi victoria.

Gabriel Roa

"Escuché un anuncio que decía que si querías ser locutor, fueras a hacer un casting. Me fui por cierto con mi traje de primera comunión."

De niño, Gabriel Roa aprendió a ganarse la vida dándole cosas frías a la gente, sin chistar ni un segundo. Pero no porque uno de los locutores más populares de la capital mexicana tenga un corazón duro, sino porque su primer trabajo consistió en ayudar a su papá a vender helados y paletas. Afortunadamente, aprendió a hacer la otra parte, y por supuesto lleva más años en ello: entregar lo más cálido de sí. El actual director artístico de "La Z" —con su Roa Show en el nivel de rating más alto de la radio nacional [1]— comenzó a trabajar vendiendo helados en el negocio familiar. Pero como conductor de su propio show matutino de siete horas, ha sabido ganarse el cariño de sus seguidores, gracias a su disposición de estar siempre ayudando. "La radio es mi gran pasión desde chico. Yo me acuerdo que cuando era radioescucha, quería que la gente que estaba del otro lado de la bocina me complaciera con canciones, atendiera mis solicitudes, que sintiera mis necesidades. Por eso, el compromiso moral, espiritual y laboral que tengo conmigo mismo, es atender al público: ayudarles y tocar lo que ellos quieran, que sus locutores sean entretenidos y que cuando haya una necesidad, se atienda de inmediato".

Gabriel nació en 1975 en Almoloya de Alquisiras, en el sur del estado de México, en aquel entonces un poblado de menos de diez mil habitantes, pero que a lo largo de su historia dio varios héroes a la Guerra de Independencia —incluyendo a dos primos de Miguel Hidalgo— y muchos combatientes por la Revolución Mexicana. En su natal Almoloya, la familia Roa era trabajadora y sencilla. Desde chico Gabriel comenzó a ayudar a sus papás en el negocio de la familia. "Yo era un niño muy feliz muy juguetón, mi entretención era jugar todas las tardes con mis amigos y con mis primos, pero a los once comencé a ayudarle a mi papá a vender helados y paletas", recuerda.

---
[1] Los 300 líderes más influyentes de México. Gabriel Roa. Accesado el 4 de agosto de 2015 en http://2014.los300.com.mx/gabriel-roa/

Padre e hijo se iban en una camioneta a las comunidades y municipios vecinos, y fue de hecho ahí donde tuvo su primer contacto con el micrófono, anunciando los congelados productos. "Tenía claro que debía ayudar a mis padres", comentó en una entrevista de 2012, "y no pensaba en lo que los demás dijeran de mí; sabía de las carencias en casa y que vendiendo las paletas hacía equipo con ellos".[2]

La segunda es la vencida

Desde muy pronto la radio tuvo impacto en su vida. "Mi primer radio era una radio grabadora que tienen mis padres. Ahí escuchaba las series de Porfirio Cadena, el Ojo de Vidrio. [3] Era un radio de color gris con una sola bocina y su casetera, que estaba en la cocina de mi mamá. Cuando despertaba ya estaba Porfirio Cadena, antes de ir a la escuela. Recuerdo que me emocionaba cómo narraban los locutores, los efectos que hacían con las manos, con la boca; ahora ya los entiendo, pero entonces lo que encerraba esa caja de efectos era algo mágico".

En Almoloya de Alquisiras, Roa estudió hasta la preparatoria, y al terminar a los 17 años, empezó a trabajar. La primera estación donde encontró una oportunidad estaba en Ixtapa de la Sal, una localidad a una hora de camino de su pueblo. La estación se llamaba "La I de Ixtapan", en el 1400 AM. "Escuché un anuncio que decía que si querías ser locutor, fueras a hacer un casting. Me fui por cierto con mi traje de primera comunión. No me quisieron a la primera; cruelmente, me dijeron que debería de dedicarme, justamente, a vender paletas, no a la radio; sin embargo, al segundo intento —ya sin traje— me aceptaron. En aquella emisora hacía de todo, pero como era menor de edad no podía trabajar formalmente, así que estuve haciendo prácticas durante un año. Posteriormente, en 1995, me fui a Radio Lobo 790 AM en la ciudad de Toluca, donde comencé a trabajar a los 18 años. Empecé cubriendo vacaciones y ausencias de otros locutores; era una etapa de muchos nervios, emoción y adrenalina, siempre con el objetivo de entretener al público, de presentar canciones, de ponerse en un pedestal para que la gente escuchara a un locutor diferente".

En Toluca coincidió con su amigo Julio César Ramírez, actual director de Las 40 Principales. "Julio César estaba en la estación El y Ella y yo en Radio Lobo, y cuando él se fue a la Ciudad de México, me hizo el favor de jalarme a la Ke Buena y presentarme con Gabriel Hernández Toledano, el gerente de la emisora. El director era Gabriel Escamilla. Los dos me dieron el visto bueno y empecé mi época en la Ke

---

2 TVyNovelas. Gabriel Roa: Vendí desde tvynovelas hasta tortas y chicharrones. Accesado el 4 de agosto de 2015 en http://www.mediasolutions.com.mx/ncpop.asp?n=201205300233465801&t=
3 Radionovela mexicana escrita por Rosendo Ocaña que se transmitió desde la década de los 50; muy popular sobre todo en las comunidades rurales.

Buena", explica. A dicha estación de radio, Gabriel llegó de locutor con el horario de diez de la mañana a una de la tarde, y de cuatro a nueve de la noche. Después de un año, tras haber alcanzado excelentes resultados en su estancia, supo que se había cumplido un ciclo. "La dejé en un primer lugar muy fuerte, con Gabriel Escamilla, con Antonio Zambrano, y un rating histórico". De ahí pasó a "La Z" de Radio Centro, en febrero de 1997, como locutor, y un año más tarde como director de programación. Ahí fue

donde conoció a su esposa. "Su oficina estaba como a tres de la mía", platicó Gabriel al reportero Poncho Lizárraga poco después de su enlace. "Ella era recién egresada de la Anáhuac de Ciencias de la Comunicación; pasé por ahí, se le cayeron unas velas que tenía en su escritorio, las recogí, la vi, me impactó, dije: `De aquí soy'".[4]

La Z: la casa de Gabriel Roa

Gabriel inició su carrera en "La Z" 107.3 FM en la Ciudad de México y llegó a la gerencia en 2012. Además de "La Descarga", un evento musical masivo, sin duda la parte más exitosa de su trayectoria —no sólo en Grupo Radio Centro, sino en su carrera— ha sido la creación y conducción del Roa Show, una revista matutina que cubre diversos temas y formatos, empezando con las serenatas —quizá el segmento más popular— de seis a ocho de la mañana, en el que las personas llaman para dedicar temas a sus seres queridos. "El proyecto nació porque en la mañana no existía ninguna oferta radiofónica para que las personas expresaran sus sentimientos y sus emociones", comentó Roa en 2014. "Pensando en que la gente iba al trabajo, la idea fue hacerles más ameno el trayecto, y que escuchando las historias pudieran ponerle el alto un poquito a sus vidas y reflexionar que podemos ser mejores seres humanos. Y a fin de cuentas se logró: el programa está muy bien posicionado y es justo como vives esa parte de las emociones; no importa si estás en el microbús, en la combi o en el auto; el programa te hace reflexionar sobre qué caminos tomar".[5]

El Roa Show incluye también una sección deportiva, los sonidos del ayer, información cultural y desde luego la parte musical. "El show nació en diciembre de 2012", recuerda Gabriel. "Estaba de vacaciones y Francisco Aguirre Gómez, que es el presidente de Grupo Radio Centro, me llamó para pedirme que preparara una emisión, que hiciéramos un morning show diferente de siete horas, que él ya había creado en Estéreo Joya con Mariano Osorio y en Alpha con Antonio Esquinca. Sin embargo, en el género regional mexicano no existía, en ninguna parte, un programa de esa duración.

---

4 Lizárraga, P. *Atestiguan hijos de Roa su amor*. En Espectáculos de México. Accesado el 4 de agosto de 2015 en http://www.lasnoticiasmexico.com/202352.html
5 ARVM. *Gabriel Roa, siempre en búsqueda de dejar cosas buenas*. Octubre de 2014. Accesado el 4 de agosto de 2015 en http://arvm.mx/gabriel-roa-siempre-en-busqueda-de-dejar-cosas-buenas-a-sus-radioescuchas/

Yo estaba renovando mi contrato y me pareció una magnífica idea: siete horas diarias los siete días de la semana, para que la emisoria creciera tanto en popularidad como en ventas. Fue una acertada idea de Francisco. Antes traíamos entre 13 y 14 puntos de rating; ocasionalmente, en alguna rara ocasión, habíamos llegado a 15. Después del Roa Show, éste se disparó hasta 19 puntos, de acuerdo a Nielsen, y las ventas se triplicaron o cuadruplicaron. Fue una cosa impresionante".

La radio socialmente comprometida

Una de las cosas que Gabriel disfruta más de su programa, según sus propias palabras, es la oportunidad de ayudar a las personas, sobre todo por medio de acciones de beneficencia, no sólo en la capital del país. Gracias a la emisión, por ejemplo, han realizado cien mil mastografías para mujeres de escasos recursos, tratamientos gratuitos de esclerosis múltiple, iniciaron una campaña para donar pelucas —de pelo natural— a personas que sufren cáncer y animado a los radioescuchas a donar su pelo para la causa. Sin embargo, no piensa que la radio socialmente responsable, activista, sea una novedad. "La radio siempre ha ayudado a la gente", opina. El locutor de "La Z" también recuerda con orgullo las veces en las que ha logrado influir en la reconciliación de muchas familias. "Entre mis mejores momentos al aire recuerdo haber reunido matrimonios que estaban a punto del divorcio, parejas que al paso de los años me llaman y me recuerdan que siguen juntos gracias a alguna canción o alguna palabra que yo les dije. Una cosa muy emotiva que sucedió durante el programa de las mañanitas, fue cuando me llamó una persona para pedir serenata para su papá. Lo había querido hacer en vida, pero el señor ya había muerto; de hecho lo estaban velando en ese preciso instante. Su papá estaba tendido y ella le dedicó una canción al aire. Son cosas que me han dejado impactado".

En 2014 fue incluido entre los 300 líderes más influyentes de México por la revista Líderes Mexicanos, en la categoría de Espectáculos. "Roa ha desarrollado un estilo especial de interactuar con sus seguidores diariamente", señaló la publicación, "apuntalado en la frescura, la alegría y el entusiasmo que deja fluir a través del micrófono, dirigiéndose al núcleo de la familia mexicana. El respeto y la honestidad a su audiencia, y una programación apegada a lo que el público quiere escuchar, lo hace ser el número uno". [6] Hoy, con una audiencia cercana a las ocho millones de personas,[7] seguramente entre las más amplias del mundo para un programa radiofónico, es consciente de que si algo caracteriza a la radio, es el cambio constante. ¿Cuál ha sido el más importante de los últimos veinte años? Roa piensa que es el relevo generacional. "Actualmente, la radio la manejamos los jóvenes, ése es el gran cambio. El público exigió ese relevo, que se ha presentado con mayor contenido". En cuanto a la parte musical, tiene también en claro que las tendencias las fijarán los propios radioescuchas. "(Aunque) la radio siempre ha sido la que crea los artistas, porque un artista sin radio no trasciende, el público será el que tenga la razón", afirma. "Sabemos que hay música para todos los sectores, para todos los gustos; hay grupos muy buenos en la música pop, (pero) el regional mexicano ha crecido muchísimo, con productos de calidad como La Arrolladora Banda Limón. En un momento lo hizo con mujeres, encabezadas por Jeni Rivera. El regional mexicano tiene nuevas bandas, nuevos éxitos, nuevos ídolos juveniles; sus artistas sacan un éxito y luego uno tras otro y otro. El pop pasó por una buena etapa, pero por el momento hay un gran abismo en las preferencias".

Una tercera tendencia que observa es la consolidación en grandes grupos o conglomerados radiofónicos, un fenómeno que, por cierto, indica la entrada a la madurez de una industria y que, muchas veces, abre las puertas a una mayor innovación. "Se han hecho algunas cadenas muy grandes, como MVS, Radio Centro, Televisa

---

6 Los 300 líderes más influyentes de México. *Gabriel Roa*. Accesado el 4 de agosto de 2015 en http://2014.los300.com.mx/gabriel-roa/

7 Ibíd.

Radio, que en algunos programas se enlazan a nivel nacional, como es el caso de la Z". Con todo, "para mí lo más importante", dice Gabriel, "es que la estación esté muy bien publicitada, que nuestros anunciantes estén contentos al invertir. Tengo un gran equipo que ha puesto la estación con un rating de 19 puntos que jamás había tenido la Z, contra un segundo lugar de 9 puntos. Son diez puntos de diferencia; representan una cantidad inmensa de personas. Para eso tenemos que seguir trabajando. Siempre me he despertado a las cuatro de la mañana para iniciar el Roa Show a tiempo; mi día termina a las siete, o más tarde si hay juntas. Es un gran sacrificio, pero vale la pena", concluye. "Como cuando era niño, me gusta complacer al que está del otro lado de la bocina, atender a la gente y darle al público lo que el público demande. Los radioescuchas siempre tendrán la razón".

Néstor Rocha

"Lo que más cuenta en la radio hoy en día se finca en la originalidad y en las voces."

❝ Tengo una lista gigante de artistas que llegaron al número uno en el Billboard y nunca vendieron un disco", ironiza Néstor Rocha, actual vicepresidente de programación de Entravision, "gente que ni siquiera pudo vender un concierto, porque nunca llegaron a la calle". Ciertamente no es el único personaje de la industria de la música que ha observado los defectos en los nuevos sistemas de medición. No son pocos los artistas que recuerdan con aprecio el viejo método, en el que se llegaba poco a poco al número uno, por recomendación de amigos que habían escuchado tu disco, porque hablabas a la estación para pedir el single, porque la canción se tocaba una y otra vez en conciertos, se trabajaba con las bases, escalando peldaño a peldaño. "Hoy en día, porque así lo decidieron los grandes jefes de las disqueras", comenta el Pato Rocha, "se determina con base en la audiencia. Basta con que te toquen en Nueva York. Ya no importará hacer el trabajo que se hacía antes, simplemente con que tuvieras a Nueva York o Puerto Rico, ya eras número uno en Billboard. Una medida completamente falsa".

El problema es que muchas veces una buena posición en los charts no refleja ni las ventas, ni, sobre todo, lo que la gente está realmente oyendo en las calles. "Los promotores les decían a los de ventas: `¡Soy número uno!´", sonríe Néstor, "y los de ventas les respondían: `¡Pero no vendemos!´; y por lo tanto pensaban que, seguramente, el problema era el (departamento) de ventas. Yo me moría de la risa". Y es que, desde sus inicios en la radio en California y San Francisco, Rocha siempre ha estado convencido de que la radio debe ser como un enorme receptor de lo que acontece afuera de las cabinas y de las oficinas de los ejecutivos; que los directores de programación deben ser observadores intuitivos de los movimientos que empiezan en clubs, en discotecas, en bailes, incluso en los puestos de piratería. "La cosa más importante", subraya inclinándose hacia adelante en su escritorio, "es mirar la calle, buscar a los promotores naturales de los movimientos… y de la música que viene tras ellos".

¿Quién crea una tendencia?

Malcom Gladwell, científico social y escritor de The tipping point, un estudio sobre las epidemias sociales, los llama "conectores": esas personas que todo el mundo conoce, que son amigos de todos y son capaces de iniciar modas, sin saber, obviamente, lo que están haciendo, y sin que sus decisiones dependan de una gran corporación. "Yo (como radio) no puedo hacer un éxito", concuerda Rocha. "En la actualidad, la radio no pone el éxito; el éxito ya está ahí. Hay grupos que promueven una canción mejor que un promotor profesional. Muchas veces me doy cuenta de artistas que están pegando, no por (el trabajo de) el promotor de una compañía de discos, sino por un movimiento en surgimiento; porque lo trae un tipo que se junta con tal persona, que estuvo en tal o cual fiesta, y de repente crece, y pienso cuán increíble que haya (otro tipo de) promotores que son quienes realmente inician los éxitos, no los de las disqueras. Para cuando la canción o el movimiento llega a la radio, la gente ya lo tiene, ya lo está pidiendo. Por esto fue que la industria pop latina tronó. Yo se los he dicho a las disqueras varias veces: no entienden el mercado. Cuando la calle les ganó, fue cuando se cayó todo el mercado de pop en Estados Unidos. Sin embargo, en el regional mexicano no ha sucedido (porque) ahí sí seguimos mucho en la calle. A final de cuentas, uno tiene que estar atento a lo que la gente quiere oír."

Mariachi juvenil

Los padres de Néstor Rocha nacieron en Tepatitlán, Jalisco, pero formaron su familia entre México y Estados Unidos. Tuvieron en total cuatro hijos. Dos nacieron en México y dos en California, entre éstos últimos Néstor. Su padre había emigrado al país del norte, a donde llegó a trabajar en la cosecha de melones, en labores de limpieza y, aspecto fundamental, a formar un mariachi. "Nací en Richmond, pero me la pasaba mucho tiempo en México con mis padres, que siempre nos inculcaron la cultura latina. De hecho, fui parte de un mariachi juvenil de niño, porque mi padre lo era. Lo que no me gustaba", sonríe y las mejillas le cambian de color, "es que como yo era el más pequeño, me hacían cantar La de la mochila azul,[1] que era la que estaba de moda, y yo lloraba porque no la quería cantar. De ahí me viene mucho la parte de la música, y también al hecho de que mis padres organizaran eventos y bailes para la iglesia en el auditorio de Richmond, por ejemplo los de Año Nuevo. De ahí aprendí mucho de lo que se trataba la promoción".

En 1986, entró a trabajar a la X-100 FM de San Francisco, una estación de éxitos recientes (contemporary hit radio) en inglés, donde se enfocó a la programación y producción. "Por ese tiempo de mariachi también me había convertido en DJ o sonidero, como algunos les llaman. A los quince años entré a trabajar, pues en uno de los eventos que hacía mi hermano en la iglesia había conocido a un locutor y le pregunté que si me dejaría entrar a conocer los estudios. Al poco tiempo nos hicimos muy amigos y entré a la estación, donde empecé a hacer producciones. De manera especial me gustó la parte más allá del

---

[1] Fernández, Pedrito. *La de la mochila azul*, de Bulmaro Bermúdez, 1978, CBS.

micrófono; me tocó trabajar en el departamento de investigación y producción. Ahí me di cuenta de que no todo era hacer locución, que detrás había un monstruo muy grande, bien estructurado. En esa época no había tanto mainstream en la radio hispana, tanto elemento que ya existía en la americana, y también me di cuenta de que existía un negocio muy grande detrás del micrófono".

"Permanecí cerca de dos años y medio en la X-100 FM. Después trabajé en Santa Rosa, y fue cuando empecé a armar un programa de la mañana. Duré como dos años y posteriormente conseguí trabajo en la KOFY, una AM de San Francisco. Ahí había estado Juan Carlos Hidalgo, pero él ya estaba en La X; en su lugar estaba Nacho Alvarado. Después de un año entré a la KLOK, una emisora de Exel Communications, que fue una de las primeras de regional mexicano en Estados Unidos. Ahí aprendí mucho porque esta emisora era solamente del género regional. Antes había otras estaciones de radio en español, pero también metían pop, salsa, y ésa era la única en San Francisco que era completamente regional. Posteriormente estuve en KBRG y fue donde empecé a ejercer mucho en el área de programación" a través de Guillermo Princes. En aquella etapa fue que surgió el apodo de El Pato. "Fue en la radio de San José", recuerda; "había otro locutor que se llamaba Néstor, pero no podía ser que hubiera un Néstor en la mañana y otro Néstor en la tarde; obviamente él era el famoso, y a mí me cambiaron el nombre. Me buscaron un apodo, y salió Pato. Yo pensé que era solamente por tres meses, para ganar el puesto", se ríe abiertamente, "pero el mote se me quedó".

Pato Superestrella

A Rocha se le reconoce como un gran innovador en los formatos de Entravision, específicamente con la creación de Superestrella, que no siempre tuvo el mismo formato. Anteriormente era una mezcla de canciones románticas y suaves al estilo de Julio Iglesias y José José. Para experimentar, Rocha decidió incluir un show titulado "La hora pirata" donde comenzó a transmitir el pop y el rock que venía con fuerza del sur de la frontera, como el de Shakira y Caifanes.[2] La respuesta fue tan positiva que de ahí para crear la primera estación Top 40 de pop/rock en español, bastó sólo un paso. "En su momento Superestrella causó un gran impacto. Fue la primera emisión que cambió sensiblemente la manera de hacer radio en Estados Unidos en el área pop en español. Antes nadie se animaban a tocar algo que viniera fuerte de México, que no lo promovieran las disqueras. Simplemente expresé una radio que tocara la música que la gente compraba, cuyos conciertos llenaba, de la mano del movimiento de Rock en tu Idioma, que tuvo como exponentes a Caifanes, Maná, y más tarde Juanes, Shakira y otros superestrellas. (En Estados Unidos) todo inició con esa emisión, que después, entre 2001 y 2003, llevamos a doce mercados. A partir de ahí fue que la radio empezó a cambiar sus formatos de amores, a incluir música pop. Antes, en los

---

2 Leila Cobo, *The Pirate Hours*, Billboard Magazine, Oct 1-Dec 17, 2011, pág. 21.

eventos de los Grammy o Premios Juventud, era muy raro ver una artista como Shakira. Fue tanto el crecimiento que todo mundo empezó a asirse a ese tipo de música. Por eso creo que impactó mucho a la industria de la radio, porque sirvió como lanzamiento para muchos; primero se lanzaba en Superestrella y de ahí a la radio de amores".

A partir de 2005, Néstor Rocha se convirtió en vicepresidente de programación de la cadena Entravision. Y aunque él mismo reconoce que todos se acuerdan más de Superestrella, para él hay otros proyectos igual de importantes que le tocó lanzar y que quizá hasta más satisfacciones le produjeron. Un buen caso es el de JOSE-FM, que combina éxitos desde la década de los setenta hasta la época actual para el mercado adulto contemporáneo. "Ése ha sido para mí uno de los grandes logros. De hecho, lleva el nombre de mi papá, porque él fue quien me enseñó quiénes eran Maná y muchos otros. Aunque él era campesino, una persona mayor y le gustaba el mariachi, sabía apreciar todo tipo de música, desde Camilo Sesto y Amanda Miguel hasta Las Higuerías, y fue cuando dije qué tal si armamos este concepto que nadie ha hecho. Aparte, fue justamente cuando la economía había caído en los Estados Unidos, había muchos recortes, y se me ocurrió armar un formato que fuera simplemente música en una computadora pero con un mensaje, con un estilo muy diferente. El primer JOSE que lancé fue en El Paso, y nos fuimos a la cima en los primeros tres meses; de ahí crecimos la cadena y ahora es una de las marcas más grandes que existen".

Actualmente, el éxito de JOSE, sin embargo, está más apuntalado en sus talentos al aire, entre estrafalarios y geniales. Por ejemplo, en el horario de la tarde, El Show de Erazno y La Chokolata es número uno en tres segmentos del mercado latino adulto. El otro gran programa de JOSE FM, el del Genio Lucas, estaba ubicado en 2014 en el segundo lugar en los show matutinos en español en el segmento de 25 a 54 años.[3] "Había mucha competencia en las mañanas", recuerda Rocha, "y se me ocurrió armar un programa que tuviera el sello matutino, pero en la tarde. Fue un proceso de varios años y mucho entrenamiento. De ahí nació el programa de La Chokolata. Lo lancé en la tarde para no tener tanta competencia y establecer algo que nadie había hecho: lanzar un programa matutino pero en la tarde. Ahora nos damos cuenta con PPM [4] que la tarde es igual de importante que la mañana, y ahora todos quieren show en la tarde, pero les falta el proceso que nosotros hicimos desde hace años. Hasta ese momento La Chokolata es el show número uno del país, cubre más de 80% de Estados Unidos y prácticamente es número uno en todos los mercados".[5]

Es esta orientación a crear nuevas voces, mantener el oído abierto, descubrir talentos y crear marcas propias lo que ha distinguido el trabajo del "Pato" Rocha. Oswaldo Díaz, alias Erazno y La Chokolata,[6] es sólo un ejemplo, pero no el único. "Lo que sucede aquí", comenta Rocha sobre la filosofía que lo guía, "es que de repente llegan las demás estaciones y empiezan a copiar lo que uno inició. Por eso no podemos depender simplemente de la música; eso te lo pueden copiar, y si tienen una señal mejor, te van a superar. Por eso me enfoqué mucho a hacer talentos, a crear marcas, a tener los mejores programas en la mañana, como uno que me tocó agarrar y llevar al mainstream, el del Genio Lucas. Por muchos años, Alex (Lucas) estuvo tocando puertas. Ninguno de los expertos lo tomó, nadie lo tomó. Yo vi su concepto y supe que podía ser grande, y que iba a funcionar en José. Hasta el momento es el show matutino número uno de Los Ángeles en varios mercados.[7] A los programadores no les gustaba por el concepto musical que él entregaba. Yo no me enfoqué

---

3 Entravision Communications Corporation. *Entravision Communications Corporation's Los Angeles Radio Station "Jose FM" Takes #2 Rank in Spanish-Language Prime Time*, 8 de diciembre de 2014. Accesado el 9 de agosto de 2015 en http://www.prnewswire.com/news-releases/entravision-communications-corporations-los-angeles-radio-station-jose-fm-takes-2-rank-in-spanish-language-prime-time-300006139.html
4 *Portable People Meter*, sistema desarrollado por Arbitron (actualmente Nielsen Audio) para calcular el número de personas que están escuchando alguna estación de radio o televisión.
5 *El Show de Erazno y la Chokolata* es uno de los programas más populares de la radio latina en Estados Unidos y transmite a 68 estaciones afiliadas en 50 mercados clave del país.
6 También en este volumen.
7 El Genio Lucas transmite a 40 estaciones afiliadas, incluyendo a 15 de los 25 mercados latinos más importantes de Estados Unidos.

en su concepto musical sino en su contenido, que resultó más grande que la música que él tocaba".

¿Qué cuenta más en la radio?

Como vicepresidente de programación, Néstor supervisa toda la programación y actividades de promoción de las 54 estaciones de radio de Entravision en la Unión Americana. "Cada estación debe tener su plan de arquitectura", amplía al respecto. "Cuando me hice vicepresidente de programación, recuerdo el caso de la Tricolor, una estación que ya no tenía nada de empuje. Yo no quería seguir lo que todo el mundo estaba haciendo. En ese tiempo entró una persona que se llamaba Napo; le dije que lo que quería hacer con Tricolor era muy claro: `Vámonos a la calle, vámonos a Phoenix´. Llegando con Napo a esa ciudad entramos a una marisquería y le dije: `Vamos a buscar lo que están vendiendo las señoras que venden CDs piratas; eso es lo que queremos tocar. Nos enseñó varios discos y le dije que ésa era la gente que tenía que contactar para poder hacer el sello de Tricolor, para que fuera más calle".

"Entonces, nuestro trabajo es ver que lo gente está consumiendo, lo que diga la calle, poder ofrecerlo y no depender sólo de la difusión. No ser como los jefes de las disqueras que se quedaron con el pensamiento de antes: `Yo hago el éxito´. Cuando el mercado el mercado estaba pidiendo azul, el disquero te decía: `No, yo acabo de firmar con rojo y lo vamos a promover y lo vamos a hacer éxito´". Pero Néstor está convencido —y esto es para él el aspecto más importante—, que más que la música, que es efímera, que va y viene, que cualquiera puede tocar, lo que más cuenta en la radio hoy en día se finca en la originalidad y en las voces. "Todo mundo puede pasar la misma canción, armar el mismo formato, igualarte en promoción. Si yo pudiera tener más Eraznos y Chokolatas, más Genios Lucas, prefiero eso a una canción, porque son cosas que nadie te puede copiar. Es posible estar buscando diferentes estilos de música; pero ésta dura cierto tiempo en la radio y la vuelves a cambiar. Lo ideal es tener voces, talentos; a ellos —y a sus ocurrencias— nadie los puede duplicar. Por ejemplo, Erazno a veces toca tres canciones por hora, cuando la posición ortodoxa en cuanto a programación dice que si no tocas diez canciones por hora no vas a ser número uno. También dicen: `Si no tocas hits, nunca vas a ser primer lugar´. El genio Lucas nunca ha tocado hits. Sí toca artistas grandes, pero quizá va a tocar el track número cinco de un disco de Amanda Miguel que no fue éxito. Pero el contenido es de él, y quizá usa esa canción porque le sirve para un mensaje que él quería dar. Y la gente se conecta con Lucas. El truco es entender cómo llegar a la gente y que lo que realmente cuenta en la radio, es la voz".

Latin is hot

El otra gran reto de un trabajo como el de Néstor es saber bien dónde está y hacia dónde se dirige la música latina, una presencia cultural innegable en casi todo el siglo XX de Estados Unidos, desde el sonido de los timbales de Tito Puente en la década de los cincuenta, pasando por la resurrección general dictada por La Bamba en los años ochenta, hasta el crossover —en ambas direcciones— de gente como Thalía y Christina Aguilera en la actualidad. ¿Pero qué es lo que domina los charts? "Yo me he dado cuenta de que entre más fuerte esté el movimiento con el latino, más fuerte pega. Cuando hablo de pop o rock, veo que las fusiones más exitosas han sido las que agregan el elemento latino, como en el caso de Shakira. De repente salen muchos artistas pop que quieren pegar en el movimiento de baile, pero no agregan el sabor latino; quieren sonar muy europeos y es cuando no llegan a conectar con el público hispano". De hecho la radio latina, como él mismo comentó en 2013, no ha perdido tantos escuchas como la anglosajona en favor de servicios digitales como Pandora y Spotify.[8]

"Las disqueras, y muchos de nosotros, hemos cometido el error de pensar que hay que hacer un formato para los bilingües. (Pero) los que no escuchaban radio latina, cuando se dieron cuenta de que había un movimiento de rock en español, se fletaron con ellos, y se desconectaron cuando esos mismos rockeros empezaron a hacer música en inglés. Lo mismo pasó con el reggaetón; los reggetoneros ni hablan inglés, pero capturaron a todos los chavitos que no hablaban español, pero que eran latinos, y todo el mundo decía: `Wow, this is cool, this is latino. Yo también soy latino, tengo piel morena´. Y cuando el reggaetón quiso hacer crossover y ser bilingüe, perdieron el movimiento". Pero en la música nadie, ni siquiera los más grandes, han demostrado ser invulnerables. "Una de las grandes lecciones que he aprendido es que en algún momento todos nos vamos a equivocar; yo lo he hecho muchas veces. Uno de mis jefes me decía que si logro acertar en 51% de mis decisiones, entonces vamos a estar bien, pero que no sea menos. Me lo decía para que no tuviera miedo, porque a veces nos quedamos en una zona de confort, con las mismas prácticas de siempre, y las cosas siempre están cambiando. A veces logramos llegar al número uno sin una sola calcomanía, sin un solo bumper sticker, sin una promoción, que son las cosas que los locutores siempre piden. Y yo siempre les digo que no me pidan promociones; que mejor me pidan cómo hacer contenido. Porque a final de cuentas, el contenido es lo que va a ganar".

"Por eso, de todas las cosas que he hecho en la radio, la etapa que más he disfrutado es la de encontrar talentos y ayudarlos a crecer, porque un buen jugador siempre va a necesitar un equipo que le diga si ese día tiró muy lejos de la portería. En mi carrera me ha tocado desarrollar muchos buenos talentos, aunque a veces los que más fallan son precisamente ellos, porque les da por sentirse estrellas y empiezan a tener problemas con el equipo. Esto pasa mucho en esta industria. El talento debe desarrollase personalmente primero, porque se gastan muchas horas, dinero y sueños de otros que dejaron todo por el show. En lo personal, me encanta ser más entrenador que jefe; me gusta que me pregunten y hacer uso de mi experiencia para explicarlo de una forma que, sí, haga que los talentos sean los goleadores", concluye Néstor preparándose para asistir a su siguiente reunión, pero absolutamente concentrado en lo que dice. Hay una leyenda urbana que dice que el graznido de un pato no hace eco, pero debe de ser un mito, porque lo que el "Pato" Rocha ha aprendido a través de casi treinta años de carrera, ha reverberado, para bien, por todas las ondas de Entravision.

---

[8] Nichols, Dana. *Tricolor speaks clearly to its target audience*. Accesado el 9 de agosto de 2015 en http://www.recordnet.com/article/20130721/A_BIZ06/307190301.

Alfredo Rodríguez

México, creo en ti
porque escribes tu nombre con la X,
que algo tiene de cruz y de calvario.

Ricardo López Méndez

Ya es común decir que las grandes hazañas empiezan, siempre, con un momento Eureka: ese instante en el que, al igual que Arquímedes sumergido en su baño, nos alumbra una idea, o un fragmento de idea que cambiará el curso de nuestra vida. El momento llamado también parteaguas, donde se abren los caudales. El de Alfredo Rodríguez ocurrió, muy posiblemente, sumergido no en agua sino en café y humo que hacía ya casi irrespirable el aire de su solitaria noche. "Estuve desvelado hasta muy tarde, fumando y bebiendo café", recuerda, "porque eso es lo que se hacía entonces: fumar y beber café". Pero las musas no acudían para sembrar en su mente el nombre de la nueva estación de radio, una antigua emisora en ruinas que tenía el deber de rescatar.

La idea, como siempre, era México. Porque desde la estación anterior, La Mexicana KWKW —y aún más atrás, desde que cruzara de Sonora a Estados Unidos—, Alfredo era un patriota cultural de las ondas sonoras. "México, México, me decía, tratando de pensar un nombre para la estación. Esto tiene que ver con México. Como nada se me ocurría, pensé en usar el método de las antítesis. ¿Qué es lo que no quiero hacer? ¿De qué me quiero alejar? De la Q y de la W. ¿Qué hay después de la W? Y pensé en la X. Entonces se me vino a la mente el poema de Ricardo López Méndez: México, creo en ti porque escribes tu nombre con la X, y dije, ¡eso es!". Y escribió una equis grande en un papel. Al día siguiente un tercer elemento había terminado de cuajar la idea. "Fui a mi oficina y Raúl Alarcón, el dueño de la estación, acababa de llegar de Nueva York desesperado por la inminente bancarrota, y le dije que ya tenía el nombre. Le puse enfrente una hoja de papel y le dije: `Escribe ahí la letra que todo mundo escribe, hasta quien no sabe escribir´. Sin entender mucho, Raúl dibujó una X. `Ahí está´, exclamé, `ésos vamos a ser nosotros. La X. KLAX´. Porque la X era también el signo que labran los que no pudieron alcanzar una educación. Porque todo el que llegara a Los Angeles iba a traer el nombre de nuestra estación en sus maletas,[1] y sobre todo, porque era la equis de México". "El resto es historia", dice sonriendo Alfredo Rodríguez, "tres meses después de esos acontecimientos nos convertimos en la primera estación en español en alcanzar el número uno en el mercado radial más grande de los Estados Unidos".

El muchacho de Hermosillo

Algunos estudiosos de la mente humana dicen que nuestros primeros recuerdos no se conservan al azar, sino que tienen que ver con nuestro destino. El primer recuerdo de Alfredo es estar sentado frente al gran refrigerador de la cocina de su casa, que para él parecía un rascacielos. Era un aparato de esquinas redondeadas, un modelo clásico. Y encima había un aparato de radio. "Yo me le quedaba viendo durante horas y mi mamá me preguntaba qué hacía ahí sentado tanto tiempo. Lo que yo estaba haciendo era tratar de figurarme cómo se había metido el hombre que hablaba por la bocina a aquella cajita", explica divertido. "Me encantaba todo lo que tenía que ver con la radio, la música, los locutores, los anuncios. Siempre estaba imitando voces. Años después, cuando estaba en el baño me metía a impostar la voz y a repetir lo que oía en el radio. Por eso mis hermanos decían que yo era un locutor de baño".

El padre de Alfredo fue empresario, agricultor, además de trabajar muchos años en el gobierno del estado. Su mamá se dedicó al hogar y a atender a sus hijos. Sus pininos en la radio, como él mismo los llama, fueron en una estación de Hermosillo, la XEBH. "Entré a fuerzas porque era muy chamaco e iba a ayudar a contestar los teléfonos, a aprender mirando a don Dionisio Rentería, un señor que era profesor. A él lo ayudaba en la noche y por las tardes, de cinco a siete entraba otro locutor de nombre Roberto Garza. Siempre que me veía decía encantado: `¡Qué bueno que ya llegaste, ayúdame en la cabina porque mañana tengo examen y necesito estudiar!´. Y así fue como inicié, hasta que me dieron oportunidad de entrar al aire en un programa que se llamaba Cantantes de media noche, cuyo conductor titular era el señor Rentería".

En 1965, "gracias a la insistencia de mi querido amigo Miguel Ángel Luna Grijalva, llegué a Radio XENY en Nogales". Cuando llegó el momento de elegir una profesión, se fue a la ciudad de México a la UNAM para estudiar Derecho. "Pero era el 68", explica, "y aunque todavía no empezaba, algo en el ambiente te decía que se iba a poner feo".[2] El paso por la UNAM fue corto. De ahí pasó a Guadalajara, y posteriormente, regresó a Nogales, Sonora. Esta primera etapa de su carrera consistió en un peregrinar por varias emisoras de México y de Estados Unidos, a donde podía cruzar gracias a que su

---

[1] LAX son las siglas del aeropuerto internacional de Los Ángeles.
[2] En 1968 hubo intensas protestas estudiantiles en la Ciudad de México que terminaron en la muerte de un número indeterminado de estudiantes..

padre, el señor Alfredo Rodríguez Hernández, había nacido en Estados Unidos y sus hijos pudieron adquirir la ciudadanía. La ciudad de Los Ángeles probaría ser el lugar decisivo para el despegue de su carrera como locutor y programador.

En defensa de México

Como locutor y director, Alfredo Rodríguez se propuso desde un inicio hacer una radio que no sólo cumpliera sus objetivos musicales y comerciales, sino de llegar de una forma más estrecha y cálida a la numerosa y creciente población latina de California. Al iniciar la década de los 80, sus intenciones quedaron de manifiesto desde el nombre mismo con el que se bautizó a la estación donde era director, la KWKW, llamada también La Mexicana, una de las emisoras en español más añejas de la ciudad [3] y también una de las más antiguas en los Estados Unidos. A finales de 1984, La Mexicana consistía de clásicas rancheras de Jorge Negrete y Javier Solís, a pesar de que la balada estaba en auge. Alfredo Rodríguez comenzó a experimentar con otros géneros del gusto de la población latina. Para 1986, la estación, de acuerdo a Rodríguez, era ya número uno en el gusto de las mujeres de origen hispano de 18 a 44 años.[4] "Mientras las tengamos a ellas, no nos importa la competencia", declaró en 1986 a la revista Billboard. "Ellas son las que tienen el poder de compra". Y en cuanto a la captura de la audiencia hispana, cada vez con mayor presencia en los estados del sur debido a la crisis económica en México, comentó: "Los escuchas oyen La Mexicana y dicen: `¡Ésa es mi estación!´. La mayoría son inmigrantes que quieren estar informados de lo que está pasando. Por eso no podemos quedarles mal".

Ya desde su estancia en la KWKW, Alfredo había mostrado un interés por la población inmigrante y por convertir a La Mexicana en más que una simple emisora de música. La estación daba, por ejemplo, información sobre oportunidades de empleo y cuestiones migración, de seguridad pública y protección a las minorías. Hacía que sus locutores realizaran visitas a las fábricas donde había obreros inmigrantes, muchos de ellos en situación irregular, y les regalaban almuerzos. Los locutores, dirigidos por Alfredo, daban también información, por ejemplo, sobre pisos baratos para renta. "Trato de abrir nuestros estudios a cualquier persona que pueda ayudar a nuestros escuchas", comentó a Los Angeles Times en 1991. "Tratamos de ver a la radio desde un punto de vista más humano".[5] Era una etapa en que las estaciones en español estaba empezando a configurarse en torno a la figura del "locutor estrella", con nombres como Pepe Barreto, Humberto Luna y Homero Campos.

La KWKW todavía era una mezcla medio experimental donde cabía tanto la ranchera como el español Julio Iglesias, el mexicano Juan Gabriel y el brasileño Roberto Carlos. La Mexicana ponía un gran esfuerzo en proyectar la imagen de ser "la estación amiga de la gente", con un estilo informal y accesible, locutores menos rígidos, "como vecinos platicadores", y ocasionalmente con ganas de ayudar a la comunidad. Unos años antes, Alfredo había expresado dudas sobre el destino de la población hispana en ciudades como Los Ángeles y qué iba a suceder con la siguiente generación, "pero las reglas habían cambiado y cada vez están llegando más inmigrantes".[6] Lo que las estaciones como la KWKW estaban haciendo era aprovechar una tendencia que ya nadie podía negar: se aproximaba el gran momento de la radio en español, y hacían falta hombres con visión — locutores, productores, directores de programación— para subirse a ese tren. Los factores que apoyaban dicho cambio eran los adelantos tecnológicos, campañas de promoción más activas por parte de las disqueras y las agrupaciones, un mayor interés comercial por la

---

3 Fernandez, Enrique. L.A. Stations Change with the Population, Billboard Magazine, 12 de julio de 1986, p. 19.
4 Ibíd.
5 Puig, Claudia. *Off the Charts : With funnier deejays, aggressive promotion, better equipment and a surging Latino population,* Spanish-language radio explodes. Los Angeles Times, 7 de abril de 1991.
6 Ibíd.

población de origen hispano y, sobre todo, el crecimiento casi exponencial de la población latina.[7]

México se escribe con X

En el verano de 1992, Alfredo recibió una oferta para integrarse como director general de KSKQ-AM y KSKQ-FM, la primera, una estación de formato similar a La Mexicana, y la segunda, una emisora programada con salsa y merengue que no tenia aceptación en Los Ángeles. Las emisoras estaban a punto de irse a la bancarrota.[8] Su misión: salvarlas del desastre. Tras doce años con la KWKW, una posición cómoda y buen prestigio, abandonó la estación "con gran temor, porque ahí yo tenía algo seguro. Mi condición fue que me dejaran actuar con manos libres. Recuerdo que Raúl Alarcón, que estaba desesperado, cerró los ojos y me dio las llaves estirando el brazo, diciendo: `Puedes hacer lo que quieras. ¿Me va a doler... me va a doler, repitió?´". La cirugía fue mayor. Bajo la dirección de Alfredo, las estaciones renovarían totalmente el personal. En la FM, pondría locutores más jóvenes que los de la competencia, con un estilo más fresco y diferente, así como una mezcla de música mexicana que combinara lo contemporáneo con lo tradicional. La estación AM la programó con música del recuerdo, baladas y boleros inmortales.

Una vez a bordo, Rodríguez llevó a cabo la necesaria investigación de mercado, pero la hizo con su estilo muy particular: se fue a hablar con la gente a las vecindades, a los restaurantes, a los bares y a las discotecas, para ver qué música les gustaba. "No puedes hacer una nueva estación con base en números fríos y estadísticas", comentó en 1993. "Puede que mis técnicas de investigación parezcan a algunos un tanto primitivas en esta era de la tecnología, pero me gusta salir a la calle. En esto tienes que poner tu corazón, no sólo tu mente. Vamos sobre todo por los jóvenes inmigrantes. Yo mismo soy inmigrante mexicano, así que sé (...) cómo piensan y qué les gusta". El 1 de agosto de 1992, la KSKQ-FM se convirtió en la KLAX, o simplemente, La X, como la había bautizado Rodríguez.[9] A pesar de no tener presupuesto destinado a promoción, una enorme cantidad de personas empezó a sintonizarla gracias al creativo y original equipo de locutores que Alfredo había reunido, especialmente los estrellas del Show de Juan Carlos y El Peladillo. Además, entró en juego su instinto por el potencial de un nuevo género que empezaba a hacer explosión: la banda y la tecnobanda, que ya había seducido a un sector de la población que muchos se negaban a atender: los inmigrantes recién llegados de México y Centroamérica, específicamente de las áreas rurales.[10]

"Rodríguez se había dado cuenta", escribe Claudia Puig en LA Times en 1993, "que los jóvenes que habían crecido en Estados Unidos y hablaban inglés estaban volviendo a la radio en español". Rodríguez comentó al mismo diario que los jóvenes le decían que "solían escuchar KIIS o KPWR (emisoras de éxitos pop del momento), pero ahora se están identificando más con esto. Sienten que es su sonido. Hace poco conocí a un muchacho en un concierto en la víspera de Año Nuevo y me platicó que solía ser un cholito y escuchar rap. Ahora está volviendo a las raíces de su cultura. `Me quité los tenis y me puse botas´, me dijo".

La banda

El éxito de La X se fincó en la banda, y a aunque todavía incluían cantantes rancheros como Antonio Aguilar, Luis Perez Meza y Joan Sebastian, destacaba el sonido de agrupaciones como Banda Superbandido, Banda Machos y Banda Vallarta. "Yo les mostraba los discos

---
[7] Simonett, Elena. (2000) *Banda: Mexican Musical Life Across the Borders*. Wesleyan University Press, USA.
[8] Vox Jox, Billboard Magazine, 11 de julio de 1992, p. 65
[9] Las siglas KLAX ya pertenecían con anterioridad a una televisora de Alexandria, Louisiana. Alarcón las compró por 65 mil dólares, "más de lo que se haya pagado en toda la historia por unas siglas", según Rodríguez, "y además era dinero que la empresa no tenía".
[10] Simonett, Elena. *Op. cit.*

de banda a los locutores y les decía que éste género podía atraer a un sector demográfico muy amplio, pues contaba con dos cosas importantes: el ritmo rápido para los jóvenes y los elementos tradicionales que remitían a los mayores a sus raíces".

Los orígenes de la Banda como género se remontan al siglo XIX, pero fue a principios de los años noventa que se convirtió en un fenómeno de masas y, de acuerdo a Helena Simonett, en una respuesta cultural a una política represiva —sobre todo en California— en contra de los inmigrantes indocumentados. "Creo que los orígenes del género hay que buscarlos en (la agrupación) Vaqueros Musical, que sacó discos Musart en México, y quienes grabaron en Guadalajara en los estudios de Fonorama de Manuel

Contreras. El concepto, la idea de emular la tuba con el bajo (eléctrico), fue de don Manuel precisamente. Él me lo platicó, me lo platicó el ingeniero Pedro Magdaleno, me lo platicaron los del grupo; a él hay que concederle la idea original. Para estas alturas habrá quien la refute, pero esto sucedió en 1991, mucho antes de la explosión de la banda en 1992. Banda Móvil había grabado para Discos Cronos La talega del café. También en ese tiempo vino Joan Sebastian con un disco con banda", comenta Alfredo hablando sobre los pioneros de la nueva ola, especialmente de la tecnobanda, un estilo que incluía instrumentos electrónicos y un ritmo más rápido. "Ya desde la KWKW yo había empezado a experimentar con Banda Móvil y Vaqueros Musical, así como otro grupo originario de Ciudad Obregón, Sonora, llamado PautAzul, que grabó para Peerless. Pero cuando escuché el disco de la Banda Machos que el señor Horacio de Vera llevó a la estación, aún en el sello original MCM de Monterrey, y que me presentó con mucha timidéz, pensé que era lo mejor que me había llevado en su vida".

En cinco meses, para sorpresa de todo el sector, incluido y sobre todo el anglosajón, la KLAX había pasado del número 21 al primer lugar. "En enero de 1994 tomé vacaciones y me fui a París con mi esposa. Coincidió que el 8 de enero salió el libro de Arbitron de otoño de 93 con los resultados. Al regresar en la noche al hotel, encontré una mesa grande con un ramo de rosas increíble, una canasta de frutas y siete botellas de champaña; un detallazo. Vi que la tarjeta era de Raúl Alarcón, quien desde Nueva York me había enviado ese regalo con una nota que decía: Siete botellas por siete puntos de éxito, disfruta tus vacaciones, felicidades. Fue cuando alcanzamos 7.2 de rating, numero jamás alcanzado por una estación de radio en Los Ángeles. Fue noticia nacional. Era lo nunca visto. Alarcón me decía en aquel tiempo que estaría conmigo hasta la muerte, que lo había salvado de la ruina".

El ataúd

A principios de 1992 el locutor y actor de televisión Howard Stern se autoproclamó "rey de todos los medios de comunicación" al alcanzar, simultáneamente, el número uno de audiencia en Nueva York y en Los Ángeles con su show matutino, algo sin precedentes.[11] Alfredo Rodríguez recuerda que, en aquel momento, el controvertido locutor neoyorkino lo celebró de una manera cruel, pero muy de acuerdo con su cáustica personalidad. "Aquí en Los Ángeles había un dúo que se llamaba Mark y Brian. Eran los estrellas de la radio de la mañana en KLOS-FM, y cuando Stern entró a LA y les ganó, él de mala onda, por burlarse de ellos, les mandó un ataúd, como para decirles `Ustedes ya están muertos´. Cuando nosotros en La X le ganamos, yo le hice la misma jugada. Mandé comprar un ataúd y una corona de muerto y se los envié a su estudio de Nueva York. Se puso furioso, para él fue un golpe durísimo. Hablaba pestes de nosotros. Nos hicieron entrevistas;

vinieron la prensa y la televisión de Francia, de España y México. Jacobo Zabludovsky pasó como 15 veces mi entrevista en su noticiero 24 horas. Los Angeles Times también me entrevistó varias veces. Stern se burlaba de mí: tomaba el diario y leía al aire lo que yo había respondido, pero haciendo la voz de Speedy González. Al principio yo me enojé, y él siguió hable y hable; cuando me dijeron que eso nos daba más publicidad, dejó de importarme. Lo del ataúd le dolió como no tienes una idea. Dicen que su reacción fue: `¿Qué se cree este mexicano? Yo no estoy muerto´". Evidentemente, para un gran sector de Los Ángeles, si no muerto, Howard era ahora irrelevante.

Después de La X

"El punto más feo de la vida es ser el número uno, porque sólo te queda ir hacia abajo", dice entre triste y divertido Alfredo Rodríguez cuando recuerda el periodo que siguió a "los días de gloria" de la KLAX. "Lo que recuerdo es que el in-house attorney de la compañía, cuyo nombre no recuerdo, y el señor Grimalt, suegro de Alarcón, empezaron a meter mucha cizaña contra mí. Decían que me paseaba mucho, y predispusieron a Raúl Alarcón en contra mía. Cuando me presenté la renovación de mi contrato, vi que las prestaciones disminuían notablemente. Tras doce horas de discusión, decidí abandonar La X. La magia había terminado. Estuve un tiempo fuera de la radio. Eddie León me recomendó con Entravision, donde estuve sólo el tiempo necesario para echar a volar dos estaciones de El Paso, Texas". En 1999, Alfredo se unió a Eddie en Liberman Broadcasting como director de La Ranchera 930. En 2006, se integró a Clear Channel como gerente general en la cadena La Preciosa, donde estuvo trabajando hasta 2015.

Actualmente vive en Los Ángeles y se dedica a dar asesoría a varias estaciones de radio. Con justicia puede decirse que su nombre quedó inscrito no sólo en la historia de la radio de los Estados Unidos, sino también en la relación cultural entre México

---

11 Puig, Claudia, Los Angeles Times, *Howard Stern Talks His Way to No. 1 Status : Radio*. 7 de octubre de 1992.

y aquel país. Pero quizá mayores sean las lecciones que dejó en varios locutores que trabajaron con él. "Alfredo tenía una enorme cultura musical y un oído extraordinario", recuerda Juan Carlos Hidalgo, locutor estrella en La X. "Era una verdadera enciclopedia. El mejor consejo que nos dio a todos, con su ejemplo, fue que no había que tenerle miedo al éxito". A lo cual, Alfredo responde sin dudarlo: "El éxito no fue sólo mío, fue del equipo. Puedo decirlo con mucha certeza, porque después de la KLAX trabajé en otras emisoras donde vi que todos jalaban para su lado. Sólo en La X recuerdo aquel ambiente en el que todos caminábamos hacia un objetivo común. Incluso en los pósters de la publicidad de la estación, la estrella central era la emisora, circundada por las caras de los locutores adentro de estrellas más pequeñas, donde los solteros eran acosados y los casados se hacían patos. Todos eran estrellas, sin distinción". La inevitable nostalgia de Alfredo al hablar de aquellos días confirma que la X, como diría el poeta, efectivamente algo tiene de cruz y de calvario.

Tomás Rubio
El Morro

"Todo el tiempo anunciaba canciones, por lo menos para mí, jugando, practicando para algún día poder abrir el micrófono."

L as personas más sofisticadas que conozco" dijo en alguna ocasión Jim Henson, creador de los Muppets, "son niños por dentro". Se ha dicho que todas las personas nacen con el bicho de la creatividad en su interior, y que éste se adormece con la educación formal hasta que, en algún momento, reclamamos la libertad del jardín de niños. Si hemos de hacer caso a Henson y creer la metáfora del bicho, entonces Tomás Rubio ha vuelto al kindergarten y en su interior vive *El Morro*, un chico irreverente, de actitud despreocupada y divertido que nació, inesperadamente, en una cabina de vidrio, mientras su creador experimentaba voces con un aparato. Esa misma ansia de exploración ha llevado a Tomás Rubio de la locución a una colección de actividades como la música, la producción de soundtracks y la televisión, sin recriminaciones por el hecho de que para muchos sea más conocido por *El Morro* —uno de esos raros personajes puramente ficticios que ha recibido nominaciones al Grammy— que por su nombre real.

Porque ese morro soy yo...

"Cuando hablo del Morro", puntualiza Tomás con una sonrisa, recargado durante un raro descanso en el sillón de su estudio, con un póster de la película *El americano* al fondo, "hablo de dos, porque lo hicimos entre Pepe Garza y yo. Realmente el Morro no hubiera existido sin la participación de ambos". Era el año de 1993 y Tomás acababa de regresar a su natal Guadalajara, para trabajar en una nueva estación. "Empecé a jugar con un aparato que había ahí, un Yamaha, y salió una voz como de un niño. Nos hizo gracia. Empecé a hablar como el niño, y como hacía mucho eco, comencé a decirle cosas a la gente que pasaba, bromas... como todo buen niño. Entonces apareció Pepe Garza y me dijo: '¿Sabes qué? Eso está chido. Hay que hacer algo con eso'. Todo aquel equipo de locutores éramos como una familia. De repente surgían ideas y como éramos solteros y no teníamos un horario, le seguíamos".

"Luego me dijo: '¿Te acuerdas de esa carta que se pasaba en Navidad, con lo que te había traído Santa Claus... que nomás unos pinches calcetines...? ¿Por qué no hacemos *Las Confesiones Navideñas del Morro?*´, me dijo Pepe. Escribimos algo e hicimos siete u ocho capítulos, que fueron muy exitosos. A la gente le hizo mucha gracia en la estación la Ke Buena, 97.1 de Guadalajara. Garza –a quien considero un pilar en mi carrera– había hecho una canción que estaba sonando mucho en la radio de México y Estados Unidos, *Ese Loco Soy Yo*, que tocaba un grupo que se llama Liberación, de Monterrey. La canción era un éxito. Entonces a él se le ocurrió: `¿Por qué no hacemos la canción *Ese Morro Soy Yo*, para decirle a la gente quién es?'. Entonces compuso o mejor dicho 'descompuso' su canción; hizo una versión, la grabamos ahí, él tocando la guitarra y yo cantando, mal cantando la parodia. Sonó en el radio y la gente no paraba de pedirla. Ya sé que todo mundo, cuando cuenta las historias de éxito, se apasiona y dice: 'La gente llamaba y los teléfonos no paraban de sonar'. Pero lo que nos pasaba a nosotros era algo muy radical. No creo que nos vuelva a pasar en otra ocasión. Fue algo muy radical", hace énfasis Rubio, más divertido que nostálgico.

Otro niño en la cabina

Aunque la historia del Morro propiamente está aún por escribirse, posiblemente en su génesis algo tuvo que ver el hecho de que, desde los ocho o nueve años, Tomás Rubio —hijo del locutor y líder de los trabajadores de la radio Tomás Rubio Gutiérrez—, ya estaba dentro de las cabinas, aunque sin voz. "Cuando era chiquito yo quería dedicarme al cine. Primero quería ser actor, luego cineasta; tenía una camarita y hacía tomas. Lo más parecido a ese medio era andar con mi papá, que era locutor. Los fines de semana me iba con él a la estación, Radio Juventud de Guadalajara. Tenía un escritorio muy grande y yo me sentaba a jugar debajo del escritorio y lo escuchaba, y de pronto me ponía a mover la boca como si fuera él, hasta que de tantas veces que lo hice, me aprendí lo que decía. Creo que ahí me di cuenta de que quería hacer esto".

No pasaría mucho tiempo para que Rubio fluyera naturalmente hacia el medio en el que se desempeñaba su padre y al que entrarían después todos sus hermanos. A los 14 años comenzó poniendo discos en Radio Éxitos de Guadalajara, una estación de música variada donde trabajaba Eduardo Quijano como programador, el primero que le abrió las puertas al todavía niño. "Yo salía de la secundaria y me iba a la radio. No todos tenían esa oportunidad y me sentía muy afortunado, hasta presumido. ¡Imagínate, yo tenía mi turno! Me tocaban los horarios que nadie quería: las vacaciones de alguien, el horario de la noche, pero de cualquier manera yo lo hacía. Las consolas viejitas tenían unas perillas que cuando las hacías todas para el lado izquierdo, podías escucharte a ti, pero no al aire; así todo el tiempo anunciaba canciones, por lo menos para mí, jugando, practicando para algún día poder abrir el micrófono".

"Recuerdo que el nombre del programador era Eduardo Quijano.[1] Él me abrió las puertas y me enseñó muchas cosas, pero sobre todo me dio tiempo; le dio tiempo a un chiquillo de escasos años para escuchar sus historias, para guiarme. Él no sabía todo lo que estaba haciendo conmigo, pero todo ese tiempo que me dedicó fue determinante para que yo decidiera cuál iba a ser mi carrera, primero en Radio Éxitos y después en Radio Variedades, dos estaciones que estaban juntas y que hoy se llaman Radio Centro, en Guadalajara. Cada vez que había unas vacaciones era: `Díganle al chiquillo ése... a Tomás´, y ahí va Tomás a cubrir las vacaciones de todos en Radio Variedades y en una estación que se llamaba Stereo Voz, de música regional mexicana. En una ponía pop, en la otra tropical y en la última mariachi".

---

[1] Eduardo Quijano Tenrreiro es actualmente coordinador de la maestría en Comunicación de la Ciencia y la Cultura en el ITESO.

La Ciudad de México

De estación en estación, Tomás Rubio llevó consigo el interés por aprender. No desaprovechaba oportunidad que se presentara, no sólo ante algún trabajo que otros no quisieran, sino también de profesionalizarse. Le llamaba mucho la atención leer las críticas que se encontraba sobre la locución, le preguntaba a ingenieros, se ponía aprender el funcionamiento de una consola y buscaba libros que tuvieran que ver con la radio. Al mismo tiempo, inició sus estudios de producción publicitaria y luego una extensión en la Universidad Autónoma de Guadalajara.

"Esa etapa de mi vida fue muy especial, fueron las bases de lo que hago ahora. Empecé a trabajar en el radio y nunca paré. Un día me llegó la oportunidad de ir a Distrito Federal con Martín Fabián y ser parte del equipo que cambió la Super Q a la Ke Buena, la catedral de la música tropical. La música regional mexicana no tenía entonces el impacto que tiene ahora; de hecho fuimos muy criticados, las llamadas eran pura cosa fea. Pero yo tena muchas ganas de estar en el Distrito Federal, así que me aventé ese tiro; fue una experiencia muy agradable porque había grandes personalidades por todos lados, gente de la que yo quería aprender, y tal vez no lo pude aprovechar del todo porque había mucho, pero mucho trabajo".

Sin embargo, durante un fin de semana de visita en Guadalajara, en un encuentro con su amigo Pepe Garza, "platicamos y me di cuenta de que el dinero que estaba ganando no era tan bueno como estar ahí con los amigos, y me regresé al barrio", en palabras del propio Rubio. Era el año de 1993 y la decisión habría de acarrear felices consecuencias, ya que al poco tiempo de su regreso al hogar, nacería el Morro. "Las instalaciones de la radio eran muy bonitas, de vidrio, y había mucho eco; cuando llegué, lo primero que hice fue ir con el ingeniero de audio —le decían el *Paparrín*, me da mucha tristeza no acordarme de su nombre—, empecé a jugar con un aparato que había ahí y salió la voz del Morro, y al poco tiempo estábamos grabando *Este morro soy yo*. Entonces Alberto "Chencho" García —una persona también muy querida que tiene mucho que ver con las cosas buenas que me han pasado— dijo, como todo un conocedor de la música: '¿Sabes qué? Esto nos puede sacar de pobres. ¿Por qué no hacemos un disco?'. En una semana ya tenía preparado el estudio, los músicos, y fuimos a hacer —o más bien a *deshacer*— canciones, en un ratito, ¡jugando! El talento de Pepe (Garza) es increíble, e inmediatamente, entre amigos, hicimos las canciones y las grabamos. En la primera semana de salir a la venta, el disco había vendido 30 mil copias sólo en la ciudad, que era muchísimo".

El Morro —siempre en la voz de Tomás Rubio— logró la hazaña de vender más de tres millones de discos y cassettes en México y Estados Unidos, además de protagonizar una radionovela llamada *Morromar* (parodia de *Marimar*) que se retransmitía en la Ke Buena de la Ciudad de México; popularizar un peculiar programa de nota roja, vista desde los ojos de un niño; ganar discos de platino e incluso merecer una nominación al Grammy en el año 2001 en la categoría de *Latin Children´s Album*, junto con Los Niños de Cuba, el Colegio de Música de Medellín y Miliki. Éste último, un payaso español de dilatada trayectoria, resultó el ganador del reconocimiento, que habría de ser muy oportuno, pues moriría al año siguiente.

Vuelo sobre Los Ángeles

En 1999, casi para el cambio de siglo, Rubio emprendería una nueva parte de su carrera en Estados Unidos, específicamente en la ciudad de Los Ángeles, en La X, un semillero de talentos y auténtica escuela donde muchos locutores alcanzaron la gloria. "Recuerdo que nos invitaron a ver una pelea de box en Atlantic City. De regreso el avión pasó por arriba de Los Ángeles, y el piloto anunció por el sonido: `Estamos volando sobre Los Ángeles. Si se asoman podrán ver la ciudad de noche´. Recuerdo que volteé y le dije a Pepe Garza: ¡Qué bonito! Sería bueno trabajar en Estados Unidos, creo que sería una gran experiencia´. Y como que lo llamamos. Fue una de esas cosas que uno tiene que decir en voz alta para que se cumplan. A la semana siguiente nos llegó una oferta. Eduardo Cancela de SBS Radio fue a Guadalajara, firmé un contrato y preparé mi equipaje. Lo hice casi sin pensarlo; nunca pensé que me iba a quedar".

"Llegué a Los Ángeles con una mano adelante y otra atrás, a aprender lo que era este país. Traté de hacer un programa que fuera más entretenido, más chistoso, y aunque no llegué al primer lugar porque la competencia era muy fuerte —estaba el Cucuy con un rating impresionante—, y después de cuatro o cinco meses decidí regresarme nuevamente a mi rancho, aunque sólo por un tiempo. En Estados Unidos el Morro ya se había transformado. Alguien nos sugirió que hiciéramos un muñeco real, que caminara, y nos lo diseñó la gente de Universal Studios. Lo presentamos en el Memorial Coliseum de Los Ángeles durante un partido Chivas – Atlas. Fue muy exitoso y con eso nos dimos cuenta de que probablemente podríamos hacer eventos con él. En un musical tocaron los Tigres del Norte y con el Morro tuvimos nuestro espacio. Luego hicimos cientos de presentaciones por todo Estados Unidos alternando con los principales artistas en conciertos masivos.". Con el tiempo, quien daba voz al Morro pensó que, tal vez, él también debería cantar una canción. "Llegó Chencho García y me dijo que, en lugar de una canción, mejor grabara un disco. Me hizo un álbum de banda y ahí esta Jenni Rivera, que quiso apoyarme. Lupillo Rivera y otros artistas aparecen en el video de la canción *Sin ti*. Sin duda, había razones para quedarse en Estados Unidos".

Hollywood

Además de la locución y la programación de estaciones de radio, Tomás Rubio ha explorado su lado empresarial con *I Latina Entertainment*, una compañía de producción de contenidos de televisión y de radio que fundó con su esposa, Connie Schulte, en 2001. Con sede en North Hollywood, California, *I Latina* nació con la misión de atender a la creciente comunidad latina de la región. Tomás tomó las tareas de productor y director de RMTV, un canal de música concebido por él mismo para transmitir las 24 horas a los Estados Unidos y Centroamérica. "Nunca había desechado mi idea de estar en el mundo audiovisual. Hice videoclips para artistas, amigos míos, y para otras compañías. Decidimos entonces crear una compañía productora para hacer negocios de cierto nivel. Creamos un canal de TV de música, al estilo de Bandamax, pero es el primero y hasta ahora el único que se produce 100% en Estados Unidos".

En 2014, su afición por el cine lo llevó por un camino distinto, incursionando en la producción del soundtrack de la película *El Americano: The Movie*, una cinta de animación que trata de un perico mexicano, llamado Cuco, que se embarca en una aventura para defender a su familia. La pista sonora incluye doce canciones originales de varios artistas latinos —entre ellos Aleks Syntek, La Arrolladora Banda Limón, Los Tucanes de Tijuana y el locutor Don Cheto, acompañado del trío 3Ball Mty— además de tres piezas orquestales compuestas por Leoncio Lara Bon e interpretadas por la Orquesta Sinfónica de Puebla. "Todo esto fue en el espíritu de apoyar a la gente en lo que yo pueda. Un día, en un evento, me encontré a Gerry Cardoso, uno de los productores, me platicó sobre la cinta y me pareció muy especial por una cosa muy importante: era la primer película de animación en colaboración entre México y Estados Unidos en la que se hablaba de un tema mexicano. Es una historia que ocurre en Puebla, en un árbol de Cholula, en la plaza principal. Dentro de ese árbol hay todo un mundo de pájaros. Es una buena historia. La cuestión es que les hacía falta un *soundtrack*, y me gusta, produzco desde hace tiempo, conozco a ciertas personas y sabía que tomando de aquí y de allá podríamos hacerlo. Después de mucho luchar, Gerry y yo conseguimos la participación de varios músicos, como La Arrolladora, los Tucanes de Tijuana, Amandititita, Aleks Sintek, una canción que me encanta del Grupo Duelo. También me tocó colaborar con una canción que está dentro de la película; ésa fue mi aportación".

"El año pasado hice un cortometraje que se llama *Moco*. Es la historia de un niño asustado por la situación que vive en su familia. Su padrastro es un personaje represor. Moco vive debajo de la mesa del comedor, desde donde puede controlar y gestar su batalla contra ese personaje, mientras trata de liberar a su mamá".

Regreso a la radio

Entre la dirección de su propia empresa y la exploración del cine y otras actividades creativas, la locución quedó momentáneamente fuera de la vida de Tomás. "Decidí que no iba a hacerlo más. La cabina de radio es como una novia, hay que estar ahí todos los días. Para alguien como yo, que me gusta mucho ir a donde yo quiera, a la hora que yo quiera, esto no era posible. Así que decidí no hacerlo más. Cuando fundamos Regional Music TV —que se ve en el canal 415 de DirecTV en todo Estados Unidos y América Central— ya no quedó tiempo para hacer radio. Me dediqué solamente al canal y a tratar de llevarlo a otras plataformas. Pero en un momento le tuve que poner pausa. En ese ínter, el señor Guillermo Canedo me invitó a trabajar a sus estaciones de radio, pues recién formó una empresa junto con Guillermo Santiso que se llama CASA Media Partners. CASA tiene una estación que se llama La Máquina. La compraron cuando no estaba en muy buena posición, luego de haber sido de las mejores, y me preguntó si quería hacer algo. La verdad no estaba entre mis planes, pero me convenció y comencé a ser programador de este Grupo, que reúne diez estaciones de radio, y afortunadamente van muy bien. Así que pronto comenzaré un programa sindicado por mí. Seguramente", concluye el joven locutor de Guadalajara, que sigue encontrando la forma de divertirse y aprender en una cabina de radio, "el Morro saldrá por ahí".

Porque es un hecho que ni Tomás ni el Morro han dicho la última palabra.

Jesús "Zeus" Salas

"Para mí lo primero es la gente. Me gusta entrenar y ayudar a las personas, por una razón muy simple: si ellos crecen, yo también crezco, crecemos todos."

En el principio, era solamente el "DJ Jesús", un jovencito que, aunque de padres cubanos, había nacido en Miami Beach y crecido entre amigos que hablaban inglés. Trabajaba en el negocio de su familia y le encantaba jugar con el sonido, con el sueño de convertirse en DJ profesional. Casi treinta años después, en su lugar encontramos a Jesús Zeus Salas, vicepresidente ejecutivo de Spanish Broadcasting Systems, quien sigue trabajando con DJs y jugando con las ondas sonoras. Pero no es que de verdad Jesús Zeus tenga dos nombres que remitan a la divinidad, aunque sea de dos tradiciones culturales distintas. La explicación es mucho más sencilla. "Cuando tenía doce añitos y empecé como DJ con los platillos" explica Salas en su oficina en Los Ángeles, al final del día, tan fresco como si acabara de comenzar, "los americanos me decían `Heh-zoos´ (Jesús). Llegó un punto en que le quitaron el `heh´ y lo dejaron nada más en `zoos´ (que suena igual que Zeus). Mis compañeros de la prepa todavía me llaman Zeus. Ése era mi nombre de DJ: el DJ Zeus", aclara con una amplia sonrisa.

Más allá de las peripecias lingüísticas, Jesús Salas sigue demostrando fidelidad a las tres cosas que marcaron aquella etapa de su vida: la dedicación al trabajo, monitoreando, supervisando y desarrollando estaciones, programadores y estrategias de mercadeo; la segunda, su gusto por la música, que ocupa, dentro y fuera de la oficina, el centro de su vida; y la tercera, destinar siempre un momento para demostrar el valor de la amistad, que hoy ejemplifica principalmente por medio del trabajo voluntario y el apoyo a fundaciones caritativas, especialmente aquellas que atienden a la infancia.

Cantos guajiros

Cuando sus padres salieron de Cuba en 1971, la pareja, llegando a la madurez y con cinco hijos, tenía a su familia totalmente formada. Aparentemente. Cuatro años después, con verdadera sorpresa para todos, llegó Jesús, el más joven de la familia. "Mi mamá quiso irse de Cuba en los años sesenta", explica. "Mi papá trabajó en la agricultura cortando caña durante tres años para que le dieran la oportunidad de salir. Llegaron a Miami en 1971 sólo con la ropa que traían puesta. En el año de 1975 nací yo. Mi hermana mayor, que ya falleció, me llevaba 22 años. La hermana más próxima me lleva diez. Nací sin que me esperaran mis padres, mi madre me tuvo a los 45 años y mi padre tenía 50".

Como a todos los recién llegados de la isla, a la familia Salas le esperaba una época difícil y la ardua tarea de comenzar desde cero en un país nuevo y extraño. La madre limpiaba oficinas y el padre trabajaba en una dulcería, en donde ayudaban también sus hijos. Pero la música siempre estuvo presente. "Éramos personas muy humildes. Recuerdo que todos los domingos en la mañana mi mamá prendía la radio a todo volumen para escuchar cantos guajiros.[1] Se me quedó ese recuerdo de la radio, *full blast*, los domingos por la mañana. Me gustaba imitar a los locutores. También estudié guitarra y trompeta; siempre todo fue música. Además, desde los diez años trabajaba en la dulcería limpiando platos. En mi familia siempre hubo ética de trabajo, se fomentaba el aprendizaje de que había que trabajar duro para saber apreciar las cosas".

Jesús se graduó de la escuela preparatoria y fue por ese tiempo que escuchó en la radio sobre un concurso de DJs; participó, ganó y como recompensa tuvo su primera oportunidad en la radio a la edad de quince años. "Era una competencia de ocho semanas. Yo gané cada semana, y al final tuve que ir contra el ganador del año anterior. También le gané. Me dieron la oportunidad de estar en la radio como locutor por quince minutos, y ahí me quedé, en una de las FMs más importantes de ese tiempo. A los dieciocho años me fui a una estación latina. En aquellos años la música latina todavía era algo novedoso en el mercado y decidí cambiarme de una estación americana famosa, que todos mis amigos conocían, a una latina. Nadie entendió por qué lo hacía, pero mi intuición me decía que lo hiciera. Gracias a Dios mis padres me hicieron tomar clases de español cada año; a ellos no les podía hablar en inglés. Con esas armas, me fui para El Zol de Miami 106.7 FM, y al poco tiempo el dueño me puso como director de programación".

SBS y un primer tropiezo

En 1996, Spanish Broadcasting Systems (SBS) amplió su participación en el mercado de Miami y compró la estación donde trabajaba Salas, quien con los nuevos dueños experimentó un rápido ascenso. En 1997, es decir un año después, ya era vicepresidente de programación y supervisaba la programación de todas las estaciones en Nueva York, Miami, Los Ángeles, Chicago y Puerto Rico. En este cargo duró hasta 2003, cuando,

---

1 Música de las zonas rurales de Cuba de ritmo cadencioso y alegre.

según sus propias palabras, recibió una de las lecciones más duras pero valiosas de su vida. "Cuando voy a darle trabajo a alguien", comienza diciendo, "siempre le pregunto si ha tenido algún fracaso en la vida; si me dicen que no, no les doy el trabajo. Todos los hemos experimentado. Yo empecé en esta empresa siendo muy joven, y cuando uno es joven se le suben las cosas a la cabeza. Llegó el punto en que el mismo dueño de la compañía me tuvo que despedir. Para mí no fue un fracaso, lo vi como un aprendizaje temporal. Algo que tenía que pasar; tenía veintitantos años, ya era vicepresidente y había llevado a las estaciones en Nueva York al número uno; Miami al número uno; sabía lo que hacía, tenía la pasión, pero era inmaduro. Aquello me demostró además que había mucha gente a mi alrededor que no eran verdaderos amigos. Si antes me iba a almorzar con diez, después eran cero personas. Nadie me llamaba, nadie me contestaba. Ahí me di cuenta de la realidad de la vida. Me caí, me levanté, me quité el polvo de los zapatos y seguí adelante".

Entre 2003 y 2005 Salas trabajó para Univision en programación. "En Univision aprendí mucho. Después en 2005 me dieron una gran oportunidad en Washington D.C. para trabajar en una compañía satelital, que era XM Satellite Radio. Aquello no lo podía dejar pasar; yo quería aprender de la radio satelital, que era lo nuevo que venía. Ésa fue una de mis mejores experiencias de trabajo. Regresé a Miami porque me ofrecieron empleo en un canal de TV. Después hablé con el señor Raúl Alarcón Jr. (de SBS) y me dijo que regresara a la compañía, lo cual hice. Al señor Alarcón le dije, por cierto, que era la mejor lección que me habían dado. Cualquier otra persona se hubiera puesto rabiosa, pero yo lo tomé como una buena experiencia. Siempre supe que iba a regresar a trabajar a esta empresa. Desde entonces llevo más de cinco años con mucho éxito, pero con los pies en la tierra, la cabeza bien puesta. Yo sabía que trabajar con el señor Alarcón era mi destino".

La fórmula del éxito

A partir de 2010, como vicepresidente de programación y coordinador multiplataforma en SBS, Salas se hace cargo de supervisar los formatos de las 22 estaciones de la compañía, trabaja en conjunto con los directores de programación de cada mercado, coordina el trabajo en las plataformas de Internet para incrementar la presencia de sus estaciones y, sobre todo, dirige sus esfuerzos a incrementar los niveles de audiencia y la rentabilidad de la empresa, que ha logrado ventas de más de $145 millones de dólares. "Mi tiempo es escaso", observa Salas, "porque me gusta compartirlo con la gente y estar presente en los eventos de cada comunidad donde exista una emisora de SBS. Nunca he creído que deba estar todo el tiempo detrás de un escritorio. Es sólo conviviendo con ellos, estando presente, que puedo entender lo que quieren y esperan de la radio. En eso consiste ser un buen líder. Por eso vuelo continuamente a cada evento de la cadena. No importa si es mexicano, puertorriqueño, dominicano o cubano, ahí estaré".

En 2012, Jesús recibió la Medalla de Cortez —un reconocimiento que otorga la revista Radio Ink— como programador del año. "No es fácil dar una receta sobre cómo ser líderes en la radio", comenta al respecto. "Hoy todo cambia a la velocidad del Internet. Algo que sabía uno ayer, hoy puede ser obsoleto. Pero por experiencia, veo que las personas que han tenido éxito han sido quienes no se alinearon a las normas; gente a quienes les dijeron: `Eso que tú quieres hacer está muy loco´ y no les importó. Por lo general son personas curiosas que dicen: `Quiero indagar aquí, quiero ver cómo funciona esto´, o `¿Por qué no lo hacemos de esta forma?´, es decir, toman iniciativas. Como Stephen Hawking, que se pregunta de los hoyos negros y el origen del universo, siempre tienen abierta la curiosidad. Los líderes constantemente están buscando la forma de mejorar algo. No piensan: `Esto ya funciona bien así, así me quedó´. Por ejemplo, a los directores de programación les digo que en este momento ya no existe el DP como tal. Ahora debe ser más bien un director de contenido desde todos los ángulos; ya no se trata solamente de programar una estación de radio, poner música y que los comerciales salgan por su cuenta. Ahora todo el contenido debe ir consolidado. Incluso los comerciales deben ir de una forma armoniosa. La cuestión es que tenemos hoy tantas opciones —Pandora, YouTube, Spotify, iTunes—, y que cada día va a haber más, que lo único que va a ganar es el contenido. En este sentido", enfatiza, "si tú tienes un contenido único, híper-local, como programador, tienes más oportunidad de ganar. Eso es justamente lo que hemos logrado en nuestros mercados, porque entendemos que ante todo ser parte de la comunidad es lo más importante".

Si la SBS y otras grandes corporaciones con estaciones en español han florecido, ciertamente el entorno de los últimos años les ha sido favorable. La radio latina está cada vez más en el ojo de anunciantes, investigadores de mercado e incluso de la academia. A partir de la mitad de la década de los noventa, la popularidad de la radio en español comenzó a ascender en mercados como Nueva York y Los Ángeles, y de acuerdo al Censo 2010, se estima que existen en los Estados Unidos cerca de 50 millones de latinos con un poder adquisitivo de más de 975 mil millones de dólares.[2] De esa población, según un reciente reporte de Arbitron, 95% de los hispanos sintoniza la radio.[3] "Van a fijarse más en nosotros", concuerda Jesús, "en especial en nuestros mercados más grandes, como L.A., N.Y. y Miami, Chicago, Puerto Rico y San Francisco. Creo que dentro de los próximos cinco años vamos a ver un incremento en ventas, los anunciantes van a comprar más en español y van a destinar más presupuesto a las estaciones latinas.

Por eso las emisoras en español siguen generando ingreso, mientras las americanas los han visto bajar. Tú ves un flujo de caja positivo en SBS y que en otro lado bajó 3%. Hay algunas cuestiones que llaman la atención. En Nueva York sólo hay tres FM en español, y uno se preguntaría por qué no entran otras estaciones de dueños angloamericanos a competir con nosotros. Pero ellos no entienden las formas de operar, ni cómo son las agencias; el asunto es totalmente distinto. Yo pienso que si sus estaciones ganan varios millones al año, no van a experimentar con las dos o tres que ya tienen generando ese dinero para empezar con una latina. Si estuvieran otorgando nuevas licencias, posiblemente; pero las compañías ya tienen su ingreso y sus formatos, que ya conocen y entienden, y no van a entrar en esta arena latina en donde a nosotros nos va muy bien. (La población hispana) sigue creciendo en este país, cada año tenemos más poder adquisitivo y creo que lo que sí puede pasar es que las otras estaciones (de la competencia) no van a hacerse totalmente latinas; van a

---

[2] Arbitron. (2009). *A History of Spanish Language Radio in the United States*. Arbitron Inc. MD, Estados Unidos.
[3] Arbitron. (2013). *Hispanic Radio Today 2013. How Hispanic America Listens to Radio*. Arbitron Inc. MD, Estados Unidos.

empezar a tocar canciones muy crossover. Eso sí lo vamos a ver más a menudo, pero que se vayan full latino, con locutores hablando en español, lo dudo mucho".

Forjar momentos en la vida de las personas

Salas se ha distinguido, además de su trabajo en SBS, por su labor social y su activa participación en obras de beneficencia, como la CHAPMAN Partnership for the Homeless en Miami, *Children Youth Life Foundation y Miami Children's Hospital Foundation*, entre otras, lo cual trae el tema no de su labor personal, sino el del activismo social entre la gente de la radio hispana en Estados Unidos. "En lo personal, creo que de esta vida no se lleva uno nada", observa Salas. "No se lleva el dinero; se lleva lo que uno amó y lo que uno impactó. Lo importante es qué tan auténtico sea el esfuerzo, si es genuino, si la persona que lo hace realmente cree en esa causa y lo está haciendo para ayudar. Yo puedo tener una causa —porque una de mis hermanas sufrió de cáncer y sobrevivió; por ello defiendo esta causa y vamos a hacer proyectos en Miami para crear conciencia—, pero nadie te va a seguir sólo porque tienes un título de líder; nadie te sigue a la fuerza. Si en realidad eres un líder auténtico, la gente te va a apoyar porque detecta de inmediato las dobles intenciones. Si antes hablé de mi mayor tropiezo, creo que mi gran logro es en cierto sentido el opuesto, haber dado a los demás, haber podido trabajar con personas talentosas y llevar a algunos a un nivel inmenso en la radio, hacer que llegaran a ser número uno, cosa que he logrado hacer con varias personas. Me siento muy orgulloso por ellos".

A pesar de las muchas recompensas, "el trabajo puede ser agobiante en ocasiones", admite Jesús, aunque reconoce que al final siempre recibe más de lo que ha dado, muchas veces de lugares inesperados. "Recuerdo que una mañana, como a muchos seguramente les ha pasado, no me quería levantar. Me sentía enfermo, pensaba que había que enfrentar otro día más. De esas veces que dices: `¿Qué hago yo aquí? ¿Qué voy a hacer?´. Ese día me sentía así, y mi radio se prendió automáticamente y salió *El Vacilón de la Gatita,* y ella (Betzy Vázquez) sale con esa alegría, dando ánimos, alentando. En ese momento reaccioné y pensé: `Me voy a levantar. Ella está ahí, lo está haciendo con alegría, le da ese ánimo a la gente que está pasando en este momento por quién sabe qué situaciones´, quizá igual a la mía, o peor, porque nosotros trabajamos en lo que nos gusta, somos muy dichosos; pero hay muchas personas que tienen que ir a un trabajo que no les agrada. La audiencia de SBS es por lo general gente que vive vidas duras, que tienen dos o tres trabajos. Cuando yo era chico mis padres juntos ganaban muy poco, pero mi mamá ponía esa radio los domingos para olvidarse de todos los problemas. Por eso se me quedó eso: la radio a todo volumen que le daba la alegría a mi madre. Yo soy alguien que está muy cercano a sus padres y trata de darles todo lo que puede en la vida. Además tengo dos hijos, un niño y una niña", añade con orgullo, "que ocupan un lugar privilegiado y le otorgan a mi existencia el equilibrio necesario, para que no sea sólo trabajo. Por ellos amo la vida y quiero que ésta sea larga y fructífera."

"Cuando pienso en aquellos domingos por la mañana con el radio de mamá, o aquel día que no podía moverme de la cama, pienso que, más allá de entregar música, ésa debe ser la misión de la compañía: ofrecer dicha, incluso un escape o alivio a tus problemas, que puedas olvidar alguna situación, que puedas quitar de tu mente algo que te esté deprimiendo, conectarte con algo bonito, relacionar tu vida de una manera positiva con algo que esté pasando. Lo digo porque uno siempre relaciona ciertas épocas de la vida con música. `Ah, cuando esa canción estaba sonando en el verano del 96…´. Nosotros queremos forjar esos momentos en la vida de las personas. Por eso la motivación es tan importante ahora. Nosotros, por ejemplo, solemos dar muchos pases para Disney, porque a la gente le encanta. En un tiempo la misión (*mission statement*) de Disney solía ser muy simple: `Hacer feliz a la gente´, y en eso creo vamos mano a mano. Por mi parte, pienso que los próximos quince años de mi vida van a ser interesantes.

No pienso detenerme. Sé que hay muchas cosas nuevas por hacer, que vienen muchas plataformas que van a entrar en juego y muchos artistas que van a surgir. También SBS está creciendo, la única empresa de medios de Estados Unidos con un dueño hispano, el señor Raúl Alarcón Jr. Por eso, creo que estamos en una muy buena posición para seguir creciendo, y si nos mantenemos enfocados podemos llevar muy lejos a esta empresa. Para mí lo primero es la gente. Me gusta entrenar y ayudar a las personas, por una razón muy simple: si ellos crecen, yo también crezco, crecemos todos".

Ricardo Sánchez, el Mandril

"La radio siempre va a existir, porque como dice mi manager, Fernando Schiantarelli, mientras haya pobreza, mientras haya trabajo duro y soledad, ahí estará la radio."

Pocas carreras como la de Ricardo Sánchez, el Mandril, muestran un ascenso tan meteórico. Desde sus humildes orígenes en una familia de bajos recursos económicos en el estado mexicano de Veracruz, hasta convertirse una figura adorada por sus escuchas, pero sobre en influyente personalidad de la radio, quizá el momento más conocido del Mandril sea encabezando las protestas de 2006 en California contra las iniciativas antiinmigración, de la mano de los organizadores —una actividad que incluso lo llevó a ser objeto de estudio en libros académicos—; otros dirían que sería mejor recordarlo en su actividad normal, cualquier día en la cabina de Radio Centro, haciendo bromas, haciendo conexión con sus cientos de miles de radioescuchas que encuentran en él no sólo un compañero a lo largo del día, sino también una fuente de energía. Pero para muchos, el momento representativo de su genio e identidad fue el día que tronó contra el pre-candidato republicano Donald Trump. "(Tener) un presidente como Trump sería como darle una pistola cargada a un mono", dijo a mediados de 2015 al aire, "pero una pistola que disparara bombas atómicas". [1]

No fue simplemente lo pintoresco de la metáfora lo que hizo que el diario *The New York Times*, entre otros, recogieran su declaración. Ricardo Sánchez es el nuevo rey (¿mandril?) de la radio latina en Estados Unidos, y también uno de los locutores más queridos. Nacido en Poza Rica, Veracruz, Sánchez fue el último de diez hermanos. "Creo que fue en parte gracias ello que no tuve tantos sufrimientos como el que pasaban mis hermanos", comenta Ricardo. "Mi papá dejó a mi mamá cuando yo tenía apenas unos cuantos meses de edad. Mi infancia fue dura pero eso me ha servido para estar curtido". La familia Sánchez se mudó a la ciudad de México en busca de mejores oportunidades. Uno de los primeros empleos del Mandril fue vendiendo jugos de naranja de puerta en

---
[1] Parker, Ashley. *As Donald Trump and Jorge Ramos Clash, Latino News Media Airs Its Offense.* The New York Times, 26 de agosto de 2015.

puerta. "Eran unos jugos de naranja muy raros, porque la señora nos obligaba a hacer trampa; en la noche picábamos las naranjas y las arrojábamos a tinas con agua para que la absorbieran y saliera más jugo en la mañana, aunque quedaban muy desabridos. También me tocó pintar pollos de amarillo para que se vieran frescos".

Entre todas estas peripecias, cuando Ricardo tenía 17 años sus hermanos ya estaban estudiando carreras y en otros casos trabajando. Ricardo recuerda que dos de sus hermanas estudiaban Ciencias Marítimas en Ensenada, Baja California, y durante una visita al hogar familiar, llevaron como invitada a quien pronto se convertiría en su esposa. "Duré quince días de novio y de ahí fui de inmediato a Baja California a pedir su mano a sus padres", recuerda. Por eso se fue a Ensenada a buscar trabajo. Nada escapó a sus ganas y buena disposición de salir adelante: fue pintor de casas, barnizador de muebles. Vivía en la colonia Loma Linda, y recuerda cómo fue comprando silla por silla hasta completar un comedor. "He conservado esas sillas en todas las estaciones donde he trabajado, para recordar de dónde vengo y para saber que tengo un compromiso social". Por último, Ricardo fungió como conserje en una escuela secundaria de aquella ciudad. "Era una escuela para niños ricos", recuerda el Mandril, "y me tocaba abrir la puerta de la institución; a los niños más influyentes que llegaban tarde tenía que abrirles a la hora que llegaran, a la hora que ellos quisieran. En alguna ocasión le pregunté a uno de los chamacos más ricos qué hacía su padre, y me respondió que era gerente de una estación de radio en Ensenada". Como su esposa iba a dar a luz y no tenía seguro social, le pidió al joven que hablara con su papá para conseguir un trabajo formal en la estación. "Me puso como condición que le consiguiera copias de los exámenes de Matemáticas, Física, Química y Español. Así que me metí a la dirección de la escuela, saqué copias y al día siguiente ya estaba yo entrevistándome en la estación de radio. Mi primer trabajo fue para trapear los pisos, pero en cuanto vi el micrófono y las cabinas, supe que aquello iba a ser mi vida".

Nace el Mandril

El Mandril comenzó su vida en la radio de una manera inesperada: limpiando los pisos. Pero su espíritu inquieto no tardó en hacerse presente. Observando a los agentes de venta, al poco tiempo pidió una oportunidad al gerente de la radio para también vender publicidad; no transcurrió mucho para que se convirtiera en uno de los agentes más exitosos, gracias a su facilidad de palabra y buen trato con la gente. Después vino la primera oportunidad real tras el micrófono, debido a la enfermedad repentina de un locutor. A partir de ese momento, comenzó su rápido ascenso.

Fue en Ensenada cuando el dueño de la radio le dijo a un productor de Tijuana que le buscara un nombre para poderlo lanzar en la radio. "Aquel señor, el Indio Malora, un locutor de Tijuana, se metía a mi cabina a verme trabajar y me decía `Tu actúa normal, sigue trabajando y no mires´. Yo lo tenía a mis espaldas, y sentía cómo nada más se me quedaba viendo. Yo pensaba: I*nche viejo huevón, no hace nad*a. Se salía, prendía un cigarro, se ponía pensativo y regresaba a la cabina. El viernes se juntó con el dueño y le dijo: `Ya tengo el nombre artístico de este muchacho: Será el Mandril, el Rey Mandril, porque es muy astuto para contestar, es muy pícaro, es muy espontáneo´. Se estaba refiriendo a Rafiki, el mono de la película El Rey León, que en ese tiempo estaba muy de moda. Así me bautizaron como el Rey Mandril. Por cierto, yo no conocía a los mandriles. Cuando los vi, pensé: *¡No chingues! ¡Qué animal tan feo, con las nalgas rojas!"*.

De Ensenada, el ahora Mandril inició su camino al norte, con una primera parada en la fronteriza ciudad de Tijuana, donde comenzó a trabajar en el show matutino de La Invasora y, poco después, un programa de televisión producido conjuntamente con el canal 12 de Televisa. Un día que cambiaría el curso de su historia ocurrió cuando el empresario y reconocido asesor de medios de comunicación Juan Carlos Hidalgo, visitó la estación y quedó impresionado por su estilo, así que lo invitó a comer, charlaron, lo felicitó por sus logros y le dijo que si algún día iba a Los Ángeles, lo buscara.

En el año 2002 el Mandril cruzó la frontera en San Diego con visa de turista, y dijo que iba a visitar una iglesia en Wilmington. "Yo ya tenía cuatro hijos y muchos problemas económicos, así que decidí irme a Estados Unidos. Crucé con visa de turista, pero iba a buscar trabajo. Y comencé la odisea de todos los que se van al Norte. Renté una habitación, y desde luego me puse como objetivo buscar a Juan Carlos Hidalgo. Me acuerdo que no tenía dinero ni siquiera para pagar una hora de Internet. Empeñé mi reloj para poder enviar un correo, y localicé a Juan Carlos. Nos quedamos de ver al día siguiente; pasó a recogerme a un sitio que nunca olvidaré, la avenida Pacific 110, y a partir de ese día cambió mi vida. Nos dirigimos a la radio y de inmediato me presentó, abrió el micrófono y comencé la mejor etapa de mi carrera".

Indignación hispana

Fue posiblemente la sensibilización que le brindó el hecho de haber crecido en una situación muy difícil en Veracruz, y experimentar en carne propia la pobreza a su llegada a los Estados Unidos, lo que contribuyó a que el Mandril, junto con otros locutores de la época, formaran parte del movimiento por la defensa de los derechos de los inmigrantes en Estados Unidos. En Los Ángeles, cerca de un millón de personas tomaron las calles. Muchas organizaciones participaron, pero el trabajo de varios locutores hispanos, incluso rivales, que hicieron de lado sus diferencias, fue el factor decisivo. Entre ellos estaba Ricardo Sánchez. Los organizadores de las protestas se habían aproximado a *La Qué Buena 105.5 FM* con el Mandril quien "el 5 de marzo hizo un llamado a otras personalidades radiofónicas del área. Sánchez les dijo en aquella ocasión: Si estamos pidiendo que la gente se una a una marcha, ¿por qué los locutores no ponemos el ejemplo y nos unimos a esta causa?".[2]

El 20 de marzo varios de ellos se dieron cita en el *City Hall* de Los Angeles para demostrar su apoyo al *rally*. El Mandril fue vital para la movilización de grandes contingentes que protestaron contra la Iniciativa Sensenbrenner, la H.R. 4437, y por ello apareció el 1 de abril de 2006 en la primera plana de *The New York Times*, bajo un titular que rezaba: *Live, From Burbank, Calif., Hispanic Indignation*. "Corrí a un lugar donde venden café y en cuanto me vi, compré todos los periódicos. El cajero me preguntó: *¿Por qué los compras todos?*, y yo le dije muy emocionado *¡Porque aquí salgo!* Fue una época muy interesante. Sigo viviendo muy bien mi relación con ese sector, los inmigrantes hispanos; estoy unido con la gente. Me he encontrado con estaciones de radio en donde han dicho: `Aquí no ayudamos a la gente, aquí no es un hospital´.

---

2 Gonzáles, Alfonso. (2014). *Reform Without Justice: Latino Migrant Politics and the Homeland Security State*. Oxford University Press. U.S.A., pp. 59.

Pero lo que a mí me caracteriza es ayudar al prójimo, me interesa que la gente sepa que siempre hay alguien que se preocupa por ellos. Siempre me he sentido muy agradecido de que me reconozcan y me recuerden por esa labor".

Mandril para llevar

A finales de ese mismo año, el Mandril dejó la KSCA y se mudó a KLAX, la famosa X, hoy llamada La Raza, donde empezó a subir en los ratings. Su show *El vacilón del Mandril* lo llevaría a convertirse, a los 47 años, en el locutor más escuchado de la radio en Los Ángeles en el horario matutino. Su línea no dejaba de sonar con felicitaciones, incluso una de alguien inesperado, el propio alcalde de L.A., Eric Garcetti, el alcalde más joven en más de un siglo, quien confesó ser fan del Mandril. "He conocido a mucha gente famosa de la radio y la televisión; algunos son más auténticos que otros. El Mandril es lo más genuino que se pueda uno imaginar. Me gusta mucho lo que hace", comentó Garcetti. Más importante aún fue que el Mandril pudo recuperar, para la radio hispana, el primer lugar en Los Ángeles por primera vez después de cinco años, terminando en 2013 una mala racha para la radio en español. "Cuando se implementó el sistema de medición PPM, el valor de la radio en español se devaluó", comentó en 2013 Juan Carlos Hidalgo, vicepresidente de programación de la costa oeste de SBS, a la que pertenece la estación del Mandril. "De pronto, tuvimos un bache y nuestras radios bajaron pero nuevamente nuestras estaciones están tomando ese lugar".[3]

El Mandril recibió todo aquello con agradecimiento, pero sobre todo con una gran sencillez. "Que el mayor éxito de tu vida te llegue a esa edad, estar en el primer puesto de los programas radiofónicos, es muy especial; me deja sorprendido la forma como el público y el destino te van abriendo muchas cosas, me siento feliz porque tengo a mis cuatro hijos que trabajan conmigo; mi hija en la producción, otro hijo en promoción y mercadotecnia, y mi hija la menor en la fundación. Me siento muy bendecido, muy feliz y muy contento".

La popularidad del Mandril lo ha llevado a ser reconocido en otros ámbitos, algunos muy peculiares, desde lo intrascendente hasta lo artístico. Recientemente uno de los restaurantes más visitados por las celebridades en la ciudad de Los Ángeles creó el mandrildog, un enorme hot dog en honor del locutor, que se prepara con cebolla frita, guacamole, lechuga, tomate, jalapeño y tocino. "Es mucho mejor que tener una estrella en Hollywood", comentó. Otros reconocimientos más serios llegaron por el medio del cine, ámbito en el que se ha convertido en actor de voz para *El libro de la vida*, del prestigiado director Gullermo del Toro, y en actor real en la serie de televisión *Camelia la texana*, una producción mexico-norteamericana.

"Llegué a la radio, a los Estados Unidos, con toda la sed del mundo. La sed que tenía de innovar. Empecé a hacer bromas, nada nuevo en ese medio, pero la gente quiere que detrás del micrófono haya alguien como ellos; hicimos bromas muy buenas que llegaron incluso a la portada de revistas como TvyNovelas, portada del año, en Furia Musical, en Estados Unidos, en fin...". Pero quizá su mayor logro sea la Mandril Foundation, una sociedad de beneficiencia que el propio Sánchez estableció en 2012 para brindar apoyo alimenticio, de salud — incluso más allá de las fronteras, cuando ayudó a las víctimas de un huracán en Manzanillo—, pero de manera muy especial, en la educación de los niños. "No hay atajos hacia un mejor mundo", comentó el Mandril; "lo tendremos únicamente en la medida en que los niños y jóvenes sean cada vez mejores y más preparados que nosotros. El trabajo que llevamos a cabo en materia cultural está encaminado, al igual que el social, a ayudar a las personas a ser mejores, a tener horizontes más amplios. Hemos procurado acercar nuestra ayuda a un mayor número de personas".

3 Martha Sarabia. *Radiodifusoras en español recuperan primer lugar en LA*. Recuperado el 15 de mayo de 2015. http://www.eldiariony.com/entretenimientotv-radio/radiodifusoras-espanol-recuperan-primer-lugar-en-los-angeles&template=print

La fundación complementa estas acciones con campañas para promover valores como la honestidad, el respeto, la generosidad y la responsabilidad. "Parte de mi sueldo está en esa labor", explica el Mandril. "Ante la pregunta de cuál considero el mayor logro de mi carrera, creo que es ése: ayudar a la *banda*. Mi esposa es quien dirige la fundación; aparte de que es muy católica, es una persona muy derecha".

Hoy en día, Ricardo trabaja en Radio Centro, donde es titular del show matutino y también programador, ayudado por un equipo de 17 personas y transmitiendo a más de treinta ciudades en Estados Unidos y otras tantas en México, lo cual es histórico. Tiene cinco hijos y cinco nietos. "Mi madre siempre quiso que sus hijos le llevaran mariachi. Pero nunca pudimos, porque no teníamos dinero. Ahora vivo gracias a la música y podría hacer su sueño realidad si estuviera viva", dice. Pero posiblemente, la señora se sentiría más feliz de ver que su hijo pinta sonrisas y hace realidad el sueño de muchas personas, especialmente de quienes viven la situación difícil que ellos pasaron cuando eran niños. El Mandril sabe que ése seguirá siendo una misión importante en su vida. "La radio siempre va a existir, porque como dice mi manager, Fernando Schiantarelli, mientras haya pobreza, mientras haya trabajo duro y soledad, ahí estará la radio".

Sofía Sánchez Navarro

"De corazón puedo decir que nunca me han interesado el éxito ni la fama; mi intención ha sido ayudar."

¡Huevos! ¿Por qué no le ponemos *Huevos?* —Los ejecutivos de la radio se miraron horrorizados. El tema de la reunión era Aerobics, el programa de radio del que Sofía Sánchez Navarro se había hecho cargo en Digital 99.3, y que empezaba a capturar el oído de los capitalinos. "Está loca", pensó más de alguno. "¿Cómo que *Huevos?*"— . El nombre que tiene ahora se me hace ridículo —continuó la conductora—. A mí no me gusta Aerobics.

Tal vez algo tuviera que ver el hecho de que Sánchez Navarro —franca, abierta, rápida para expresar lo que siente— era una recién llegada a 99.3, o que hubiera entrado a la radio a una edad "avanzada": aunque apenas era veinteañera, para esa edad otros locutores ya llevaban camino recorrido. ¿Qué sabía ella sobre ponerle nombre a un *morning show*? Pero algo bueno había en la idea, después de todo, porque Sofía, la locutora de voz ronca que había trabajado en el área de publicidad, terminó saliéndose con la suya. *Huevos* comenzó con muchos ídem con cinco horas de duración, de seis a once de la mañana. Pronto se estableció una comunicación íntima, sin dobleces, entre conductora y auditorio. Luego le ofrecieron la dirección de *Friends Connection*, el popular programa de la tarde que de sólo nombrarlo producía buena vibra: conectar amigos, concretar amistades, amores. Pero el conductor anterior fue todo menos amistoso cuando se entero de las nuevas. "Ése fue mi primer enfrentamiento feroz en el medio", recuerda Sofía. "Jorge (Villegas) me amenazó terriblemente. Me dijo, golpeando la mesa y todo: `Si tú tomas ese programa te vas a acordar de mí´. Me dijo que me iba a boicotear el programa; todos los días mandaba a sus fans a mentarme la madre, al aire y fuera del aire. Yo tenía sentimientos encontrados; parte orgullo herido, parte miedo a los mensajes, pero eso sí, mucha determinación", subraya Sofía, que un día decidió que era momento de poner las cartas sobre la mesa y agarrar el toro por los cuernos. Se sentó frente al micrófono en su cabina y comenzó a hablar.

Como un cuento de hadas

Sofía Sánchez Navarro sonríe todo el tiempo, a veces se pone seria, habla rápido pero sin trastabillar, como si pensara todo rápidamente; transmite alegría y fortaleza, aunque su vida no ha sido un cuento de hadas, pero si alguien filmara la película, en muchas partes eso es precisamente lo que parecería. "Mi papá era un ingeniero químico que trabajaba en Pemex, mi mamá nació en Bélgica. Él se había ido a estudiar petroquímica en Alemania y ella estudiaba diseño de modas en Bruselas. Se conocieron en los castillos de Versalles. Fue una historia de amor maravillosa: se vieron y se enamoraron perdidamente de primera instancia. Él tuvo que regresar a México y se dejaron de ver cinco años, pero se escribían. En una Navidad, mi madre le envió una carta y mi papá decidió que ella era el amor de su vida, se fue a Bruselas y se casaron. Mi mamá se vino a México en una situación terrible", cuenta la Chofas, como la llaman sus seguidores. "Ella había vivido en un mundo de cristal, con una familia muy acomodada en Bélgica. Mi papá la llevó a vivir a Minatitlán, Veracruz, que en ese entonces ni calles pavimentadas tenía, así que la tuvo muy difícil: sin hablar el idioma, sin conocer la cultura mexicana, con mucho trabajo para adaptarse a la comida. Ahí en Minatitlán nació mi hermano Juan. Posteriormente se mudaron a la Ciudad de México, donde nacimos yo y mi hermana Jeaninne".

"Vivíamos al sur de la ciudad. A mí me metieron a una escuela alemana porque mi papá había estudiado el idioma y quería que yo estuviera ahí, pero se dio cuenta de que yo ni hablaba ni practicaba el alemán, así que después me pasaron a una escuela francesa, el Liceo Franco Mexicano de la Ciudad de México. Ahí transcurrió mi primaria y la secundaria, en un ambiente familiar sano, lindo. De aquella etapa lo que más viene a mi memoria son los viajes; son los recuerdos más gratos que tengo. A mi papá le encantaba viajar por la república. Mi padre no era muy cercano a nosotros, trabajaba todo el día y no lo veíamos, así que las vacaciones eran la forma de estar con él. Viajábamos en remolques o *trailer parks*, recorríamos todo el país, conocí todos los lugares de manera muy orgánica; acampábamos en la naturaleza. En ese sentido, yo era muy distinta a mis amigas, que llegaban a hoteles, mientras yo dormía en campers. Una navidad, por ejemplo, la pasamos en la selva comiendo chango. Fueron momentos mágicos, de encuentro familiar. En cuanto a mi madre, de ser diseñadora de modas, se convirtió en mamá de tiempo completo y eso me sirvió mucho para el futuro; siempre estuvo presente, fue amorosa, luchó muchísimo, porque la relación de mis padres se fue deteriorando, y tristemente, ya en mi adolescencia fue bastante difícil. Ellos eran de maneras de ser muy distintas. Se dejaron de hablar muchos años y la adolescencia fue complicada, aunque yo siempre traté de mantener una actitud positiva y de amor hacia la vida".

Nieta de Juan, voz de Juan

Sofía Sánchez Navarro es nieta de Juan Sánchez Navarro, que fue un destacado empresario mexicano, fundador de varias organizaciones patronales, autor de diversas publicaciones y uno de los fundadores del Partido Acción Nacional. El padre de Sofía —un hombre duro e impositivo, en sus propias palabras— fue fruto del primer y efímero matrimonio del empresario, que en sus segundas nupcias concibió siete hijos. "Con los años entendí muchas cosas de por qué fue así mi padre", reflexiona Sofía. "Mi abuelo era un gran empresario con relaciones muy importantes, con un bagaje cultural impresionante. Muchas veces tenía reuniones particulares con el que iba a ser el próximo presidente de México. Cuando se volvió a casar, mi papá quedó relegado de la nueva familia. Eso me hizo ir entendiendo al paso de los años por qué se convirtió en una persona tan seca y fría. Por lo demás, a pesar de haber tenido un abuelo famoso, y evidentemente con mucho dinero, yo no viví esa parte. En casa todos tuvimos que trabajar desde muy temprana edad. Yo empecé a los veinte años, me compré mi coche, años después me fui a vivir sola y mantuve durante muchos años a mi mamá y a mi hermana, porque la relación con mi papá ya era muy difícil".

Además de tener un abuelo ilustre, Sofía Sánchez Navarro tiene también un timbre de voz muy reconocido que ha seducido a miles de radioescuchas de dos o tres generaciones, misma que, ella misma lo admite, fue el que le dio la entrada a la radio. "Era una época en la que se buscaban precisamente voces así, ronquitas, sexis. De chica me confundían por teléfono cada vez que hablaban a la casa y buscaban a mi hermano Juan".

—Hola, Juan.
—No soy Juan, soy Sofía.
—Ya, Juan. ¿Qué onda?
—Que no soy Juan, soy Sofíaaa.

"Y así viví toda mi infancia y adolescencia", se ríe al recordar. "Jamás me imaginé que me fuera a dedicar a la locución. Obviamente los hombres sí decían que qué voz tan sexy tenía, y yo les respondía: `¡Pero si la tengo de hombre!´. `¡Que no! Tienes una voz súper sexy, súper cachonda´, pero yo renegaba de mi voz. Cuando estudié la carrera de Comunicaciones, los profesores en la universidad también me decían que tenía una voz espectacular: `Deberías dedicarte a la tele, porque además tienes buen físico, facilidad de palabra, la cámara no te apena, y en la radio también eres muy desenvuelta´. En ese entonces tenía un profesor, Luis Carrandi, que sigue trabajando en la radio, que me dijo que debería dedicarme justamente a ello porque lo hacía bien, que sabía improvisar, pero yo siempre dije que no".

"Llegué a este mundo trabajando en Qualy Clever. Estaba encargada de la parte de ventas, relaciones públicas, venta de espacios para postproducción. En ese tiempo Charo Fernández grababa la presentación de la revista *Eres*. Hubo dos veces que ella no pudo hacer la grabación y todos me dijeron que por favor grabara ese comercial. Claro que no lo cobraba, lo hacía con mucha facilidad. Dos veces me lo pidieron y me dijeron: `Tienes que grabar como Charo Fernández; haz como si fueras ella´. Un día, en Qualy, estaba en la recepción esperando unos documentos para mi jefe y se acercó Julio César Palomera de la Ree, que sigue siendo voz comercial muy reconocida en México; dije algo, se volteó y dijo: `¡Qué voz tienes! Tienes una voz maravillosa. ¿Eres locutora?´. Yo le dije: `No, yo trabajo aquí haciendo la talacha´. Me comentó que una locutora de Digital 99.3 estaba a punto de salir por su embarazo y que estaban haciendo un *casting*, así que me invitó al día siguiente a que participara".

La reacción de Sofía fue replicar que ella nunca había hecho radio, decir que no tenía experiencia ni idea de qué es lo que debía hacer, pero Palomera de la Ree insistió. De inmediato se fue a comprar un montón de revistas musicales para contar con material para hablar frente al micrófono. "Quería enterarme al menos un poco de la vida de los artistas; no tenía ni la menor idea de música, me leí los chismes y al día siguiente me planté. Me pusieron en una cabina y me dijeron que tenía media hora para hablar. Estaba temblando. Pero de pronto me solté como tarabilla. En ese tiempo yo me reía muchísimo. Me preguntaba, me contestaba a mí misma, me reía, contaba anécdotas, inventaba cosas. Al final, terminé hablando una hora. El jefe de la estación, Héctor Lama, me dijo que quería que trabajara con ellos, pero que al día siguiente habría otro casting más en inglés. Yo hablo italiano y entonces hablaba también francés, pero inglés nada. Aun así me aventé. Al día siguiente me dijeron que estaba contratada y que iba a tener seis horas al aire".

Huevos con mermelada

Como si fuera algo planeado por el universo, Sofía —una de las mujeres más importantes de la radio en México— abrió el micrófono por primera vez en 1993 en la estación que se sintonizaba justamente esa frecuencia, la 99.3. Ese mismo año, por cierto, estaba terminando una era al despedirse Bill Balance de *Feminine Forum*, uno de los grandes hitos de la radio dirigida a mujeres y sus problemas con el amor.[1] Digital 99.3 había comenzado a transmitir en 1977 y adoptado ese nombre apenas cinco años antes. Perteneciente en ese momento al Grupo Artsa, transmitía música pop en español e inglés.[2] La voz de la Chofas se escuchó por primera vez en el programa *Aerobics*, que hasta entonces había conducido Belia Vargas. Sánchez Navarro preparaba con anticipación todo el guión; improvisaba, pero en su mayor parte había trabajado sus líneas. "Estuve dos semanas con dolor de estómago, pero ahí me hice", comenta.

Con el cambio de nombre, el programa mantuvo una vaga reminiscencia a cuestiones matutinas (¿Aerobics o huevos? Ésa es la cuestión), y de inmediato empezó a captar la atención de la audiencia. El éxito de "la Chofas" pronto le trajo el ofrecimiento de hacerse cargo de otro popular programa de la tarde llamado *Friends Connection*, un espacio dedicado a celebrar —o poner fin— a relaciones de noviazgo, donde los enamorados se dedicaban canciones o rompían su compromiso. Hasta ese momento lo habían conducido Jorge Villegas y Rocío Ichazo, a quienes acababa de despedir el Grupo ACIR. La empresa se estaba enfrentado a una presión tremenda de rating y fue entonces que el director se acercó a Sofía para decirle que era ella la indicada para levantar la emisión. "De pronto me encontré con el reto de conducir un programa que al principio no me gustaba. Eso de enlazar a la gente, y del amor, me parecía súper cursi. Yo siempre había dicho que jamás lo haría, ni de broma". Para complicar las cosas, el conductor anterior canalizó todo su anti-amor y el de algunos afrontados seguidores hacia Sánchez Navarro, que sin embargo, a pesar de lo virulento de los ataques, terminó por cansarse y un día apostó todo al aire.

"Después de tres o cuatro semanas de que me estuvieran mentando la madre, ya desesperada, agarré el micrófono y dije en vivo: `Les voy a decir una cosa: yo no vine a este programa. A mí me pidieron tomarlo, y lo único que vengo a hacer es a acompañarlos, entretenerlos, a que ustedes la pasen bien y se diviertan. Si ven algo mal en mí, hay algo maravilloso que tiene la radio, y es que pueden apretar el botón y cambiar de estación. Yo ya estoy cansada y sus llamadas me están afectando, pero justamente por eso mismo no me voy a mover de este programa´". Era, desde cualquier lado que se vea, un paso arriesgado, pero a los seis meses *Friends Connection* duplicó su *rating*, se convirtió en el número uno en su horario y en uno de los programas más comentados e importantes de la radio. "Estuve ahí más de diez años con un éxito maravilloso. A la fecha sigo encontrándome gente que me dice: `Yo me casé gracias a tu

---

1 El programa de Balance, *Feminine Forum*, muy controvertido en su época, duraba cinco horas y dedicaba cada día a temas como: "¿A dónde se fue el amor que te tenía, y cómo sabes que se fue?", o "¿Alguna vez te has arrojado a un hombre que no sabía cachar?".
2 Posteriormente la estación pasaría al Grupo ACIR.

Mermelada. Yo le pedí matrimonio a mi mujer en tu programa. Ahí terminé con el amor de mi vida´. No sé qué tenía, pero todas las generaciones con las que crecí lo adoraban; tal vez algo en la forma de conducir, que era muy holgada, o el amor que transmitíamos, pero para dedicar una canción, la gente no pensaba en otra estación más que en Digital 99.3 y en *Friends Connection*".

En ese espacio no se hablaba exclusivamente del amor y la relación de pareja. A veces, tanto dentro como fuera del aire, la gente se comunicaba para emitir un grito de ayuda. Esas situaciones en mucho contribuyeron a hacer de Sofía la mujer sensible y solidaria que es hoy en día. "La gente me decía: `Chofas, yo necesito terminar con mi pareja y lo quiero hacer al aire, y quiero que tú me ayudes´. Terminé siendo como una psicóloga, realmente entraban a terapia conmigo. El programa acababa a las nueve, pero yo me podía quedar hasta las once dándole consejos por teléfono a alguien que no sabía qué hacer, y no precisamente cuestiones de amor: `Chofas, tengo quince años y estoy embarazada´. O bien: `Chofas, me violaron hace dos años´. `Chofas, soy una niña golpeada por mis padres, dime qué puedo hacer´. Así que cuando empezaron a surgir estas llamadas, comencé a hacerme de expertos maravillosos que donaban su tiempo y conocimientos, cobrando cinco o diez pesos por apoyar a estas personas. Es por eso que ese programa me dejó tantas cosas valiosas en mí, la mejor de ellas poder servir, entender que no todo mundo tiene las mismas posibilidades, que todos los radioescuchas tienen el mismo valor, que nosotros como locutores tenemos que ser empáticos".

Información que sirve

Además de hacerse cargo de la conducción de *Huevos, Friends Connection* y un programa sobre cine, tres años después de su ingreso, Sánchez Navarro se convirtió en gerente y programadora de Digital 99 durante más de diez años. También organizaba eventos y conciertos. Finalmente, en 2009 decidió que era hora de decir adiós. "Lo hice paulatinamente", puntualiza. "Cuatro años antes yo había hablado con mis jefes para decirles que, por mi edad, yo ya no iba con el formato de la estación, que era juvenil. Yo sentía que tenía que dar el siguiente paso. Renuncié primero a la gerencia, porque tuve hijos, que siempre serán mi prioridad. Eran lo que más deseaba en la vida, aunque mucha gente no me crea porque creen que tengo una imagen muy reventada. Luego dije adiós a *Huevos* y finalmente a *Friends*". La salida de "La Chofas" del programa que había dirigido con empatía y oído comprensivo durante dieciocho años, fue noticia en la industria y una especie de shock para sus seguidores. "Si bien los locutores habían sido naturales celestinas amorosas", escribió Claudia Segura para Milenio, "fue Sofía Sánchez Navarro quien hace dieciocho años tomó el concepto y lo instaló en el oído de los jóvenes. Tal vez (algunos) antecedentes de nuestros padres como *La hora de los novios* de Radio Variedades hubiera aparejado este contexto, o la legendaria *Doctora Corazón* que recibía (…) cartas solicitando consejos para remediar dolencias de amor. Pero en el terreno del radioescucha urbano, del oyente de nivel medio, medio alto y sobre todo, en el argot de los adolescentes y los adultos jóvenes, *Friends Connection* ha sido una propuesta cursi, fresa, pegajosa (…) entendiendo a la Chofas como el juez de paz, como el mediador y hasta como intercesora familiar: mermeladas a los cariñosos, trompetillas a los de cascos ligeros o simples consejos de amiga, mamá joven y de maestra para tantos otros". [3]

"Lloré muchos días", reconoce la aludida, "no paraba de moquear al aire. Tuve muchas muestras de amor de los artistas y de los radioescuchas, fue una gran despedida para mí. A pesar de que me llamaron de otros lados, tanto de tele como de radio, decidí seguir en la empresa que tanto me había apoyado, pero les pedí que me

---

3 Segura, Claudia. Despide Friends Connection. Milenio, 23 de setpiembre de 2008. Recuperado el 24 de octubre de 2015, de http://arvm.mx/despide-friends-connection/

transfirieran a otra estación que me implicara más esfuerzo. Decidieron ponerme en un programa de noticias… y fue la pesadilla de mi vida. En este cambio sufrí más que cuando murió mi papá. Yo no soy periodista, venía de una estación musical, pero pensaron en mí porque su deducción fue más o menos ésta: `Sofía siempre ha sido empática con la gente, humana, cercana a historias´, y eso era lo que necesitaban, querían darle la vuelta al formato de las noticias, querían a una mujer sensible que tocara el corazón de las personas y fuera más allá de la nota dura".

Así, en 2009 se integró al equipo de noticias de la 88.9, en el espacio que dejaba el reconocido conductor Guillermo Ochoa, acompañada en la conducción por Alfredo Romo. "A partir del primer día me puse a estudiar, a leer periódicos y libros. Yo no tenía mucho conocimiento, por ejemplo, de temas sensibles como el narcotráfico, pero todos los días me dormía a las tres de la mañana por estarme preparando. Aprendí como nunca, pero sufrí. Fueron tiempos difíciles, incluso llegué a deprimirme y terminé en terapia. La gente hablaba muy bien del programa, pero yo sentía una profunda inseguridad. Mariano Osorio me reconfortó: `Sofía, tú tienes todo para hacerlo. Si te sientes insegura, estudia más. Pero puedes estar segura de que tienes todo para salir adelante´. Entendí que tenía dos caminos: Renunciar y decir que no pude con el paquete, o seguir adelante y demostrar que sí podía. Opté por lo segundo y a partir del segundo año me holgué, me liberé, y desde entonces estuve muy feliz en el programa".

En 2013 Sofía regresó por un tiempo a una estación musical de éxitos en inglés, la 106.5 Mix. "No estaba muy de acuerdo", aclara; "tenía que levantarme más temprano y yo odio eso, además era música en inglés", que no es su favorita. Sofía se declara amante de la música italiana y los *soundtracks* de grandes películas. Un año más tarde abandonó esa emisora y Charo Fernández tomó su lugar. "Charo tenía toda la experiencia del mundo, había estado en esa época maravillosa de WFM, y yo regresé 88.9 para hacerme cargo de un tipo de programa que siempre había sido mi sueño: un programa de revista donde pudiera hablar de todo, invitar a cualquier especialista o personalidad. Tengo autores, escritores, cineastas, hablo de pareja, de sexo, es decir, absolutamente de todo lo que se presenta en el camino".

Del verbo "abuelear"

En alguna ocasión, el empresario Juan Sánchez Navarro, el abuelo paterno de Sofía, comentó: "Me gustaría ser recordado como un hombre muy consciente de sus obligaciones con la sociedad, su familia y consigo mismo, que ha participado en un aspecto de la vida mexicana con gran honestidad". [4] En este sentido, la trayectoria de

---

4 Carmona Dávila, Dora. *Juan Sánchez Navarro y Peón*, publicado en Memoria Política de México. Recuperado el 25 de octubre de 2015 en http://www.memoriapoliticademexico.org/Biografias/SNyPJ-1913.html

su nieta, su actitud ante cada reto que se ha presentado en su carrera y la entrega tanto hacia su familia como radioescuchas, parece dar buen testimonio de un verbo que se usa mucho en México: abuelear, es decir, heredar las características del abuelo. Aunque ella reconoce que no tuvieron una relación muy estrecha, no cabe duda de que de él heredó justamente el sentido de la responsabilidad, su preocupación con la sociedad y la honestidad. Sofía es, en cierto modo, la expresión de esos valores en mujer. En su programa, con frecuencia se muestra interesada en hablar de los valores humanos y temas como la dignidad de las personas, la superación y saber evolucionar.

"Me gustaría ser recordada como una persona muy humana", termina con honda satisfacción, al recapitular lo que ha logrado hasta ahora. "De corazón puedo decir que nunca me han interesado el éxito ni la fama; mi intención ha sido ayudar, servir, que la gente sienta que alguien la escucha y que los temas que trato sirvan para que alguien pueda transformar su vida. Me gustaría, en pocas palabras, ser recordada como un ser humano que se esforzó y trató de servir". Lo cual, sin duda alguna, ha logrado plenamente. Primero con una extraña pero popular receta de huevos con mermelada y confesiones adolescentes; luego, con algo menos colorido pero sí más significativo: brindando un ejemplo de superación y la manera correcta de reinventarse, pero también abrazando a sus radioescuchas con simpatía, generosidad y bondad. A veces con, a veces sin mermelada.

Francisco Torres

"La radio me ha dado todo; me ha dado para estudiar, me ha dado para vivir, para tener una gran familia. Le debo muchas cosas y estoy comprometidísimo con ella."

"A Ricardo Arjona le dije que su tema punta de lanza iba a ser *Jesús verbo, no sustantivo*", comenta Francisco Torres, director de operaciones de Grupo Radio Alegría, un hombre con la afabilidad y calidez de los regiomontanos, pero además con un especial talento para programar y detectar talento... aunque a veces caiga en herejía. "Pero Ricardo no me creía. Decía que eso nunca iba a pasar en una ciudad como Monterrey, donde tocar esos temas es algo así como tabú: *Tengo la conciencia tranquila por eso no me confieso. Rezando tres padres nuestros el asesino no revive a su muerto...* Además, era una canción que duraba casi seis minutos, y programar una canción de más de tres o cuatro minutos era la muerte. Pero fuimos la primera estación en México que la tocó. Mi gerente en ese entonces, que también estaba muy joven, me dijo que yo estaba loco, que debería sacar esa canción de la programación. Me decía que ese tema no serviría para Monterrey. Yo le pedí que me diera la oportunidad de tocarla un mes. Afortunadamente pasó lo que pasó, y empezaron a invitar a Ricardo a *Siempre en Domingo* y ese tipo de programas".

"Creo mucho en los formatos", comentó en 2015 para Radio Notas, reflexionando, no sobre el tema de Arjona, sino sobre la labor del programador con instinto, "pero tampoco debemos estar peleados con el éxito; es decir, si vemos que existe una canción que es un trancazo, debemos ser flexibles y tocarla, aunque sea de algún género que no sea el nuestro. Es lo que la gente quiere consumir, y así hacemos que se quede en nuestra estación."[1] Como programador en varias estaciones, hoy director de operaciones en Radio Alegría, Francisco ha tenido la oportunidad no sólo de apoyar nuevo talento, sino también de compartir con miles de personas de Monterrey

---

1 Procurull, Mariela. *Francisco Torres: programando la estación con el morning #1 en Monterrey.* Accesado el 26 de junio de 2015. http://radionotas.com/francisco-torres-programando-la-estacion-con-el-morning-1-en-monterrey/

—y de otras ciudades— la música, ese acto de fundirse con la radio que desde chico vio como algo íntimo y personal. "Desde que recuerdo, buscaba tener un radio a mi alcance", recuerda. "Por ahí por 1972, cuando tenía unos diez años, tuve mi primer radio propio. Eran unos aparatos chiquitos —como después fueron los Walk-Man y ahora los *iPhone*— y ahí sintonizaba mis estaciones favoritas, en aquel tiempo de AM. Siempre tuve un radio a la mano. Primero el portátil y luego la grabadora. Todo el día lo escuchaba, y me preguntaba cómo le harían las personas que trabajaban ahí; cómo le hacían para que la canción saliera a tiempo".

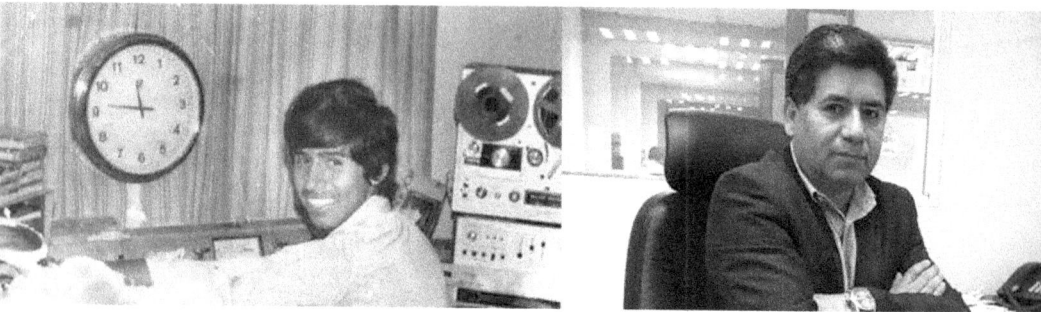

Radio Nuevo León

Francisco Torres Villarreal nació en 1962 en la ciudad de Monterrey "en una familia muy humilde, de clase trabajadora, en una colonia popular llamada la Independencia. Soy el mayor de doce hermanos del mismo matrimonio. Mi mamá se casó muy joven, a los 17 años; mi papá era mayor, de 27. Mi padre no tenía estudios profesionales y asumió el oficio de electricista. A mí no me gustaba eso y, como yo era el mayor, empecé a trabajar a los ocho años. Vendí periódicos, boleé zapatos, lavé coches. Por algo se tiene que empezar cuando se es pobretón y no se tiene lo suficiente para sobrevivir", sonríe *Panchito* Torres. "Trabajaba y a la vez estudiaba. En ese andar, llegué como mozo a la casa de un político, donde ayudaba en la jardinería y limpieza de la casa".

Históricamente, el gobierno de Nuevo León ha jugado un papel importante en el establecimiento del sistema de difusoras conocido como Radio Nuevo León, que inicio durante el gobierno de Pedro Zorrilla con tres estaciones radiodifusoras; posteriormente se agregaron otras más.[2] Fue en esta circunstancia cuando Francisco dio su primer paso hacia los laberintos de la radio. "Cuando tenía 15 años, este político con el que yo trabajaba me dijo que quería que entrara como operador a una de esas estaciones de radio, y me llevó a trabajar. Yo no pensaba mucho en la radio; mi vida no estaba enfocada a un medio de comunicación, fueron las circunstancias las que me llevaron. Así, en 1978 empecé como operador de cabina en el sistema de radio gobierno del estado de Nuevo León. A los 16 años inicié como operador y ya después fui productor".

"Locutor nunca he sido. Siempre he estado atrás de la consola. El oficio de locutor a mí no me llamaba mucho la atención; en primer lugar porque mi voz es muy `chiquita´, aunque los tiempos han cambiado. Yo me acuerdo que cuando empecé en la radio, había unas voces gruesas, engargoladas, con mucho color.

---

2 Ortega Ridaura, Isabel, coordinadora. *Nuevo León en el siglo XX: La industrialización del segundo auge industrial*, Tomo II, pp. 102.

Ahora pueden ser chiquitas, como era —y aún es— la mía. Y por esa circunstancia, yo no pensé que pudiera funcionar como locutor".

Aprendizaje a la regia

De 1978 a 1982 Francisco trabajó en las estaciones de gobierno mientras completaba la preparatoria en el Bachillerato de Estudios Universitarios para ingresar, al año siguiente, a la carrera de Ciencias de la Comunicación en la Universidad Autónoma de Nuevo León. En 1982, al tiempo que iniciaba sus estudios profesionales, se convirtió en jefe de producción de Radio Nuevo León, en donde estuvo hasta 1987. "De ahí pasé en 1988 a FM Globo y Estéreo Rey, la primera estación en FM y un parteaguas en la programación. Hacia 1988 estuve en Estéreo Rey como productor y en FM Globo como programador, en donde trabajé hasta 1993".

"En 1994 tuve un pacto de un año con las estaciones del Grupo Radio México —estaciones gruperas que a mí no me había tocado programar— como La Banda, La Invasora; en aquel tiempo había una estación que se llamaba Planeta, que existe en Guadalajara, pero ya no en Monterrey. Después de ese año, para el 96, volví a MVS Radio como gerente de producción. En 1999 hice el cambio de FM Globo a Pulsar". Para Radio Notas, Francisco detalló cómo fue ese tiempo: "Ya tenía la experiencia de ver como hacían su trabajo los grandes programadores de aquella época. Era muy fácil programar todas esas estaciones de Sabinas, Anáhuac, Cerralvo y Galeana,[3] ya que no se tenía la presión de los ratings y de las ventas. Programaba como un hobby, pero aprendiendo." [4] Entre 1999 y 2000, Torres se desempeñó además como director artístico de las emisoras Pulsar FM y EXA. Sin embargo, con el cambio de siglo vendría un importante giro.

"En el año 2000 fui a la Ciudad de México donde colaboré en el lanzamiento de EXA, pero en febrero de ese mismo año me llamaron del Grupo Radio Alegría, un conjunto de doce emisoras de radio en Monterrey, el segundo grupo más importante del estado, y decidí integrarme a ellos" como director artístico de Digital 102-9 y Coordinador Artístico de las emisoras del grupo. A finales de los años 90, explica, "me tocó ver el surgimiento de la onda grupera, norteña, y ahora me toca trabajar en una emisora de radio que en su momento fue la punta de lanza de la onda grupera en Monterrey, que se ha vuelto un ícono de la ciudad: La Sabrosita, 95.7. Recuerdo muy bien el lanzamiento de esa emisora. Fue muy extraño. Estaban tocando un tema en inglés, creo que era de *Guns & Roses* —en aquel entonces la 95.7 se llamaba Estéreo Rock— y simplemente, el siguiente tema fue un tema de Bronco. Así empezó el lanzamiento de La Sabrosita, que después fue otro parteaguas en la programación de las estaciones de radio, sobre todo por ser una emisora en FM. Yo todavía no estaba ahí; yo seguía manejando FM Globo y Estéreo Rey. Antes las FM eran más cuidaditas, con otro tipo de programación, sin tanta locución, y ahí en La Sabrosita se rompió el paradigma, con el lanzamiento de una FM grupera. Fue un gran éxito; permaneció en el número uno cerca de una década".

"En Monterrey tuve la oportunidad de trabajar con locutores muy importantes que me ayudaron a aprender acerca de la voz. Eso me ayudó no para ser locutor, sino para cuando llegué a ser productor y tuve que dirigir a las voces con las que me tocaba trabajar. Ahora son locutores ya viejos, ya grandes; algunos incluso ya no están con nosotros, pero eran aquellas voces de Monterrey que llegaron a ser presencias nacionales; que me enseñaron del arte de la locución, aunque yo no fui locutor. Saber cómo hacerlo, cómo leer, ver a los prospectos, tanto de la parte comercial como de cabina. Fue un gran aprendizaje. Posteriormente vinieron las lecciones de los grandes programadores de aquel tiempo. Tuve un buen maestro: me tocó que Ramiro Garza, que es una institución de la radio, me enseñara a programar".

3 Localidades del estado de Nuevo León.
4 Procurull, Mariela. *Op. cit.*

"Me costó mucho salir de MVS Radio", recapitula Francisco acerca de ese periodo. "MVS Radio es una gran empresa en la que trabajé cerca de 18 años; me enseñó mucho, y me ayudó. Ahí, me casé, tuve mis hijos, estuve rodeado de amigos, de gente importante, muy trascendente en los medios de comunicación en nuestro país, y fue difícil dejarlo. Pero venía una nueva etapa de crecimiento, de hacer algo diferente", comenta quien desde 2007 funge como entusiasta y eficaz director de operaciones del grupo Radio Alegría. "Era el momento de asumir este gran reto que debo a la confianza que tuvo en mí la familia Estrada, propietaria del Grupo Radio Alegría, con quienes estoy profundamente agradecido. Ahora vivo una etapa muy importante en el grupo al estar al lado de la tercera generación de la familia, que viene con más ímpetu a re-evolucionar este gran negocio, y lo están convirtiendo en el más importante de nuestro estado", subraya.

Promotor de talento

Reflexionando sobre el presente y futuro de la radio, Francisco Torres puede hablar tanto como escucha, operador y programador, pero más incluso como alguien que entiende la responsabilidad de la industria radiofónica de descubrir y apoyar nuevo talento, en parte debido a la relativa retirada de las compañías disqueras. "Salir en la radio es (para cualquier artista) un paso importante. Aunque no ha sido mi fuerte, por estar casi al ciento por ciento dedicado a la parte operativa, también he apoyado el talento, porque hay mucho que desafortunadamente no llega; porque no tiene el apoyo de una casa disquera, porque no traen el apoyo para promoverse ellos mismos, y lo dejamos fuera de nuestras programaciones. Si hay talento, debe dársele una oportunidad. Aunque como programadores obviamente necesitamos el visto bueno de los directivos, sí hemos apoyado algunos grupos o bandas locales. Está, por ejemplo, el caso de La Trakalosa, que ya traía el respaldo de una empresa. En algo contribuimos a que surgiera esta banda de Monterrey; era importante estimularlos porque traían la calidad y la potencia necesarias. Con nuestro apoyo y posteriormente de las demás estaciones de radio, pudieron dar el brinco. A algunos (cantantes y grupos) les ha ido bien, otros están en camino, pero definitivamente tiene que haber alguien que les dé esa oportunidad, alguien que encienda la mecha. Si ya después pasa o no pasa algo, dependerá de la audiencia, si les gusta o no les gusta el producto".

"He visto surgir grandes figuras", recuerda; "vi cómo algunas de ellas estuvieron a punto de dejar sus carreras, y he tenido la satisfacción de ver que gracias al estímulo brindado a tiempo, no se quedaron en el camino". Cita algunos ejemplos. "Me da mucho gusto por un personaje tan importante como Ricardo Montaner, que venía con su disco bajo el brazo y nadie quería darle la oportunidad. También ahí fuimos los primeros.

También ahí encendimos la mecha. Me da gusto que el propio Ricardo lo haya dicho en sus conciertos. Y está también, por supuesto, el caso de Arjona y su en aquel entonces controvertido single. Que algún artista reconozca que su carrera se debe —en alguna pequeña parte— a que tú creíste en él, es más importante que otras cosas. Las disqueras obviamente tienen prioridades, y es su negocio discriminar. No pueden estar atendiendo a todo el talento que está saliendo. Por eso hay artistas independientes a los que hay que darles oportunidades. Lo importante es que traigan talento. Que tengan algo que aportar a la música."

Francisco es feliz padre de cuatro varones y una hija, y aunque tiene todavía mucho por delante, empieza a encontrar los placeres de la vida hogareña. "Los disfruto mucho. Me gusta mucho viajar con mi familia. Durante mucho tiempo este negocio me absorbió bastante, ahora vivo más para ellos. Aún disfruto lo que hago día a día, me sigue dando muchas satisfacciones, pero mi familia está en primer lugar. Con el paso de los años", reconoce sin pena, "se va haciendo uno más sentimental, y más interesado en que esa felicidad que uno siempre ha buscado esté con los seres que uno quiere". En 2016 cumplirá 38 años de trabajar en la radio, de donde reconoce que ha obtenido, como en una segunda familia, sus más grandes riquezas. "La radio me ha dado todo; me ha dado para estudiar, me ha dado para vivir, para tener una gran familia. Le debo muchas cosas y estoy comprometidísimo con ella. Cada día que me levanto lo hago como si fuera aquel primer día de hace 37 años; con la misma emoción, y con las mismas ganas de descubrir, de hacer algo diferente".

Con ese ánimo contagioso, no es casual que si alguien estaba llamado a ser el capitán de los destinos de un grupo llamado *Alegría*, sea precisamente el señor Francisco Torres.

Manuel Trueba Aguirre

"Lo mejor en todos estos años ha sido la gente de la radio; hombres y mujeres talentosos que conocen el negocio y que han triunfado porque han sabido hacer grandes equipos. Ésas son mis grandes satisfacciones."

De los medios de comunicación, es en la radio y posiblemente el cine, donde se forjan las carreras más largas y fructíferas; donde el paso de los años, más que contribuir a la obsolescencia, agranda el conocimiento y el buen tino. Una larga carrera en la radio es como una medalla que se porta con orgullo. Es el caso de Manuel Trueba Aguirre, quien durante más de medio siglo ha contribuido al desarrollo de la industria y que a partir de 1981 se desempeña como Gerente de Stereo Joya, en el 93.7 de FM, una estación del Grupo Radio Centro. "Tuve la oportunidad de trabajar en el grupo de la familia Aguirre" comenta don Manuel."Mi carrera en la radio inició en 1962. Tuve la suerte de estar casi en todo lo que forma el grupo. Le hice a todo, creo que sólo me faltó barrer".

Las 13 de la buena suerte

Manuel Trueba nació en la Ciudad de México. En sus inicios ingresó como operador de cabina a Radio Éxitos, una de las cinco estaciones de Organización Radio Centro. En 1972 fue Director Artístico de Radio LZ, una estación que transmitió música ranchera hasta los años ochenta, cuando cambió a Radio Sensación. Alrededor de ese tiempo, Trueba se hizo cargo del Departamento de Grabaciones y de la fonoteca del grupo, además de fungir como Gerente de Compras de la organización. También prestó sus servicios en Canal 13, cuya concesión recibió Francisco Aguirre Jiménez en 1968, aunque solamente la mantuvo durante cuatro años. "Estuve en la Gerencia de Compras tanto de Canal 13 como de Radio Centro", recuerda Trueba. "Entonces estuve coordinando la publicidad para radio del canal. Trabajé en la coordinación de noticieros porque todo mundo corrió a la televisión".

A pesar de haber acumulado experiencia en la Gerencia de Compras y en la coordinación de eventos artísticos del Canal 13, ha sido en las cabinas y consolas, en el trato con locutores, disqueras y artistas, es decir, en la operación de estaciones de radio, donde Trueba encontró sus mayores satisfacciones. Desde entonces a la fecha ha manejado un total de trece emisoras, lo cual crea un récord impresionante. Sin embargo, "aunque tuve algunas intervenciones al aire, nunca fui locutor. Manejé la LZ en 1972 y en el 77, Radio Sensación. Posteriormente fui gerente de Radio Centro". En 1990 fue gerente de El Fonógrafo y en 1991 estuvo en Midland-Odessa, Texas, para asesorar a una emisora de balada romántica. Con todo, hoy la industria relaciona, de manera casi inmediata, la figura de Manuel Trueba con "la Joya" del Grupo Radio Centro, en el 93.7 del cuadrante de FM, una estación que, como gerente, "cuida celosamente" para mantenerla como una de las favoritas de los radioescuchas. En 1974 Francisco Aguirre Jiménez comercializó la banda de Frecuencia Modulada y surgieron Radio Hit, Radio Joya y Radio Universal, las tres primeras estaciones del grupo en FM.

El guardián de la joya

En más de cincuenta años como testigo directo de la evolución de la radio, su testimonio resulta invaluable; en otras ocasiones su visión ha causado que se levante más de una ceja en la industria, como cuando decidió programar a Thalía en 2001, el año en que la cantante incursionó con Amor a la mexicana en el género de banda. "Detalle muy importante en este triunfo de Thalía con banda, el hecho de que (sea) la primera vez que el experimentado y con oficio (…) director de programación, Manuel Trueba Aguirre, quien cuida celosamente su emisora Stereo Joya FM, programe un tema de género banda, Amor a la mexicana", comentó el reportero Eloy Dávila.[1] "Créanme, que si Manolo Trueba introdujo a Stereo Joya este tema, es porque definitivamente está convencido de que es una excelente versión (…) que merece(n) sus radioescuchas".

"La radio ha cambiado mucho; se ha sistematizado", reflexiona Trueba. "Pienso que va a seguir sufriendo cambios como los que hemos visto en otros países. En algunos lugares la amplitud modulada ya está desapareciendo, inclusive en algunas plazas de la República Mexicana. Ya podemos ver, por ejemplo, que algunos equipos de audio eliminaron la banda de Amplitud Modulada. Ciertamente la radio tendrá mucha competencia de otros medios y tendrá que ir muy de la mano con ellos para seguir siendo competitiva. Pasarán algunas décadas para que se pueda decir que la radio va a desaparecer. Hay algunos países en que la FM, como la conocemos actualmente en México, ya desapareció; sólo tienen la digital. Éstos son los caminos: la FM digital,

---

1 Dávila, Eloy. *Thalía provoca envidias*, accesado el 18 de junio de 2015 desde www.network54.com/Forum/142102/message/998425297/THALIA+PROVOCA+ENVIDIAS+%282%B0+LUGAR+NACIONAL+EN+MEXICO%29.

la cual nos ofrece varias opciones de contenidos hablados y musicales en la misma frecuencia con una calidad extraordinaria, independientemente de que sigue siendo FM".

"En cuanto a la música", continúa, "también ha habido muchos cambios. Yo vi una industria muy sólida, muy fuerte, al inicio de mi carrera. Recuerdo que (un artista) se podía dar el lujo de grabar hasta 2 discos al año. Ahora las cosas han cambiado radicalmente. Tuvimos la época del rock and roll, tuvimos a los grandes baladistas como: Camilo Sesto, Rocío Dúrcal, Juan Gabriel, José José, por mencionar algunos. La industria se enfrentó al problema de la piratería, lo cual la afectó gravemente. En la actualidad, hay mucho talento tanto de intérpretes, compositores y músicos que requieren de oportunidades y la radio está para apoyarlos."

Un buen catálogo... y un oído atento

¿Cómo ha reaccionado la radio ante esta triple situación, la ausencia de grandes artistas, de talento sólido y una industria más débil? Don Manuel sabe que se viven tiempos de cambio y que las estaciones deben reaccionar en consecuencia; entre otras cosas, aguzando el oído. "Hablando de Joya concretamente, programamos mucho la música de catálogo. Analizamos el contenido, las letras, la música y es entonces cuando las incluimos en la programación, buscando siempre a los nuevos valores con potencial para desarrollar". Tras 52 años en la radio, después de haber visto ir y venir varias corrientes, modas y cambios tecnológicos, reconoce que es de la gente de donde ha recibido las más grandes lecciones. "Mi mayor satisfacción es haber trabajado con gente grande, con maestros como don Francisco Aguirre Gómez, el ingeniero José Luis Rodríguez y desde luego, la vida misma. Lo mejor en todos estos años ha sido la gente de la radio; hombres y mujeres talentosos que conocen el negocio y que han triunfado porque han sabido hacer grandes equipos. Ésas son mis grandes satisfacciones", concluye.

Raúl David Vázquez
"Rulo"

"Fue también ahí que descubrí mi amor por la radio, porque más allá de una forma de ganarme la vida —la verdad no me pagaban lo suficiente—, era algo que hacía por amor."

Raúl David Vázquez, mejor conocido como "Rulo", ha sido conductor de radio, columnista, editor y crítico musical. Conocido sobre todo por su ciclo al frente del programa *El fin del mundo II* en Reactor 105.7, dice que no lamenta su decisión de haber renunciado a la célebre emisión porque ahora tiene más tiempo para sacar a su perro. Además, "la gente se está yendo a otras partes a buscar música", comenta. "Claro, la radio no va a desaparecer como no desapareció el teatro, ni lo hizo la radio cuando llegó la televisión; simplemente me parece que ahora hay muchísimas personas que va a llegar a la música por otros canales que no son la radio, y ya lo estamos viendo. El crecimiento en el número de usuarios de *Spotify* en México es impresionante".

Entrevistador de grandes personalidades, él mismo se muestra impaciente y gruñón con la entrevista ("la verdad es que tengo muy mala memoria"), da la contra, respira hondo para hacer acopio de paciencia y se agita cuando habla de los temas que, sin embargo, lo hicieron conocido en su programa. "No me interesan los *charts* (...) no me interesa el virtuosismo (...) no veo ninguna tendencia en la música (...) no tengo la menor idea de por qué me corrieron de WFM", refunfuña el ex locutor cuya principal ocupación ahora es la edición de *Frente*, un quincenario donde ha reunido a un buen número de colaboradores y donde se desglosa la oferta cultura de la ciudad más grande del mundo.

Juguetes radioactivos

Raúl nació en el Distrito Federal en 1973. "De chico crecí en Tlalpan, luego en la colonia Contreras y finalmente en la Condesa. Creo que me empezó a gustar la radio como a los diez años. Oía a grupos como Van Halen y Quiet Riot, era lo que escuchábamos la gente de nuestra edad". Sin embargo su entrada a los medios no fue por la radio, sino a través de la escritura. Comenzó a trabajar en 1991 en *Eres*, una revista de espectáculos, moda y música, a la edad de 18 años. Un año después se convirtió en el editor de la sección de música. "Aprendí sobre la marcha, trabajando, desde cómo redactar un texto hasta cómo lidiar con disqueras, managers y artistas. Fue una gran escuela".

La radio llegaría un poco más tarde. Se dirigía a hacer una entrevista cuando en el trayecto se encontró a José Enrique Fernández, el director de programación de una nueva estación dirigida a los jóvenes, llamada Radioactivo. Radioactivo había iniciado operaciones en 1993 para llenar el vacío creado por la salida de González Iñárritu y su equipo de la WFM. "Yo creo que le parecí simpático", ironiza, "y me dijo que iba a empezar un nuevo programa que se llamaría *El mañanero*, y que si quería entrarle. Pensé que me estaba choreando, pero le dije que sí. Así empecé. Entré a Radioactivo en 1994. Al principio la alineación original éramos José Enrique Fernández, Jaime Camil y yo. En 1999 fui director de programación. Fue una estación muy importante y llegó a estar en el tercer lugar del D.F., lo cual es heroico; un proyecto alternativo contracultural que sin embargo tuvo mucho éxito. Tuvo voces emblemáticas como Lalo Rubio, Fernanda Tapia, Jordi Soler, Sopitas. Programábamos música alternativa, electrónica, hip hop y rock que difícilmente sonaba en otras estaciones".

A pesar de contar con una sólida base de seguidores y de haberse ganado un sitio como una de las mejores estaciones de rock de la capital mexicana —por sus instalaciones circularon artistas como Metallica, Oasis, Red Hot Chilli Peppers e incluso los Stones—, Radioactivo terminó su ciclo nueve años después de su fundación, precipitada cuando el grupo empresarial Ángeles compró el Grupo Imagen. Sus decepcionados radioescuchas, se cuenta, marcharon en señal de protesta del Auditorio a la estación para protestar. [1] "Radioactivo cerró porque cambió de dueño", explica Rulo. "Después de un año el grupo Ángeles cerró la estación para poner una de noticias porque iba más de acuerdo con sus intereses políticos. Estuve seis meses trabajando en otras cosas y después me buscó el IMER, a mí y a un par (de locutores) que estábamos en Radioactivo para ver si nos interesaba hacer una nueva emisora en el 105.7 FM, el espacio que históricamente había ocupado Órbita".

"Órbita estaba en decadencia, tenía muchos años sin recuperar su antiguo éxito y decidieron renovarla; para eso nos llamaron, para hacer Reactor en la misma sintonía". Ésta comenzó sus transmisiones el 12 de noviembre de 2004 con una selección que incluía rock, reggae, hip hop y heavy metal. En las similitudes entre ésta última y Radioactivo —desde el nombre, hasta la programación y el equipo de locutores— muchos quisieron ver una continuación. Sin embargo, trabajar en el sector público fue, en opinión de Vázquez, una experiencia distinta que al final le dejó un amargo sabor de boca. "Era algo completamente diferente. Te tienes que adaptar a que eres un servidor público y eres responsable de cómo se usan los recursos, en qué usas la

---

[1] *Cuatro estaciones de radio que marcaron época*. Revista Chilango, 17 de noviembre de 2014, pp. 26.

frecuencia; las responsabilidades en ese sentido aumentan notablemente. Fue también ahí que descubrí mi amor por la radio, porque más allá de una forma de ganarme la vida —la verdad no me pagaban lo suficiente—, era algo que hacía por amor. También encontré a gente muy capaz".

El fin del mundo

En el IMER, escribe Perla Guzmán en el Diario de México, "Vázquez (…) logró, en el tiempo que estuvo al frente del programa matutino 'El Fin del Mundo' y 'Antisocial', que las artes visuales, escénicas, la cultura y la contracultura convergieran a través de los productores y creadores de dichos rubros, además de dar un rostro nuevo al rock producido en México". [2] "Yo llegué y empecé a hacer un programa de cuatro horas en la mañana", interviene Raúl, "de siete a once, que se llamaba *Antisocial*. Después de unos tres años hubo un reacomodo y el programa que quedó en la mañana se llamaba *El fin del mundo*, y yo me junté con otro locutor que se llamaba Paella. No tuvo mucho éxito, me regresé a la mañana con Julio y decidimos ponerle *El fin del mundo II*. Luego se fue Julio y me quedé yo solo. Era un programa al que podían ir muchas personas a charlar con nosotros. Cuando no había invitados y nada que decir, dejábamos que la música hablara. Un día iba Juan Villoro, otro día Noel Gallagher, Jorge Ramos, muchos escritores, artistas visuales, cocineros, grupos de rock de México y grupos internacionales. Tenía una sección con Mary Campos de periodismo, una de letras con Diego Rabasa, una de cine con Edith Quezada, es decir, se juntaban muchas expresiones culturales con el rock, no como estilo musical sino como una actitud que te hace imaginar otras posibilidades".

A finales de 2013, Vázquez anunció su salida del programa *El fin del mundo* y del IMER. "Me aburrí, la estación se quedó sin gerente y quedó la incertidumbre de quién iba a llegar. A mí no me interesaba trabajar en un barco sin dirección. Se veía venir un cambio de estilo, de políticas. Estuve como un año después de que nombraron al director del IMER y nunca se dio una vuelta por las estaciones. Yo tenía el programa más escuchado, *El fin del mundo*, y nunca fue para saludarnos o recibirnos, para preguntarnos si íbamos bien, mal, o cuando para decirnos que éramos unos idiotas. Es decir, hubo una indiferencia e indolencia absolutas. Trabajar en esas condiciones me dejó de interesar. Luego mi jefe consiguió un trabajo como director artístico en Warner Music y no querían nombrar a nadie. Al final acabaron trayendo una persona sin ninguna experiencia. Ya intuía que venía algo medio pinche, y tuve razón", decreta Raúl David a quien, por cierto, la revista *Playboy*, invitó a hablar durante una entrevista de su fama de "huraño y prepotente". Él dice que sólo lo consume la timidez. "Soy tímido, no mamón. No sé qué responder".

2 Guzmán, P. (28 de febrero de 2014). Rulo, cronista de las sinfonías chilangas. *Diario de México*.

Su último trabajo en el medio fue en el noticiero *Así las cosas*, en W Radio, que comenzó en agosto de 2014, con Martín Hernández y Francisco Alanís "Sopitas", y concluyó en mayo de 2015. "Estaba produciendo el noticiero de la mañana", rezonga Rulo, "pero no les gustó a mis jefes y me despidieron".

Periódico Frente

Por lo pronto, tiene sus ojos bien puestos en la dirección de "Frente", un periódico dirigido a los amantes del cine, la música, la literatura y las artes visuales que comenzó como semanario. En la actualidad, ofrece cada quince días sus páginas a una población ávida de conocer la oferta cultural de su ciudad. Vázquez explica que, mientras estuvo en la radio, nunca dejó de interesarse en el mundo editorial. Después de la revista *Eres* escribió una columna para Récord, colaboró en La mosca, en El Universal y en Código, entre otras, además de que como editor se hizo cargo durante varios años de una revista llamada RIR. Sobre su nuevo proyecto, dice: "A mí me hacía falta un periódico como *Frente*, es decir una guía como las que existen en otras ciudades del mundo de manera gratuita; (una publicación) que me ayudara a navegar entre la oferta cultural y del entretenimiento. Con esa premisa nace Frente, que lleva más de cuatro años y ahí va. Pertenezco a los dos mundos (a la radio y a la industria editorial), no sé cómo medir qué soy más o qué soy menos. La radio por un lado te da unas recompensas inmediatas, que pueden resultar engañosas".

Sobre la situación actual de la radio, uno de los locutores más conocidos de rock de la capital mexicana tiene una visión entre cínica, realista y protestona. Casi pudiera formarse una colección de citas de quien bien pudiera ser el Dr. House de la radio. "Salvo Zoé y unos cuantos, el rock no existe para la radio comercial, no es algo que le interese a las disqueras", comienza. "Las prioridades de la radio no son los grupos de rock, son Lady Gagas o Kate Perry o Paulina Rubio: jamás, jamás un grupo de rock". Pero a pesar de embanderarse en el género considera que los grandes hitos de la música mexicana en las últimas décadas son el álbum *Recuerdos II* de Juan Gabriel y *Romance* de Luis Miguel. Aún más, sobre el hecho de que las jóvenes bandas de rock le llevaran discos a Reactor para que los escuchara, con la esperanza de que los tocara, repone: "Ni modo de que (un programador) oiga todos los discos que le lleguen y los vaya poniendo el orden, eso no le ayudaría a nadie. No hay de otra, ni pedo". Le entusiasma Café Tacuba, al que considera "de calle" el más completo grupo de rock de México, aunque la banda se haya deleitado en casi cada surco de sus álbumes a jugar con el ska, el hip hop, la regional mexicana y el bolero. Le gusta mucho el primer álbum de La Maldita Vecindad, y considera que su primer disco es el mejor álbum de rock de México, porque, declara el enamorado confeso del D.F., "es un disco de mi ciudad, de mis calles. Desafortunadamente", acota, "La Maldita sólo tiene un gran disco... o uno y medio. Finalmente, me parece que Botellita de Jerez también es fundamental; todo lo vino después tiene una gran deuda con esa banda".

Raúl, que alguna vez musicalizó como DJ aficionado lugares como Nicole, el Galaxy y El Imperial, "para oír las cosas que a mí me gustaba escuchar", tiene un último deseo, y es que el hip hop, un género que admira, tuviera más reflejo en la radio mexicana. "Siento que es el lenguaje de los jóvenes en el mundo, no sólo la parte de la música, sino la forma de expresarse, de vestirse. Lo ves en la publicidad, lo ves en la NBA; sin embargo, en México ha tenido problemas para entrar. Lo hizo en su versión tropical, que es el reggetón, y me gustan algunas cosas, se me hacen interesantes, pero me gustaría que hubiera otros caminos para que los raperos nacionales pudieran tener canales exitosos en México". Tal vez suceda. Pero quizá algún programador aventado deba escuchar los demos que lleguen a su cabina.

Polito Vega,
el Rey de la radio

*"Y ahí seguimos, hasta el día de hoy,
andando, andando; siempre andando."*

Polito en tres actos:

UNO
Hay un chiste que se cuenta en los corredores de la industria musical. Van dos amigos caminando por *Central Park* de Nueva York cuando, de repente, pasan el Papa Francisco y Polito Vega charlando animadamente. Los dos camaradas se detienen estupefactos.
—¿Viste eso?
—¡Sí! —responde el otro, boquiabierto—. ¡Quién sabe quién será ese señor de blanco, pero si es amigo de Polito Vega, debe de ser alguien importante!

DOS
En su novela sobre su vida en las correccionales de Nueva York, el ex policía Al Bermúdez relata una escena en la que un preso de origen hispano le dice, después de un sábado especialmente agotador: *"Mira hermano, mañana es domingo, Salsa con Polito Vega. Encuéntrate un lugar donde puedas relajarte y escuchar la música, el día se irá rápido".* [1]

TRES
Un grupo de hombres y mujeres abren el lujoso tomo editado en 2009 por el Museo de la Ciudad de Nueva York, una guía ilustrada sobre los 400 personajes más importantes

---

[1] Al Bermúdez. (2009). *Ruins of a Society and the Honorable: A Prison Story and Autobiography*. *Bermúdez Pereira, Florida.*

de lo que hoy es la Gran Manzana. [2] La ocasión: conmemorar el cuarto centenario de la llegada de Henry Hudson por el río que hoy lleva su nombre. Los curadores de la exposición impresa incluyen una lista variopinta y representativa con nombres como Franklin Roosevelt, John D. Rockefeller, Woody Allen, Rudolph Giuliani y… Polito Vega. Un libro, por cierto, apropiadamente publicado en 2009, el año internacional de la astronomía, con alguien que, desde la primera vez que tomó un micrófono hace más de 50 años, ayudó al ascenso de tantas estrellas.

"Tú serás Polito"

Las tres escenas parecen, de hecho, escenas de una película de Woody Allen. Pero todas son reales. Si Elvis fue el rey del rock´n ´roll, entonces Polito Vega es el rey de la radio, o quizá más apropiadamente, el rey de la radio-salsa, si es que es posible acuñar tal término. Polito ha sido una presencia constante en la radio de Nueva York durante más de cincuenta años y es difícil imaginar una persona más representativa y querida, alguien que es ya casi parte del aire de esa ciudad. Hipólito Vega Torres —Polito para todos—, nació en la playa de Ponce, Puerto Rico, en 1938. Su padre era chofer de autobús. De niño vendía periódicos para ganar algún dinero, pero su sueño era cantar. "La historia de mi infancia está en Puerto Rico", cuenta Polito con su poderosa voz, que sigue rugiente como la de un león, a sus 77 años. "Mi juventud fue como la de cualquier otro niño: ningún niño quiere ir a la escuela, ningún niño quiere trabajar, lo que quiere es estar en la calle, y eso me pasó a mí. Estaban en la escuela Santiago González, pero mi atención estaba más en los cantantes de moda, porque me gustaba mucho oír la radio. Mi mamá siempre estaba detrás de mí para que yo estudiara o trabajara, pero en verdad lo que estaba en mi mente era cantar. Era muy difícil porque había mucha competencia, yo era muy joven y no sabía qué inventar. A los 17 años tenía un trío y cantaba en las fiestas patronales, llevaba serenatas, ésa era mi vida. Me ayudó mucho que aprendí a tocar la guitarra. No tuve una alta educación académica porque no me gustaba ir a la escuela, pero afortunadamente me dediqué a leer y a aprender el idioma español".

    Fue en Puerto Rico, durante sus andanzas como cantante, que adquirió su apodo, después de ganar un concurso de canto en San Juan. Cuando le preguntó su nombre, el maestro de ceremonias hizo burla de él. "¡Qué feo nombre!", dijo. "Nunca vas a llegar a ningún lado con ese nombre. Mejor serás Polito". En 1957, ya casado y con 22 años, partió rumbo a Nueva York. Comenzó a trabajar como empleado del puerto, viviendo con uno de sus tíos en la esquina de Broadway y la calle 262, y esperando cumplir su sueño de ingresar al mundo del espectáculo. En ese entonces, no

---

2 The Museum of New York City. (2009) *New York 400: A Visual History of America's Greatest City with Images from The Museum of the City of New York.*

pasaba por su mente convertirse en locutor. Pero sí le gustaba hacer voces, sonidos e imitar a los locutores con sus amigos. También solía comprar el periódico y leerlo en voz alta. "En Puerto Rico yo nunca hablé en la radio", confiesa. "El entusiasmo por ser locutor comenzó cuando llegué a Nueva York y escuché en una estación de radio una voz muy conocida, muy parecida a la de un amigo mío que tenía en Puerto Rico. Y efectivamente, cuando averigüé, resultó que sí era dicho amigo (Julio César Cabán). Él me dio la primera oportunidad de hablar en un programa se llamaba *Fiesta Time*[3], en la WEVD-AM, que era de noche. Me dejaba identificar la emisora o decir la hora, pero eso era todo".

La historia dice que, al principio, Polito sólo contestaba las llamadas y leía algunas peticiones del público, y que el productor del programa quedó tan impresionado con su voz y su estilo que le dijo que debería tener su propio show.[4] Así, cuando su amigo Julio César enfermó, Vega ocupó su lugar en Fiesta Time.[5] Polito estuvo por primera vez a cargo del micrófono alrededor del año 1963, cubriendo turno de la media noche a las seis de la mañana. "La radio en español era primitiva", recuerda, "totalmente nueva. Había solamente dos estaciones de radio en AM, y una de ellas era de medio tiempo. En aquel tiempo, si no sabías leer, no podías estar en la radio, porque todos los comerciales eran en vivo y había que leerlos; había muy pocas grabaciones. Para superarme, por las noches me llevaba los comerciales de la emisora a casa, los leía en voz alta, me los aprendía de memoria. Fui mejorando mi español, quería superarme".

Pero si la radio en español era primitiva a principios de la década de los 60, mucho más rústica y defectuosa era la programación. "Había dos mundos muy distintos", explicó Vega a *The New York Times* en 2009. "En los salones de baile (…) podías oír a las orquestas de Tito Puente y Machito causando revuelo, pero en la radio sólo había tríos románticos".[6] Polito Vega fue el primero en introducir a la radio ritmos como el mambo, el son cubano, el cha cha cha y, finalmente, la salsa. "Las estaciones de radio (latinas) sólo tocaban música instrumental de guitarra y algunos boleros", dice el editor de DTM Magazine, Javier Castaño. "Músicos como Machito, Felipe Rodríguez y Tito Puente ya estaban en la escena, pero ningún locutor quería tocar su música. Fue Polito Vega quien tocó la primera canción de salsa, un single de 45 rpm de Johnny Pacheco titulado El Campeón. Tras él llegó el tema *Che Che Colede* de Willie Colón, y a partir de entonces la salsa inundó la Gran Manzana." [7]

A ponerle salsa

La palabra "salsa" viene del latín salsa, que significa salado. Y la sal, como dijo un personaje hace casi ya dos mil años, está para dar sabor al mundo. El aburrido mundo de la radio neoyorkina cambió dramáticamente con la aparición de Fania Records en 1964, fundada por el compositor Johnny Pacheco y el abogado Jerry Masucci para ser el foro de estrellas como Willie Colón, Celia Cruz, Ray Barreto y, sobre todo, convertirse en el templo de la música que vendría a ser conocida como "salsa". Se trató de una revolución que empezó calladamente, pero que en menos de diez años se convirtió en la palabra más popular de la radio hispana neoyorkina. Así como los jóvenes blancos se radicalizaron durante la segunda mitad de la década de los 70 con la llamada contracultura, y los jóvenes afroamericanos se polarizaron políticamente, se ha dicho que, cuando menos en Nueva York, el barrio latino "rechazó la asimilación y se convirtió en un caldero de creatividad y actitud militante".[8] El brazo musical de este

---

3 La primera emisión de *Fiesta Time* fue en el año de 1959.
4 Rohter, Larry. *Keeping Radio´s Salsa Hot for 50 Years*. The New York Times. 26 de agosto de 2009.
5 López Vivas, Javier. *Polito Vega*. Accesado el 29 de agosto de 2015 en http://nyserenade.blogspot.mx/2008/07/polito-vega.html
6 Rohter, Larry. *Op. cit.*
7 Castaño, Javier. *Polito Vega, King of Radio*. DTM Magazine, número 61, septiembre de 2009.
8 Manuel, Peter. *Popular musics of the Non-Western World*. Oxford University Press, 1990. p. 90.

movimiento fue el son cubano que se transformaría en salsa, y su base de operaciones sería Fania Records.

Fue Polito Vega quien brindó al nuevo género el primer y decisivo impulso hacia su aceptación masiva. Bajo su patrocinio florecieron las carreras de artistas como Celia Cruz, Tito Puente, Ismael Miranda y el propio Pacheco. Un día llegó a la cabina de radio el propietario de Fania Records, Jerry Masucci, y le dijo a Vega que por fin habían sacado su primer single. "Yo toqué en la radio el primer disco (de salsa) que se tocó en Nueva York," dice Polito, "y fue de la compañía Fania Record, una canción de mi amigo Johnny Pacheco que se llamaba El Campeón. Sucedió en un show que yo tenía en la media noche". Aunque algunas fuentes atribuyen el nombre de la disquera Fania a una vieja canción cubana, Polito afirma que "Fania es una palabra africana. El nombre tiene que haber salido del propio Jerry Masucci o de Johnny Pacheco: ellos trajeron ese nombre a Nueva York después de un viaje a África".

De la WEVD, Polito partió a otras emisoras como la WWRL y después la WVNX, donde conoció al señor Raúl Alarcón, un empresario cubano que había huido de su país tras la revolución y estaba a punto de adquirir su primera estación en Estados Unidos, la piedra angular de lo que hoy es SBS. "Cuando estaba en tratos para conseguir mi trabajo en la WVNX, Alarcón iba llegando de Cuba. Él fue a ver al dueño de la estación. A Raúl sí lo contrataron de inmediato. Comenzó haciendo jingles y concursos, y recuerdo que solía decirme que un día él tendría su propia estación. Acabó teniendo muchas más". Entre 1967 a 1970, Vega fue el animador de un programa de televisión llamado El Club de la Juventud, de Telemundo, donde se dieron a conocer de forma masiva importantes bandas como la de Willie Colón. Sin embargo, la televisión no era lo suyo y pronto regresó a la radio. "Me gusta más trabajar en la radio porque no hay tanta responsabilidad", confiesa con una carcajada. "Para la televisión uno tiene que maquillarse, y hay que estudiar todo lo que se va a decir, porque todo se ve; es un medio visual. En la radio, en cambio, (puedes llegar) con un par de chancletas y un pantalón corto, y nadie se da cuenta".

Una vida de película

En 1989 Alarcón, fiel a su promesa de algún día contar con su propia estación, fundó WSKQ La Mega, la primera FM en español en la ciudad de Nueva York, y de inmediato contrató a su viejo amigo, quien inició su celebrado programa "Salsa con Polito". En poco tiempo era la emisora en español más popular de la megalópolis. "En la WVNX no querían dejarme ir, me ofrecieron más dinero, pero yo quería trabajar en una FM", explica Vega, quien desde La Mega mantuvo encendida la antorcha de la salsa y apoyó a nuevos artistas. "Si no fuera por él, esa música ni siquiera estaría al aire actualmente", comentó en alguna ocasión Larry Harlow, uno de los integrantes originales de la famosa Fania All-Stars. "Él ha sido quien realmente ha mantenido viva nuestra música todos estos años. Él siempre nos apoyó". [9] "Él fue parte vital de todo el movimiento de la salsa", añade Johnny Pacheco, "fue uno de sus pilares, en verdad. Cuando estábamos levantando la empresa, él escuchaba cada canción y decía: `Me gusta, voy a promoverla´, y la tocaba hasta el cansancio". [10] En 1971 Fania logró un lleno total en el Yankee Stadium, lo cual representó un parteaguas en la difusión de la nueva música. "El entusiasmo de la palabra salsa, como género musical, comenzó yo diría ese año", afirma Polito. "Ahí fue donde se hizo el primer concierto de salsa, en el Yankee Stadium, y ahí fue que comenzó el boom. Al año o dos de aquel evento, salsa era la palabra más popular en la radio."

Desde hace 25 años, Vega ha permanecido en SBS, la compañía que fundó su amigo Raúl, padre del actual CEO de la empresa, Raúl Alarcón Jr. En 1992 fue

---

9 Warley, Stephen. (2006) *50 Years of New York State Broadcasters Association*. Fordham University Press.
10 Rohter, Larry. *Op. cit*.

coronado como el Rey de la Radio en una ceremonia jocosa y divertida que organizaron los profesionales del medio. En 2009 cumplió cincuenta años de trayectoria, ocasión que fue celebrada con un par de conciertos en el Madison Square Garden, donde participaron artistas de la talla de Enrique Iglesias, Christian Castro, Alejandro Sanz, Laura Pausini, David Bisbal y Paulina Rubio. En 2015, al momento de escribir esto, Polito revela que se está hablando de una película de su vida. "La va a protagonizar un actor boricua que se llama Luis Guzmán, (y va a mostrar) todos los sinsabores que da la radio, las altas y las bajas, porque estar en la radio no es fácil. Lo difícil es, después de que se llega allá arriba, cómo mantenerse, cómo protegerse de los que te rodean, los que a veces son tus amigos, pero a veces están tratando de meterte la puñalada. Así es la radio".

Aparte de algunos momentos amargos, como en cualquier vida, de realizarse, la película mostraría sin duda la energía inigualable, la personalidad magnética y sobre todo, el especial talento de Vega para detectar talentos, desde las épocas de la fundación de Fania, cuando le enviaba gente a su amigo Johnny Pacheco. "El lo ha visto y lo ha oído todo", comentó en 2012 Raúl Alarcón Jr. para la revista Billboard. "Y todavía tiene esa increíble habilidad para detectar lo bueno y lo que no es tan bueno, a pesar del cambio constante en las tendencias en la música y de los caprichos de un público extremadamente voluble. Tiene un oído de oro y sigue siendo tan relevante como hace cincuenta años".[11] Al respecto, Polito exclama: "¡Son tantos factores para determinar un posible éxito! En mi opinión, un éxito puede ser un solo cantante con una guitarra. Todo depende de cómo la cante, de la letra de la canción y de la melodía. Después vienen los arreglos, la orquesta, los coros. (Pero) sí hay un momento en el cual se puede percibir un éxito. El más grande en la historia de la música de salsa fue Pedro Navaja. Fue un hit mundial. Cuando yo la oí por primera vez en el estudio, cuando la estaban grabando, le comenté a Rubén (Blades): `Esto va a ser el hit más grande del mundo en el género de salsa´, y así sucedió".

Andando, andando

"En la radio aprendí muchos trucos, porque la radio está basada en todo lo que tú puedas inventar", dice Polito, que presume en sus brazos tatuados tres figuras simbólicas que resumen una vida de locución, música y amor. "En un brazo tengo el emblema de SBS y una corona en honor al rey del timbal, el caballero de la industria de la salsa: Tito Puente. Me puse la corona y le puse `El Rey´. En el otro está el perro que quise tanto, un Rottweiler que se me murió". A lo largo de su carrera, Vega desarrolló un estilo único que aderezó con la salsa de sus dichos y frases emblemáticas.

---

11 Cobo, Leila. *Polito Vega Never Goes Out of Style*. Accesado el 29 de agosto de 2015 en http://www.billboard.com/biz/articles/news/1084891/polito-vega-never-goes-out-of-style

La más conocida de todas es, sin duda alguna, una que habla de seguir adelante, de nunca dar nada por terminado y marchar hasta que la vida lo permita: Andando, andando, andando. "Había un cantante que decía ¡Anda, anda!", estalla Polito haciendo mucha algarabía. "Y una noche en el estudio que estaba haciendo mi show, me da de pronto por decir ¡Andando, andando! Y ahí estaba la muchacha que trabajaba conmigo, y me dice: `Mira, yo creo que tú debes seguir diciendo Andando en vez de Anda´. Y ahí seguimos, hasta el día de hoy, andando, andando; siempre andando".

Alberto Vera
Brown Bear

"Me siento orgulloso de toda esa gente con la que trabajé en la radio y que después tuvieron una carrera muy exitosa."

Alberto *Brown Bear* Vera, el colosal oso del micrófono, voz cálida e inconfundible y sabiduría práctica para la vida, ha sido formador de varias generaciones de locutores, personaje inolvidable de la radio latina en los Estados Unidos, empresario innovador, pero sobre todo, maestro. Si en la vida real los osos pardos son itinerantes, preferentemente nocturnos —como los locutores que nos despiertan en las primeras horas de la madrugada—, felices con una sola pareja y sobre todo, temibles y feroces cuando se trata de poner orden, entonces Vera ha representado a la perfección el sobrenombre que lo hizo famoso. Después de haber impulsado tantas carreras en la radio, no es raro que hoy, por medio de las charlas motivacionales, siga la verdadera pasión de su vida: ayudar a los demás. Hoy es uno de los motivadores de habla hispana más reconocidos en los Estados Unidos.

Vera es nativo de Santa Paula, California. Pasó gran parte de su niñez escuchando música en el bar de su madre, pero no podía hablar bien español y la letra de las canciones era un misterio para él. Lleno de vitalidad y entrega toda su vida, empezó a trabajar desde muy pequeño. "Cuando tenía diez u once años, yo iba de puerta en puerta ofreciendo limpiar los patios de las casas, pero el primer trabajo oficial donde me dieron un cheque fue en Chacon Market. Conseguí trabajando acomodando latas, y mi primer jefe se convirtió después en mi padrino.

El gran oso recuerda

La radio llegó pronto a su vida. A los 15 años era repartidor de periódicos y en su ruta pasaba por la estación KSPA. Ésta había iniciado transmisiones en 1948 y había experimentado varias transformaciones, pasando de estación de música country a exclusivamente noticiosa, y también tenía la distinción de ser la primera estación en español de Ventura County. En lugar de arrojar el diario, la estación pedía que el repartidor entrara. La vista de los micrófonos y las cabinas fue como una revelación para el joven Alberto. "Yo pensé: ¡Wow! Esto es para mí, ésta va a ser mi oportunidad de ser alguien especial". El único problema es que era una estación de radio en español, y en aquel momento, Vera todavía no hablaba el idioma. "Todos los días yo paraba en la radio y me ponía a charlar con un locutor, un hombre llamado José Zermeño", recuerda Brown Bear, "y me dijo que ahí todos habían empezado limpiando, y que por qué no pedía trabajo al dueño. Y así lo hice. Como me vio moreno, pensó que yo hablaba español."

Ansioso de poder participar, Alberto se puso a estudiar el idioma. Su amigo Frank Romero le ayudaba, empezando con el abecedario. "Frank, una fina persona, tenía una novia muy bonita a la que no podía ni tocarle la mano, porque su papá era un señor mexicano muy estricto, chapado a la antigua. A Frank le urgía casarse con ella e irse a su luna de miel. El dueño de la estación, el señor James, me dijo: `Romero se va a casar, ¿estás listo para entrar al aire?´. Y yo, desde luego, no me sentía preparado, pero mi amigo, que ya quería casarse, le dijo que sí, y así tuve mi primer programa de radio, que se llamó *Nocturnal*. Por las noches Javier Santana me dejaba cerrar las transmisiones, pues la cortinilla se decía en inglés y yo lo hablaba mejor. Nunca se me olvidarán aquellas palabras: *This is radio statio KSPA, in Santa Paula, California, bringing close to another day…* Lo grababa para oírme en el auto y me parecía impactante; luego le llamaba a mi novia y gritaba de entusiasmo: Listen to me! I´m on the radio! Eran momentos increíbles."

"Debo mucho a personas generosas como Frank Romero, que pasó horas entrenándome; el señor Javier Santana, que abrió el micrófono para mí por primera vez. Sentí una gran satisfacción cuando llevé mi cheque a Chacon Market. Era sólo por 13 dólares, pero decía Radio Station KSPA. Estamos a inicios de la década de los 60, y recuerdo aquella música: transmitíamos a Los Dandys, a Los Caballeros. Teníamos una sección donde tocábamos discos de 78 rpm y también lo más moderno, el disco de 45 rpm. Comenzaba su carrera un señor que parecía una gran promesa: Javier Solís. Recuerdo además transmitir aquellos discos del poeta Manuel Bernal."

No es por hacerles desaigre,
es que ya no soy del vicio…
Astedes mi lo perdonen,
pero es qui hace más de cinco
años que no tomo copas.

KSPA transmitía totalmente en español, aunque por la noche tenía que transmitirse el *Farm Report*, un servicio en inglés que requería el gobierno y en el que se reportaban asuntos de los ranchos del condado, tarea que por lo general correspondía a Alberto Vera. El joven siempre estaba dispuesto a aprovechar cualquier oportunidad de estar tras el micrófono, por ejemplo cuando alguno de sus compañeros tenía que salir. Pero el placer de trabajar en la radio pronto se vio amenazado por un requerimiento de su familia.

"A los 16 años mi madre me dijo que tenía que dejar la radio. Quería que hiciera otras cosas y además pensaba que se estaban aprovechando de mí. Yo le dije: `Madre, no puedo dejar la radio. No voy a dejar la radio´, pero ella se portó inflexible. Así que hice lo que tenía que hacer: tomé mis cosas y me fui de la casa. Y le dije: `Si llamas a la policía, te voy a acusar por la forma en que nos tratas´. Mi madre era muy dura, todo había sido con golpes, pero era mi madre y sé que hubiera dado su vida por mí. El ambiente estaba triste en mi casa, y yo no quería seguir así. Me subí a mi auto y a los 16 años, seguro de lo que quería en la vida, me fui a vivir a la estación de radio. Me fui de la casa por el amor a mi profesión. Mis compañeros, el señor Romero, Mario Armenta, un locutor muy famoso, y otros, me traían de comer en la noche. Ahí dormía en una mesa grande y de vez en cuando iba a la casa de alguno de los locutores a bañarme. Pero me sentía libre. Era una cosa maravillosa, ser libre después de una educación tan dura."

Itinerante

"Cuando estaba en KSPA", recuerda Vera, "me enamoré de una mujer y era el amor de mi vida, pero ella no me quería. Yo sentía que moría de tristeza, no podía dormir. Creo que tuvo mucho que ver con la falta de cariño que tuve en casa. Cuando quedó claro que no quería nada conmigo, empaqué mis cosas y me subí a un autobús. Fui a Texas, a Colorado y finalmente a Nuevo México, donde me puse a trabajar vendiendo autos en una agencia". En ese tiempo, por recomendación de una amiga, Vera conoció a Ernesto Parnek de la estación KAMX de 500 watts, de Nuevo México, que entonces estaba solicitando ayuda. Una vez demostradas sus capacidades, obtuvo el trabajo. De inmediato advirtió un hecho que le llamó la atención: en la localidad había 16 estaciones de radio, y la KAMX estaba justamente en el puesto número 16, en el último lugar de las preferencias. "Yo me dije: Habiendo tantos hispanos, ¿por qué somos los últimos en las encuestas? Y salí a la calle, a ver si lo que estábamos tocando era lo que la gente quería, lo que se estaba vendiendo en las tiendas. Entre ellas, visité Hurricaine Enterprises, y ese día mi vida daría un increíble giro".

En Hurricaine Enterprises, Albert conoció a Amador Sánchez, mejor conocido como el artista Tiny Morrie, que entonces estaba con la banda más popular de Nuevo México, Al Hurricaine. De inmediato surgió la amistad y el interés profesional. Los amigos se reunían frecuentemente para hablar de música, de los éxitos de la semana y de programación. "Tiny Morrie era una persona muy sabia; aún a la fecha, es un genio. Iba todos los días con él a hablar de música; después de dos semanas me preguntó si quería que él me manejara, a lo cual le respondía que me encantaría. Él se sentaba conmigo a analizar lo que había tocado nuestra estación y la competencia, y me enseñó a programar. En alguna ocasión hicimos un concurso de discotecas, entre la KAMX y otra estación en inglés. Música en español, contra música en inglés. Cada quien ponía sus mejores canciones para ver cuáles bailaba más la gente. Tiny Morrie se acercó y dijo algo muy misteriosamente: *En los primeros 15 minutos, no quiero que sepan el poder que tenemos. Toca las canciones que nadie va a bailar."*

"Puse las canciones menos buenas, y mis amigos se paraban y me gritaban que atacara. En la ronda final, la estación en inglés comenzó con *That's the way I like it*, de KC & The Sunshine Band, y naturalmente, todos fueron a bailar. Pero cuando fue nuestro turno, en el concurso de baile, oh, empezamos con la música más fuerte y en medio metimos *La Bamba*. La gente se volvió loca, todo el mundo estaba brincando, las faldas de las muchachas daban vueltas, y por supuesto, ganamos la batalla de las discotecas. Al día siguiente abrí el micrófono en KAMX, con voz llena de orgullo: `Esto es Nuevo México, la tierra de la gente morena´".

Llega *Brown Bear*

"En aquellos días había unas 250 estaciones de radio en español y la marea iba creciendo. Estación que se establecía, estación que pegaba. Había muchos mexicanos, el mundo se estaba expandiendo, el mercado hispano iba en subida y había oportunidades. Siempre quería hacer cosas diferentes, no me gustaba lo fácil. En alguna ocasión tuve que hacer un comercial para el club Far West y me propuse hacer algo original. Estaba sentado en el cuarto de grabación a la media noche, y había una muchacha al aire. Le llamé y le dije: Quiero que digas esto: *Brown bear, brown bear, where are you going brown bear?* Y yo te voy a decir: *Chula, sube*. ¡Vamos al Far West! Hicimos el comercial, que fue muy popular, y un día llegando al propio Far West con Tiny Morrie, alguien me gritó: "Hey, Brown Bear!". De inmediato, Morrie me dijo que el nombre me quedaba y que debería usarlo. Le tenía tanta fe a Morrie, que adopté el nombre y desde entonces se quedó conmigo".

"Creo que parte de mi éxito en Nuevo México fue mi estilo al micrófono, mezclando expresiones hispanas y sajonas, y funcionó porque en ese estado la mayoría de los hispanos —a diferencia de Los Ángeles— son bilingües".

Good morning to you all! Aquí esta la música.
Shake that! Son las 7 con 15.

Inventamos diferentes programas, revisamos estrategias, y un año después el show de Brown Bear era número 1 en audiencia femenina, número 2 en audiencia total. Tuve mucho éxito en Nuevo México.

Radio Tiro

"En 1984 me dieron la oportunidad de dirigir una estación de 50 mil watts de potencia que se llamaría Radio Tiro, KTRO, en la frecuencia 15.30 de AM, en Oxnard. Recuerdo que había emisoras con nombres como Radio Alegría, Radio Fiesta; yo sentía que hacía falta imaginación. Le puse el Radio Tiro. La identificación era un balazo, Tirando éxitos todo el día. Fue una época en la que estuve en busca de talento y me topé con varias personas muy valiosas. Recuerdo tres en particular. Uno de ellos fue Juan Carlos Hidalgo, un joven que estaba trabajando en una frutería. Vino una noche a conocerme; quería trabajar conmigo. Tenía una energía muy positiva y le di oportunidad en el horario de la noche. Cuando ya tenía unos meses trabajando en la cabina, le pregunté:

—¿Juan Carlos, por qué no te dedicas de tiempo completo a tu profesión?
—Porque no hay mucho dinero, yo gano más en la frutería —me respondió tímidamente.
—No hay dinero porque no te dedicas —le dije. Y le mostraba la conducta de algunos locutores, cómo algunos se pasaban todo el día hablando con la novia, y sólo soltaban el teléfono para anunciar sin ganas el nombre de las canciones—. Si fueras mi hijo te diría lo mismo: Si tienes que vivir en tu carro, vive en tu carro, pero dedícate a tu profesión. —Yo ya le había dado este consejo a otras personas, pero nadie me hizo caso. Pues al siguiente día estaba Juan Carlos en la estación de radio. Y le pregunté—: ¿Qué haces aquí?
—Vengo a dedicarme a mi profesión —me contestó. Había dejado su trabajo.

En menos de un año él estaba en Los Ángeles en "La X", haciendo historia".

"Otra persona de la época fue Elio Gómez, un muchacho con un gran carisma. Vino a trabajar con nosotros y un día me dijo que quería poner una escuela de locución. Vivía en un tráiler, no tenía luz ni agua, y todos los muchachos se rieron de él. Pero yo le dije, convencido: `Ponla´. A los tres meses me habló, feliz, para decirme que ya había rentado unas oficinas. Y yo pensé: `Este hombre no tiene dinero, pero lo que sí tiene es ilusión y deseo´. Elio Gómez me motivó mucho. Trabajó muchos años en la radio, pero su escuela creció, sus negocios florecieron, y ahora le va muy bien, aunque él, como el gran ser humano que es, sigue siendo muy sencillo".

"En la emisora teníamos un programa de "mentor", para dar oportunidad a los estudiantes de high school de estudiar en la radio. Un día llegó otro joven, llamado Antonio García. Lo senté en una banquita; estaba todo nervioso. Le pregunté con un grito si era verdad que quería estar en la radio, y me respondió con un sí, muy quedito. `¿Quieres estar en la radio y no sabes ni hablar?´, troné disgustado. Estaba a punto de sacar mi espada y sacrificarlo, cuando me acordé que años antes yo le había hecho una promesa al Creador: ayudar a la gente cuando yo tuviera mi propia estación de radio. Así que le di una oportunidad a Antonio. Se convirtió en mi mano derecha, en un experto en hacer comerciales, en una de las personas más valiosas que tenía. Yo era muy duro entonces, pero ninguno de ellos me guarda rencor. Por el contrario, me dicen. `Gracias, Bear, por el entrenamiento que nos diste´".

El famoso "Brown Bear" compra una estación de radio
En la foto lo vemos junto con su esposa Sahara del S y el legendario Howard Kalmenson, al momento de cerrar el trato.

"Con el tiempo todos se fueron a Los Ángeles a hacer radio. El señor Alfredo Rodríguez se los llevó a todos —¡me los robó!—, y allá hicieron historia. Radio Tiro fue una época mágica porque atrajo a muchas personas con gran talento. Formamos un equipo muy especial y tuvimos un exitazo en las encuestas. Radio Tiro fue el nacimiento profesional de gente que hoy está triunfando en el negocio de las comunicaciones".

Antenna

En agosto de 1987, Brown Bear lanzó la revista Antenna, que representó una gran innovación. Era una publicación para informar y promover a diferentes artistas y géneros musicales, analizar tendencias en el medio latino, además de dar a conocer el trabajo y la trayectoria de diversos locutores. "Había pocos medios de difusión para la música y los artistas", comenta Vera. "Recuerdo haber leído por aquel tiempo una novela llamada *Acres of Diamonds*, de Russell Conwell. Es una historia de un rancho en África y tiene que ver sobre las riquezas en las que estamos parados y que no vemos por estarlas buscarlas en tierras distantes. Siempre miramos a lo lejos, y ahí donde estamos parados, estamos encima de un acre de diamantes. En el mundo de la música estaba Billboard para las canciones en inglés, y apenas un folleto de cuatro páginas que circulaba por ahí sobre la música latina, y yo no me explicaba cómo era posible aquello. Por eso nació Antenna, partiendo del hecho de que estábamos parados sobre diamantes y no lo veíamos".

Aunque tuvo inicios complicados, finalmente la revista despegó y alcanzó una circulación de 20 mil ejemplares. Durante años, la influyente publicación cumplió a la perfección su cometido de dar a conocer el talento, exponer la trayectoria de las personas que trabajaban en la radio y reportar eventos artísticos, todo lo cual contribuyó a unir a la industria. La publicación se distribuía en Estados Unidos y, como explica *Brown Bear*, "también enviábamos algunos pocos ejemplares a México, sólo por decir que también teníamos presencia ahí", además de cadenas radiofónicas y estaciones de televisión.

El oso aúlla

Brown Bear ya era un locutor muy popular de las mañanas y ya había conquistado a las audiencias de Albuquerque, Denver, Los Ángeles y otras ciudades del sur de los Estados Unidos, cuando decidió convertirse en empresario de los medios de comunicación. Con los recursos que le proporcionaba Antenna, en 1994 adquirió la KOXR, que estaba pasando por dificultades, y la rebautizó como Radio Lobo.[1] La estación sería reconocida por el muy particular estilo de Vera, divertido, informativo, práctico e incluso estrafalario, mismo que en abril de 1995 captó la atención del diario Los Angeles Times por sus programas fuera de serie.

Radio Lobo haría historia con secciones como El Mercadito, una especie de bazar en vivo donde la gente compraba y vendía. En sus segmentos de opinión, los locutores lanzaban preguntas al auditorio para que opinaran sobre asuntos de todo tipo, desde el amante latino hasta la policía, la prostitución y la verdad de los curanderos; tampoco escapaban la infidelidad ni el gobierno mexicano. Brown Bear tenía olfato para los grandes temas y no le importaba crear controversia, como cuando abrió el micrófono al locutor Abel Estrada, que era abiertamente gay, aunque al principio tenía sus dudas. Al final, se convirtió en una estrella.

Pero quizá lo más característico era la manera en que la estación repetía hasta seis veces por hora su tradicional firma sonora, el aullido de un lobo, además de requerir que la gente hiciera lo mismo cuando solicitaba una canción. "Yo quería una estación que, cuando la gente la escuchara, todo el mundo supiera inmediatamente qué estaba oyendo; por eso pusimos el aullido. Al principio yo quería bautizarla como Radio Coyote, porque era un animal más mexicano. Pero me pusieron objeciones, pues decían que tendríamos problemas con las autoridades de inmigración. Cada diez o quince minutos

---

[1] Los Angeles Times, *Howling Success: Oxnard's Spanish-Language Radio Lobo Gains Popularity With Outlandish Antics.* 24 de abril de 1995.

dábamos el característico aullido. La gente que iba manejando sabía exactamente lo que iba escuchando el conductor de al lado; y el de enfrente, y el de atrás".

Radio Lobo también produjo movilizaciones de otro tipo. En diciembre de 1994, varios trabajadores agrícolas que marcharon por Oxnard para protestar por la Propuesta 187, dijeron estar siguiendo una idea originada en Radio Lobo.[2]

La música por dentro

Poco a poco, la locución y la radio comenzaron a pasar a segundo término y fue tomando forma otro interés, mucho más altruista y profundamente satisfactorio, en la vida del Oso. "En alguna ocasión mi amigo Agustín Tovar me dijo: `¿Cómo llegas todos los días con tantas ideas? Llegas con tanto entusiasmo siempre´. Yo me había dado cuenta desde un inicio que si eres jefe de una organización, tu trabajo es motivar e inspirar, rodearte de los mejores, alentarlos para que cooperen contigo. Y me di cuenta de que yo siempre estaba motivando. Cuando estuve trabajando en Santa María, California, mi amigo Gregorio Esquivel empezó un programa que se llamaba *Éxito y felicidad*. Era de superación personal y a mí me encantaba aquel minuto de inspiración. Tristemente, Gregorio murió y como a mí me gustaba tanto lo que hacía, decidí seguir su ejemplo y empecé a escribir cápsulas. De pronto, sin pensarlo, ya estaba en 150 estaciones de radio por todo el país."

"Luego me invitaron a dar una charla a mi escuela, y los estudiantes estaban riendo, interesados, participando, así que otros maestros me empezaron a invitar a diferentes clubs. Al principio lo vi como una oportunidad para hacer negocios, para hablar de estrategias de penetración del mercado hispano y vender publicidad. Pero mi esposa, Sahara del Sol, me dijo: `De todo el talento que tienes, de todas las cosas que haces bien, ésta es la razón por la cual Dios te puso en la Tierra´. Yo tenía planes de poner otra estación, de hacer una cadena, pero veía que la gente necesitaba apremiantemente escuchar sobre la paz, sobre el valor, del por qué no le estaban saliendo las cosas, y yo sabía que podía ayudarlos. Vendí mi estación de radio, regalé mi revista y me dediqué a ayudar al prójimo a triunfar".

"He tenido muchas satisfacciones en la vida", recapitula Vera, con semblante pensativo pero paz en su mirada. "Me siento orgulloso de toda esa gente con la que trabajé en la radio y que después tuvieron una carrera muy exitosa; buena gente que había traído a trabajar conmigo y que después estuvieron en el primer lugar más tiempo que nadie. Tuve la fortuna de aprender, de trabajar y de enseñar a gente muy talentosa. Tengo un hogar donde no existe el enojo y sí el amor. Y ahora me dedico a motivar a los demás, porque una de las reglas es: *No te vayas a la tumba con tu música dentro de ti*. He tenido una vida perfecta."

---

2 *Idem.*

Índice

Prólogo 7
Renán Almendárez Coello, el Cucuy 11
Alfredo Alonso 18
Gustavo Alvite Martínez 23
Salvador Homero Campos 29
Jessie Cervantes 35
Luis de Alba Padilla 41
Oswaldo Díaz (Erazno, La Chokolata y muchos más) 45
Gabriel Escamilla 51
Antonio Esquinca 56
Martín Fabián 67
Charo Fernández 68
Adolfo Fernández Zepeda, la Voz Universal 74
Pío Ferro 79
Arturo Flores 85
Arturo Forzán 91
Al Fuentes 96
Jesús García, el Peladillo 101
Pepe Garza 107
Eduardo Germán Villarreal 113
David Gleason 118
Elio Gómez 124
Amalia González 129
Humberto González 135
Gabriel Hernández Toledano 141
Juan Carlos Hidalgo 149
Eddie León 161
Alex, el Genio Lucas 166
Víctor Manuel Luján 172
Humberto Luna 177
Tony Luna 182
Carlos Martínez, el Bola 186
Mariano Osorio 190
Julio César Ramírez 196
Juan Carlos Razo, don Cheto 201
Gabriel Roa 209
Nestor Ochoa 214
Alfredo Rodríguez 220
Tomás Rubio, el Morro 227
Jesús "Zeus" Salas 232
Ricardo Sánchez, el Mandril 238
Sofía Sánchez Navarro 243

Francisco Torres 250
Manuel Trueba 255
Raúl David Vázquez "Rulo"..258
Polito Vega, el Rey de la radio 262
Alberto Brown Vera, *Brown Bear* 268

EN LA MISMA SINTONÍA
VIDAS EN LA RADIO

En la misma sintonía: Vidas en la radio reúne en un solo tomo más de mil horas de vivencias y experiencia acumuladas por los más destacados trabajadores de la radio de Estados Unidos y México. A todos ellos une un lenguaje, el español, y una distinción, haber dejado huella en esta influyente industria.

En este extraordinario logro editorial de **monitorLATINO**, 46 locutores activos en el último medio siglo hablan de sus inicios, sus logros y tropiezos, así como las lecciones aprendidas, con una honestidad y apertura pocas veces vista, ofreciendo de esta forma un vistazo privilegiado a la historia de la radio. A sus testimonios los complementa una rigurosa investigación documental e iconográfica. Aunque el título hace honor al acto de sintonizar una estación, de compartir un solo espíritu, en este volumen desfilan personajes con distintas visiones: desde quienes usaron el micrófono para despertar conciencia social, hasta quienes vieron en él un medio para promover la educación y la cultura, incluyendo aquellos visionarios que descubrieron y llevaron a la cumbre movimientos y nuevas prácticas. Algunos llevan más de sesenta años tras el micrófono; otros, como una llamarada, ardieron y se consumieron, pero dejaron un legado imborrable. En el marco de su novena convención, **monitorLATINO** presenta esta obra esencial para entender las muchas vidas de la radio en México, y cómo la radio latina en Estados Unidos pasó de ser un movimiento marginal a una industria de primer orden. En una época en que algunos hablan de levantar muros, estas 46 voces nos recuerdan que la radio, y el corazón humano, no saben de fronteras.

ISBN: 978-0-9836376-9-1

monitor LATINO

www.ingramcontent.com/pod-product-compliance
Lightning Source LLC
LaVergne TN
LVHW051040080426
835508LV00019B/1626